진로상담

김충기 | 장선철

태영출판사

머리말

몇 해 전에 한국직업능력개발원에서 아주 흥미로운 보고서 한 편을 발표하였다. 4년제 대학교 졸업생 1,029명이 다시 2년제 전문대학과 기능대학으로 재입학하였다는 것이다. 조사 결과 대부분의 재입학자들은 이전 대학 전공과는 다른 계열 전공으로 변경하여 입학하였고, 또한 유아교육, 간호, 물리치료, 안경광학 등 취업률이 높은 몇몇 인기학과에 주로 입학한 것으로 나타났다. 더욱 관심을 끄는 사실은 이들은 이전 대학 생활에 비해 재입학한 대학에서 더 열심히 공부하고 있으며, 재입학 대학의 교육에 대해서 무척 만족하는 것으로 나타났다는 것이다.

이런 현실은 우리나라 진로교육, 진로상담이 뭔가 잘못되어 있으며, 개인이나 국가적 차원에서 보면 엄청난 낭비를 초래하고 있음을 시사한다. 또한 이제는 우리나라 젊은이들의 진로의식이 조금 더 현실적, 합리적으로 되어 가고 있음을 나타내기도 한다. 왜냐하면 미국과 같은 선진국에서도 그런 현상은 많이 나타나기 때문이다. IMF 경제위기 사태 이후 야기된 극도의 취업난이 점차적으로 직업과 학력에 대한 인식을 좀더 현실적으로 갖게 했다. 허구적인 학벌만 가지고서는 진로에 한계가 있다는 것이다.

진로는 영어의 '커리어'(career)를 우리말로 번역한 것이다. 원래의 의미는 '생애'이나, 일상적으로 개인이 일생을 통해서 갖게 되는 직업의 총체를 의미한다. 또한 진로는 개인이 자신의 일과 관련해서 자신을 어떻게 보는가 하는 것이며, 개인의 전 생애를 통한 추구를 의미한다. 따라서 진로상담에서는 개개인의 삶에 있어서의 사회적 역할의 중요성, 행복한 삶에 대한 새로운 인식, 삶의 과정에 대한 새로운 인식을 강조한다. 즉, 오늘날에는 진로를 생애라는 관점에서 생각한다. 한 개인이 태어나서 죽을 때까지 '아동', '학생', '직장인', '가정 주부(home maker)', '시민', '여가자'까지 인간발달 단계에 따른 역할 모두가 진로에 포함된다. 결국 진로상담은 한 인간의 인생, 생활과 관련된다. '어떻게 인생을 의미 있고 보람되고 행복하게, 나아가 국가 사회에 기여하면서 살 수 있느냐?'라는 데 관심을 둔다.

그러기 위해서 직업을 잘 수행할 수 있는 능력과 기술도 중요하지만, 올바른 인생관, 바람직한 세계관도 필요하다. 어려서부터 '어떻게 사는 것이 인생을 보람

있게, 풍성하게 사는 것이냐?'를 알도록 돕는 일이 진로상담의 목표가 되어야 한다.

이 책은 이런 시대적 필요성과 목적에 기초하여 진로상담의 정의에서부터 진로와 진로상담이론, 진로정보와 검사, 진로상담의 방법 등을 다루고 있다.

제1장은 진로상담의 기초 편으로 진로상담의 정의, 필요성, 목표, 관련 개념을 다루었다. 제2장은 특성요인이론, 발달이론, 욕구이론, 정신분석이론, 사회학적이론, 의사결정이론, 사회학습이론, 최근의 진로발달이론 등 진로상담에 대한 이론을 총괄하였다. 제3장은 진로상담 이론을 담았다. 특성요인 진로상담, 인간중심 진로상담, 정신역동적 진로상담, 발달적 진로상담, 행동주의 진로상담, 포괄적 진로상담의 이론을 실제 사례와 함께 다루었다. 제4장과 5장은 진로정보와 검사의 활용을, 제6장은 진로상담의 과정을 다루었다. 제7장은 진로집단프로그램을, 제8장은 특수아동을 위한 진로상담을, 제9장은 컴퓨터를 이용한 진로상담을 다루었다. 제10장과 11장의 주제는 의사결정과 직업세계로 의사결정 모델, 직업의 의미, 직업관 등이 주 내용이다.

막상 이 책의 원고를 마무리하고 보니 부분적으로 미흡한 점이 많이 보여 아쉬운 감이 없지 않다. 일찍이 "모든 교육은 진로교육이고 또 그렇게 되어야 한다"고 역설한 말란드(Sidney Marland)의 말을 진로상담에 적용하여 다시 음미하면서 현대사회를 살아가는 젊은이들과 진로상담을 공부하며 연구하는 학생들에게 학문적으로 다소나마 도움이 되기를 소망한다.

끝으로 언제나 성심성의껏 기도와 물질로 후원해 주신 태영출판사 김현태 사장과 오세복 상무를 비롯한 제작팀, 그리고 처음부터 끝까지 자료 정리에 도움을 준 제자들에게 깊은 감사의 뜻을 전한다.

2006년 2월

저자 씀

차 례

제 1 부 진로상담의 기초

1장 진로상담의 기초

2장 진로상담에 대한 이론적 접근

3 장 진로상담이론

제 2 부 진로정보와 검사의 활용

4장 진로정보의 활용

5장 검사의 활용

제 3 부 진로상담의 방법

6장 진로상담의 과정

7장 진로 집단프로그램

8장 특수아동을 위한 진로상담

9장 컴퓨터를 이용한 진로상담

제 4 부 의사결정과 직업세계

10장 의사결정의 이해

11장 직업세계의 이해

제 1 부

진로상담의 기초

제 1 장 진로상담의 기초

1. 진로상담의 정의

진로상담은 내담자의 진로선택, 진로결정 등 진로발달을 도와 주는 체계적이고 전문적인 상담활동이다. 진로(career)란 생애 · 경력 · 직업 등으로 해석이 되지만, 일반적으로 개인의 장래 · 미래에 대한 전망 등으로 인식된다. 또한 진로란 생애 직업 발달, 과정, 내용을 가리키는 포괄적인 용어이다. 누구나 자신의 미래가 어떻게 전개되고 이루어질 것인가에 대하여 희망을 가지기도 하고 고뇌와 회의를 느끼기도 한다. 또한 현대사회의 급격한 변화 속에서 어떻게 적응할 수 있을까라는 불확실한 전망 속에 고민에 빠지기도 한다.

지나간 과거의 전통적 농본국가처럼 농업을 주로 하는 일이 거의 전부였던 단순하고 폐쇄된 사회였을 때는 미래에 대한 불확실성, 근심, 고민이 지금과 같이 심각하거나 고통스럽지가 않았다. 가부장적 제도 속에서 일정한 연령이 지나면 성인식을 거쳐 조상 대대로 물려받은 가업인 농사짓기를 계승하면 생계가 유지되었다. 따라서 직업준비나 취업에 대한 신경을 곤두세우지 않아도 일상생활 문제는 해결되었다.

그러나 산업사회를 맞이하면서 모든 것이 판이하게 달라졌다. 인구의 폭발적 증가, 과학기술 문명의 발달에 따른 산업구조의 변화, 첨단산업의 등장, 가치관의 변화, 민주주의의 토착화 과정 속의 민주화 추진, 산업발달에 따른 직업세계(world of work)의 다양화·세분화·전문화에 따른 직업선택의 문제, 고학력 추세에 따른 교육 수준의 팽창 등은 한 개인의 진로선택과 결정에 많은 어려움을 가져왔다. 자동화·기계화로 인한 고용 인력의 감소, 직업가치관의 혼란으로 인한 기능인 경시 풍조, 직업·직무의 변화 등 장차 미래사회에 적응하기 위한 직업선택의 문제가 복잡해졌다.

이로 인해 학생들은 학교에서의 교과교육만으로는 이와 같이 복잡한 진로의 문제를 해결하는 데 상당한 어려움에 놓이게 되었다. 이에 따라 개인의 진로 문제는 중차대한 사회적 이슈(issue)로 등장하였다. 청년실업대란, 캥거루족 등장 등의 말이 이런 현실을 잘 웅변한다.

상담이란 목적이 있는 전문적인 대화활동이다. 충고, 조언, 권고, 제안, 훈육, 제언 이상의 의미를 지니고 있다. 또한 상담자와 내담자의 관계에서 자기의 생활과정상의 문제를 해결하고 생각·감정·행동 측면의 인간적 성장을 위해 노력하는 학습과정이다(이장호, 1999). 한편 상담을 '내담자의 성장과 발전을 촉진하는 심리적인 조력의 과정(박성수, 1986)'으로 보기도 한다.

여러 학자들의 정의를 토대로 상담에 대한 정의를 내리면 다음과 같다.

"상담은 도움이 필요한 사람이 전문적인 훈련을 받은 사람과의 만남, 심리적 관계에서 통찰을 경험하고 생각, 감정, 행동 측면의 통합적 성장을 위하여 스스로 노력하는 과정이다."(장선철, 2005. p. 66).

학교에서의 진로상담(career counseling)은 학생들의 바람직한 진로발달을 위해 교과 활동을 통한 진로교육과 함께 중요한 생애의 목표달성을 위한 활동이며 그들이 당면하는 진학과 직업선택에 관련시켜 다양한 진로 정보의 제공, 자기이해, 자기탐색, 직업탐색, 진학탐색의 과정, 진로계획 그리고 진로의사결정을 돕는 데 역점을 둔다(장석민, 1988, p. 78).

진로상담의 초창기에는 상담자가 내담자에게 여러 가지 검사를 실시하고 그 결과에 부합되는 직종을 발견하여 개인과 직업을 결합시켜 주는 일련의 작업을 수행하는 데 주력하였다. 이와 같은 진로상담은 개인의 특성과 일정한 직업을 연결시켜 주는 것이 진로상담의 본질이라는 개념에 입각한 것이었다.

그러나 생활지도의 창시자인 Parsons 이후 진로선택 및 진로발달에 관한 이론이 체계화되고 진로문제에 영향을 끼치는 여러 요인이 밝혀짐에 따라 진로상담의 전통적인 개념에 변화가 일어났다. 그 중에 가장 두드러진 것이 진로를 하나의 발달과정으로 간주하는 것이었다.

진로상담은 진로교육과 함께 학생들의 바람직한 진로발달(career development)을 돕는 중요한 활동이다. 학생들이 당면한 진학(중・고・대학)과 직업선택에 관련하여 다양한 진로정보의 제공, 진로계획 그리고 의사결정 능력을 돕는 활동이다.

진로상담은 진로지도(career guidance)를 효율적으로 이끌기 위한 방편으로 개인이 지니고 있는 잠재가능성(potentiality)을 인식・탐색하고 개발시켜 그가 원하는 진학・직업을 선택하고 이에 잘 적응하도록 돕는 전문적인 활동이다. 따라서 진로상담은 자아실현이라는 측면에서 뿐만 아니라, 인력(manpower)의 적재적소 배치에 따른 인적자원(human resource)의 효율적 이용이라는 측면에서도 강조되어야 한다.

Crites는 진로상담을 '의미 있고 생산적인 일을 통하여 개인이 현실과 접하고 이를 유지해 나가는 데 있어서 개인에게 가장 적합한 심리적 방법의 하나를 구성해 줄 뿐만 아니라, 중요한 사회적 변화를 가능케 하는 경제적 수단을 제공한다'(Fitzgerald and Crites, 1980 ; 김충기, 1989 : p. 298)로 Super(1951)는 '일의 세계에서 적절히 융화된 자신의 역할상과 자아상을 발전시키고 수용하여 그를 현실에 검토해 보고, 검토한 자체를 자신에 만족하고 사회에 이익되는 현실로 전환하도록 개인을 도와 주는 과정'이라고 정의하고 있다(J. O. Crites, 1981 : p. 12).

한편 미국의 진로발달협회(National Career Developement Association : NCDA)에서는 '진로상담이란 내담자가 가장 적절한 진로 결정을 하기 위해 자신과 환경의 이해를 종합하고 응용하도록 돕는 목적을 가진 상담자와 내담자

사이의 개인과 또는 개인과 소집단의 관계'라고 정의하고 있다.

이와 같은 정의에는 개인의 진로발달을 도와 주는 과정, 즉 개인의 진로계획 및 준비, 직업준비와 선택, 진로문제의 해결과 적응 등을 단계적으로 도와 주는 연속적인 과정이 내포되어 있다. 위와 같은 여러 학자들의 견해를 중심으로 다음과 같이 진로상담의 의미를 제시하고자 한다.

"진로상담은 내담자가 미래사회에 어떻게 대처해 나갈 것인가에 관한 여러 가지 문제, 즉 교육・직업・가정・신체・사회・이성・성격・도덕・종교적인 문제를 합리적으로 탐색・결정하고 잘 적응하도록 돕는 적극적인 상담의 종합적인 과정이다"(김충기, 1995).

2. 진로상담의 필요성

Crites(1981)는 진로상담의 필요성을 다음과 같은 가정을 통해 설명했다. ① 진로상담에 대한 요구가 심리치료에 대한 요구보다 더 많다. ② 진로상담도 치료적일 수 있다. ③ 진로상담은 심리치료와 연결되어 진행되어야 한다. ④ 진로상담이 심리치료보다 더 효과적이다. ⑤ 진로상담이 심리치료보다 더 어렵다.

진로상담은 진로지도(career guidance)를 효율적으로 이끌기 위한 방편으로 개인이 지니고 있는 잠재가능성(potentiality)을 인식・탐색하고 개발시켜 개인이 원하는 진학・직업을 선택하고 이에 잘 적응하도록 함으로써, 선택한 진학・직업에 들어가 만족하고 능률을 향상시켜 행복감을 느끼며 지낼 수 있도록 돕는 것이다. 이는 한 개인의 자아실현의 측면에서 뿐만 아니라 국가적으로는 인력(manpower)의 효율적 이용이라는 측면에서도 그 중요성이 강조되어야 하는 활동 영역이다(장대운 등 1996 재인용).

그러나 교육 현장에서는 진로상담 혹은 진로지도가 잘 이루어지지 않고 있다. 제대로 이루어지지 못하는 이유와 필요성은 다음과 같다.

이재창(1996)은 우리나라 청소년들이 자신의 진로결정과 진로선택을 제대로 하지 못하는 원인으로 ① 입시위주의 진로지도 ② 부모위주의 진로결정 ③ 자신에 대한 이해 부족 ④ 왜곡된 직업의식 ⑤ 일의 세계에 대한 이해부족 등을 꼽고 있다.

장석민(1997)은 청소년 개개인의 '발달적 측면'에서 ① 적성과 능력을 포함한 자아특성의 발견과 계발, ② 다양한 일과 직업세계에 대한 이해, ③ 일과 직업에 대한 적극적 가치관 및 태도 육성, ④ 진로선택의 유연성과 다양성 재고, ⑤ 능동적 진로개척 능력가 태도의 육성 등을 위해, 김봉환 등(2000)은 ① 청소년기의 발달적 특징 ② 노동시장 환경의 급속한 변화 ③ 대학 입시제도의 변화 등으로 인해 진로상담과 진로지도가 청소년에게 특히 필요함을 강조하고 있다.

그 내용을 요약해 보면, 첫째, 청소년기의 발달적 특징은 Erikson(1963)이 언급하였듯이 긍정적인 측면에서는 자아정체감 형성을, 부정적인 측면에서는 역할혼미를 경험하는 시기이다. 따라서 이 시기 동안 청소년들의 선택과 결정에 대한 다양한 경험은 정체감 형성에 중요한 영향을 미친다. Havighurst(1972)도 청소년기에 반드시 성취해야 할 발달 과업으로 경제적인 자립의 필요성을 인식하고 이를 위한 준비, 즉 직업에 대한 준비와 선택을 하는 것을 꼽았다.

그러므로 청소년기에 객관적인 자기이해 및 인식을 통해 진로계획 및 결정과 선택을 도울 수 있는 진로상담의 역할은 매우 중요하다. 진로상담을 통하여 진로목표의 설정과 함께 이를 달성하도록 돕는 일은 자아정체감의 형성과 발달과업 수행은 물론 부적응행동의 예방이라는 차원에서도 매우 중요하다.

둘째, 노동시장 환경의 급속한 변화 측면에서 진로상담은 매우 중요하다. 현대사회는 직업 세계의 변화 측면에서는 분류방식의 변화에 따른 이유도 있지만 10여 년 간에 1000여 개의 새로운 직업(인공지능연구원, 인공위성개발원, 초전도연구원, 행사도우미, 이미지 관리인 등)이 생겨난 반면, 300여 종의 직업(고속버스 안내원, 타자수, 활판 인쇄원, 합성고무 건조원)이 자취를 감추는 등 급격한 변화가 이루어지고 있다.

또한 노동시장의 유연화, 세계화의 바람은 시장경제의 논리, 구조조정, 다운사이징, 아웃소싱 등과 같은 용어의 출현과 함께 실업자 증대, 평생직장 등의 개념이 사라지고 있다. 이러한 변화는 한 개인이 평생 여러 개의 직업을 갖게 될 것이라는 전제와 함께 이를 돕기 위한 진로상담활동에 대한 요구가 증가할 것임을 예상하게 한다.

특히 중등교육 현장에서는 앞으로 5~10년 후에는 이렇듯 변화무쌍한 노동시장에 진입할 청소년들에게 노동시장 전반에 대한 인식, 즉 일의 체계 전반에 대한 이해와 함께 이에 적응할 수 있는 충분한 사전 준비를 돕기 위해서도 보다 체계적인 진로상담과 교육이 더더욱 절실히 요구된다.

셋째, 대학입시제도의 변화 측면에서 진로상담은 중요하다. 진로상담은 '진학상담'과 매우 관련이 높다. 우리나라 교육여건상 대학입시 상황이 많이 바뀌었다고는 하지만 아직도 입시위주의 교육현상은 중등학교 진로지도의 방향과 내용에 지대한 영향을 미치고 있다. 지금까지 대학입시제도는 '교육 정상화'를 목표로 수없이 많은 변화를 시도해 왔다. 그러나 아직까지 성공적인 목표 달성을 하지 못한 것으로 평가하고 있다.

교육부는 2002년부터 입시위주의 교육을 근본적으로 개혁하고자 하는 의도를 가지고 새로운 대학입학제도를 도입할 것을 발표하였다. 즉 다양한 자료에 의한 다양한 방법의 전형 방식을 제시함으로써 학생들의 다양한 능력과 품성개발과 함께 교육 정상화를 시도하고 있다.

이러한 새로운 시도는 학교에서 진로지도를 활성화할 수 있는 좋은 계기가 될 수도 있다. 그러나 한편으로는 제도 자체의 복합성과 변화무쌍함 때문에 앞으로는 진로계획과 진로선택이 더 어려울 경우도 예상할 수 있다. 따라서 이렇듯 불안정한 입시제도 하에서는 새로운 대학입학제도의 내용을 면밀히 숙지하고 이에 적절히 대응할 수 있는 진로상담과 진로지도 방안이 강구될 필요성이 더욱 높아지고 있다.

3. 진로상담의 목표

Watts(1977)는 진로교육의 과업으로 ① 자기 인식, ② 기회 인식, ③ 결정에 대한 학습, ④ 전환학습으로 보았다(〈그림 1-2〉 참조). 이를 진로상담의 목표와 연결지어 보면 진로상담의 목표는 첫째, 자신에 대한 정확한 이해 증진, 둘째, 일의 세계에 대한 이해 증진, 셋째, 합리적인 의사결정 기술의 훈련 및 학습, 넷째, 전환 및 전직에 대한 훈련 또는 학습을 돕는 것이다.

이정근(1989)은 진로상담과 지도의 목표는 개인이 자신을 정확히 이해하고 주위 여건을 충분히 고려하여, 자신에게 적합한 진로를 계획하고 선택하여 이를 개척해 나감으로써 자신 및 사회의 역군으로서 공헌할 수 있는 기틀을 마련해 주는 데 있다고 보고, 이에 대한 구체적인 목표로 ① 자아개념의 구체화 ② 일의 세계에 대한 이해 ③ 진로계획에 대한 책임감 ④ 의사결정 능력 ⑤ 협동적인 사회 행동 ⑥ 일에 대한 긍정적인 태도를 제시하였다.

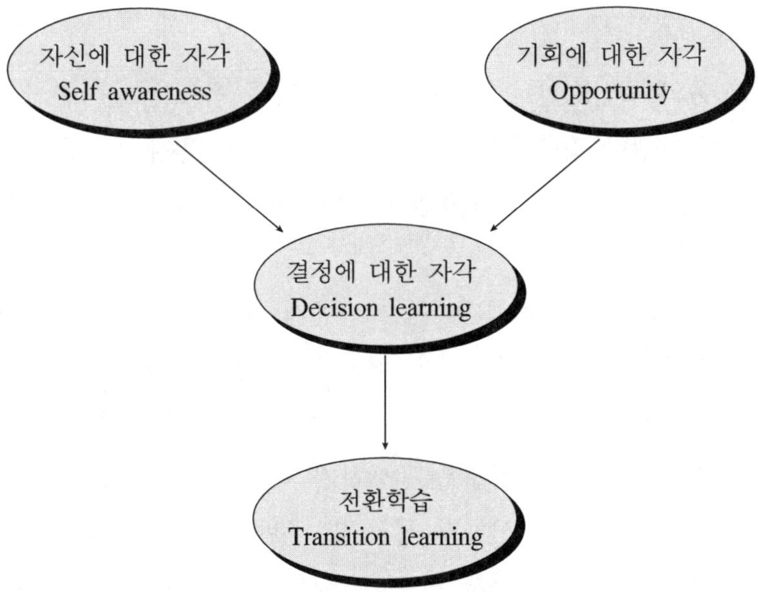

〈그림 1-2〉 진로교육의 과업(The tasks of careers educations) (Watts, 1977)

Krumboltz는 진로상담의 목표로 내담자가 끊임없이 변화하는 직업 세계 속에서 만족스러운 생활을 창조하기 위해 기술, 흥미, 신념, 가치, 일, 습관, 개인적 자질을 학습하는 것을 촉진하는 데 있다고 하였다(장대운 등 1996 재인용).

Figler 등(1999)은 진로상담의 목표를 진로에 대한 개인의 책임감을 갖게 하고, 진로 가능성을 상상하게 하며, 개인이 좋아하는 기능적이고 적용된 기술을 사용하고, 진로과정을 방해하는 부정적인 정서나 사고를 다루며, 진로목표의 단계들을 어떻게 결정하는지를 알고, 의미와 목표가 있는 일을 선택하도록 돕는 것이라 하였다.

김봉환 등(2000)은 중등교육 현장을 중심으로 한 진로상담의 목표를 ① 자신에 대한 보다 정확한 이해 증진 ② 일과 직업세계에 대한 이해 증진 ③ 합리적인 의사결정 능력의 증진 ④ 정보탐색 및 활용능력의 함양 ⑤ 일과 직업에 대한 올바른 가치관 및 태도 형성으로 보고 있다. 그 내용을 정리해 보면 다음과 같다.

1) 자신에 대한 이해 증진

Parsons(1909)의 특성요인 이론 이후 진로상담의 목표는 올바른 진로선택을 위한 자기 자신에 관한 정확하고, 객관적인 이해가 첫 번째 요인으로 중요시되었다. 그러나 오늘날 우리 나라 교육현장은 입시위주의 교육이 시행되다보니 이 부분이 거의 간과되고 있다.

오늘날과 같이 복잡한 일의 세계에서 개인에게 가장 적합한 직업을 선택하고, 성공적인 직업생활을 영위한다는 것은 결코 쉬운 일이 아니다. 직업의 종류에 따라 요구되는 능력과 적성, 기능, 가치, 역할이 매우 다양하기 때문이다. 따라서 한 개인에게 적절한 일과 직업을 선택하기 위해서는 무엇보다도 개인의 가치관, 능력, 성격, 적성, 흥미, 신체적 특성 및 주변 환경 등에 대하여 올바르게 이해하는 일이 필수적이다. 따라서 진로상담에서도 이러한 자기 이해를 중요한 목표의 하나로 삼아야 한다.

2) 직업세계에 대한 이해 증진

진로상담의 또다른 주요 목적은 직업 세계에 대한 이해와 증진을 돕는 것이다. 앞에서도 언급했듯이 현대인들은 그 어느 때보다도 복잡하고 다양한 일과 직업의 세계에서 살고 있다. 따라서 일의 종류, 직업 세계의 구조, 직업 세계의 특성, 변화하는 직업의 요구 조건과 필요한 기술, 고용기회 및 경향, 피고용자와

고용자와의 관계 등에 대한 객관적인 이해와 정확한 정보수집이 필요하다.

산업혁명 이래 세계는 산업화를 거쳐 이제는 정보화의 시대를 맞고 있다. 이에 따라 직업의 전문화·고도화가 급속하게 진전되었다. 이에 선진국의 경우 2만~3만 종류의 직업이 존재하게 되었으나, 앞으로는 현존 직업의 50% 정도는 소멸되면서 새로운 직종과 함께 일의 수행 방법 또한 다양화 될 것으로 전망한다.

이러한 상황에서 일과 직업의 세계에 대한 객관적인 정보와 이에 대한 체계적인 탐구 없이 진로 혹은 직업을 선택한다는 것은 너무 무모한 일이다. 그럼에도 불구하고 우리나라의 현실적인 교육여건상 청소년들이 일과 직업세계에 접할 기회는 거의 전무하다. 따라서 일과 직업세계의 다양한 측면과 변화양상 등을 올바르게 이해할 수 있도록 돕는 일은 진로상담의 매우 중요한 목표가 된다.

3) 합리적인 의사결정 능력의 증진

모든 개인의 일생은 매 순간 결정과 선택의 과정이라 해도 과언이 아니다. 그러므로 모든 개개인에게는 현명하게 선택하고 결정할 수 있는 능력과 기술이 요구될 수밖에 없다. 일생 동안 경험하는 수많은 결정 가운데 진로 결정은 개인이 달성해야 할 가장 중요한 과업 중에 하나이다. Tolbert(1980)도 언급했듯이 진로선택의 결과가 개인의 능력발휘의 기회, 거주 환경, 친구유형, 사회·경제적 지위, 정신 및 신체적 건강, 가족 간의 관계 등 개인 생활의 많은 부분에 직·간접으로 영향을 끼치기 때문이다.

한 개인이 자신의 진로를 제대로 선택, 결정하기 위해서는 앞에서 언급한 자신에 대한 이해, 직업세계에 대한 이해 등을 토대로 적절한 의사결정을 해야만 한다. 즉, 아무리 정확한 자기 이해와 일의 세계에 대한 정보를 가지고 있는 개인일지라도 이를 적절히 통합, 활용해서 최선의 선택을 할 수 있는 의사결정 기술을 갖추고 있지 않으면 올바른 진로결정을 하기가 어렵다.

Piaget의 인지발달 단계상 청소년기는 형식적 조작기가 시작되는 시기이다. 개인차는 있으나 초반기에 추상적인 사고와 융통성 있는 사고의 발달과 함께 후반기에는 가설 연역적인 사고가 가능해지면서 고차원적인 문제해결 능력을 획득한다. 이러한 발달단계에 있는 청소년들에게 올바른 진로결정을 할 수 있도록 의사결정 기술의 훈련과 학습의 기회를 제공하는 것은 매우 중요하고 의미 있는 일이다.

진로상담의 최종 결과도 다른 모든 활동들과 마찬가지로 '결정'이라는 과정을 통해 나타난다. 그러나 Gelatt(1962)가 진로지도의 중요한 목적 중에 하나로 학생들로 하여금 훌륭한 결정을 내릴 수 있도록 돕는 것이라고 가정하면서도 결정은 결과만 가지고 평가할 것이 아니라 결정을 내리게 되는 과정에 의해서 평가되어야 한다고 주장한 바 있듯이 청소년을 위한 진로상담에서는 청소년들의 진로에 과한 의사결정 '과정'에 초점을 두고 의사결정 기술을 훈련·학습하도록 조력하는 것을 중요한 목표로 삼아야 할 것이다(장대운 등, 1996 재인용).

4) 정보탐색 및 활용능력의 함양

현대사회를 '지식 및 정보화 시대'라고 한다. 이는 일상생활에 있어서 지식과 정보가 그만큼 중요한 역할을 하고 있음을 의미한다. 앞으로 더욱 고도화된 정보화 시대를 살아갈 청소년들이 자신에게 필요한 다양한 정보를 신속하게 수집, 분석, 가공하여 적절하게 활용하는 능력을 갖출 수 있도록 정보탐색 및 활용능력을 훈련시키는 것은 매우 중요한 진로상담 목표 중의 하나이다.

진로상담 과정에서 자신에 대한 이해, 일의 세계에 대한 정확한 이해, 합리적인 의사결정을 위해서도 정보의 수집 및 활용능력은 매우 중요하다. 그러므로 진로상담자는 정보제공자로서의 역할을 하는 것도 중요하나, 내담자 스스로 필요한 정보를 탐색, 활용하도록 안내하는 역할도 매우 중요하다. 특히 청소년들은 스스로 정보 탐색 및 수집을 시도해 보는 가운데 자기가 필요한 정보를 스스로 수집, 활용하는 능력을 체득하게 된다. 그리고 이러한 경험은 청소년기 뿐만 아니라 미래의 삶의 모든 영역에까지 확장되어 활용되어진다.

5) 일과 직업에 대한 올바른 가치관 및 태도 형성

진로지도의 중요한 목표 중의 하나는 일과 직업에 대한 올바른 가치관 및 태도를 갖도록 돕는 것이다. 그러나 아직도 우리 사회는 노동을 천시하거나 싫어하는 풍조를 갖고 있으며, 직업을 사회봉사나 자아실현의 수단으로 보기보다는 돈과 권력, 혹은 명예를 획득하는 수단으로 보는 이유이 농후하다. 지위 지향적 직업관, 직업에 대한 귀천의식 등이 여전히 존재하기 때문이다. 입시경쟁이 치열한 이유도 이러한 우리 사회의 일과 직업에 대한 가치관을 반영하기 때문이다.

이와 관련하여 이재창(1997)은 청소년들로 하여금 올바른 직업관과 직업의식을 형성하도록 하기 위해서는 첫째, 일 자체를 목적보다는 수단으로 여기는 생각에서 벗어나야 하며, 둘째, 직업 자체에 대한 편견을 버리도록 해야 하고, 셋째, 성 역할에 대한 고정관념에서 벗어나도록 해야 한다고 보았다. 따라서 일과 직업에 대한 잘못된 견해를 수정하여 올바른 직업관과 직업의식을 갖도록 돕는 것이 진로상담의 또다른 중요한 목표 중의 하나가 되어야 할 것이다.

5. 진로상담 관련 개념의 이해

1) 진로지도(career guidance)

진로는 두 가지의 뜻으로 사용한다. 즉 광의로는 개인이 나아갈 인생의 방향이라는 의미로서, 개인이 인생의 어떤 방향으로 나아갈 것인가의 문제이다. 이것은 주로 인생관에 관한 문제이다. 협의로는 비교적 일찍이 학교생활을 끝마치고 직업을 가질 것인가, 대학 내지 그 이상의 학문을 연구하고 직업을 가질 것인가, 학문을 깊이 연구하기 위하여 어떤 학교를 선택할 것인가와 같이 직업과의 관계에서 본 진로의 문제이다.

인생관에 기초하지 않은 진로에 대한 생각은 표면적인 것에 지나지 않는다.

사람들은 진로선택에 있어서 망설이거나 잘못된 선택을 하게 될 경우가 많다. 따라서 진로선택에 대한 원조가 필요하다. 이 원조를 진로지도라고 한다. 지도는 선택에 대한 원조로서, 선택을 결정하는 활동은 아니다. 상대측에 선택의 자유가 있지 않으면 안 된다. 상대측에 선택의 자유가 없이 일방적으로 방향이 주어진다면 그것은 지도가 아니고 안내이다. 진로지도란 진로선택에 대한 원조이다.

2) 진학지도

흔히 많은 교사나 학부형 그리고 학생들까지도 진로지도를 진학지도로 착각하는 경향이 짙다. 진학지도란 상급학교의 진학에 관한 각종 지도를 말한다. 과거 각 학교에서 실시된 것은 수험지도였다. 상급학교에서 어떤 문제를 출제하고 있나, 그 문제에 어떻게 답할 것인가, 또 어떤 연습이 필요할 것인가에 관하여 지도하는 것이 진학지도의 전부였다. 학생의 흥미・개성・각 교과의 학습상황을 조사하여 이에 입각해서 적절한 학교를 선정하도록 돕는 일은 등한시되어 왔다. 또 장래의 직업 활동과 관련하여 진로를 계획하고 선택하도록 돕는 활동도 전무하였다. 이런 현상은 오늘날 고등학교에서는 여전히 계속되고 있다.

3) 직업지도

직업지도(vocational guidance)란 아동・청년이 적극적인 이해와 흥미를 가지고 스스로 적합한 직업을 선택하여 종사할 수 있도록 능력을 기르는 동시에 적합한 안내와 조언을 함으로써 복잡다양한 직업생활에 올바르게 적응하도록 돕는 지도를 말한다. 진학지도와 대비하면, 어떤 직업을 갖게 하기 위한 능력을 함양하며, 직업생활로 인도하기 위한 모든 활동을 의미한다. 직업지도의 필요성으로는 ① 학생의 직업선택의 설정을 살펴볼 때 합당한 결정적 의견을 갖지 못하였고, ② 취직한 청소년이 직업적 부적응 현상을 나타내고, ③ 오늘날 가정이나 직장에서 청소년을 장래 유능한 직업인으로서 육성하려는 준비태세를 갖추지 못한 점 등을 들 수 있다.

특히 합리화된 현대산업에서는 숙련되지 못한 노동자의 수가 늘어가는 경향을 보이고 있다. 이들을 구하는 길은 직업생활에서 스스로 불합리한 점을 발견하여 시정할 수 있는 능력을 갖는 일이다. 직업지도는 이러한 능력을 기르고, 그 실행에 조력하는 일이다.

이러한 직업지도는 결국 학교 내·외에서 이루어지는 것으로 나누어 생각할 수도 있다. 학교 내의 직업지도는 장래 어떤 직업을 택할 것이냐를 학생의 입장에서 지도하는 것을 말한다. 학교 외의 직업지도는 직업상담소 혹은 직업지도를 목적으로 한 공·사의 시설에서 하게 된다. 여기서는 직업선택에 대한 지도, 현직에 필요한 지식 습득, 기능의 개선 등을 돕고 상담을 한다.

직업지도에 필요한 사항은 ① 직업정보의 이해와 수집·보관·열람·제시가 요구되고, ② 직업흥미나 적성검사를 실시하여 자신의 객관적 흥미·적성을 이해시킨다. 직업정보의 개념을 구체적으로 제시하면 다음과 같다.

(1) 직업정보

직업에 관한 체계적이며 조직적인 자료로서, 학생생활지도와 상담, 직업상담에서는 빼놓지 못하는 자료가 된다. 직업정보는 직접 직업에 종사하는 종업원·기업체·산업체 그리고 해당 정부기관에서 얻을 수 있다. 직업정보는 한 전문분야로서 발달하고 있으며, 학생의 지도를 담당하는 카운슬러들에게는 필수적인 교과목으로 되어 있는 곳이 많다. 직업정보에 포함되는 항목은 주로 한 직업에 있어서의 취업기회, 요청되는 인원, 장래의 전망, 일의 성질, 직장의 환경, 종업원의 자질(신체적 조건·직업적성·흥미 등), 필요한 기구장비, 법적 요건 , 종사원의 권익과 채무 등에 관한 자료들이다.

직업정보는 그 내용이 최근의 것이어야 하며 객관적이어야 가치가 있다.

구체적으로 요약하면 다음과 같다.

> 직업정보란 직무와 취업에 필요한 자격요건·작업조건·보수·승진, 현재 또는 앞으로의 수용과 증원 계획 그리고 더 필요한 정보의 원천 등을 포함하는 직위·직무·직업에 관한 타당하고 유용한 자료를 말한다.

직업정보는 다음에 열거하는 항목을 필요로 하는 정보를 제공해 주는 것이다. 그 내용을 열거해 보면 다음과 같다.

① 노동력에 관한 것, 즉 크기, 구성원, 지리적 요소, 성과 연령의 분포, 주요 산업집단

② 직업구조와 주요 직업집단

③ 취업경향, 즉 노동력 수급, 노동력 변화, 상품에 대한 대중의 필요, 기술의 변화

④ 노동의 규정

⑤ 직업연구에 필요한 직업의 원천(source)

⑥ 직업분류와 직업정보(직종)

⑦ 직업에 필요한 요건

⑧ 직업의 직무와 직업의 성격

⑨ 각종 취업에 필요한 자격요건

⑩ 각종 직업에 필요한 준비과정

⑪ 취업 및 승진방법

⑫ 임금과 사례금

⑬ 각종 직업에서의 작업조건

⑭ 직업정보자료의 평가범위

⑮ 취업을 맡고 있는 고용기관

⑯ 일의 의미 등

(2) 직업흥미

흥미는 활동과 결부된 감정으로서 비교적 영속적이다. 또 어떤 활동에 대한 수용・거부의 감정을 수반하게 된다.

흥미란 이와 같이 무엇이 가치로운가를 주의하는 작용으로서 감정을 근저로 하는 것이라고 한다. 직업흥미는 직업활동・직업영역에 대한 흥미이며, 일반적인 흥미와는 구별되고 있다. 그리고 진로지도 등의 목적으로 직업흥미를 소정의 절차를 거쳐서 측정하는 수단을 직업흥미검사라 한다.

직업흥미 측정에는 ① 경험적 접근, ② 이론적 접근, ③ 인지분석적 접근이 있다. 그리고 이들 가설에는 여러 종류의 검사가 개발되고 있다.

직업흥미는 직업선택, 직업적 발달에 있어서 개성요인의 하나인데, 흥미의 기능에는 주로 직업을 선택한다든가, 그 직업을 계속한다든가 또는 이직・전직하는 것과 깊은 관계를 가지고 있다. 또 흥미는 직업상의 성공도와도 관계가 있다. 즉, 일에 전념하는 것은 그 활동이 자기의 기분에 맞는 경우이다.

(3) 직업적성

어떤 직업 활동, 직업영역에서 중요한 기능 또는 특성을 학습해 내고, 그 직업분야에 적응할 수 있는 능력의 조직체를 말한다. 대체로 한 직업분야에 대한 적성은 개인의 신체적・감각적 조건, 일반지능, 특수적성, 성격적 조건 등에 의하여 결정된다(김충기, 1986).

이러한 적성의 제 조건이 이루는 구조는 반드시 단일적인 것이 아니고, 개인에 따라 다양한 구조를 보인다.

4) 진로수정

진로상담의 결과, 대부분의 경우 적합한 진학, 만족한 직업선택으로 개인적인 성취가 이룩될 수가 있다. 그러나 개인차에 따라 또는 경우에 따라서는 만족한 선택이 이루어지지 않는 결과도 있을 수 있다. 그래서 학생은 도무지 새로운 환경에 적응되지 않고 불만족스러운 상태에 놓이게 되어 허송세월을 보내고 불만과 고민 속에 빠짐으로써 인력의 큰 낭비를 가져오며 비관적이 되기 쉽다. 이런 경우에는 과감히 진로의 방향을 수정해야 할 필요가 있다.

진로수정이란 바로 한 진로에서 다른 진로로 옮겨 가는 것을 의미한다. 주된 동기는 이미 주어진 진로에서 발전할 기회의 차단이다. 진로수정을 할 때에는 새로 선택하는 진로가 종전과 유사한 점들이 있어 그 동안 쌓은 지식과 경력과 경험들을 활용할 수 있는가의 여부와 개인의 적성・흥미・태도・능력・신체적 조건・인성에 부합되며 발전 가능성이 있는가를 발견하도록 고려하여야 한다.

다시 말하면 진로의 과정을 재점검해 보고 잘못 생각했거나 부족했던 점, 원인이 무엇인가를 파악하여야 한다. 그리하여 만족한 방향으로 현명하게 선택하여 적응하도록 준비시켜야 한다.

5) 진학상담

진학상담이란 문자 그대로 진학에 대한 상담이다. 진학이라 함은 일반적으로 상급학교로 진출하는 것을 말한다. 학교에서 주어진 소정의 과정을 마치면 다음 단계의 학교교육기관으로 학업을 옮기게 된다. 개인의 능력과 여건조성에 따라 학업을 계속하는 경우도 있고 형편에 따라 그만두는 경우도 있다. 이때 필요한 것이 진학상담이다.

일반적으로 의무교육인 초등학교교육은 국가차원에서 베푸는 교육이므로 누구나 교육을 받아야 할 권리가 있으며, 또한 받지 않으면 처벌을 받는다. 그런데, 중학교·고등학교, 또는 대학교교육은 학부모와 학생들의 수익자 부담원칙에 따라 교육을 계속해서 받을 수 있고, 또한 받지 않아도 되는 개인의 유일한 권한이라고 보아야 할 것이다.

특별히 고등학교 입학, 즉 고등학교진학에 있어서는 다소 선택권이 부여되고 있다. 고등학교 진학은 연합고사 또는 학력고사점수에 따라 학생들이 거주하는 학군(學群)의 범위 안에서 인문계·실업계 고등학교로 분리되어 진학하게 된다. 물론 능력이 없는 자는 자동적으로 탈락된다. 재수할 수 있는 기회는 보장되어 있다.

여기에 진학상담이 필요하다. 대학진학을 목적으로 하는 학생은 인문계 고등학교로 진학하는 것이 지름길이다. 실업계 고등학교는 그 성격상 완성교육인 취업, 즉 직업교육이 주요 목적이므로 대학진학이 어렵다. 그러나 실업계 고등학교에 진학하였다 하더라도 고등학교 졸업 후 반드시 취업을 의무적으로 해야 하는 법은 없다. 개인의 능력과 노력, 가정의 뒷받침, 성취동기 등의 여러 가지 요인에 따라 대학에 진학할 수도 있다. 한편 인문계 고등학교에 진학하였다고 모두가 대학에 진학해야 하는 것은 아니다.

제 2 장 진로상담에 대한 이론적 접근

'진로상담에 있어서 이론의 역할은 무엇인가?' 이론의 역할은 다음과 같다(Zaccaria, 1970 : p. 31).

① 상담 자료를 일목요연하게 정리해 준다.

② 복잡한 문제를 단순화시켜 준다.

③ 문제에 대한 접근방법을 시사해 준다.

④ 예측하지 못한 사항이나 관계를 발견하게 해 준다.

⑤ 조작적인 정의를 사용할 수 있게 해 준다.

⑥ 가장 핵심적인 사항에 주의를 집중시켜 준다.

⑦ 용어를 일관되게 사용할 수 있게 해준다.

⑧ 새로운 연구방법을 시사해 준다.

⑨ 일반화시킬 수 있는 원리를 도출해 준다.

⑩ 타인의 행동과 이의 의미를 파악할 수 있게 해 준다.

개인이 직업적으로 어떻게 발달할 수 있는가를 이해하는 이론적 기초는 상담자에게 상담의 과정에서 부딪히는 문제를 해결하고 효율적으로 상담의 과정을 발전시키도록 돕기 위한 안내를 제공한다.

진로발달에 대한 이론과 접근방법은 학자에 따라 다양하게 분류되고 있다. 상담자가 효과적인 진로상담을 하기 위해서는 우선 진로발달(career development) 이론에 정통해야 하고, 문제의 성격에 따라 적합한 이론을 선택할 수 있어야 한다.

주요 진로발달이론의 주요 개념은 다음의 〈표 2－1〉에 요약되어 있다(Tolbert, 1980 : pp. 36~37).

〈표 2－1〉 진로발달이론과 관련내용 요약

구분	이 론 가	주요 개념	연령 구분	생활지도에 응용	연구지원 방안
특성이론	E. G. Willamson Frank Parsons Hull Kitson	특성의 평가 일의 요소와 특성을 연계시킨다.	고등학교 및 성인	의사결정을 위한 선택	타당성의 여러 가지 결과
발달이론	Donald E. Super Eil Ginzberg Tiedman and O'Hara	발달단계, 진로유형, 직업적 자아개념, 직업성숙도	일생을 통하여 이루어진다.	여러 연령층에 알맞게 상담 및 프로그램 계획	단계별 계열성과 같은 주요 개념을 기초로 한 실질적 지원
욕구이론	Anne Roe John L. Holland Robert Hoppock	욕구는 경험과 속성에서 발생된다. 선택은 욕구에 기초한다.	전 생애를 통해 일어난다. 그러나 강조점은 아동기에 일찍 선택하는 데 초점을 둔다.	생활지도에 있어서 욕구개념을 광범위하게 응용한다.	이론가에 따라 변화된다. Roe는 일부 지원하고는 일반적으로 타당하다고 한다.
정신분석이론	Edward S. Bordin Nachmann Segal Galinsky Freud	욕구는 인생발달의 정신분석학적 이론에 기초하고 있다.	유아기에 있어서 인성발달을 강조하지만 평생을 통하여 욕구는 상존한다.	주로 욕구탐색을 포함하는 상담에 사용된다.	어떤 연구는 개념에 대한 지원을 하고 있다.
사회이론	Blau Gustad Jessar, and Wilcock Miller and Form August B. Hollingshad	직업발달의 선택에 있어서 사회적인 영향을 강조. 직업기회가 중요한 역할을 한다.	평생을 통한 활동	광범위하게 응용되고 있다.	여러 가지 측면에서 지지를 받음. 예를 들면 선택기회의 효과 등

의사결정이론	H. B. Gelatt Hershenson and Roth Knefelkamp and Slepitza Katz Jepson	의사결정은 누가 기록적인 효과를 가지고 있다. 의사결정은 분류하는 과정이다.	일생을 통하여 전개되지만, 처음 다가오는 2, 30년대를 주로 강조한다.	광범위하게 응용되고 있다.	소수가 지원을 한다.
사회학습이론	Mitchell, Jones and J. D. Krumboltz Thoreson and Ewart	학습유형을 이용, 경험의 효과, 기술을 습득	일생을 통하여 이루어지며 처음 다가오는 2, 30년대를 주로 강조한다.	광범위하게 응용되고 있다.	소수만이 지원을 한다.

한편 Zunker(1998)는 특성요인이론, 발달이론, 욕구접근, 유형접근, 진로선택의 사회학습이론, 인지적 정보처리과정 진로발달의 분화이론, 진로발달의 기타이론 등 8가지로 구분하고 있다. 이 연구에서는 Zunker의 분류에 근거하여 각 진로발달이론들을 정리하고자 한다.

1. 특성요인이론

특성요인이론(trait-factor theory)은 생의 어느 특정한 시기에 의사결정을 하려고 할 때 도움을 줄 수 있는 이론으로서 개인차 심리학과 응용심리학에 근거를 두고 있다. 대표적인 이론가로는 Parsons(1909), Williamson(1950), Hull(1928) 등이 있다. 이 이론은 고도로 개별적이고 과학적인 방법으로 개인과 직업을 연결시키는 것으로 과학적인 측정방법을 통해 개인의 인성특성을 식별하여 직업특성에 연결시키는 것을 핵심으로 하고 있다.

생활지도의 아버지로 불리는 Parsons(1909)는 그의 저서 『직업의 선택』에서 현명한 직업선택에 관련되는 세 가지 주요 요인을 다음과 같이 들고 있다(p. 5).

① 자신에 대한 명확한 이해, 즉 적성, 능력, 흥미, 포부, 환경 등의 이해

② 여러 직업에 따른 자격요건, 장·단점, 보수, 취업기회, 장래전망 등에 관한 지식

③ 위의 두 요인간의 합리적인 연결, 즉 내담자(학생) 자신의 개인적 요인에 관한 자료와 직업에 관한 자료를 중심으로 진로상담을 통해 내담자가 현명한 선택을 하도록 도와 주는 조력 활동

Parsons의 모형은 특성요인이론의 기초를 제공해 주었다(Duane Brown et al., 1986). 과학적 측정방법을 통해 개인의 특성을 측정하려는 개인차 심리학에 끼친 Parsons의 영향은 매우 컸다. Paterson과 함께 미네소타 고용안정연구소(Minesota Employment Stability Research Institute)에서 연구했던 Darley는 특성요인이론과 유사한 개념이 '미네소타 관점'(Minesotal Point of View)을 제시하였으며, 같은 학파의 학자인 Williamson은 특성요인이론의 옹호자가 되었다.

미네소타 대학의 직업심리학자들은 여러 가지 특수적성검사(Special Aptitude Tests)와 성격검사, 그리고 여러 가지 측정도구를 개발함으로써 특성요인이론의 기초를 마련하였다(D. G. Patterson & Others, 1941). 이 접근법의 대표자인 Williamson(1950)은 다음과 같은 여섯 가지 분석단계를 이용한 상담전략을 제시하였다(pp. 101～126).

① **1단계－분석 :** 개인에 관한 자료수집과 표준화검사나 심리검사를 통해 개인에 관한 분석자료를 수집한다.

② **2단계－종합 :** 개인의 장 · 단점, 욕구, 문제 등을 종합적으로 분류하기 위해 1단계에서 수집한 정보들을 조정한다. 이 단계에서의 효율성은 1단계에서 수집한 자료의 적합성에 좌우된다

③ **3단계－진단 :** 문제의 특성과 원인을 개관적으로 파악한다.

④ **4단계－예측 :** 선택 가능한 직업에 대한 성공여부를 예측한다.

⑤ **5단계－상담 :** 앞의 4단계를 통해 얻어진 자료를 중심으로 하여 상담자(교사)는 문제해결을 조력한다. 이해와 수용과 공감의 분위기에서 상담자는 내담자의 의사결정을 조력한다.

⑥ **6단계－추후지도 :** 의사결정 과정의 적합성에 대한 검토와 사후점검, 재배치 등의 활동이 이루어진다.

특성요인이론에서는 개인의 특성에 대한 객관적 자료와 직업의 특성에 관한 자료를 중시하고 있다. 즉, 개인의 적성, 지능, 사회경제적 지위, 흥미, 가치관,

성격 등에 관한 과학적인 자료와 직업의 특성에 관한 자료를 제시해 주어 가장 합리적이고 현명한 선택과 결정을 하도록 조력하는 것을 중시하고 있다.

Miller(1974)는 특성요인이론을 다음과 같은 다섯 가지 가정에 기초를 두고 있다고 보았다.

① 직업발달은 개인과 직업특성간의 관계를 합리적으로 추론하여 의사결정을 도출해 가는 인지과정이다.

② 직업선택에서는 발달보다는 선택 자체를 강조한다.

③ 개인에게는 각기 자기에게 맞는 하나의 적절한 직업이 있다. 한 사람이 여러 가지 직업에 두루 적합하다고 볼 수는 없다.

④ 각 직업에는 그 직업에 맞는 특정한 형태의 사람이 종사하고 있다. 따라서 어떤 특정한 직업에서 유능하게 일할 수 있는 사람의 특성에는 어떤 제한이 있다고 볼 수 있다.

⑤ 누구나 자신의 특성에 알맞은 직업을 선택할 수 있다.

이 접근법은 주로 심리검사를 통해 개인의 특성을 평가하는 데 이러한 측정 도구에서 얻어진 정보의 예언타당도가 낮다는 문제점을 갖고 있다. 왜냐하면 개인이 갖고 있는 여러 가지 특성 중에서 어느 것을 우선적으로 고려하느냐에 따라 직업선택이 달라질 수 있기 때문이다. 따라서 검사를 통해 얻은 정보를 직업 선택 시에 참고로 하는 정도에 그쳐야 한다.

특성요인이론은 한 때 심리검사의 개발과 세계대전의 발발로 상당한 각광을 받아 왔고 현재도 진로지도에 공헌하는 바가 크다. 특히 직업선택에서 적성을 고려하도록 하였다는 사실이 주요 공헌점으로 평가되고 있다. 이 이론은 그 후 다양한 연구들이 수행될 수 있도록 자극을 주었는데, 적성검사연구가 그 대표적인 것으로 Strong(1983)의 직업흥미검사, Kuder(1963)의 직업선호검사 등이 여기에 속한다.

그러나 이론적 공헌도 못지않게 한편으로는 많은 결함을 내포하고 있기도 하다. 특히 개인이 특정 직업에 성공할 확률을 예측하는 예언타당도가 극히 낮다는 점이다(이정근, 1988). 실제로 2차 세계대전 중에 군대에서 검사를 받은 10,000명의 직업유형을 추적 조사한 결과, 12년 전에 받았던 검사는 각 개인들이 가지고 있는 직업에서의 성공을 정확히 예측하지 못하고 있음을 보고하고 있다(Thorndike & Hagen, 1959).

또한 다른 연구에서도 직업훈련 프로그램의 검사에서 나타나는 성공예언은 적당히 믿을 만한 것일 뿐이지 지나친 믿음을 갖는 것은 위험한 것임을 경고하고 있다(Ghiselli, 1966). 특히 특성요인 접근 주창자들은 진로상담에서 사용되는 검사의 남용을 결코 인정하지 않는다고 주장하고 있다(Brown & Books, 1990). 실제로 특성요인 이론가 중 한 사람인 Willamson(1939)은 검사의 결과는 개인차를 평가하기 위한 한 가지 수단일 뿐이며 오히려 직업경험과 일반적인 배경과 같은 자료들이 진로상담과정에 있어 더 중요한 것이라고 주장하고 있다(Zunker, 1998).

이 밖에도 직업선택을 일회적인 행위로 간주하여 장기간에 걸친 인간의 직업적 발달을 도외시하고 있다는 점, 개인이 갖고 있는 여러 특성 간의 역동성 및 개인이 그 많은 요인 중에서 어느 것을 우선적으로 고려하느냐에 따라 직업선택이 달라질 수 있다는 점을 고려하지 못하는 점 역시 이 이론의 단점으로 지적할 수 있다(이정근, 1988).

2. 발달이론

발달이론(Developmental Theories)은 특성요인에 비해 보다 포괄적인 접근을 하고, 진로행동의 종단적 표현에 더 관심을 가지고 있으며, 또한 자아개념을 더 중요시하는 점에서 특성이론이나 구조이론과 다르다(Herr & Crammer, 1979). 즉, 특성요인이론이 직업선택을 일회적인 행위로 간주하였다면, 발달이론에서는 진로발달을 생애의 전 과정에 걸쳐 발생하는 것으로 가정하고 있다.

따라서 진로지도 프로그램은 생애의 전 단계를 걸쳐 사람들의 요구를 만족시킬 수 있도록 설계되어야 한다는 점을 강조하고 있다(Zunker, 1998). 이 이론의 대표적인 학자로는 Ginzberg(1951), Super(1957), Tiedeman과 O'Hara(1961), Tuckman(1974) 등을 들 수 있다.

1) Ginzberg의 진로발달이론

Ginzberg, Ginsburg, Alxelrad, 그리고 Herma(1951)는 일반적으로 발달적 관점에서 직업선택의 이론을 접근한 최초의 연구자들로 간주되고 있다. 이들은 경제학자, 심리치료가, 사회학자, 심리학자 등으로 구성된 연구팀으로 직업세계를 보다 종합적으로 접근하면서 직업선택을 하나의 발달과정으로 간주하는 직업선택이론을 전개하였다(Zunker, 1998).

직업선택이란 일회적인 행위, 즉 단일 결정이 아니라 장기간에 걸쳐서 이루어지는 일련의 결정이며, 직업선택과정은 비가역적이어서, 나중에 이루어지는 결정은 그 이전 결정의 영향을 받게 된다는 것이다. 이러한 직업선택의 과정은 흥미, 능력, 가치관 등의 주관적 요소와 현실세계와의 타협으로 이루어진다(이정근, 1988). 물론, 나중에 의사결정의 비가역성은 비판을 받으면서 수정을 하지만, Ginzberg(1972)는 의사결정과정에서 이루어지는 초기결정의 중요성을 계속해서 강조하고 있다. Ginzberg와 동료들(1951)은 직업선택이란 6년에서 10년에 걸쳐 발생하는 발달적 과정으로, 대략 11살에 시작되어 17살이나 초기 성인기에 끝나는 것으로 결론지었다. 이 기간은 환상적 단계, 시험적 선택단계, 그리고 현실적 단계의 3단계로 구분할 수 있다(Zunker, 1988).

Ginzberg와 동료들(1951)은 Buehler(1933)의 생애단계이론, Lamann과 Witty (1942)의 흥미단계이론, 그리고 Strong(1931)의 직업흥미이론 등의 영향을 받아 발달적 접근법을 직업선택이론에 도입하였다. Ginzberg의 이론은 경제학자, 정신과의사, 사회학자, 심리학자들의 관점과 노력이 결합된 직업발달이론이다. 그의 이론의 핵심은 인간의 신체와 정신이 발달하는 것처럼 직업에 대한 지식, 태도, 기능도 어려서부터 발달하기 시작하여 일련의 단계를 거치면서 발달하는 것이다. 개인은 자신의 욕구, 능력, 가치관, 흥미 등의 내적 요인과 가정환경, 부모의 영향, 직업조건 등의 외적 요인 간의 타협을 통해 직업선택을 하게 되는데, 이러한 능력은 나이가 들수록 발달한다는 것이다(Bailey et al., 1973 : p. 67 ; 김충기, 1986 : pp. 51～52). 다시 말해서 직업선택이란 삶의 어느 한 시기에 이루어지는 일회적인 사건이 아니라 장기간에 걸쳐 발달하는 일련의 의사결정이라는 것이다.

Ginzberg는 진로발달의 단계를 다음의 〈표 2－2〉와 같이 구체적으로 환상기, 잠정기, 현실기로 나누어 제시하고 있다(Tolbert, 1980 : pp. 47～48).

〈표 2－2〉 Ginzberg의 발달 시기

시 기	연 령	특 성
환상기 (fantasy)	아동기 (11세 이전)	초기단계에는 놀이중심 이 단계 후반에서 놀이가 일 지향이 됨.
잠정기 (tentative)	청소년 초기 (11세～17세)	작업요구수준 즉 관심, 능력, 작업보상, 가치관 그리고 시간전망에 대한 점진적 인식으로 특징 되는 과도기적 과정
현실기 (realistic)	청소년 중기 (17세～성인초기)	능력과 관심의 통합, 가치관의 발달, 직업선택의 명료화, 직업 유형의 정형화

＊자료 : Vernon G. Zunker(1998). *Carrer Counseling : Applied Concepts of Life Planning*, New Jersey : Prentice-Hall P. 29.

(1) 환상기(fantasy period)

이 단계는 직업선택의 문제에서 자신의 능력이나 가능성, 현실여건 등을 고려하지 않고 욕구를 중시하는 시기이다. 대개 6세에서 11세까지가 이 단계에 속하는데, 아동은 무엇이든 하고 싶고, 하면 된다는 식의 환상 속에서 비현실적인 선택을 하는 경향을 갖고 있다.

(2) 잠정기(tentative period)

이 단계는 대략 11세부터 17세까지 해당되는 시기로 이 시기에 개인은 자신의 흥미나 취미에 따라 직업선택을 하려는 경향을 갖는다. 이 시기의 후반기에 가면 능력과 가치관 등의 요인도 조금 고려하지만 현실상황을 별로 고려하지 않기 때문에 직업선택의 문제에서 다분히 비현실적인 성격을 띤다. 이 시기의 특성을 잠정적이라 볼 수 있는데 이 단계는 다시 다음 네 가지 하위단계로 나뉘어진다.

① **흥미단계** : 이 단계는 대략 11세부터 12세까지의 시기로서 개인은 자신의

흥미나 취미에 따라 직업을 선택하려고 한다

② **능력단계 :** 이 단계는 대략 13세에서 14세까지의 시기로서 개인은 자신의 능력을 시험해 보고자 한다. 이 세상에는 다양한 직업들이 있고 직업에 따라 보수나 훈련조건, 작업조건 등이 다르다는 것을 처음으로 의식하게 된다. 진로계획시에는 개인은 자기능력을 고려하지만 극히 피상적이고 불완전하다.

③ **가치단계 :** 이 단계는 대략 15세에서 16세까지의 시기로서 개인은 직업선택시에 여러 가지 다양한 요인을 고려해야함을 인식하게 된다. 따라서 자신이 좋아하는 직업에 관련된 모든 정보들을 알아보려고 하며, 그 직업이 자신의 가치관 및 생애목표에 부합하는지 평가해 본다.

④ **전환단계 :** 이 단계는 대략 17세 전후로서 개인은 자신을 둘러싸고 있는 현실적인 외부요인에 눈을 돌리게 된다. 개인은 자신의 결정이 장래의 생활에 영향을 미칠 것이라는 현실인식을 하게 된다.

(3) 현실기(realistic period)

이 시기는 17세 이후부터 성인기에 이르는 시기로서 이 시기에 직업선택이 이루어진다. 이 시기에 개인은 직업에서 요구하는 조건과 자신의 개인적 욕구와 능력 등을 고려하여 현명한 선택을 하고자 한다. 이 시기는 다음 세 가지 하위 단계로 나뉘어진다.

① **탐색단계**(exploration substage) **:** 이 시기에 개인은 취업기회를 탐색하고 취업하려고 노력하게 된다.

② **구체화 단계**(crystalization substage) **:** 개인은 자신의 직업목표를 구체화하고 직업선택의 문제에서 내・외적 요인들을 두루 고려하게 된다. 이 단계에서는 타협이 중요한 요인이 된다.

③ **특수화 단계**(specialization substage) **:** 개인은 자신의 결정을 구체화시키고 보다 세밀한 계획을 세우고 고도로 세분화・전문화된 의사결정을 하게 된다.

Ginzberg의 이론은 진로지도에 필요한 개인의 직업적 성숙도와 규준을 제공함으로써, 직업선택과정에서 각각 단계별 문제발견과 지도에 도움을 줄 수 있다는 장점이 있다. 발달단계 초기에 이루어지는 선택과정은 개인의 흥미, 능력, 가치관에 좌우되지만, 나중에는 이 요인들과 외부적인 조건이 함께 타협됨으로써 직업선택이 이루어지는 점이 특징이라 할 수 있다(김충기, 1983). 그러나 Ginzberg가 실시한 경험적 연구의 결과는 여성과 소수민족, 그리고 도시나 농촌의 빈민층이 제외되었다는 표본상의 문제점 때문에 연구결과를 일반화할 수 없는 제한점을 지니고 있다(Osipow, 1983).

반면에 나이 많은 학생에 대한 자료가 없다는 것과 직업선택에 관련된 기존의 연구 결과를 충분히 검토하지 않았다는 단점도 지니고 있어서(이정근, 1988 : p. 46) 연구의 결과를 모든 학생에게 적용하는 데 한계가 있다(Osipow, 1983). 또한 이 연구의 결론은 동일표집 이외에는 항상 적용되는 것이 아니라는(Zunker, 1988 : p. 29) 비판도 받고 있다. 물론 Ginzberg(1984 : 180)도 직업선택이 생애과정이며, 개인의 일이 생활과 시·공을 함께 한다는 점을 강조하여 '직업선택은 그들의 일로부터 주된 만족을 추구하는 사람들을 위한 전생애의 의사결정 과정이다.'라고 생애 발달적 개념으로 확대시켰다.

이러한 비판에도 불구하고 Ginzberg, Ginsburg, Alxelrad 와 Herma(1951)의 연구가 발달론적 관점에서 직업선택 이론에 최초로 접근한 것으로 간주되고 있다(Zunker, 1998 : 29)는 점은 평가되어야 할 것이다.

Ginzberg는 그의 이론을 제시한지 약 20년 후에 이론의 일부를 수정하였다. 그는 개인의 진로결정이 생의 어느 한 시기에 이루어지는 일회적인 것이라는 주장을 번복하고 개인의 진로선택은 생애단계에 따라 변화·발달하는 것이라고 하였다(Ginzberg, 1972 : p. 169).

부수적인 주요 개정사항은 다음과 같다.

① 직업선택과 발달의 과정은 평생동안 무한하다.

② 불가역성(不可逆性)은 더 이상 효력이 없다.

③ 가장 적합한 직업을 발견하는 것은 계속적인 과정이다. 즉, 낙관은 타협으로 바꾸어야 한다.

④ 강제에 상당한 비중을 둘 필요가 있다.

⑤ 과거에 자기에게 가까이 했던 개인의 기회에 대한 지각의 중요성과 마찬

가지로 일의 세계에 대한 기회구조에 더 비중을 둔다.

⑥ 가치지향에 더 비중을 두고 만족에 대한 개인탐색에 중요한 역할을 한다고 간주한다.

또한 Tiedman과 O'Hara의 연구와 Crites의 직업발달연구, 그리고 Gribbon과 Lohnes의 진로발달연구 등은 Super의 영향을 받았거나 관점이 같으며, Tuckman의 진로개발 교육이론은 검증해 볼 만한 가능성을 제시한 것으로 평가되고 있기 때문에(김충기, 1995 : p. 87~95) 비록 Super의 이론이 지나치게 자아 개념적이며 지적인 면을 강조한다는 비판을 받고 있으나(홍기형, 1983 : p. 40), 진로발달과정을 체계적으로 기술하고 있다는 면에서 그리고 탐색기와 확립기의 진로발달을 중시했다(김충기, 1995 : 90).

2) Super의 진로발달이론

Super의 이론은 Ginzberg의 진로발달이론에 대한 비판에서 출발한 이론이다. Super는 Ginzberg 이론의 미흡성을 비판하고 당시의 직업선택 및 직업발달에 대한 지식을 충분히 분석, 종합하여 보다 포괄적이고 발전된 이론을 정립하려고 하였다(이정근, 1988).

직업행동에 대한 Super의 접근에 가장 중요한 부분은 자아개념이론이다. 최근에 그는 자아개념이론을 개인이 자신의 속성과 직업에서 요구되는 속성을 고려하여 연결시켜 주는 이론이라고 제안했다(Super, 1984). 그는 자아개념이론의 두 가지 구성요소를 인성적, 혹은 심리적 요소와 사회적 요소로 구분하였다.

또한, Super 이론의 대표적 공헌점은 자아개념과 진로발달의 관계에 대한 규명이라 할 수 있지만, '진로성숙' 개념 역시 진로발달이론의 중요한 공헌점이라고 할 수 있다. 개념적으로, 진로성숙은 계속적인 생애단계 내에서 성공적으로 수행된 발달적 과업을 통해 획득된다. 진로발달이론에 대한 또 다른 Super의 중요한 공헌은 직업발달단계를 형식화한 것이다.

Super의 직업발달이론은 모든 발달이론들 가운데 가장 종합적인 것으로 간주되고 있으며, 많은 연구들에 의해 일반적으로 지지되었던 발달적 개념들에 타당한 설명을 제공해 준다(Osipow, 1983).

Super(1990)는 개인의 전체 삶을 통해 경험하게 되는 다양한 삶의 역할을 묘사한 '아치형 통로모델(archway model)'을 창안했다. 이 모델의 기본적 개념은 상호작용학습으로서, 전기적인(biographical) 일과 심리적이고 사회경제적인 결정 요소들이 어떻게 진로발달에 영향을 미치는가를 명확히 설명하고자 사용되었다(Zunker, 1998).

Super는 그의 이론을 개인적 요인과 환경요인의 상호작용을 강조하는 통합적인 접근법이라고 하였다. 그는 개인의 일부는 개인의 심리·생리적 속성에 의해 그리고 일부는 의미 있는 타인을 포함하는 환경요인에 의해 인간발달의 한 측면으로써 직업발달을 해 나가게 된다고 보고 있다.

또한 Super는 직업발달과 측정 그리고 직업적응에 관한 관련이론과 연구들을 폭넓게 전개하면서 포괄적인 직업발달이론을 제시하였다. 그는 여기서 열 가지의 기본명제를 제시하고 있는데, 이것은 그의 이론의 기저가 되는 개념으로서 다음과 같다(Super, 1953 : pp. 189~190 ; Tolbert, 1980 : pp. 41~42).

① 개인은 능력이나 흥미, 성격에 있어서 각기 차이점을 갖고 있다.

② 이러한 특성의 차이로 각 개인은 각기 적합한 직업적 능력을 갖고 있다.

③ 각 직업군에는 그 직업에 요구되는 어떤 능력이나 흥미, 성격특성이 있다.

④ 개인의 직업선호성이나 능력, 자아개념 등은 시간의 경과와 경험에 따라 변화한다. 따라서 직업의 선택과 적응은 일생을 통해 변화하는 일련의 계속적인 과정이다.

⑤ 이 과정은 일련의 생애단계로서 성장기, 탐색기, 확립기, 유지기, 쇠퇴기로 나눌 수 있다.

⑥ 개인의 진로유형의 본질은 부모의 사회경제적 수준과 개인의 지적 능력, 인성적 특성 그리고 직업계획 등에 의해 결정된다.

⑦ 개인의 진로발달은 능력과 흥미, 성숙의 과정을 촉진시키거나 자아개념의 발달을 도와줌으로써 이루어질 수 있다.

⑧ 직업발달 과정은 주로 자아개념으로 발달시키고 실천해 나가는 과정이다. 즉, 그것은 타고난 적성과 생리적 체질, 다양한 역할을 수행할 수 있는 기회 그

리고 역할수행의 결과로 선배나 동료로부터 받은 인정에 대한 개인의 평가 등이 상호작용해서 형성되는 자아개념 간에 이루어지는 일련의 타협과정이다.

⑨ 개인과 사회적 요인 간의 타협, 즉 자아개념과 현실 간의 타협은 직업발달 과정에서의 역할수행의 과정이며 이러한 역할수행은 환상, 상담, 면접 또는 학급이나 클럽에서의 활동과 여가활동이나 취업활동 등을 통해 이루어진다.

⑩ 직업과 인생에 대한 만족의 정도는 개인이 그의 능력과 적성, 성격특성, 가치관에 맞는 진로를 찾아 종사했느냐에 달려 있다. 그것은 또한 자신의 성숙도와 탐색경험에 비추어 일관성 있고 자신에게 적합하다고 판단되는 일의 유형과 작업환경 그리고 생활양식을 찾아 얼마나 성실하게 임했는지에 의해 결정된다.

위와 같은 명제를 토대로 해서 Super는 1951년에 '진로유형 연구'를 보고했는데 여기서 그는 생애발달에 따른 진로발달의 단계와 각 단계별 특징을 다음과 같이 제시하고 있다(Tolbert, 1980 : pp. 42~44 ; Super, 1957 : pp. 189~190).

(1) 성장기(growth stage)

출생에서 14세까지의 시기로서 이 시기에 아동은 가정과 학교에서 중요한 타인에 대해 동일시를 함으로써 자아개념을 발달시킨다. 이 단계의 초기에는 욕구와 환상이 지배적이지만, 사회참여와 현실검증력이 발달함에 따라 점차 흥미와 능력을 중시하게 된다. 이 단계는 다음과 같이 세 가지 하위단계로 나누어진다.

① **환상기**(fantasy substage, 4~10세) : 아동의 욕구가 지배적이며 역할수행이 중시 된다.

② **흥미기**(interest substage, 11~12세) : 진로의 목표와 내용을 결정하는 데 있어서 아동의 흥미가 중시된다.

③ **능력기**(capacity substage, 13~14세) : 진로선택에 능력을 중시하며 직업에서의 훈련조건을 중시한다.

(2) 탐색기(exploration stage)

15세에서 24세까지의 시기로서 이 시기에 개인은 학교활동, 여가활동, 시간제 일과 같은 활동을 통해 자아를 검증하고 역할을 수행하며 직업탐색을 시도한다.

이 단계는 다음과 같이 세 가지 하위단계로 나뉘어진다.

① **잠정기**(tentative substage, 15~17세) : 개인은 자신의 욕구, 흥미, 능력, 가치와 취업기회 등을 고려하기 시작한다. 환상이나 토론, 일의 경험 등을 통해 잠정적으로 진로를 선택해 본다

② **전환기**(transition substage, 18~21세) : 개인은 장래 직업세계로 들어갈 때 필요한 교육이나 훈련을 받으며 자신의 자아개념을 확립하려고 한다. 이 시기에는 현실적 요인을 중시한다.

③ **시행기**(trial substage, 22~24세) : 개인은 자기에게 적합하다고 판단되는 직업을 선택해서 거기에 종사하기 시작한다.

(3) 확립기(establishment stage)

25세부터 44세까지의 시기로 이 시기에 개인은 자신에게 적합한 분야를 발견해서 종사하고 생활의 터전을 잡으려고 노력한다. 이 시기는 다음과 같이 두 가지로 하위단계로 나누어진다.

① **시행기**(trial substage, 25~30세) : 개인은 자신이 선택한 일의 세계가 적합치 않을 경우에 적합한 일을 발견할 때까지 한두 차례 변화를 시도한다.

② **안정기**(stabilization substage, 31~44세) : 이 시기는 개인의 진로유형이 안정되는 시기로서 개인은 그의 직업세계에서 안정과 만족감, 소속감, 지위 등을 갖게 된다.

(4) 유지기(maintenance stage)

45세부터 66세까지의 시기로 이 시기에 개인은 안정된 속에서 비교적 만족스런 삶을 살아간다.

(5) 은퇴기(decline stage)

65세 이후의 시기로 이 시기에 개인은 정신적, 육체적으로 그 기능이 쇠퇴함에 따라 직업전선에서 은퇴하고 다른 새로운 역할과 활동을 찾는다.

위에서 언급한 5단계 가운데 Super와 그의 동료들(1963)은 탐색기와 확립기의 진로발달을 중요시했는데, 그 이유는 이 시기가 그가 좋아하는 직업세계에 대해 구체적인 선택을 하고 그 직업에서 안정과 발전을 이루면서 자아개념을 완성해 가는 시기이기 때문이다.

Super의 이론은 지나치게 자아개념 지향적이며 지적인 면을 강조하고 직업발달 측면만을 강조한다는 비판을 받고 있으나(홍기형 외, 1985 : p. 40), 개인의 직업발달의 과정을 자아실현과 생애발달의 과정으로 본 점과 자아개념의 직업자아개념으로의 전환, 진로유형, 진로성숙, 진로발달 단계에 초점을 맞추면서 진로발달 과정을 체계적으로 기술하고 있다는 점에서 진로발달이론 중에서 가장 역동적이고 포괄적인 이론이라고 할 수 있다(홍기형 외, 1983 : p. 19).

Super는 직업선택과정은 인간의 발달과정 및 발달단계에 부합되는 과정으로서 전체 발달과정의 일부이며 누구든지 이 단계를 거치며 발전해 간다고 하였다. 그러나 진로유형은 개인의 특성이나 개인차, 능력, 노력, 환경, 문화배경에 따라 각기 다르다고 보았으며, 직업발달에 본질적인 역할을 하는 자아개념은 유아기에서부터 형성되어 그 후로 전환, 실천의 과정을 거치면서 죽을 때까지 발달되지만, 청년 후기 이후에는 대략 큰 변화를 보이지 않는다고 보았다.

3) Super의 진로에 대한 시 · 공적 접근이론

Zunker(1998 : 38)는 Super의 최근 저술에서 그의 이론을 '진로에 대한 시 · 공적 접근(the life-span, life-space approach to career)'으로 명명하였다(Super, Savickas, & Super, 1996)고 한다. 그의 초기 진로발달이론에서 밝힌 성장기, 탐색기, 확립기, 유지기, 쇠퇴기로 나눈 직업발달 단계는 〈표 2－3〉과 같이 직업발달 과업으로 알려진 다섯 가지 활동을 통해 입증된 직업행동과 태도에 체제를 제공해 준다.

그런데 Super(1990)는 그 후 〈표 2－4〉와 같이 전생애를 통한 발달과업을 수정하였다. 그는 발달과업을 통해 순환(cycling)과 재순환(recycling)이라는 용어를 사용하였다. 이 공식이 과거에 오해가 있었을지도 모르는 Super의 입장을

〈표 2-3〉 Super의 직업발달과업

작업발달과업	연령(세)	일반적 특성
정형화	14～18	자원, 가능성, 관심, 가치관의 인식과 선택할 직업을 위한 계획을 통해 일반적인 직업목표를 공식화하는 인지적 안정기
명료화	18～21	잠재적인 직업선택에서 특정한 직업선택으로의 이행기
성취기	21～24	직업선택과 구직을 위한 완성기
안정화	24～35	적절한 진로선택을 위해 자신의 진로선택을 비교·검토하고 직업경험과 재능을 이용하여 선택된 진로를 확립하는 시기
공고화	35이상	승진, 지위 그리고 선입자 특권 등에 의해 진로를 확립하는 시기

*자료 : Vernon G. Zunker(1988). *Career Counseling : Applied Concepts of Life Planning*, New Jersey : Prentice-Hall, p.32.

명확히 해준다. 즉, 그는 연령과 변화를 매우 유연하게 보고 질서 정연한 계열에 따라 일어나는 것은 아니라고 보았다(Zunker, 1988 : 32～33).

〈표 2-4〉 생애를 통한 발달과업 순환과 재순환

생애단계	연 령(세)			
	청소년기(14～25)	성인초기(25～45)	성인중기(45～65)	성인후기(65이상)
쇠퇴기	취미활동 감소	스포츠 활동 참여감소	필수활동에 초점	근로시간 감소
유지기	현재 직업 비교확인	직업적 지위 안정화	경쟁에서 자신 지키기	즐거움 유지
확립기	직업활동 시작	영속적 지위에 정착	새로운 기술개발	하고 싶었던 일하기
탐색기	보다 많은 기회 학습	소망직업 발견	현직에서 문제점	적절한 은퇴 시점 찾기
성장기	성장기 자아개념 개발	현실적 학습	대인관계 한계 수용	자신의 비직업적 역할 개발

*자료 : Vernon G. Zunker(1998). *Career Counseling : Applied Concepts of Life Planning*, N. J. : Prentice-Hall, p. 32.

그 후 Super는 '생애 무지개(life rainbow)'라는 용어를 사용하다가 생애단계 모형을 설명하고 있다. 여기에서 그는 생애의 시간적 개념인 수직적 차원에다가 '생애공간(life-space)'이라는 두 번째 차원을 추가하여 진로발달의 분절모형인 '아취형 모델(archyway model)'을 [그림 2－1]과 같이 제시하였다. 즉, 생물학적 근거로부터 확장된 원추는 개인의 욕구, 지능, 가치관, 태도, 그리고 관심과 마주하도록 하였는데, 이들이 인성변인을 구성하고 성취를 가져오는 요소라고 보았다. 그리고 지리적 근거로부터 솟아오른 원추는 가정, 학교, 동료집단 그리고 노동시장과 같은 환경적 영향을 포함하는데, 이들이 사회정책과 실제 고용에 영향을 주는 요인으로 보고 있다(Zunker, 1998 : 36～37).

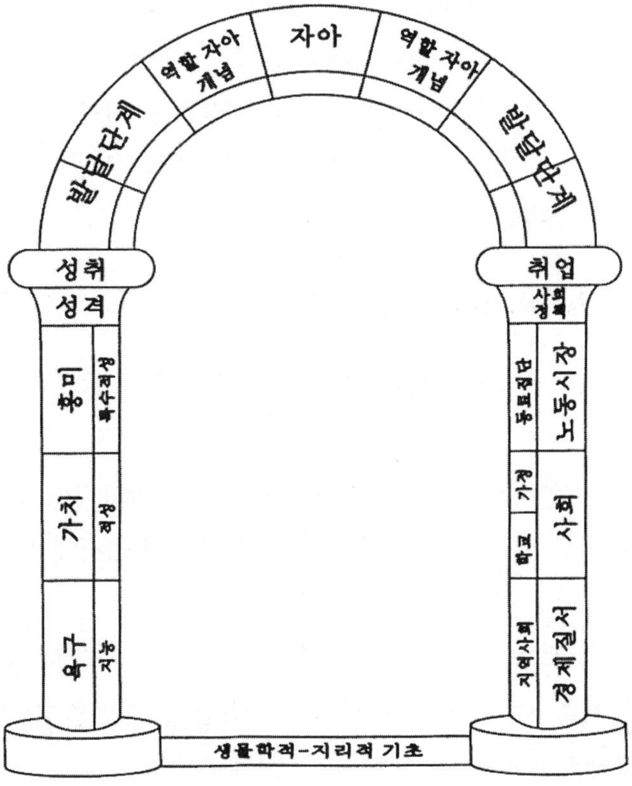

[그림 2－1] 진로발달의 분절모형

* 자료 : Vernon G. Zunker(1988). Career Counseling : Applied Concepts of Life Planning, N. J. : Prentice-Hall, p. 37.

4) Tiedeman과 O'Hara의 진로발달이론

Tiedeman과 O'Hara는 진로발달을 직업정체감(vocational identify)을 형성해 가는 과정으로 보았다. 새로운 경험을 쌓을수록 개인의 정체감은 발달된다. 분화와 통합의 과정을 거치면서 개인은 자아정체감을 형성해 가며, 이러한 자아정체감은 직업정체감의 형성에 중요한 기초요인이 된다. 이 이론에서는 개인이 자신의 특성을 파악하고 자아를 실현시킬 수 있는 일이 무엇인가를 인식해 가는 과정을 중시하고 있다.

개인은 어떤 문제에 직면하거나 어떤 결정을 내려야 할 때 의사결정의 단계에 접어들게 된다. 이러한 단계들을 Tiedeman과 O'Hara(1963)는 예상기(anticipation period)와 적응기(adjustment period)로 구분하고 있다. 예상기는 다시 탐색기, 구체화기, 선택기, 명료화기로 그리고 적응기는 다시 순응기, 개혁기, 통합기의 하위단계로 나뉘어진다. 각 단계의 특징을 좀더 구체적으로 살펴보면 다음과 같다(Tolbert, 1980 : pp. 50~51).

(1) 예상기(anticipation period)

전직업기(preoccupation period)라고도 부르며 다음과 같이 네 가지 하위 단계로 구분된다.

① **탐색기**(exploration substage) : 진로목표를 설정하고 대안을 탐색해 보며 진로목표를 성취할 수 있는 능력과 여건이 갖추어져 있는지에 대해 예비평가를 해본다

② **구체화기**(crystalization substage) : 가치관과 목표, 가능한 보수나 보상 등을 고려하면서 구체적으로 진로를 준비하기 시작한다. 개인은 가장 바람직한 방향으로 진로를 결정하려고 한다.

③ **선택기**(choice substage) : 이 단계에 이르면 개인은 자기가 하고 싶어하는 일과 그렇지 않은 것을 확실히 알게 되며 구체적으로 의사결정에 임하게 된다. 진로선택의 적절성 여부는 전단계에서의 발달정도에 의한다.

④ **명료화기**(clarification substage) : 이 단계는 이미 내린 의사결정을 신중히 분석 · 검토하고 결론을 내리는 과정이다.

(2) 실천기(implementation period)

적응기(adjustment period)라고도 하며, 이 단계는 앞에서 내린 잠정적 결정을 실천에 옮기는 과정으로 다음과 같이 세 가지 하위단계로 구분된다.

① **순응기**(inducation substage) : 개인은 새로운 상황, 이를테면 직장이나 학교에 들어가서 인정과 승인을 받고자 한다. 새 집단이나 조직의 풍토에 적응하기 위해서 개인은 자신의 일면을 수정하거나 버리기도 한다. 즉, 수용적인 자세로 새로운 상황에 임한다.

② **개혁기**(reformation substage) : 수용적인 자세로 새로운 상황에 임한 후에 일단 인정을 받게 되며, 개인은 자신의 의견이나 주장을 강력하게 드러낸다.

③ **통합기**(intergration substage) : 이 단계에 이르면 개인은 집단이나 조직의 요구와 자신의 욕구들을 균형 있게 조절할 수 있게 된다. 즉, 타협과 통합을 이룬다. 집단의 일원으로서 원만하게 생활을 해가면서 개인은 직업적 자아개념(직업정체감)을 발달시키게 되는데, 이것은 분화와 통합의 과정을 통한 역동적인 평화화 과정이다(Tiedeman & O'Hara, 1963 : pp. 38~45).

위에서 기술한 '탐색－구체화－선택－명료화－순응－개혁－통합'의 연속과정은 진로선택시에 거치는 과정으로서, 직업적 자아개념은 연령이 증가하고 경험이 쌓일수록 발달하게 된다는 것이 Tiedeman과 O'Hara 이론의 주요 개념이다. 따라서 그들의 이론은 Super의 이론의 영향을 많이 받은 것으로 평가할 수 있다. 여기서 분화와 통합의 과정은 엄밀하게 구분할 수 있는 과정은 아니며 진로 의사 결정시에 가장 중요한 과정이다.

Tiedeman은 의사결정과정에서 개별과정(individual process)을 중시하였는데, 개인적인 경험이나 의사결정 과정에 대한 이해는 진로발달과 선택에 있어서 무엇보다도 중요하다고 할 수 있다.

〈표 2-5〉 진로결정의 과정

예상기 혹은 전직업기	특 징	실천기 혹은 적응기	특 징
탐색기	· 사고가 일시적이며 순간적임 · 실천 가능한 진로탐색 및 재검토 · 상상으로 다양한 활동을 경험 · 잠정적인 목표를 설정, 탐색작업 · 장래의 대안적 진로행동 · 포부, 능력, 흥미, 직업선택의 사회적 의미 숙고	순응기	· 진로구체화를 위한 사회적 상호작용 · 직업사회체계 내에서의 자기명료화와 자아보호 · 수용과 집단으로의 융합(조정) · 사회적 목적의 전체 진로구조 내에서 개인적인 목표를 구체화함.
구체화기	· 대안에 대한 지속적 평가 · 대안을 줄임 · 잠정적(tentative) 선택 · 잠정적 선택의 재평가(가치, 서열화) · 목표 제한적, 구체화, 변경가능 · 생각을 명확히 굳힘.	개혁기	· 직장에서 직원으로 수용 · 인정함. · 직장 내 · 외적으로 주장적 행동 · 주장적 행동으로 다른 사람을 설득, 자기 의견을 따르게 함.
선택기	· 명확한 목표 결정 · 목표달성에 필요한 특정행동	통합기	· 직업집단과 상호작용을 통해서 목표타협 · 자아와 직장에 대한 객관성 확보 · 전체적인 진로분야에서 구성원으로서의 정체감 획득 · 일시적으로나마 수행한 결과나 행동에 대하여 만족
명료화기	· 선택한 위치에서의 자신에 대한 명료화기간 · 지위예상 진로결정 불안 약화 · 진로결정에 대한 강한 확신 · 예상단계나 전직업기가 끝남.		

5) Tuckman의 진로개발 교육이론

Tuckman(1974)은 자아인식, 진로인식 및 진로의사 결정이라는 세 가지 주요 요소를 포함하는 8단계의 진로발달이론을 제시하였다. 이 이론은 진로개발 교육에 기저를 제공해 주고 있다. 그가 제시한 8단계의 이론은 다음과 같다.

① **1단계－일방적 의존성 단계 :** 대략 유치원에서 초등학교 1학년까지의 과정으로 이 단계에서의 진로발달은 외적 통제에 의존한다. 노동문화에 대한 정보와

가정에서 사용하는 도구들을 중심으로 하여 진로의식을 하게 되는 과정이다.

② **2단계－자아주장의 단계 :** 대략 초등학교 1∼2학년 과정으로 아동은 조금씩 자율성을 갖게 되며 친구의 선택과 같은 단순한 형태의 선택을 할 수 있게 된다. 일에 대한 간단한 지식이나 개념을 이해하기 시작한다.

③ **3단계－조건적 의존성의 단계 :** 대략 초등학교 2∼3학년 과정으로 아동은 자아를 인식하기 시작하여 독립적으로 된다. 이 과정에서의 자아인식의 초점은 동기와 욕구 그리고 친구와의 관계형성에 있다.

④ **4단계－독립성의 단계 :** 대략 초등학교 4학년의 과정으로 아동은 일의 세계를 이론적으로 탐색한다. 기술과 직업세계에 대한 인식, 사회 내에서의 자신의 위치 등을 생각해 보며 의사결정에 대해 관심을 갖는다.

⑤ **5단계－외부지원의 단계 :** 대략 초등학교 5∼6학년 과정으로 아동은 외부의 승인이나 인정을 구한다. 직업적 흥미와 목표, 작업조건, 직무내용 등에 관심을 갖는다.

⑥ **6단계－자기결정의 단계 :** 대략 중학교 1∼2학년의 과정으로 개인은 자신의 규칙과 규범을 설정하고 자아인식을 위해 노력하며 직업군을 탐색하기 시작한다. 또한 직업관을 갖기 시작하며 의사결정의 기본요인들을 현실적인 시각에서 탐색한다.

⑦ **7단계－상호관계의 단계 :** 중학교 3학년에서 고등학교 1학년 정도에 이르는 시기로서 또래문화와 교우관계를 중시하는 관점에서 진로선택을 한다. 직업선택의 가치, 일에 대한 기대와 보상, 작업풍토, 의사결정의 효율성 등에 대해 관심을 갖는다.

⑧ **8단계－자율성의 단계 :** 고등학교 2∼3학년 과정으로 개인은 직업에 대한 탐색과 아울러 자기에 대한 인식을 확고히 한다. 진로문제에서 자신의 적합성 여부, 교육조건, 선택가능성 등에 초점을 두면서 대안을 점차적으로 축소시켜 나간다.

Tuckman의 이론은 유치원에서 고등학교까지의 발달에 관한 것으로 하나의 결정적인 이론이라기보다는 검증해 볼 만한 가설을 제시한 것이라고 평가되고 있다.

6) Crites의 직업발달 연구

Super와 함께 진로유형 연구(Career Pattern Study)를 수행하면서 Crites는 직업성숙의 개념을 제시하였다. Crites(1971)는 Super의 직업선택 이론에서의 일관성과 현실성의 영역에다가 직업선택의 태도와 노력의 영역을 첨가하여 태도척도와 능력척도를 개발하였다. 그는 이 검사의 명칭을 직업발달도검사(Vocational Development Inventory)라고 명명했으나, 진로란 말이 직업이란 말보다 포괄적이고, 성숙이 발달보다 적절한 개념이라고 생각하여 진로성숙도검사(Career Maturity Inventory, CMI)라고 수정하고 그 내용도 일부 보완하였다(Crites, 1978a : p. 1). 진로성숙도검사의 모형은 [그림 2－2]와 같다.

[그림 2－2]에서 보는 바와 같이 Crites는 네 가지 집단요인을 설정하고 이 집단요인을 바탕으로 16개의 변인들을 설정하였다. 그는 진로성숙의 영역을 내용과 과정으로 나누고 이 중에서 과정변인 태도와 능력변인에 초점을 두고 진로성숙도를 측정하는 데 관심을 두었다.

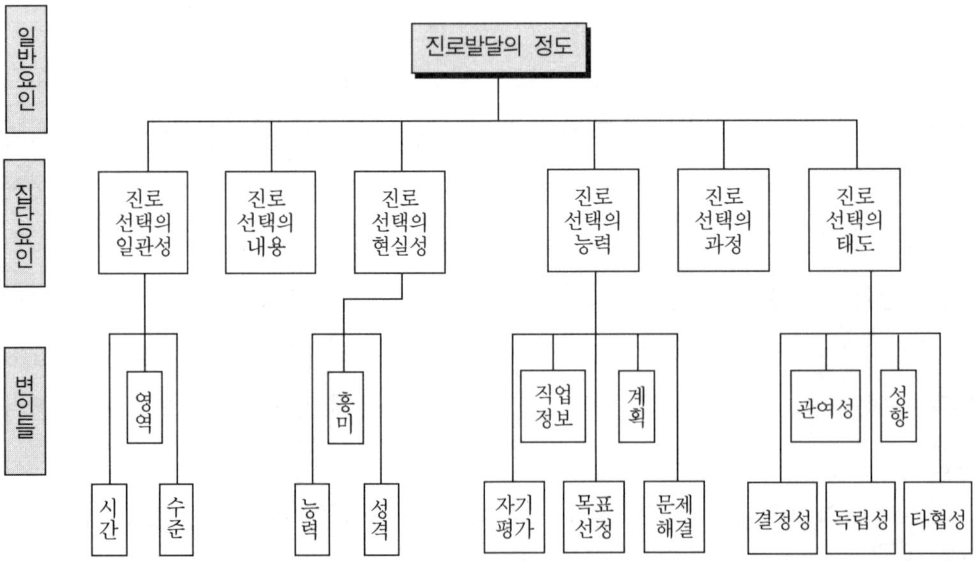

[그림 2－2] Crites의 진로성숙도의 모형(Crites, 1978a : p. 8)

이상과 같은 진로발달 이론가들의 관점을 요약하면 개인의 진로선택 및 진로 의사 결정은 직업생애 단계를 거치며 발달하고, 각 단계는 각기 다른 발달과제와 진로행동을 갖고 있다고 한다. 진로선택에 관한 발달이론가들의 공헌은 진로 성숙의 개념을 정의하고 진로성숙의 구인(construct)을 추출하여 이를 측정함으로써 진로발달의 과정과 결과를 체계적으로 기술했다는 점이다. 또한 이 이론은 직업선택에 관한 여러 이론의 장점을 포괄하고 진로발달을 생애발달의 관점에서 수용하고 있다는 점에서 포괄적이고 인간적인 접근법이라고 할 수 있다.

7) Gottfredson의 직업포부 발달이론

(1) 직업적 포부의 발달

직업적 포부의 발달은 Gottfredson이 제시한 이론의 중요한 주제로(1981), 그는 이 이론에서 Super와 마찬가지로 발달적 단계를 다루면서 사람이 어떻게 특정의 직업에 매력을 느끼게 되는가를 기술했다. Gottfredson에 따르면 사람들은 자신의 자아 이미지에 알맞은 직업을 원하기 때문에 직업발달에서 자아개념은 진로선택의 중요한 요인이 된다. 자아개념발달의 중요한 결정요인은 사회계층, 지능수준 및 다양한 경험 등이다.

(2) 직업포부의 발달단계

1 직업과 관련된 개인발달의 4단계

이 이론에서는 직업과 관련된 개인의 발달을 아래와 같이 네 가지 단계로 구분하여 설명하고 있다.

① **힘과 크기 지향성**(Orientation to size and power, 3～5세) : 사고과정이 구체화되며, 어른이 된다는 것의 의미를 안다.

② **성역할 지향성**(Orientation to sex roles, 6～8세) : 자아개념이 성(gender)의 발달에 의해서 영향을 받는다.

③ **사회적 가치 지향성**(Orientation to social valuation, 9~13세) : 사회계층에 대한 개념이 생기면서 자아(self-in-situation)를 인식하고, 일의 수준에 대한 이해를 확장한다.

④ **내적, 고유한 자아 지향성**(Orientation to the internal, unique self) : 내성적인(introspective) 사고를 통하여 자아인식이 발달하며, 타인에 대한 개념이 생긴다. 자아성찰과 사회계층의 맥락에서 직업적 포부가 더욱 발달한다.

2 직업적 선호와 발달관계

이 발달모델에서의 직업적 선호는 신체적, 정신적 성장과 더불어 복잡하게 나타나는데, 직업선호의 주요 결정요인은 자아개념이 발달하면서 포부에 대한 한계가 설정된다. 즉, 인생에 대한 아동기의 단순하고 구체적인 안목에서, 청소년기와 성인기에는 보다 구체적이고 복잡하면서도 추상적인 사고를 하게 된다.

이를 단계별로 살펴보면, 1단계에서는 어린이로서의 구체적 사고를 통해서 자신의 직업에 대해서 긍정적인 입장을 취하여, 2단계에서는 자신이 선호하는 직업에 대해서 보다 엄격한 평가(critical)를 하게 된다. 그리고 3단계에서는 평가를 위한 보다 많은 기준들을 갖게 되며, 4단계에서는 청소년으로서 자신에 대한 자각, 자신의 성 유형(sex-typing), 사회계층 등의 모든 조건들을 고려하게 된다.

Gottfredson은 이 과정에서 사회경제적 배경과 지능수준을 강조하였으며, 사람들은 직업세계에서 자신의 사회적 공간(social space), 지적 수준, 성 유형에 맞는 직업을 선택한다고 보았다.

3. 욕구이론

욕구이론(need theory)은 직업선택이 개인의 욕구와 관련이 있는 것으로 보는 이론으로서 Roe, Holland, Hoppock 등이 대표적인 학자들이다.

1) Roe의 욕구이론

Roe는 개인의 욕구가 직업선택에 큰 영향을 미친다고 보았다. 즉, 아동기에 형성된 욕구에 대한 반응으로 작업선택이 이루어진다고 한다. Roe는 Maslow가 제시한 욕구의 단계를 기초로 해서 초기의 인생경험과 직업선택과의 관계에 관한 일곱 가지 가정을 발전시켰다.

Roe는 초기의 가정환경이 그 후의 직업선택에 중요한 영향을 미친다고 보고 다음과 같은 다섯 가지 명제를 제시하였다.

① **명제 1 :** 개인이 갖고 있는 여러 가지 잠재적 특성의 발달에는 한계가 있다. 그러나 그 한계의 정도는 개인에 따라 다르다.

② **명제 2 :** 개인의 유전적인 특성의 발달정도와 발달통로는 개인의 유일하고 특수한 경험에 의해 영향을 받으며, 또한 가정의 사회경제적 배경과 일반사회의 문화배경에 의해 영향을 받는다.

③ **명제 3 :** 유전의 제약을 비교적 조금밖에 받지 않는 흥미나 태도와 같은 변인들은 주로 개인의 경험에 따라 발달유형이 결정된다.

④ **명제 4 :** 심리적 에너지는 흥미를 결정하는 중요한 요소이다.

⑤ **명제 5 :** 이러한 개인의 욕구와 만족 그리고 강도는 성취동기의 유발 정도에 따라 결정된다(Roe & Siegelman, 1964 : p. 5).

Roe(1956)는 여러 가지 다른 직업에 종사하는 사람들은 각기 다른 욕구를 갖고 있고 이러한 욕구의 차이는 어린 시절의 부모-자녀관계에 기인한다고 보았다. Roe는 이러한 관점에 기초해서 부모의 육아방식과 자녀의 직업지향성 간의 관계를 [그림 2－3]과 같이 제시하였다.

[그림 2－3]에 의하면 가정의 정서적 분위기, 즉 부모와 자녀간의 상호작용(육아법)은 모두 세 가지 유형으로 나눌 수 있으며 그것들 각각에 따라 자녀의 욕구충족도가 달라진다. 즉, 회피형, 정서집중형, 수용형에 따라 자녀의 욕구유형이 달라지게 되는데, 이를 구체적으로 설명하면 다음과 같다(김충기, 1986 : pp. 56～57).

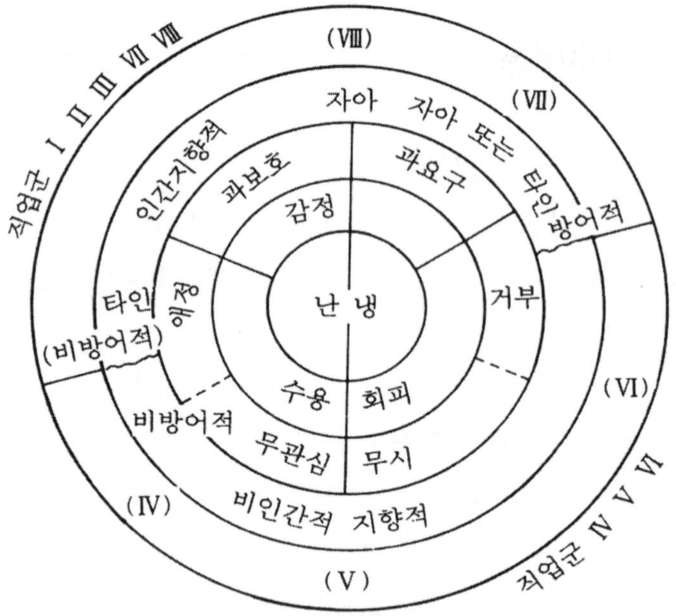

[그림 2-3] 부모의 육아방법과 자녀의 직업 지향성

* 출처 : Anne Roe & Marvin Siegelman, *The Orgin of Interest*, Washington. D.C. : American Personnel & Guidance Assocation, 1964 : p. 6.

(1) 회피형

① **거부형 :** 자녀에 대해 냉담하여 자녀가 선호하는 것이나 의견을 무시한다. 또 부족한 면이나 부적합한 면을 지적하며, 자녀의 욕구를 충족시켜 주려고 하지 않는다.

② **방임형 :** 자녀와 별로 접촉하려고 하지 않으며, 부모의 책임을 회피하려고 한다.

(2) 정서집중형

① **과보호형 :** 자녀를 지나치게 보호함으로써 자녀에게 의존심을 키운다.

② **요구과잉형 :** 자녀가 남보다 뛰어나기를 바라고 공부를 잘하기를 바라므로 엄격하게 훈련시키고 무리한 요구를 한다.

(3) 수용형

① **무관심형 :** 자녀를 수용적으로 대하지만 자녀의 욕구나 필요에 대해 그리 민감하지 않고 또 자녀에게 어떤 것을 잘하도록 강요하지 않는다.

② **애정형 :** 온정적이고 관심을 기울이며 자녀의 요구에 응하고 독립심을 길러 주며 벌을 주기보다는 이성과 애정으로 대한다.

이러한 가정 분위기의 유형과 작업지향성과의 관련에 대해 Roe는 다음과 같은 가설을 제시하고 있다.

첫째, 과보호형의 가정환경에서 성장한 사람은 인간지향적인 성격을 갖게 되며 그 결과 예능계통의 직업을 갖고 싶어한다.

둘째, 온정적이고 수용적인 분위기에서 성장한 사람도 역시 인간지향적인 성격을 갖게 되지만 과보호형과는 달리 다른 사람들과 함께 일하고 접촉하는 서비스 직종의 직업을 갖고 싶어한다.

셋째, 부모의 사랑을 제대로 받지 못하고 거부적인 분위기에서 성장한 사람은 공격적이고 방어적인 성격을 갖게 되며, 그 결과 다른 사람과의 접촉이 적은 직업이나 과학계통, 연구계통의 직업을 갖고 싶어한다.

또한 Roe는 직업분류에 관한 연구(Roe & Siegelman, 1964)도 하였는데, 그들은 직업군을 모두 여덟 가지로 분류하고 그것들을 다시 3단계의 수준으로 나누어 〈표 2-6〉과 같은 직업분류표를 제시하였다.

2) Holland의 인성이론

Holland(1966)는 개인의 행동양식이나 인성유형이 직업선택과 발달에 중요한 영향을 미친다고 보았다. 그는 직업선택을 개인의 타고난 유전적 소질과 문화적 요인간의 상호작용의 소산이라고 보고 있다. 여기서 문화적 요소란 동료·부모·중요한 타인 그리고 개인이 속한 사회의 문화와 물리적 환경을 의미한다(이정근, 1978 : p. 41).

〈표 2-6〉 Roe의 직업분류

수 준 직업군	전문·관리 (상급)	전문·관리 (보통)	준전문· 관리	숙 련	준숙련	비숙련
I 서비스직	조사연구 과학자	행정가 매니저 보호관찰자 사회사업가	고용상담자 간호원 YMCA 디렉터	군인상사 이용사 웨이터 순경	요리사 엘리베이터 관리인 소방서원 해군	청소부 경비원 파출부
II 비즈니스직	판매원소장 회사사장	인사과 직원 매매기사	중개인 화물취급가 자동차보험 판매원 도매인	경매인 조사원 부동산 중개인	표판매원 판매점원 행상원	신문배달원
III 조직· 단체직	회사사장 각료	은행원 중재인 호텔매니저	계리사 우체국소장 개인비서	속기사 통계원 편집자	서기 우체부 교환원 타이피스트 현금출납원	배달업
IV 산업기술직	발명가 과학자 (공학)	항공 엔지니어 비행분석가 공장감독	비행사 계약자 (공사) 기관사	목수 봉재원 대장장이 미장이	크레인조작인 트럭운전사 기차신호인	목수보조원 노동자
V 옥외활동직	공학연구자 (광산)	지리학자 어류전문가	양봉가 산림애호가	광부 조경사	어부 정원사 여관주인 사냥꾼	동물사육사 농장노동자 노동자
VI 과학직	치과의사 의사 연구과학자 (물리화학)	화학자 약학자	물리요법사 시체보건사	의료기술자 간호사	보조간호원	
VII 일반문화직	법관 교수	목사 편집장 뉴스해설자 교원	사법서사 사서원 기자	편집인	도서관 종사자	서류복사 종사자
VIII 예·체능직	관현악 지휘자 TV 디렉터	건축가 야구선수 조각가	광고전문가 운동코치 내부장식가 사진사	삽화가 만화가 장식가	의류업 모델	무대장치인

* 출처 : Helen P. Moser, William Dubin & Irving M. Shelsky, 'A Proposal Modification of the Roe Occupational Classification', Journal of Counseling Psychology, Vol. 3, 1956 : p. 30.

Holland의 이론은 다음과 같은 네 가지 가설에 기초하고 있다.

① 우리 문화권에서 대부분의 사람들은 직업환경을 현실적·지적·사회적·전통적·설득적·심미적 환경으로 분류하고 있다.

② 직업적응 방식의 유형도 역시 현실적·지적·사회적·전통적·설득적·심미적 환경의 여섯 가지로 구분할 수 있다.

③ 사람들은 자신의 기술과 능력을 발휘하고 자신의 태도와 가치관에 따라 일할 수 있는 환경을 선호하며 자신에게 맞는 역할을 담당할 수 있는 직업환경을 찾는다.

④ 개인의 행동은 자신의 성격특성과 환경특성과의 상호작용에 의해 결정된다.

위의 가설을 종합하여 제시하면 〈표 2-7〉과 같다.

〈표 2-7〉 Holland의 직업환경과 적응방향의 대조표

구 분	직 업 환 경	적 응 방 향
현실적 환경	노동자·농부·트럭 운전수·목수·중장비·운전공 등 근육을 이용하는 직업	체력을 필요로 하는 활동을 즐기며 공격적이고 운동신경이 잘 발달되어 있음.
지적 환경	물리학자·인류학자·철학자·수학자 등 지적 작업에 종사하는 직업	과업지향적이며 추상적인 일을 즐기고 여러 가지 문제들을 분석·이해하려는 욕구가 강함.
사회적 환경	타인을 위해 봉사하는 요소가 강한 환경으로 임상심리학자·카운슬러·선교사·교사·사회사업가 등의 직업	안전한 상황에서 일하는 것을 즐기며 언어 능력 및 대인관계의 기술이 뛰어나고 여성적인 동시에 사회지향적이며 남을 가르치거나 치료하는 역할을 좋아함.
전통적 환경	우체국 직원·은행출납계 직원·수학가·장부계원·비서 등 타인의 의사에 자기를 합치시켜야 하는 요소가 강한 직업	틀에 박힌 언어나 수를 취급하는 활동 등 종속적인 역할을 좋아한다. 법률·규칙 등을 잘 지킴.
설득적 환경	자동차 세일즈맨·경매인·정치가·바이어·공식집회 사회자 등 상대를 설득시키는 요소가 강한 직업	남성적인 면이 강하고 타인을 지배하거나 설득해야 할 경우에 뛰어난 능력을 발휘한다. 비교적 외향적이며 권력·지위 등에 관심이 많음.
심미적 환경	시인·소설가·음악가·조각가·작곡가·무대감독·희곡작가·미술가 등 예술전반에 걸친 작업	내향적이며 비사교적이며 예술적 매체를 통해서 자기를 표현하려는 욕구가 강함.

*출처 : 김충기(1986), 진로상담과 진로지도, 배영사 : P. 60.

Holland의 이론을 요약하면 개인의 행동은 인성과 환경간의 상호작용의 함수이며 개인의 직업선택 행동은 그의 인성의 표출이라는 것이다. 그래서 사람들은 자기의 인성유형을 표출할 수 있는 직업환경을 선택한다는 것이다. Holland가 제시한 직업행동과 적응유형의 이론에는 다양한 직업의 영역 및 각 직업의 범주에 따르는 개인의 흥미, 가치관, 대인관계, 기술, 성격특성 등 개인에 대한 충분한 자료들이 제시되어 있다. 따라서 상담자는 Holland의 이론에 기초해서 수집한 여러 가지 정보들을 바탕으로 하여 개인에게 적합한 직업환경 및 직업수준을 도와줄 수 있을 것이다.

진로선택이란 구체적인 직업유형들과 계속된 동일시로 일의 세계 속으로 자신의 인성을 표현하거나 확장하는 것이다. 어떤 직업을 인식하고 계속된 수용이나 거부로 자기를 비교해 보는 것만이 진로선택의 중요한 결정 요인이다. 이러한 직업선호와 자신의 견해를 합치시키는 것을 Holland는 직업적 성격유형이라고 하였다(Zunker, 1998).

Holland의 가정에 따르면, 직업을 선택한 시기에 있어서 개인은 타고난 유전적 소질과 문화적, 개인적 요소 간의 상호작용의 영향을 받는다고 한다. 여기서 말하는 문화적, 개인적 요소란 개인에게 중요한 타인, 개인이 속한 사회계층과 사회문화, 물리적 환경 등을 의미한다.

이러한 것들과 접촉하는 과정에서 개인은 환경에 대처할 때 즐겨 사용하는 습관적인 방식, 즉 개인의 독특한 적응 방향을 형성하게 되는데, 개인이 직업을 선택할 때는 바로 자신의 적응방향(성격이라고 표현해도 무방)을 만족시켜줄 수 있는 작업환경을 선택하게 된다는 것이 Holland가 주장한 성격이론의 주요 관점이다(이정근, 1988).

Holland는 진로결정에는 정확한 자기 지식과 진로정보가 필요함을 강조하고 있으며, 개인이 만들어 내는 자기 환경은 자신의 성격방향과 궁극적인 진로선택에 영향을 끼친다고 주장하고 있다. 이러한 Holland의 이론에 대한 광범위한 평가 결과는 그의 이론적 구인들이 타당하다는 것이었다(Osipow, 1983 ; Assouline & Meir, 1987 ; Spokane, 1987).

Holland의 여섯 가지 성격유형은 다음의 〈표 2-8〉과 같다.

〈표 2-8〉 Holland의 여섯 가지 성격유형

특성 / 유형	R : 현실형	I : 탐구형	A : 예술형	S : 사회형	E : 기업형	C : 관습형
성격 특징	남성적, 솔직하고, 성실하며 검소하고, 지구력이 있고, 건강하며, 소박하고, 말이 적으며, 냉정한, 구체적인, 실리적인, 비사교적인, 순응적인, 거칠은, 실제적인, 고집이 있고, 직선적이며, 단순하다.	탐구심이 많고, 논리적·분석적·합리적이며, 정확하고, 지적 호기심이 많으며, 지적인, 학구적인, 나서지 않는, 소극적인, 인기가 없는, 비판적·내성적이고, 수줍음을 잘 타며, 신중하다.	상상력이 풍부하고, 감수성이 강하며, 자유분방하며, 개방적인, 직관적인, 까다로운, 관념적인, 복잡한, 순응하지 않는, 즉흥적인, 감정이 풍부하고, 독창적이고, 개성이 강하고, 협동적이지 않다.	사람들이 좋아하며, 어울리기 좋아하고, 친절하고, 이해심이 많으며, 우호적인, 사회성 있는, 외향적인, 관대한, 따뜻한, 재치있는, 협동적인, 남을 잘 도와주고, 봉사적이며, 외향적이고, 낙관적이고, 열성적이다.	지배적이고, 통솔력·지도력이 있으며, 말을 잘하고, 설득적이며, 경쟁적이고, 쟁취적이며, 모험심이 있는, 과시적인, 쾌락추구의, 활기찬, 자신감 있는, 야심적이며, 외향적이고, 낙관적이고, 열성적이다.	정확하고, 빈틈이 없고, 조심성이 있으며, 세밀하고, 계획성이 있으며, 보수적인, 관습적인, 절제된, 순응적인, 방어적인, 실천적인, 사무적인, 능률적인, 검소한, 질서정연한, 상상력이 없는, 방법적인, 완고하고 책임감이 강하다.

끝으로 Holland의 6각형 모형은 다음과 같다.

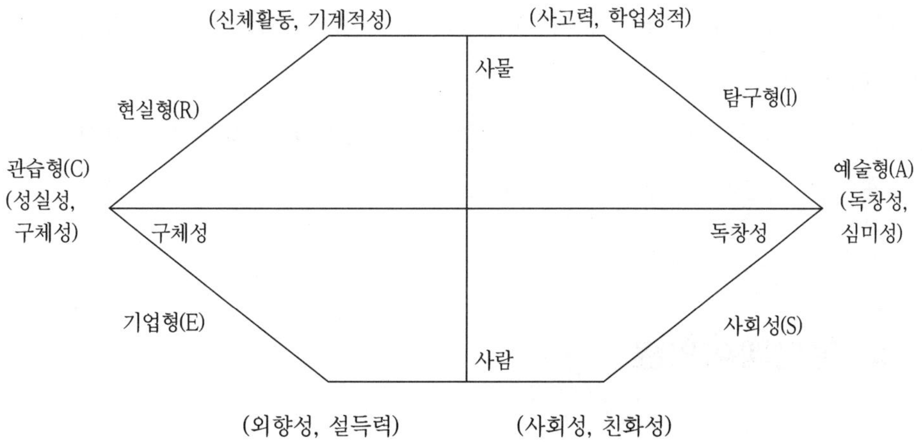

[그림 2-4] Holland의 6각형 모형

3) Hoppock의 구성이론

Hoppock(1976)는 직업선택에 대한 복합적인 성격이론을 발전시켰다. 그는 욕구를 충족시키기 위한 직업선택에 대해 다음과 같이 설명하고 있다.

① 직업은 개인의 욕구를 충족시키기 위해 선택된다.

② 개인이 선택하는 직업은 그가 가장 충족하고 싶어하는 욕구를 충족시켜 줄 수 있으리라고 기대된다.

③ 욕구는 직업선택에 영향을 미친다.

④ 어떤 직업이 개인의 욕구를 충족시킬 수 있다고 인식될 때 직업선택이 이루어진다.

⑤ 직업선택 능력은 개인이 선택하고자 하는 직업이 그의 욕구를 얼마나 잘 충족시킬 수 있을지를 예측할 수 있을 때 향상된다.

⑥ 개인에 관한 정보는 개인으로 하여금 그의 욕구를 충족시킬 수 있는 진로를 선택할 수 있도록 도움을 줌으로써 진로선택에 영향을 미친다.

⑦ 직업에 관한 정보는 개인의 욕구를 충족시킬 수 있는 직업을 발견하도록 도움을 줌으로써 진로선택에 영향을 미친다.

⑧ 직업에 대한 만족도는 그 직업이 얼마나 개인의 욕구를 잘 충족시켜 주는지에 달려 있다.

⑨ 개인의 욕구를 보다 잘 충족시켜 줄 수 있으리라고 기대되는 직업이 나타날 때 개인은 새로운 선택을 하게 된다(Hoppock, 1976 : pp. 91~92).

4. 정신분석이론

진로발달에 대한 정신분석이론적 접근법은 Freud의 정신분석이론을 도입하여 그 이론적 기저를 세우고 있다. 이 이론의 대표적인 학자로는 Nachman(1960), Segal(1961), Galinsky(1962), Bordin(1963) 등이 있다. Bordin, Nachman 및

Segal(1963)은 이 이론에 기초해서 진로발달모형을 제시하였는데, 그 주요 개념은 다음과 같다.

① 인간발달은 지속적이다. 유아기의 단순한 심리·생리적 발달과정은 성인이 된 후의 복잡한 지적활동과 깊은 관련을 가진다.

② 개인이 선호하는 직업은 생후 6년간에 만들어지는 욕구(need)에 의해 결정적으로 선택된다.

③ 만족을 추구하는 본능은 유아기의 단순행동에서처럼 성인기의 복잡한 행동에서도 나타난다.

④ 넓은 의미에서 보면 일이란 유아적인 행동을 사회적으로 수용될 수 있는 행동으로 승화시킨다.

⑤ 모든 직업은 욕구충족의 일환으로 기술될 수 있다.

위의 내용을 살펴보면 정신분석이론에서는 개인의 내적 동기와 과정변인을 중시한다는 점을 알 수 있다. 정신분석이론에서는 생리적 욕구를 지닌 인간의 욕구와 충동을 사회적으로 용납될 수 있는 일이라는 형태로 승화시키는 것에 관심을 갖고 있다. 또한 정신분석이론에서는 일을 조직사회를 위해서 필수적인 것으로 보았지만, 그리 유쾌하지는 않은 의무라고 보았다.

한편 신정신분석학파에 속하는 Neff(1977)와 Brill((1949) 등은 일의 개념을 본능적 욕구를 사회적으로 용납될 수 있는 형태로 변환시킨 것이라 보고, 개인은 쾌락원리와 현실원리에 입각해서 직업선택을 한다고 보았다. 또한 개인은 취업을 함으로써 장래 생활을 위한 기반을 마련할 뿐 아니라 즉각적인 만족감도 얻는다고 하였다. Brill의 연구를 기초로 하여 Bordin과 Nachman 그리고 Segal 등은 직업분석, 성격특성의 분석, 아동기 경험의 연구 등을 발전시켰으며, 〈표 2-9〉와 같은 아홉 가지 차원의 생리적 욕구를 충족시킬 수 있는 직업군을 제시하였다.

이상에서 살펴본 바와 같이 정신분석이론은 심리적인 관점에서 볼 때는 포괄적이고 통합적이지만 직업선택시에 개인의 능력이나 적성 등을 고려하지 않고 타당한 실증적 자료들을 얻기 어렵다는 단점을 갖고 있다. 또한 일을 욕구충족의 시각에서만 보고 기타 경제·문화·사회적 요인들은 고려하지 않고 있다는 평가를 받고 있다.

〈표 2-9〉 욕구충족 활동

차 원 군	생리적 기능	직업적 기능
섭취적(nurturant)	음식섭취, 인간·동물·식물의 성장발달의 조장 및 보호	사회사업가·간호원·교사
구순공격적(oral aggressive)	자르기, 물기, 씹기, 삼키기	제조업·건설업·광업
조작적(manipulative)	신체적 힘, 권력행사, 설득·위협·유혹	컴퓨터 조작·세일즈·광고업
감각적(sensual)	보기, 건드리기, 맛보기, 소리듣기	예술·창조적 직업
항문적(anal)	획득, 시간적 조절, 정돈, 축척, 더럽히기	회계원·서무직원·화공약품상
성기적·탐색적 (gental-exploratory)	수태·생산·직립·통과, 어떤 사실에 대한 조사·탐색·이해	건설업·잠수업·농업·수학·화학자·물리학자 등의 과학적 연구분야
유동적·억제적 (flowing an quenching)	옥외활동	연관공·소방원·수리역학
공개적(exhibition)	자신의 육체를 남에게 보이고 싶어 하는 충동	배우·법률가·광고업·목사
율동적 운동 (rhythmic movement)	심장·호흡, 기타 생리적인 리듬	음악가·무용가, 기타 신체율동을 포함하는 예술가

* 출처 : 김충기, 진로상담과 진로지도, 배영사, 1986 : p. 63 재인용.

5. 사회학적이론

사회학적이론(sociological theories)은 인간행동을 설명하는 데 있어서 사회적 요인을 중시한다. 즉, 개인을 둘러싼 사회·문화적 환경이 개인의 행동에 영향을 미친다는 사회학의 관점을 중시하고 이를 진로발달의 개념에 적용하고 있다. 이 이론의 대표적인 학자로는 Blau(1956), Hollingshead(1949), Miller와 Form(1971) 등이 있다. 사회계층에 따라 개인은 교육정도, 직업포부수준, 지능수준 등이 다르며, 이런 요인들이 진로발달에 영향을 미치므로 진로상담시에는 이러한 사회적 요인들, 즉 가정의 사회경제적 지위, 가정의 영향력, 학업성취도, 지역사회의 조건, 압력집단의 유형, 역할지각 등의 요인을 개괄적으로 파악하여 고려해야 한다는 것이 이 이론의 주요 개념이다. 이 이론에서는 개인의 사회·경제적 요인을 중시하면서 직업생애의 단계를 다음과 같이 제시하고 있다(Miller & Form, 1971 : pp. 519~786).

① **준비단계**(preparatory stage) : 일에 대한 방향이 서는 단계

② **시작단계**(initial stage) : 시간제 일의 경험과 형식교육을 포함하는 단계

③ **시행단계**(trial stage) : 취업을 하고 만족스런 직업을 찾을 때까지 몇 차례 변화를 시도하는 단계

④ **안정단계**(stable stage) : 직업세계와 지역사회에서 안정을 확립하는 단계

⑤ **은퇴단계**(retirement stage) : 일에서 물러나 다른 활동을 추구하는 단계

6. 의사결정이론

의사결정은 모든 이론에서 중요시하는 요인이지만 의사결정이론에서는 특히 이 요인을 강조하면서 의사결정의 개념과 과정에 중점을 두고 있다. 이 이론의 대표적인 학자로는 Gelatt(1962, 1972), Hilton(1962), Hershenson과 Roth (1966), Katz(1963, 1966), Knefelkamp와 Slepitza(1978) 등이 있다.

이 이론은 개인은 의사결정의 문제에서 자신의 이익을 극대화하고 손실을 극소화하는 방향으로 행동한다는 Keynes의 이론에 바탕을 두고 있다. 개인은 여러 가지 선택가능한 직업 중에서 자신의 투자가 최대로 보장을 받을 수 있는 직업을 선택한다는 것이 이 이론의 요지이다.

1) Gelatt의 이론

Gelatt(1962)은 상담의 중요한 목표 중의 하나가 학생들로 하여금 훌륭한 결

정을 내릴 수 있도록 돕는 것이라는 가정 하에 의사결정이론을 전개하였으며, 의사결정의 과정을 중시해야 한다고 제안하였다. 그의 이론은 직업선택과 발달의 과정을 의사결정의 순환과정으로 본 것으로서 상담을 위해 구안된 것이다. 그의 이론은 [그림 2-5]와 같다.

[그림 2-5]에서 보는 바와 같이 먼저 진로목표를 세운 후에 그에 따른 정보를 수집한다. 수집된 정보를 갖고 가능한 대안을 탐색하는 데 이러한 정보사용이 이 이론의 핵심이 되는 과정이다. 다음으로 각 대안들의 가능성을 신중히 평가하고 그런 후에 의사결정을 한다. 이러한 결정은 평가를 거쳐 수정·보완되며, 목표수정을 위한 피드백의 자료로 쓰인다. 이러한 순환과정을 요약하면 목적의식 수립 → 정보수립 → 가능한 대안의 열거 → 각 대안의 실현가능성 예측 → 가치 평가 → 의사결정 → 의사결정의 평가 → 재투입으로 정리할 수 있으며 의사결정시에 이러한 순환과정이 반복된다.

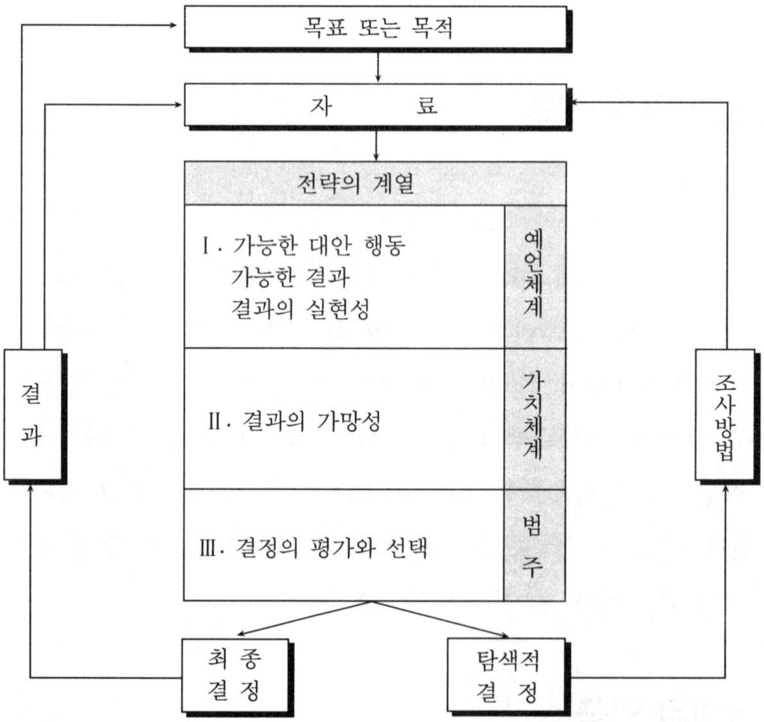

[그림 2-5] Gelatt의 의사결정 참조체제

* 출처 : Tolbert(1980), Counseling for Career Development, Boston : Houghton Mifflin Co., p. 76 재인용.

2) Hershenson과 Roth의 이론

Hershenson과 Roth(1966)는 의사결정의 단계를 중시하면서 개인이 에너지를 사용하는 양상에 따라 인식(awareness), 통제(control), 지향(directed), 목표지향(goal-directed), 투자(invested)의 5단계를 거치면서 개인은 직업발달을 해간다고 보았다. 그들은 직업발달단계를 사회양막(social-amniotic), 자기변별(differentiation), 능력(competence), 독립(independence), 참여(commitment) 등 5단계로 제시하였다. Hershenson(1968)은 직업발달의 단계를 〈표 2-10〉과 같이 제시하고 있다.

〈표 2-10〉 직업발달의 평생단계

Freud 단계	Erickson 단계	직업발달 단계	에너지 이용	직업 양상	직업 문제	측정구성	전형적 구성	관련직업이론
구강기	기본신뢰	사회양막(社會羊膜) Social-amniotic	인식	존재		사회화과정 ① 문화 ② 가족	가정의 사회·경제적 지위 신뢰척도 아노미 척도 문화준거 측정	사회심리학적 : Lipsett, 1963 Roe, 1857 Bordin, Nachman & Segal, 1963
항문기	자율							
		자기변별 Self-differentiation	통제	놀이	나는 누구인가	정의적 자아 개념, 태도, 가치관	그대는 누구인가?	Bordin, 1943 Super, 1957 Tyler, 1955, 1961
생식기	창의성							
잠복기	근면	능력 Competence	지향	일	나는 무엇을 할 수 있다.	능력	DAT GATB	Adler, 1938 Holland, 1959 White, 1960 Flanagan, 1962
사춘기	자아정체	독립 Independence	목표지향	직업 Occupation	무엇을 해야 하나	흥미	SVIB	의사결정이론 : Ziler, 1957 Tiedeman, 1961 Hilton, 1962
성숙기	친교 자아통합	참여 Commitment	투자	천직 Vocation	일은 어떤 의미가 있는가	만족	언어적 질문 비판적 사건	실존주의적 : Simon, 1966 Herzberg, 1959

* 출처 : D. B. Hershenson(1968), 'Life-stage Vocational Development System,' Journal of Counseling Psychology, 15, No. 1, 26.

3) 인지발달모형

인지발달모형(cognitive development model)은 Knefelkamp와 Slepitza(1978)가 제창한 이론으로서 의사결정이론과 발달이론을 포괄하는 이론이다. 대학생의 진로발달에 초점을 두고 있는 이 모형은 단순한 진로계획과 의사결정에 관한 견해로부터 개인특성, 사회변인, 진로선택 과정 등과 같은 보다 복잡하고 통합적인 지각에 이르기까지의 인지발달을 다루고 있다.

이들은 이중성(dualism), 다양성(multiplicity), 상대성(relativism), 상대성의 위임(commitment with relativism) 등의 네 가지 영역으로서 진로발달의 질적 변화의 내용을 기술하고 있다.

7. 사회학습이론

Krumboltz와 그의 동료들(Krumboltz & Theoresen, 1964 ; Krumboltz & Schroeder, 1965)은 학습이론의 원리를 직업선택의 문제에 적용하였다. 이들은 사회학습이론에 기초를 둔 행동주의 상담방법을 통해 학생들에게 진로선택을 하도록 조력해야 한다고 주장한다. 최근에 Krumboltz 등(Krumboltz, Mitchell & Gelatt, 1975 ; Mitchell & Jones, 1978)은 개인이 어떤 방법으로 학습을 하며 진로선택을 하고 기능을 습득하는지에 대해 연구하였다. 또 그들은 유전적 요인, 환경적 요인, 학습경험, 인지・정서적 반응, 직업기능 등에 대해 연구하고 그들 간의 상호작용 관계를 밝혀 내려고 하였다.

Krumboltz 등은 개인의 진로결정에 영향을 미치는 요인으로서 유전적 요인, 특수능력, 환경조건과 사건, 학습경험, 과제접근 기술 등을 들고 있다.

8. 최근의 진로발달 이론

1990년대에 Zunker(1998)는 ① 진로문제해결에 필요한 인지적 정보처리접근 ② 사회인지적 관점에서 본 진로발달 ③ 가치에 기본을 둔 진로와 생애역할 선택 및 만족에 대한 모형 ④ 진로에 대한 맥락상의 관점 ⑤ 자기효능감 모형 등을 제시하고 있다(김병숙외, 1999).

1) 인지적 정보처리 접근

(1) 개 념

인지적 정보처리(The Cognitive Information Processing : CIP)이론은 Peterson, Sampson 그리고 Reardon(1991)이 개발한 것이며, 개인이 어떻게 진로결정을 내리고 진로문제 해결과 의사결정을 할 때 어떻게 정보를 이용하는지의 측면에서 인지적 정보처리이론을 진로발달에 적용시킨 것이다.

(2) 인지적 정보처리의 주요 전제

인지적 정보처리의 주요 전제는 10개의 가정에 기초한 것이다. 이런 가정들은 진로개입의 주요 책략들이 학습기회를 제공함으로써 개인의 처리능력을 발전시킬 수 있다는 데 있다. 이런 방법에 따라 내담자는 미래의 문제들은 물론 현실의 문제들을 충족시킬 수 있는 진로문제 해결자로서의 잠재력을 개발할 수 있게 되는데, 그 주요 전제는 다음과 같다.

① 진로선택은 인지적 및 정의적 과정들의 상호작용의 결과이다.

② 진로를 선택한다는 건 하나의 문제해결 활동이다.

③ 진로문제 해결자의 잠재력은 지식은 물론이고 인지적 조작의 가용성에 의존한다.

④ 진로문제 해결은 고도의 기억력을 요하는 과제이다.

⑤ 동기의 근원을 앎으로써 자신을 이해하고 만족스런 진로선택을 하려는 욕망을 갖는다.

⑥ 진로발달은 지식구조의 끊임없는 성장과 변화를 포함한다.

⑦ 진로정체성(career identify)은 자기지식에 의존한다.

⑧ 진로성숙은 진로문제를 해결할 수 있는 자신의 능력에 의존한다.

⑨ 진로상담의 최종 목표는 정보처리 기술들의 신장을 촉진시킴으로써 달성된다.

⑩ 진로상담의 최종 목표는 진로문제 해결자이고 의사결정자인 내담자의 잠재력을 증진시킴에 있다(Peterson J. Sampson & R. Reardon, 1991).

(3) 인지적 정보처리의 과정

정보처리의 단계들은 단기기억에서 입력을 선별하고, 전사해서 부호화한 다음 이것을 장기기억 속에 저장하고 나중에 작업기억 속에서 입력정보를 활용하며 재생하고 변형시켜서 문제해결에 도달한다. 인지적 정보처리(CIP)이론에서 상담자는 내담자의 욕구를 분류하고 또 내담자가 지식을 획득하여 자신의 욕구가 무엇인지 알 수 있도록 도와 주려는 개입기능을 한다.

진로문제해결은 일차적으로 인지적 과정이며, 일련의 절차(CASVE)를 통해 증진시킬 수 있다. 즉, 의사소통(communication, 질문들을 받아들여 부호화하며 송출하는 것), 분석(analysis, 한 개념적 틀 안에서 문제를 찾고 분류하는 것), 통합(synthesis, 일련의 행위를 형성시키는 것), 가치부여(valuing, 승·패의 확률에 관해 각각의 행위를 판단하고 다른 사람에게 미칠 여파를 판단하는 것), 그리고 집행(execution, 책략을 통해 계획을 실행시키는 것)이다.

2) 사회인지적 진로발달

사회인지적 진로이론(Social Cognitive Career Theory : SCCT)의 대표자는 Lent, Brown, Hackett(1996) 등이다. 이 이론은 자아개념과 자아효능감, 흥미, 능력, 욕구 등의 관계를 진로선택과 개인개발의 결정요인으로 쓰일 수 있다는 가능성을 제시하였다.

Bandura(1986)가 제시한 사회인지이론은 인지적 과정과 자기규제 그리고 동기과정을 생애의 현상에 혼합한 이론이다. 이 이론의 목표는 학습경험을 형성하고 진로행동에 단계적 영향을 주는 매개변인을 규정하는 방법을 찾는 데 있다. Bandura는 3개의 변인, 즉 ① 개인과 신체적 속성 ② 외부환경 요인 ③ 외형적 행동이 서로 영향을 주면서 상호작용하며 개인과 행동, 환경이 진로행동에 영향을 준다고 설명하고 있다.

3) 가치중심적 진로접근 모형

Brown(1996)은 가치중심적 접근을 설명하고 있는데, 인간기능은 개인의 가치에 따라 상당한 영향을 받고 형성된다고 본다. Brown은 가치를 행동역할을 합리화하는데 강력한 결정요인으로 본다. 가치란 세습된 특성과 경험의 상호작용을 통해 개발된다.

Brown의 이론은 자신의 입장을 지지해 주는 Keller, Bouchard, Arvey, Segal과 Dawis(1992)의 연구에 의거한다. Brown의 연구에서는 유전적 요인이 가치의 발전과 관련된 변량을 40% 설명해 주는 반면, 나머지 60%는 환경의 영향을 받거나 오차변량인 것으로 나타났다. 여기서 Brown은 아동들이 부모, 형제자매, 또래, 많은 어른들로부터 받은 '가치를 담은 신호' 에 수없이 노출된다는 것을 관찰함으로써 자신의 가정을 지지하는데, 그는 아동이 가치를 담은 신호에 동화됨에 따라 가치가 '단편적으로' 발전되며, 나중에 개인의 인지적·정의적 행동패턴을 형성하는 핵심을 이루게 된다고 보았다. 가치는 개인이 환경 속에서 행동을 지도하는 것으로서 중요성에 따라 우선 순위가 매겨진다. 가치중심의 모형 6가지를 제시하면 다음과 같다.

① 개인이 우선권을 부여하는 가치들은 얼마 되지 않는다.

② 우선 순위가 높은 가치들이 다음의 기준들을 충족시키고자 할 때 생애역할은 가장 중요한 요인이다.

③ 가치는 환경 속에서 가치를 담은 정보를 획득함으로써 학습된다.

④ 생애만족은 긴요한 모든 가치들을 만족시키는 생애역할들에 학습된다.

⑤ 한 역할의 특이성은 역할 안에 있는 필수적인 가치들의 만족정도와 직접 관련된다.

⑥ 생애역할에서의 성공은 많은 요인들에 의해 결정되는데, 이들 중에는 학습된 기술과 인지적 · 정의적 · 신체적 적성도 있다.

4) 맥락적 관점

맥락주의(contextualism)는 진로연구와 진로상담에 대한 맥락상의 행위설명을 확립하기 위해서 구안된 방법이다. 맥락주의는 구성주의(constructivism)라고 하는 철학적 입장을 토대로 한 것이다(Brown, Brooks & Associates, 1996).

맥락적 관점의 대상은 개인과 환경의 상호작용이다. 주요 대상은 행위로서 인지적 · 사회적으로 방향지워진다. 행위체계는 개인 행위와 연결되어 있고 투사(project)와 진로로서 구성된다.

5) 자기 효능감이론

성차를 설명한 이론은 Bandura(1986)의 사회인지이론을 토대로 한 Hackett와 Betz(1981)의 자아효능감이론이다. Bandura의 사회학습이론에서는 자기 효능감이 심리적 기능에 영향을 미치는 개인의 사고와 심상(image)을 포함한다는 점을 강조한다. 자기 효능감은 개인노력의 강도를 결정하는데, Bandura에 의하면 높은 자기 효능감을 지닌 사람들은 성공적인 행위를 이룬다고 하며 반면에 낮은 효능감은 실패하거나 지연 · 회피하는 경향이 있다는 이론을 제시하고 있다. 진로선택에 있어서 자기 효능감은 매우 중요한 역할을 하고 있음을 깨달아야 한다.

제 3 장 진로상담이론

진로상담을 효율적으로 전개하기 위해서는 진로상담 이론에 충실하여야 한다. 이 장에서는 진로상담의 여러 이론들을 소개하고 효율적인 진로상담을 위한 몇 가지 제언을 하고자 한다. 여기서는 Crites(1981)의 관점에 따라 특성요인 진로상담, 인간중심 진로상담, 정신역동형 진로상담, 발달적 진로상담, 행동주의적 진로상담, 포괄적 진로상담을 살펴본다.

1. 특성요인 진로상담

이 이론은 지시적 상담이론에 근거하여 Willamson(1910∼1982)에 의해 주로 직업상담의 토대 위에서 발전된 상담방법이다. 특성요인 진로상담(Trait-Factor Career Counseling)은 개인차 심리학에 그 배경을 두고 있다(Anastasi, 1958). 여기서 특성요인이란 용어는 주로 일반지능, 특수적성, 학업성취도, 작업능력 등을 포함하는 여러 능력과 직업적 관심, 성격, 포부 등의 요인이 포함되는 개념이다(Super & Crites, 1962). '직업과 사람을 연결'시키려는 직업선택 이론에서 유래한 이 접근법은 다음과 같은 세 가지 가정에서 출발한다(Crites, 1969 : p. 336).

① 개인은 각자 독특한 심리학적 특성을 갖고 있기 때문에 각기 자기에게 맞는 특수한 직업 유형에 잘 적응할 수 있다.

② 여러 가지 다른 직업에 종사하는 근로자들은 각기 다른 심리학적 특성을 갖고 있다.

③ 개인의 특성과 직업에서 요구하는 것들 사이의 조화의 정도에 따라 개인의 직업 적응도가 결정된다.

여기서 인간의 행동이나 성격은 능력, 흥미, 태도, 기질 등의 복잡한 요인이 상호작용하여 나타난 결과라고 보고 있다. 인간의 성격이나 행동특성은 여러 가지 차원의 요인으로 분류될 수 있으며, 특히 심리검사 등의 방법 등을 통해서 측정되고 평가될 수 있다고 주장한다.

1) 모 형

(1) 진 단

특성요인 진로상담에서 가장 기본이 되는 것은 변별진단(differential diagnosis)이다. Williamson(1939a)은 진단의 개념을 다음과 같이 정의하고 있다. '진단이란 일련의 관련이 있는, 또는 관련이 없는 사실들로부터 일관된 형식이 갖는 의미를 논리적으로 사고하는 과정이다. 그리고 내담자의 장래의 방향설정과 적응을 위해 이런 일관된 형식이 갖는 의미를 판단하고 예측해 주며, 내담자의 장점과 경향성을 이해하는 것이다'(pp. 102~103).

진로의사 결정시에 나타나는 여러 가지 문제를 진단하는 데 도움을 주기 위해 Williamson(1939a)은 변별진단을 ① 전혀 선택하지 못함, ② 불확실한 선택, ③ 현명하지 못한 선택, ④ 흥미와 적성간에 모순이 되는 선택으로 분류하였는데, 변별집단은 특성요인 상담에서 가장 기본이 되는 요인이다. 그러나 이와 같은 변별진단의 체계가 연구결과 불확실한 것으로 나타나서(Sioan & Pierce-

Jones, 1958 ; Pepinsky, 1948) 이런 결함을 극복하기 위해 Crites(1969)는 내담자의 진로선택시에 발생하는 문제를 ① 적응문제, ② 비현실성의 문제로 분류하여 진단할 것을 제시하였다.

Crites(1969)는 직업선택에서 내담자의 문제를 해결하기 위하여 독립성 있고 상호배타적인 진단체계를 〈표 3-1〉과 [그림 3-1]에 제시하였다.

〈표 3-1〉 직업선택 문제들에 대한 정의

■ 적응문제

(1) 적응된(adjusted) 사람은 자신의 흥미분야와 적절한 적성수준에서 직업을 선택한다. 그는 다양한 흥미유형을 갖고 있을지 모르나, 적어도 직업선택에서는 그런 유형 중의 하나와 일치시킨다. 그가 확신이 없이(Pepinsky, 1948) 상담하러 올지라도 실제로 그에게는 문제가 없다(Bordin, 1946).

(2) 부적응된(maladjusted) 사람의 직업선택은 그의 흥미분야나 적성수준과 일치하지 않는다. 여기서의 문제는 의사결정 과정에 관련된 변인들 사이의 완전한 불일치이다.

■ 우유부단의 문제

(1) 가능성이 많은(multipotential) 사람은 두 번 또는 그 이상의 선택을 하기도 하지만, 이런 선택의 각각은 그의 흥미 분야나 적성수준에서 일치한다. 그는 흥미유형이 다양할 수 있지만 직업 선택시에는 자신의 흥미유형의 하나와 일치되는 것을 선택한다. 그의 문제는 그가 이런 여러 대안들 중에서 하나를 결정할 수 없다는 것이다.

(2) 우유부단한(undecided) 사람은 선택을 하지 못한다. 그는 또한 여러 흥미유형을 갖고 있을 수도 있고, 적성수준이 높거나 보통이거나 또는 낮을 수도 있다. 그러나 이런 변인들의 수준에 관계없이, 그의 문제는 미래에 그가 하고자 하는 직업에 확신을 갖고 말할 수 없다는 것이다.

■ 비현실성의 문제

(1) 비현실적인(unrealistic) 사람은 그의 흥미분야와 일치하거나 또는 일치하지 않는 분야를 선택한다. 그러나 그는 측정된 그의 적성수준보다 높은 적성을 요구하는 직업을 선택한다.

(2) 수행불가능한(unfulfilled) 사람은 그의 흥미분야와는 일치하지만, 측정된 적성수준보다 낮은 적성을 요구하는 직업을 선택한다.

(3) 강요된(forced) 사람은 적절한 적성수준에서 선택을 하지만, 그의 흥미분야와는 일치하지 않는 직업을 선택한다. 그의 문제가 비록 적응이나 우유부단의 문제로 보이지만 선택이 이루어졌기 때문에 여기에 기록된다. 내담자의 선택이 비현실적으로 되는 이유는 그것이 적절하지 못한 흥미영역에서 이루어지기 때문이다. Strong(1955)은 개인이 적절한 직업을 갖게 될 때, 그가 다른 직업으로 전환할 가능성이 약 5 : 1 이라는 것을 발견했다.

* 출처 : Crites, 1969 : p. 298~299.

이 체계의 기본 원리는 내담자의 적성 · 흥미 · 선택 사이의 일치의 원리이다.

직업문제 범주	측정된 적성수준 / 선택을 위해 요구되는 적성	선택분야 / 측정된 흥미
적응 :		
적응된	일 치	일 치
부적응된	불 일 치	불 일 치
우유부단 :		
여러 가능성이 있는	많은 선택	많은 선택
우유부단한	선택하지 않음	선택하지 않음
무관심한	일 치	무 관 심
비현실성 :		
비현실적인	요구되는 것보다 덜한 것으로 측정	일치 또는 무관심
수행불가능한	요구되는 것보다 더한 것으로 측정	일치 또는 무관심
강요된	일 치	불 일 치

[그림 3-1] 직업선택 문제 분류 준거표(Crites, 1969 : p. 300)

(2) 과 정

특성요인 진로상담의 과정은 과학적이고 합리적이다. Williamson(1939a)은 이 과정을 다음과 같이 6단계로 기술하고 있다.

① **분석 :** 내담자에 관한 각종 자료로부터 태도, 흥미, 가족배경, 지적 능력, 교육적 능력, 적성 등에 관한 자료를 수집한다.

② **종합 :** 내담자의 특성이나 개별성을 탐색하기 위해 사례연구나 검사목록의 방법에 의해 자료를 수집하고 종합한다.

③ **진단 :** 내담자의 진로문제와 특성을 분류하고 학문 · 직업적인 능력과 특성을 비교하여 진로 문제의 원인을 탐색하고 진단한다.

④ **예측 :** 가능한 대안과 조정가능성을 탐색하고 예측한다.

⑤ **상담 또는 치료 :** 미래 또는 현재의 직업면에서 바람직한 적응을 하기 위해 어떻게 해야할지 내담자와 협동적으로 상담한다.

⑥ **추수지도 :** 내담자가 행동계획을 실천하도록 계속 조력하고 지도한다.

이 과정에서 처음 4단계는 상담자가 일방적으로 주도하지만, 나머지 2단계는 내담자도 능동적으로 참여한다. 특성요인 상담에서는 내담자에 대한 자료들을 수집하고 분석・평가하는 과정이 상담과정의 대부분을 차지하기 때문에 상담자의 능력과 능동적인 활동이 요구된다.

(3) 결 과

특성요인 진로상담의 목표는 개인의 특성을 여러 가지 검사를 통해 자세히 밝혀 내고 그것을 각 직업의 특성과 연결시키려는 것이다. 객관적이고 과학적인 방법에 의해 내담자는 자기에 대한 이해를 명확히 할 수 있기 때문에 합리적이고 현실적인 의사결정을 할 수 있으며, 그와 같은 결정이나 해결의 방법도 배울 수 있다.

요약하면 특성요인 진로상담은 개인의 특성이나 각 직업에서 요구하는 조건이나 직업특성들을 과학・합리적으로 분석하여 이 둘 사이를 현명하게 연결시켜 합리적이고 현명한 직업선택을 하도록 조력하는 모형이라고 할 수 있다.

2) 방　법

(1) 상담기법

Willamson(1939a)은 특성요인 진로상담의 기법을 다음과 같이 제시하고 있다.

1 촉진적 관계형성

상담자는 내담자에게 신뢰감을 줄 수 있는 분위기를 만들고 문제해결을 촉진할 수 있는 관계를 형성한다.

2 자아이해의 신장

상담자는 내담자가 자신의 장점이나 특성에 대해 개방된 평가를 하도록 도우며, 그러한 장점이나 특성이 내담자의 진로문제를 해결하는 데에 어떻게 관련되는지에 대해 통찰력을 갖도록 격려한다. 유능한 상담자는 '내담자로 하여금 그의 장점을 최대한으로 이용하여 진로면에서 성공과 만족을 얻도록 조력하는 사람'(Williamson, 1939 : p. 134)이다.

3 실제적인 행동의 계획이나 설계

상담자는 내담자가 이해하는 관점에서 상담이나 조언을 한다. 또 내담자가 말한 학문 · 직업적인 선택이나 내담자의 감정, 태도 등에 대해 언어로써 명료화시켜 준다. 그리고 실제적인 행동을 계획하고 설계하도록 조력한다.

4 계획의 수행

일단 계획이 세워졌으면 그러한 계획을 실행에 옮겨서 내담자가 직접 직업선택을 해 보도록 조력한다

5 위 임

한 사람의 상담자가 모든 종류의 내담자를 전부 상담할 수는 없다. Willamson은 이런 경우에 상담자는 다른 적절한 상담자를 소개하거나 내담자 스스로 다른 상담자를 찾아보도록 권고하라고 충고하고 있다.

한편 Darley(1950)는 특성요인 진로상담의 방법을 다음과 같이 제시하고 있다.

① 내담자에게 강의하거나 고자세로 말하지 말라.

② 간략하고 명료한 언어를 사용하고, 내담자에게 가급적이면 꼭 필요한 정보만 제공하라.

③ 어떤 정보나 해답을 제공하기 전에 내담자가 정말로 상담하기를 원하는지 확인하라.

④ 내담자가 지니고 있는 여러 가지 문제와 상담자에 대한 내담자의 태도를 상담자가 지각하고 있는지 확인하라.

(2) 검사의 해석

특성요인 진로상담에서는 내담자의 특성에 대한 자료를 과학적으로 수집하고 분석 · 종합하여 객관적이고 합리적인 의사결정을 하도록 조력하는 면을 강조하기 때문에, 검사의 결과를 해석하고 그것에 따라 충고, 설득, 설명, 조언을 하는 과정이 매우 중요하다. 검사결과를 해석해 주는 방법에 대해 Williamson(1939a)은 다음과 같은 세 가지 방법을 제시하고 있다.

1 직접충고(direct advising)

이것은 내담자가 할 수 있는 가장 만족할 만한 선택이나 행동 또는 실행계획에 대해 상담자가 자신의 견해를 솔직하게 표명하는 것을 말한다.

Williamson은 상담자가 이 방법을 쓸 때는 내담자의 문제의 성격과 성격특성을 충분히 고려한 후에 사용해야 한다고 충고하고 있다. 즉, 내담자가 고집스럽게(집요하게) 상담자의 솔직한 견해를 요구하거나, 내담자가 심각한 좌절이나 실패를 가져올 행동이나 진로선택을 고집하는 때에만 이 방법을 사용해야 한다.

2 설득(persuasion)

상담자는 내담자가 여러 가지 대안을 생각할 수 있도록 합리적이고 논리적인 방법으로 자료를 정리한 후에 내담자가 이해할 수 있는 방법으로 설득을 한다. 상담자는 내담자의 선택에 직접관여하지는 않지만 내담자가 비합리적인 선택을 하지 않도록 설득한다.

3 설명(explanation)

상담자는 검사자료뿐 아니라 기타 내담자에 관한 여러 가지 자료들을 해석해 준다. 내담자가 검사 결과가 주는 의미를 이해해서 현명한 선택을 하도록 하기 위해 검사결과를 설명해 준다.

직접상담, 설득, 설명의 방법에 의해 내담자가 진로결정에 있어서 검사결과를 유용하게 사용할 수 있게 되면 상담자는 상담의 초점을 의사결정과정에 맞추게 된다. 직업 선택과 결정은 특성요인 상담의 핵심이요 절정이 되는 과정이다.

또한, Brayfiled(1950)는 상담자가 내담자에게 제공해 주는 직업정보의 기능을 다음과 같이 분류하고 있다.

1 정보제공 기능

상담자가 내담자에게 직업정보를 제공해 주는 목적은 이미 선택한 바를 확인시키거나 두 가지 선택이 똑같이 매력적일 때 망설임을 해결해 주거나, 또는 내담자가 진로선택에 관한 지식을 증가시키도록 조력하기 위한 것이다.

2 재조정 기능

직업정보의 또 다른 기능은 내담자가 현실에 비추어 부적당한 선택을 했는지 재조명해 보는 기초를 제공해 주는 것이다. 상담자는 내담자가 환상적 생각을 버리고 냉철하게 현실검증을 할 수 있도록 직업정보를 제공해 준다.

3 동기화 기능

상담자가 직업정보를 제공해주는 또 다른 이유는 내담자가 의사결정과정에 적극참여하도록 동기화시키기 위해서이다. 상담자는 의존적인 내담자가 스스로 한 선택에 대해 책임감을 갖게 될 때까지 내담자를 조력하며, 진로선택을 위한 동기를 강화시키기 위해 정보를 제공해 준다.

한편, Cristensen과 Baer & Roeber(1951)는 Brayfield의 전략에 다음 네 가지를 추가시키고 있다.

1 탐색전략

상담자는 내담자가 일의 세계에 대해 보다 폭넓은 지식을 갖도록 정보를 제공한다.

2 확신전략

상담자는 내담자의 진로선택이 합리적이라는 것을 확신시켜 주기 위해 직업정보를 제공해 준다.

3 평가전략

직업군이나 직업에 대한 내담자의 지식과 이해가 신뢰할 수 있는 정도인지, 관련이 깊은지를 평가하기 위해 상담자는 직업정보를 이용한다.

4 확인전략

상담자는 내담자가 어떤 직업을 선택한 후에 그 직업에 대해 확실한 지식과 태도를 갖고 있는지 확인하기 위해 직업정보를 제공해 준다.

3) 자 료

상담사례

특성요인 진로상담의 모형과 방법을 예시하기 위하여 대학 상담소에서 대표적인 내담자를 선정하였다. 18세의 1학년 남학생인 Mark는 1학기 크리스마스 휴가 직전에 주 1회의 면담을 세 차례 받았다. 상담소의 관례대로 짤막한 예비면담(30분)을 받았다. 그는 진로상담을 받게 되어 고참상담자(전일 근무자)에게 인계되었고, 상담자는 그를 다음 주에 만났다. 이 사례에 대한 자료—면담초록, 검사결과, 성장사, 신상조사자료 등—는 특성요인 진로상담 모형, 즉 진단, 과정, 결과에 따라 조직되었고, 면담방법, 결과해석, 직업정보사용법이 모형과 관련지어 논의되었다. 전자는 후자를 보완하는 수단이 되었다.

(1) 진 단

상담자와 첫 번째 접촉에서 40분 걸리는 동안 Mark는 말하였다. '제 자신의 진로를 선택해야겠다는 것은 알고 있지만 확정을 짓지 못하고 있습니다.' 특성요인상담의 과정(분석)을 따르는 상담자는 내담자에 대한 배경과 신상자료를 얻어 종합진단을 내리기 위하여 Mark가 제시하는 문제를 중심으로 사실중심의 질문을 하였다. 그리하여 내담자의 말이 '불확실한 선택' 인지 아니면 '선택하지 않은 것'인지를 판단할 수 있게 된다. Mark는 고등학교 때까지는 예술에 흥미를 가졌다고 했다. 그는 그리기, 도자기 공예, 판화를 즐겨서 했을 뿐 아니라, 부모와 친구는 물론 선생님으로부터도 그 방면에서 뛰어나다는 말을 들었다. 그의 그림이나 판화는 전시되었었고 상도 몇 번 받았다. 그러면서도 그는 예술분야에서의 경쟁이 치열하며, 사람은 누구나 성공할 수 있는 재능이 몇 가지 있다는 것도 알고 있었다. 예술방면에 대한 자신의 진로에 그가 회의를 품게된 것은 다음과 같은 생각에서 비롯되었다. 즉, 자신이 예술을 직업으로 할 만큼 충분한 적성이 있는가였다. 면담 끝 무렵에 Mark가 한 말로 미루어 상담자는 '선택하지 않은 것'이 아니라 '불확실한 선택'이라고 잠정적으로 진단을 내렸다. 즉, Mark는 분명히 예술을 택했으나, 부수적인 객관적 자료에 반대되는 그의 결심을 현실적으로 검증할 필요가 있었다.

이러한 자료를 수집하기 위하여 상담자는 심리측정가와 협의하여 Mark에게 두 번째 면담 전에 검사지를 선정하여 검사받게 하였다. 예술적성을 알아내기 위한 알맞은 검사가 극히 적다는 사실을 안 상담자는 이용가능한 것 중에서 가장 좋다고 생각되는 Meier 예술판단검사(Meier Art Judgement Test)만을 부과하고 예술과 교수를 찾아뵙도록 하여, 자신의 검사결과에 대한 전문적 평가를 받도록 하였다. Mark의 일반학문에 대한 적성이 대학에서 성공할 수 있는지를 예측해 보기 위해 상담자는 종합 ACT(미국대학검사)점수를 구하였다.

그의 점수는 85백분위점을 나타내어 학사학위를 취득할 가능성은 평균을 상회했다. 특별능력과 일반능력이 뛰어난 것에 대한 칭찬과 아울러 상담자는 Mark의 직업적 흥미를 다음 두 가지 이유로 평가하고자 했다. 즉, ① Mark가 표현한 예술선택성을 인정(또는 부정)하기 위하여, ② 예술부문에 흥미가 없거나, 있어도 적성이 맞지 않아 성공하기가 힘든 경우에 다른 흥미양식을 확인하기 위하여, 상담자는 또한 Mark의 진로선택에 관련된 배경정보를 끌어내기 위하여 광범위한 개인적 자료설문지(personal data blank)를 작성하게 했다. 예술적 능력이 '유린된다'라는 상당한 증거가 나타나서 상담자는 이를 점검해 보기로 하였다. 그러나 성격검사는 실시하지 않았다. 왜냐하면 '예술적 성격'이 있다는 것이 매우 부정적으로 나타났기 때문이다. 면담과정에서 Mark는 적절히 반응하기 시작하였다.

(2) 과 정

첫 면담 후 Mark는 검사지와 다른 것들을 집에 가지고 가서 완성해 왔다.

두 번째 면담에서는 검사를 해석하는 데 이 단계는 특성요인 진로상담에선 절차상의 단계이자 시간적 틀이었다.

검사해석단계에서 상담자는 Mark의 서류(검사)에 대하여 미술과 교수로부터 평가서를 받았으며, 그 평가는 전반적으로 호의적이었다. 그 평가서에는 Mark가 판화와 석판화에도 뛰어나다고 적혀 있었으며 Mark도 그것을 수긍하였고, 이 평가서는 미술분야에서 Mark가 관심을 집중시킬 수 있는 방향을 제시해 준 셈이었다. Meier Art Judgement Test에서 Mark의 점수는 대단히 높아(미술과 대학생과 비교해서 99백분위였고, 미술가와 비교하면 95백분위였음) 미술과 교수의 의견이 합당함을 증명해 주었다.

또한 Strong-Campbell Interest Inventory(SCII)와 Personal Data Blank (PDB)에서도 Mark가 미술분야에 대하여 진로를 선택할 것을 지지하는 증거가 나타났다. Mark가 SCII에서 보여준 유일하고 중요한 흥미양식은 미술가집단의 특성과 같았고, General Occupational Theme and Basic Interest Scales의 미술영역에서도 가장 높은 점수를 받았다. 미술적성은 물론, 흥미양식이 유전되었음을 증명이라도 하듯이 Mark의 점수는 그의 배경, 특히 부계와 일치하고 있었다. 그의 아버지는 미술을 공부했었다. 나중에는 작가가 되었지만, 그의 할아버지는 미술에 조예가 깊었었다. 그의 첫째 숙부는 국가적으로 유명한 건축가였다. 이렇듯, Mark의 인적사항이나 심리검사결과는 대체로 Mark의 미술에 대한 진로선택(특히 판화나 석판화)을 지지하고 있었다.

이 단계에서는 검사해석이 대화의 90%를 거의 차지했었는데, Mark도 적극적으로 반응하였으며 때로는 확인질문까지도 하였다. 상담자는 검사결과에 대해 충분히 이야기하고 난후에 Mark에게 소감을 물었다. Mark는 '글쎄요, 새로운 것은 없지만 제가 원하는 것을 할 수 있는 능력이 있음을 알게 되어 좋습니다'라고 대답하였다. 상담자도 Mark의 진로선택이 합당한 듯하다고 말하였다. Mark는 직업정보에 대하여 좀 더 현실적 검증을 하고 싶어할지도 모른다. 그것은 다음 면담에서 상담자와 함께 조사해 볼 수도 있을 것이다.

Mark는 미술과 교수와의 면담에 동의하였고, 교수는 Mark의 미술방면에 대한 진로선택에 대한 자료를 평가하여 자유업, 교사, 미술스튜디오 경영, 상업미술가 등의 진로를 제시하였다. 상담자는 이들 진로의 하나 하나에 대한 자료는 물론, 이들을 종합할 수 있는 자료도 구비하고 있어야 한다. 세 번째 면담에서 상담자와 Mark는 수집한 정보를 서로 검토하고 예측했다. ① Mark가 경쟁이 심한 미술분야에서 성공하려면 결국 대학원에 진학하여야 할 것이다. ② 대학원에 다닐 자금을 마련하기 위해서는 미술학사 취득 후 몇 년간 직업을 가져야 할 것이다. ③ Mark가 미술분야에 계속 정진하려면 교사를 하거나 사업을 하여 돈을 벌어야 할 것이다.

상담은 Mark의 다음과 같은 말로 끝맺었다.

'기분이 좋아졌습니다. 이제는 제가 올바른 일을 하고 있는지 어떤지에 대하여 방황하지 않고 미술공부를 계속해 나갈 수 있습니다.'

(3) 결 과

Mark가 졸업 직전에 상담자를 만나러 들렀을 때 추수지도가 이루어졌다. 그는 전 교과의 GPA에 3.25를 받아 미술과 학사과정을 마쳤으며, 전공에서는 거의 A를 받았다. 그는 비축해 놓은 돈을 다 썼기 때문에 대학원입학 전에 최소한 1년간 취업하기로 하였다. 그는 판화전에 출품하여 고무적인 평가를 받았으며, 보다 많은 인정을 받기 위해서는 훈련이 더 필요함을 느꼈다. 상담자는 이 말을 듣고 Mark의 문제점은 불확실한 진로선택이었다고 진단한 것이 근본적으로 옳았음을 확인하였다. 더욱이 미술계통의 진로에 대하여 검사를 하고 자신과 직업정보에 대한 탐색을 한 것이 효과적인 상담전략이었던 것으로 나타났다. 최소한 불확실성이 해결되었다는 간접적인 증거가 있고, Mark의 의사결정능력이 높아졌다는 간접적인 증거가 있다. 후자는 표면적인 상담목표는 아니지만, Mark의 장래계획에 나타난 부산물이었다.

2. 인간중심 진로상담

특성요인 진로상담이 각 개인을 특성과 요인의 집합체로 보고 외적으로 비교하고 법칙화하는 것에 중점을 두는 데 비해, 인간중심 진로상담(Person-Centered Career Counseling)은 개인을 자아실현의 경향성을 지닌 존재로 규정하고 각 개인의 구체적이고 현상적인 경험의 세계를 중시한다.

인간중심 진로상담에서는 성장을 위해서 필요한 자유와 안전을 내담자에게 허용하는 촉진적인 조건을 제공하는 것을 강조하고 있다.

1) 모 형

(1) 진 단

특성요인 진로상담과 인간중심 진로상담에서 진단의 개념은 매우 다르다. 특성요인 진로상담에서 진단이 가장 중요한 개념인데 비해서, 인간중심 접근법에서는 진단을 중시하지 않는다.

Rogers(1951)는 진로상담에서 심리적인 진단이 오히려 내담자에게 어떤 편견을 갖게 하고 다양한 선택의 폭을 줄이는 등의 피해를 줄 수 있다고 경고하고 있다. Patterson(1964)도 진로상담은 각 개인의 생활 중에서 진로문제라는 특정한 문제를 다루는 것이므로 지나치게 심리검사에 의존해서는 안 된다고 주장하였다. Rogers에 의하면 인간은 스스로 성장할 수 있는 잠재력이 있다.

(2) 과 정

인간중심 진로상담의 과정은 다음과 같이 7단계로 진행된다.

① **1단계 :** 내담자는 자기자신에 대해 노출하기를 꺼린다. 단지 외부사건에 한해서 이야기한다.

② **2단계 :** 내담자는 계속 자기의 문제가 아닌 외부의 사건을 언급하며, 과거 경험에 대해서만 이야기한다.

③ **3단계 :** 내담자는 대화의 내용에 대해 신경을 덜 쓰게 됨으로써 감정적으로 이완되지만, 상담자와 진실한 접촉은 하지 않는다.

④ **4단계 :** 내담자는 자신의 감정을 보다 진실하고 밀도 있게 다룬다. 그러나 상담자의 조력 없이는 아직 자기감정을 제대로 표현하지 못한다.

⑤ **5단계 :** 내담자는 현재—여기서 느끼는 감정들을 표현하기 시작한다. 자기

의 경험을 노출시키며 자기문제에 대해 책임감을 갖고 해결하려고 한다.

⑥ **6단계 :** 내담자의 경험은 생생하고 감정은 자유로워지며 객관적 대상으로 자기를 보던 시각이 없어진다. 경험과 자각 사이의 모순이 사라지고 감정이 민감해진다.

⑦ **7단계 :** 내담자는 자기 경험을 주관・반성적(reflective)으로 인식한다. 잘 조화된 감정과 더불어 내면적인 의사소통을 할 수 있게 되며, 내담자는 효율적이고 새로운 존재방식을 자발적으로 선택한다.

(3) 결 과

인간중심 진로상담의 결과는 상담자와 내담자의 상호작용의 과정에서 이루어지므로 과정의 결과를 명백히 구분하기가 어렵다. 결과를 평가하려면 Grummon (1972)이 지적했듯이 상담초기와 상담종료기의 태도나 행동・정서의 변화를 면밀히 관찰해야 한다. 이 접근법의 직접적인 목적은 상담과정에서의 내담자의 성장이지만 궁극적인 목적은 자아실현(Patterson, 1964)에 있으므로, 상담시에 자아와 일의 세계에 초점을 맞추면서 자아개념이 직업적 자아개념(직업정체감)으로 전환되도록 조력해야 한다.

2) 방 법

인간중심상담에서 상담자의 성장과정을 촉진하는 적절한 관계・분위기・조건 등을 만들어낸다. 내담자가 상담관계에서 지각해야 할 필수적 성장조건은 무조건적 긍정적 관심・진지성, 또는 일치성, 공감적 이해 등이다.

인간중심 진로상담은 기법보다는 상담자의 태도와 자질에 중점을 두는 상담이다. Rogers(1957)는 상담자가 지녀야 할 태도에 대해 다음과 같이 기술하고 있다.

① **일치성**(congruence) **:** 상담자는 진실하고 개방적인 존재여야 한다. 상담자는 내담자의 인간적 측면과 문제를 동시에 보며, 내담자뿐 아니라 자신의 감정을 인식하고 수용한다.

② **공감적 이해**(empathic understanding) : 상담자는 내담자의 주관・현상적인 세계를 내담자의 입장에서 그대로 인식하며, 내담자의 내담세계를 '마치 자신의 것처럼' 인식한다.

③ **무조건적 수용**(unevaluative acceptance) : 상담자는 내담자를 무조건으로 수용한다. 내담자의 갈등과 부조화를 비평가적이고 온정적으로 수용하며 내담자를 하나의 인간으로 있는 그대로 받아들인다.

(1) 상담기법

인간중심 진로상담은 비지시적 방법, 반영적 방법, 경험적 방법, 인간중심적 방법의 단계를 거치면서 발전해 왔다(Hart & Tomlinson, 1970). 인간중심 진로상담의 목표는 내담자의 자아개념을 직업적 자아개념으로 전환시키고 내담자의 경험을 풍부히 해주는 데 있다. 이같은 목표를 달성하기 위해 상담자는 다음과 같은 방법을 사용해야 한다(Snyder, 1945, 1963).

① **안내** : 상담자는 지시・비지시적인 안내와 질문을 하여 상담과정을 구조화하고 이를 내담자에게 이해시킨다.

② **반영** : 재진술, 명료화, 해석, 충고, 정보제공 등의 방법이 이에 포함된다.

③ **지지** : 내담자의 정서와 감정을 지지하고 도움을 제공해 준다.

④ **주의 환기** : 내담자의 주의를 환기시키고 내담자의 불만이나 욕구에 대해 주의를 집중하게 한다.

한편 Truax와 Carkhuff(1967)는 상담자의 공감능력, 무조건적인 수용태도, 진실성 등을 측정하기 위해 척도를 개발하였다. 이 접근법에서 가장 중요한 것은 앞에서도 언급했듯이 상담기법이 아니라 상담자의 태도와 자질이다. 상담자는 어느 특정한 순간에만 전문적이고 직업적인 인간으로 존재해서는 안 되며, 언제나 그 자신으로 존재해야 한다. 그러기 위해 상담자는 늘 고독한 자기반성을 하지 않으면 안 된다.

(2) 검사의 해석

초기에 Rogers(1946)는 심리검사가 내담자를 자기 방어적으로 만들고 내담자의 자기 수용적인 태도를 감소하게 한다고 반대했으나, 최근에는 심리검사를 통해 개인의 직업적성이나 흥미를 평가하는 것도 좋다고 보았다. 그러나 검사결과에 지나치게 의존해서는 안 되며 검사는 진단을 위한 척도가 아니라 상담과정에서 꼭 필요할 때 보조적으로 사용하는 것이 바람직하다고 보았다. 검사의 결과는 수용적인 분위기에서 객관적으로 해석되어야 하며, 상담자는 심리검사의 실시와 그 결과의 해석에 있어서 전문적인 식견을 가져야 한다.

(3) 직업정보

Patterson(1964)은 내담자에게 직업정보를 제시할 때 다음과 같은 점에 유의해야 한다고 강조하였다.

① '직업정보는 내담자의 입장에서 거기에 대해 인정할만한 필요가 있을 때 상담과정에 도입된다.' 이러한 절차의 바탕에 깔려 있는 원리는, 상담자는 내담자를 현재의 그들의 상태로 받아들인다는 것이다. 그리하여 만약 내담자가 시기보다 이르게 정보를 요구하는 것 같더라도 상담자는 정보를 단지 제공해야만 한다. 바꾸어 말하면, 상담자는 내담자가 정보를 검토할 준비태도를 갖추기 전까지는 직업정보를 자진하여 제공하지는 않는다.

② '직업정보는 내담자에게 영향을 주거나 조작하기 위해 사용되어서는 안 된다.' 상담자는 적절한 직업정보를 제공함으로써 내담자가 고려하지 못한 가능한 진로선택의 방법들을 제시할 수도 있다. 그러나 내담자중심이론의 관점에서는 상담자들은 내담자들이 어떤 직업에 대해서 다른 직업보다도 더 선호하게끔 설득하려 해서는 안 된다. 즉, 평가적인 방법으로는 직업정보를 사용해서는 안 된다는 원리이다.

③ '직업정보를 제공하는 데 있어서 가장 결정적이고 내담자의 자발성과 책임감을 극대화시킬 수 있는 방법은, 내담자가 원자료(raw materials), 즉 출판주, 고용주 그리고 그 직업과 관련된 사람들로부터 정보를 얻도록 격려하는 것이다.' 이러한 원리는 상담자가 내담자를 위해 정보를 수집하고 정리해 준다기보다는 오히려 내담자의 인간적 책임감을 가정하고 그들에게 독립성을 부여한다는 것이다.

④ '직업과 일에 대한 내담자의 태도와 감정은 자유롭게 표현되어야 하며, 치료적으로 이루어져야 한다.' 상담자는 직업정보의 객관적인 측면뿐 아니라, 정보가 내담자에게 갖는 주관적 의미에도 유의해야 한다. 예를 들면, 내담자들이 결정한 직업이 그들이 생각하지 못했던 전제조건을 가지고 있다는 점은, 상담자가 내담자와 함께 내담자중심 진로상담의 면담기법을 사용하여 진로상담을 할 필요가 있다는, 상당히 인간적인 측면에서 중요성을 가질 수도 있다.

Grummon(1972, p. 122)은, 직업정보를 제시하는 과정에 있어서 진로상담자는 현상학적 이론으로부터 유래한 '개인에게 있어서 현실(reality)은 그 현실에 대한 그의 지각(perception)이다'라는 Rogers적인 격언을 잊어서는 안 된다는 것을 보다 강조한다. Rusalem(1954, pp. 85∼86)은 '직업정보의 제시는, 내담자를 위해서는 그것이 선택적 지각의 과정이 된다는 것을 가정하지 않으면 안 된다'고 말하는 데에서 이런 관점을 되풀이하고 있다.

마찬가지도 Samler(1964, p. 426)는 '직업탐색의 과정은 내담자의 지각을 참작하여야 한다는 의미에서 심리학적이다.'라고 했다. 그는, Rusalem에 의해 언급된 선택적 지각은 내담자의 욕구와 가치에 대해 논의하기 위한 매우 유용한 자료의 원천이 될 수 있다고 지적한다. 예를 들면, 왜 내담자는 진로선택을 할 경우 마치 여행을 위한 기회에서와 같이 진로를 고려함에 있어 직업의 어느 특수한 면에 초점을 맞춰 선택하는 것일까? 그것은 어떤 주관적 가치를 갖고 있으며, 그것은 의사결정과정에 어떻게 관여하는가?

이러한 것들은 모두 내담자 중심의 진로상담에 적절한 질문들이다. 그리고 이것들은 종종 직업정보를 제시하는 전통적 방법이 전형적으로, 교훈적으로, 인지적으로 고착된 것과는 현저하게 다른 입장을 갖고 있다. 요약하면 이러한 접근법은, 내담자의 일의 세계에 대한 지각은 특이하며, 상담자의 역할은 이러한 직업정보를 평가하는 것이 아니고 내담자가 그러한 직업정보를 탐색하고 명료화하는 것을 도와 주는 것이다.

3) 자 료

상담사례

인간중심의 진로상담에 대한 사례연구로, 한국전쟁 이후에 민간인 생활로 되돌아갔던 25세 된 제대군인 Brad Johnson의 경우가 있다. 그는 전투에서 입은 부상을 치료한 뒤 10주 동안 1시간 정도 제대군인 행정병원의 상담심리부에서 상담을 받았다. 그는 군복무 이전에는 소작농이었다. 전투에서 입은 부상이 그를 신체장애자로 만들지는 않았지만 그는 자신에 대해 뭔가 공허한 이질감을 느꼈으며, 그의 진로로서의 농사일에 대해서도 다시 생각해 보고자 했다. 그는 징집되기 전에 전체 3.49의 GPA를 취득함으로써 대학에서 농학사의 학위를 취득하였으나 병역법에 의해서 좀더 교육과 훈련을 받도록 되었다.

(1) 진 단

Brad가 처음 상담하러 왔을 때 그는 의기소침하고 괴로워하는 것처럼 보였다. 그는 한국전쟁에서 지뢰를 밟았으나 다행히도 특별히 심한 신체장애가 없어 목숨을 건졌다. 그러나 그의 신체는 혹심한 충격을 받았으며, 파편을 제거하기 위한 수술은 너무나 고통스러워 그로 하여금 악몽과 불면증에 시달리게 했다. 그의 의기소침은 예사로운 증상이 아니었으며, 상담자는 그것이 그의 입원치료에 대한 부작용보다 더 심각한 문제라는 것을 알았다. 그것은 Kierkegaard가 '죽음에 이르는 병'이라고 불렀던, 삶에 있어서의 실존적 위기를 동반하는 비애나 절망감 같은 것이었다. Brad에 있어서 이러한 위기는 그의 자아정체성에 문제가 될 뿐 아니라, 과거의 자아상에 대해서도 말할 수 없게 될 것 같았으며, 특히 이와 같이 산만한 자아개념을 의미 있는 직업적 역할로 전환시킬 수 없는 결과를 낳을 것 같았다.

상담자의 최초의 진단은 Brad가 자기자신을 보는 방법과 세계를 보는 방법 사이에 일치성이 결여되었다는 데 대한 함축적이고 일반적인 진단이었다. 이러한 불일치는 그것이 자아와 일에 대한 왜곡과 부정으로부터 유래하든 또는 정보의 결핍으로부터 유래하든 간에 상담자가 차후에 진단적 결정을 하는 데에 영향을 주게 된다. 초기의 면담 과정에서 Brad는 이야기하기 싫어했으며 비협조적이었다. Brad는 상담자가 자신의 곤란한 부분을 알아차린다든지, 자신의 현상적(phenological)인 장으로 들어간다든지, 그의 현실 속으로 파고드는 것을 방어함으로써 상호작용을 수동적으로 하고, 책임을 상담자에게 돌렸다. 그러나 세 번째 면담에서는 상담자가 상호작용에 있어서 조성하려고 했던 수용·감정·감정이입·진실성과 같은 내담자중심 상담이론의 조건들이 충분히 효력을 나타냈으며, Brad도 그리 위협을 느끼지 않게 되었다. 그는 좀더 많이 이야기하기 시작했으며, 그가 전에 자신에 대해 가졌던 감정들을 표현하기 시작했다. 그는 그의 아버지가 늙어서 더 이상 일을 할 수 없게 된 뒤에 농장을 떠맡을 것을 그의 부모들이 강력하게 기대했기 때문에 큰아들로서 농업을 전공했다고 말하였다. 그는 초기의 면담과정에서, 그가 상담과정에서 상담자와 처음에 그랬던 것처럼 그의 부모와 의사소통을 하는 데에 극도의 어려움을 겪었으며 묵묵히 부모의 기대에 따랐었다고 말하였다. 그는 자신의 감정을 부정하도록 배워 왔으며, 상담자는 이런 종류의 기제가 Brad의 일치성의 결여(lack of congruence)라는 성격의 일부를 설명해 준다고 결론지었다. 그러나 거기에는 세상에 대한 천진난만함으로부터 비롯되는 것으로 보이는 또 다른 부분도 명백히 있었다. 그리고 이것은 그가 아마도 시골에서 성장한 데에서 유래한 것일지도 모르지만, 이러한 천진성 또는 정보의 결핍도 또한 중요한 요인이 될 수 있다고 상담자는 생각하였다. 네 번째 면담에서 상담자는 이런 가능성에 대해 Brad와 함께 논의했다. 그리고 다양한 직업에 종사하는 사람들이 자신들의 직업에 대해 갖는 '좋아하고 싫어하는 것(likes and dislikes)'의 감정을 비교하는, 재미있는 검사를 해보자고 제안하였다. 상담자는 그가 생각하고 있는 재미있는 검사, 즉 Strong의 직업흥미검사(Strong Vocational Intersest Bank, SVIB)가 일의 세계와 관련하여 자아를 탐색해 보는 편리하고 흥미로운 검사라는 것을 설명해 주었다. 이 검사는 자아지각에 관한 것들을 표집하여(직업, 부업, 교과목, 사람 등등의 개인적 선호에 대한 400여개의 항목) 그것들을 SVIB 직업척도에 점수로 나타냄으로써 그것들을 진로선택으로 바꾼 것이다.

Brad는 SVIB를 실시하는 것이 도움이 될 것이라고 생각했다. 왜냐하면 그는 과거의 자신이 모습과 앞으로 무엇을 하게 될 것인지에 대해 불안을 느끼고 있었기 때문이다. 그러나 그는 그 검사가 자신이 그런 직업에 흥미를 갖지 않았음을 보여 줄지도 모른다고 걱정했다. 상담자는 왜 흥미가 유형화되지 않았는가에 대해 함께 검토해 보자고 제의했다. Brad의 SVIB(Strong Vocational Intersest Bank) 프로파일에서는 비록 그의 직업수준(OL : Occupational Level) 점수는 꽤 높다고 하더라도 A와 B+가 없으며, Crites(1950)가 발견한 보다 낮은 자아강도 또한 빈약한 적응상태와 관련되어 있었다. 직업포부(열망)면에서도 미분화된 높은 수준을 보였는데, 이는 Brad의 개인적 부적응을 나타내는 특질이다. 자아개념과 현실세계에 대한 천진난만성을 명료화하지 못하는 것으로 보아 Brad는 진로에 대한 우유부단함과 흐리멍텅함으로 표현되는 개인적 불일치라는 증후군에 해당되는 것으로 보인다고 할 수 있다.

(2) 과 정

내담자 중심의 진로상담은 Brad에게 특히 적합한 것 같았다. 그의 일치도의 결여는 그의 외적·내적인 경험의 세계들과 관련되어 있었다. 첫 단계에서는 그는 머뭇거리고 방어적이었으나, 마지막 단계에서는 자아에 대해 보다 많이 수용함으로써, 10번의 면담과정을 통해 계속된 상호과정의 내용을 보면 Brad는 경험의 기저를 이루는 연속선에 따라 의미있게 변하고 있었다. 상담자는 처음 세 번의 면담에 대한 녹음테이프로부터 Brad가 Rogers(1961)의 심리치료과정에서의 네 번째 단계에 접근하였다고 평가했다. 그는 자신의 감정을 표현하려고 애썼으나 그러한 감정들이 이전의 경험과 자신을 금지하는(억제하는) 습관에 의해 봉쇄되고 있었다. 그러나 네 번째·다섯 번째·여섯 번째에 와서는 상담자의 탁월한 반성적(reflective) 유형의 상담법에 반응함으로써 Brad는 Rogers의 '감정이 자유로이 표현되며', '경험이 유연해지고, 더 이상 격리되지 않으며, 종종 거의 지연되지 않고 일어나는', 그리고 '직면하고 있는 문제들에 대한 수용적인 자질이 증가하는' 다섯 번째 단계로 나아갔다. 마지막 네 번째의 면담 동안 Brad는 Rogers의 도식에 있어 보다 자아에 대한 일치도를 보였고, 특히 그의 문제에 대해 '인정'을 할 줄 아는 여섯 번째 단계에 도달할 수 있었다. 상담자는 Brad의 자아개념에서 그가 외적 세계와 내적 세계를 통합하려는 초기단계의 감각을 갖고 있음을 감지했다. 그러나 자아통합은 아직 불완전했다.

Brad는 Rogers이론의 일곱 번째와 마지막 단계의 연속선 위에 도달하려고 노력했다. 그러나 완전히 자아통합이 이루어지지는 못하였다.

Brad의 진로상담과정에 나타난 상담자의 기법은 반성(reflection)과 재진술(restatement)의 혼합법이었다. 예를 들면, 세 번째 면담의 마지막 부분에서 발췌한 것을 보면 Brad는 그의 가족사회 안에서의 의사소통에 관해 이야기하기 시작한다.

Brad : 부모님들은 날씨와 곡식에 대한 이야기를 제외한 다른 것들에 대해서는 별로 말하지 않았습니다. 우리 가족들은 내가 농장에 남을 것이라고 생각했습니다.

상담자 : 당신이 하고자 하는 것, 당신이 느끼는 것에 대해 부모님들과 얘기하기가 어려웠겠군요.

마찬가지로 SVIB에 대해 논의할 때도 상담자는 평가적(evaluative)·진단적이라기보다는 오히려 사실적·기술적이었다. 상담자는 Brad에게 '당신의 흥미는 이런 직업에 있는 다른 사람들과 같지 않군요', '당신의 직업수준 점수는 꽤 높군요.'라고 말하였다. Brad는 낮은 흥미지표와 높은 직업수준의 점수가 의미하는 바를 질문했으며, 상담자는 그런 것들이 Brad가 자신을 평가하는 것이라고 설명했다. 그는 높은 수준(level)의 직업을 원하고 있지만 어느 방향으로 나아갈 것인지에 대해서는 잘 알지 못하였다. 여덟 번째 면담에서 Brad는 자신이 생각하게 될지도 모르는 직업에 대해 어떻게 하면 좀더 잘 알 수 있을까에 대해 질문하였다. 상담자는 그에게 병원의 도서관에 있는 직업자료에 관한 열람실을 이용해보라고 권고하였다. Brad는 직업자료실을 폭넓게 이용하였으며, 군 농림직 공무원, 식량작물 관리인, 농기구 판매인과 같은, 농업에 관련된 진로에 대해 얼마간 흥미를 나타내었다. 마지막 면담에서 Brad는 이러한 직업들에 대한 직접적인 지식을 그 분야에 종사하는 사람들과 이야기함으로써 많은 정보를 얻었으며, 상담자와 다음 기간에 추수면담을 하기 위해 돌아와야겠다고 생각하였다.

(3) 결 과

Brad의 진로상담은 매우 활동적이고 적극적인 것이었다. 처음에는 물론 그

소득이 미미했다. 그러나 그 기간 동안 상담자와의 관계를 유지했다는 사실은 그 자체가 하나의 진전의 표시였다. 그리고 상담과정의 결정적인 단계에서 종종 그 이전의 금기(inhibitions)를 깨뜨리고, 자신을 수용하는 데에 자유로움을 느끼고, 주위세계와 일치하기 시작하는 것처럼 보였다. 마지막 단계에서는 실제로 진로선택을 하지는 않았으나 의사결정과정에 참여하는 것을 거부하지 않았다. 그는 자신의 역할을 다하는 데 있어 보다 큰 자신감과 자기 통합을 보였고, 진로선택에 대한 인간적인 책임감이 싹트기 시작했다. 그는 생활면에서도 보다 효율적이고 자신을 통제할 수 있게 되었다. 그는 뒤로 물러서기보다 오히려 적극적으로 팔을 뻗쳐 자신의 진로를 선택하려 했으며, 농장에 관련된 직업에 대해 보다 더 배우기 위해 추수면담의 계획을 세웠는데, 이는 주목할 만한 일이었다. 그가 몇 번의 면담을 위해 두달 뒤에 돌아왔을 때 그는 SVIB를 다시 실시해보고 싶어했으며, Allis-Chalmers나 International Harvester 같은 대기업에서 농기구를 판매하는 직업을 선택하고 싶어하는 그의 잠정적인 선택에 대한 현실적 검토를 위해 검사실시를 원했다. 그는 이런 상사들 중의 어느 한 상사에게 그의 높은 직업적 포부를 충족시킬 수 있고, 또 그의 농장에서의 경험과 농학지식이 도움이 되리라고 생각했다. 그는 농장에 남는 것과 농장을 완전히 떠나는 것 사이의 타협(통합)을 보았다. 두 번째 SVIB 검사결과는 Brad의 통찰을 확신시켜 주는 경향을 나타내었다. 즉, 그는 사업관련직군에 일차적 흥미를, 그리고 기술적 직업군에 이차적 흥미를 나타내었다. 그 속에는 농업도 포함되어 있었다. 1년 뒤에 그는 International Harvester 상사의 판매대리인으로 일하고 있었고, 자신의 일에 아주 만족하고 있었으며, 최근에는 한 지역의 관리인으로 승진했음을 알려 주었다.

인간중심에서 진로상담의 모형과 방법은 의사결정에서 Rogers주의적인 원리들을 적용하는 것뿐만 아니라 특성요인 이론과 발달이론의 핵심개념을 종합하고 있음을 나타내고 있다.

Patterson(1964, p. 441)은 '진로선택은 애초에 생각했던 것보다 훨씬 더 복합적이지만, 아직까지는 개인과 진로의 조화로 널리 인식되고 있다.'고 하였으며,

역사성을 띠지 않는 다른 이론, 즉 인간중심 심리치료의 '즉시적' 초점에 이러한 차원을 도입하기 위해 Super(1957)가 주장하는 진로발달의 자아 이론의 영향을 많이 받았으며, 진로선택에서 '사람과 직업의 조화'라는 개념을 구체화하고 있다. 그러나 인간중심의 상담이 상담자가 보다 많이 활동할 것을 강조하는 현대의 내담자중심의 이론까지도 포함하는 포괄적인 총합이라 해도, 이 진로상담에 쏟아지는 비판들에 대해 잘 대처해 나갈지 어떨지는 아직 의문이다.

이론적으로 Grummon(1972, p. 123)은 자아의 일의 세계에 대한 정보의 획득과정과 진행과정에 영향을 주는 자극변인들의 효과를 무시하는 인간중심접근의 배타적인 현상학적 경향에 관심을 표명해왔다. 그는 '이 이론이 환경의 지각과 행동에 어떻게 영향을 미치는가에 대한 정교한 분석에 실패한 것은 여러 상담상황이 상담에 특수한 관련성을 갖는다는 것을 간과했기 때문이다.'라고 했다. 실제적으로 그 중에서도 가장 중요한 난점은, 상담과정에 정보를 투입할 때 종종 일어나는 분리 또는 분열가능성이다. 인간중심의 역할에서 상담자의 교훈적 역할로 바꾸지 않고 어떻게 상담자가 내담자에게 직업에 대한 정보를 효과적으로 알려줄 수 있는지는 Patterson의 공식(표현)에 보더라도 분명치 않다. 즉, 상담자가 내담자에게 큰소리로 직업정보를 읽어 주어야 한다. 즉, 상담자가 내담자에게 큰소리로 직업정보를 읽어 주어야 한다는 그의 제안이 만병통치약이 될 것 같지는 않다.

3. 정신역동적 진로상담

정신역동적 진로상담(Psycho-Dynamic Career Counseling)은 정신분석학에 뿌리를 둔 것으로 진로선택과 의사결정에 있어서 심리학적인 요인을 중시하는 접근법이다. 이 접근법은 특성요인 접근법과 인간중심 접근법을 포괄하면서 내담자의 동기유발과 방어기제에 초점을 두는 이론이다. 이 상담이론은 사람과 직업을 연결시키는 것을 기초를 삼고 있지만, 그 기초 위에 어떻게 그와 같은 선택이 이루어지는가(과정)에 복잡한 개념들을 설명하려고 노력한다.

1) 모 형

정신역동적 진로상담을 개념화하면서 Bordin과 동료들은 진로 결정과정에 정신역동 과정을 적용할 것을 제안하였다(Bordin, Nachman & Segal, 1963). Bordin의 상담이론의 기저는 두 가지로 요약될 수 있다. 즉, 진로선택의 주요 요인은 내담자의 욕구를 포함하는 것이며 그것은 발전적 선택과정이라는 것이다.

(1) 진 단

정신역동적 진로상담에서는 진단의 필요성을 다음과 같이 기술하고 있다(Bordin, 1968).

1 의존성(dependance)

어떤 내담자들은 자신의 진로문제를 해결하고 책임을 지는 것이 어렵다는 것을 느낀다든지, 생애의 발달과업을 주체적으로 추진하는 것이 어렵다고 느낀다. 그들은 지나치게 다른 사람들에게 의존한다.

2 정보의 부족(lack of information)

경제적으로나 교육적으로 궁핍한 환경에서 사는 사람들은 적합한 정보를 접할 기회가 없기 때문에 현명한 선택을 하지 못하는 경우가 많다.

3 자아갈등(self-conflict)

진로선택이나 기타 삶에서 중요한 결정을 내려야 하는 경우에 개인은 갈등을 겪게 된다.

4 진로선택에 따르는 불안

진로선택시 개인은 불안을 경험한다. 자신이 하고 싶어하는 일과 중요한 타인이 기대하는 일이 다를 경우 진로선택에서 불안과 갈등을 겪는다.

5 문제가 없음(non problem)

이것은 내담자가 현명한 선택을 한 후에 단지 그것을 확인하기 위해서 상담자를 찾는 경우에는 '문제는 없고 확신이 부족한 경우'라고 명명할 수 있지만, 이와 같은 확신의 결여 또한 여러 가지 문제를 야기시킬 수 있다.

보다 최근에는 진로상담을 찾는 내담자가 경험한 동기부여에서 오는 갈등의 원인을 분석하면서 Bordin과 Kopplin(1973, pp. 156∼159)은 일곱 가지의 주요 범주로 구성된 새로운 진단체계를 제안하였다. 이는 더 구체적인 문제들로 세분화되는데, 다음과 같이 보다 많은 일반적인 문제점들이 정의된다.

① **종합의 곤란**(synthetic difficulties) : 극히 미미한 증상과 갈등의 경우로 중요한 문제는 인식의 명확성을 성취하거나 종합하는 것이 곤란하다고 발견되었다. 이 경우 내담자는 상담과정에서 생산적으로 활동한다.

② **정체감문제**(identify problems) : 실제적인 자아와 자아개념(반드시 인식할 필요는 없지만)의 형성과 관련된 것에서 오는 문제로 추정된다.

③ **만족갈등**(gratification conflicts) : 직업활동을 통해 특별한 유형의 사회 심리적 만족을 얻어 보려는 시험적인 직업선택에서 오는 문제이다.

④ **변화지향**(change orientation) : 내담자가 자신에 대해 불만이어서 자신을 변화시키기 위해 직업을 선택하려는 데서 오는 문제이다.

⑤ **표출된 증상**(overt pathology) : 직업선택이 이루어졌다 해도 혼란이 오면 내담자가 이 일을 해 나가는 것이 불가능해지는 데서 오는 문제이다.

⑥ **분류 불가**(unclassifiable) : 동기를 갖지 않는 데서 오는 갈등과 관계 있는 문제 이외의 것.

이 체계의 신뢰성을 평가하기 위해서 Bordin과 Kopplin은 과거 82명의 내담자의 진로 동기부여 갈등을 분류하였다. 처음 47명의 경우는 서로 자문을 통해 의견의 불일치를 조정했다. 51%는 완전일치를 보았고 28%는 부분적 일치를 보았다. 이 결과에서 Bordin과 Kopplin(1973, p. 159)은 다음과 같은 결론을 내렸다.

> 일반적으로 우리는 우리의 평가를 서로 승낙할 수 있는 수준이 용인될 수는 있는 것이지만 만족할 만한 것은 아님을 인정해야했다. 그러나 신뢰성이라는 것이 서류를 계산하여 추측해 내는 것인 경우가 많아서 우리의 경우 서류(기록)가 별로 없었다는 점을 감안할 때 그다지 낙담할 만 것은 아니라고 생각한다. 비신뢰성의 또 다른 요소는 우리가 제안한 범주에 관계되는 문제로 상담자들이 범주 분류에 주의를 기울이지 않은 데서 온다.

이 새로운 체계의 신뢰성이 만족할 만한 수준까지 증가될 수 있다고 하더라도 그것이 진로상담에 무슨 소용이 있는가? 그것은 완전히 사후검사이다. 그 진단은 이미 완료된 상담기록이나 요약을 읽어서 만든다. 그와 같은 과정은 연구목적을 위해 가치가 있을 수도 있지만, 진로상담자에게 진로상담과정이 형성되기 전에 진단을 위한 필요한 자료를 제공하지는 못한다.

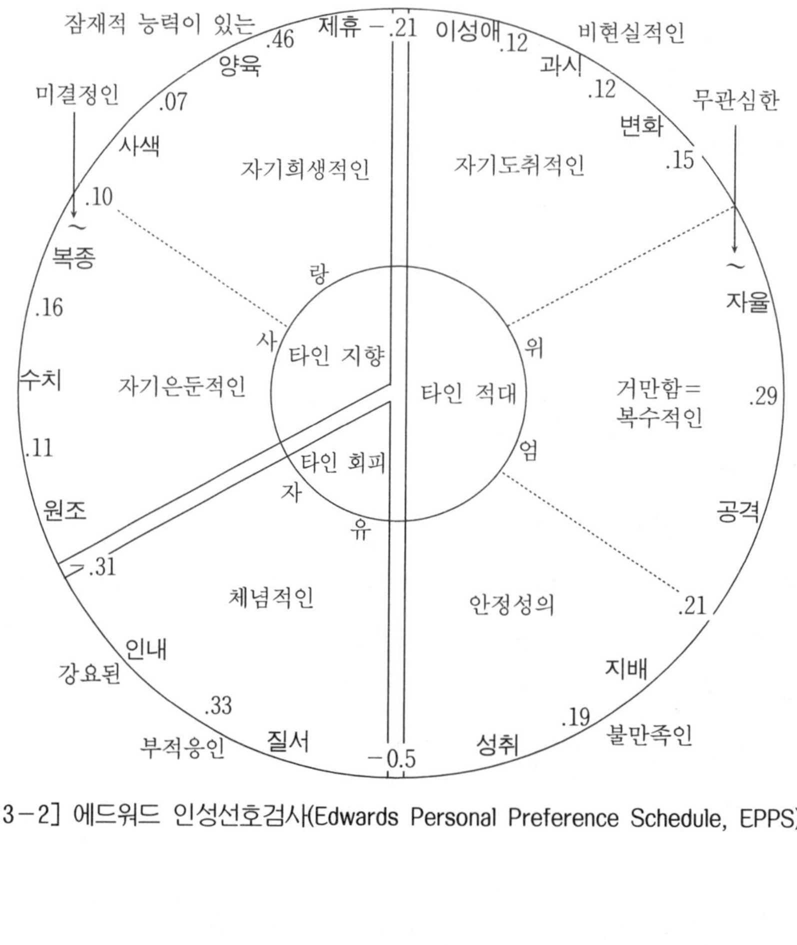

[그림 3−2] 에드워드 인성선호검사(Edwards Personal Preference Schedule, EPPS) 원형도

〈표 3-2〉 EPPS에 의해 측정되는 욕구에 대한 정의

변 인	변인과 관련되는 정의
성취(achievement)	사회적, 개인적으로 의미있는 과업을 성공적으로 달성함.
복종(deference)	관행을 준수하고 타인의 지도력을 따름.
질서(order)	조직과 개인의 행동의 올바름을 강조함.
과시(exhibition)	의상이나 행동으로 타인의 주의를 끔.
자율(autonomy)	타인이나 관습에 대해 독자적으로 행동함.
제휴(affiliation)	친구들과 많은 활동에 참여함.
자기사색(intraception)	행위의 근저에 깔린 동기의 관점에서 생각함.
원조(succorance)	타인으로부터 격려·연민·애정을 받음.
지배(dominance)	타인과의 관계에서 지도적 역할을 함.
굴욕(abasement)	일이 잘못되었을 때 죄의식을 느끼고 자책을 함. 일반적으로 소심하고 열등함.
양육(nurturance)	타인에 대하여 동정과 애정을 느끼고 도와줌.
변화(change)	새로운 경험을 하며 일상적인 것을 회피함.
인내(endurance)	과업이 완수될 때까지 노력함.
이성애(heterosexuality)	이성과 사회적 관계, 성관계를 가짐.
공격(aggression)	타인을 비웃고 비난 공격함.

Bordin(1946, p. 172)이 여러 해 전에 주장했듯이, '진단적 분류 중에서 가장 중요한 특성은 그것들이 상담처치법의 선택을 위한 기초를 제공한다'는 것이다.

Crites는, 진로상담 전과 중간에 사용할 수 있고 또 처리 전략을 선택하는 기준이 될 수 있는 정신역학적 분석체계를 만들었다. 이것은 Horney(1945 ; 1950)의 인성심리요법의 이론과 에드워드 인성선호검사(Edwards Personal Preference Schedule, EPPS)를 통합한 것을 기초로 구성했다. 후자는 [그림 3-2]의 원형 안의 변두리에 있는 욕구를 측정하는 것이다.

이 내용의 간략한 정의는 〈표 3-2〉에 있는데, 이들은 상호 상관관계의 부호와 크기에 따라 배열되었다. EPPS는 관용적(Redcliffe, 1963)이기 때문에 척도의 반 정도는 다른 반과 부적 상관관계를 갖는다.

그림에서 수직축의 오른쪽은 서로 정적 상관을 갖지만, 수직축의 왼쪽에 있는 것과는 서로 부적 상관을 갖는다. 후자의 경우 인내와 질서는 왼쪽의 나머지 것

들과 부적 상관을 가지므로 원형도 왼편의 하위집단을 형성한다. 부채꼴 부분들(sectors)은 인접성이 희박한 것들보다는 인접성을 가진 것들과 긴밀한 관련을 맺는다는 원칙에 입각해서 배열되어 있는데, 모든 경우가 모두 그러하다(Edwards, 1954, P. 20). 이러한 원칙에 따라 [그림 3-2]에 나타난 바와 같이 세 개의 변별적인 부채꼴로 표현되는 부분들이 파악될 수 있다.

이론적으로, 이 부채꼴에서 Horney(1945 ; 1950)의 개인간 상호지향성(타인적대, 타인지향, 타인회피)과 심리적 형태(자기도취, 오만, 복수심 등)와는 거의 일치하고 있다. 비록 EPPS가 Murray(1938)의 욕구이론에서 개발된 것이지만, 이들 변인들에 대한 〈표 3-2〉의 정의들은 Horney의 성향(orientation)과 유형(내가 첨가한 '자기희생'은 제외)을 기술한 [그림 3-2]와 맞춰진다.

그 다음에 이 유형들도 원형도 밖에 있는 진로선택 문제와 관계를 갖게 된다. 이것은 본래 Crites(1969)에 의해 제기된 것이었고 특성요인 접근법(2장 참조)의 일부로 논의되었었다. 그러나 여기에서는 진로결정의 과정에서 문제를 일으킬 수 있는 동기부여 갈등을 진단할 수 있는 법칙을 제안하기 위해 내담자 인성의 역동성(personality dynamics)과 연결시키고 있다. 아직은 연구되고 있지 않지만 여러 해동안 임상적으로 사용되고 있는 이러한 개념구조를 사용함으로써 상담자는 EPPS를 내담자에게 적용시킬수도 있고 적성·흥미·자료 선택에 근거를 둔 문제 분류에 높고 낮은 점수를 결부시킬 수도 있다. 이러한 정신분류학적 정보와 Horney의 인성구조를 종합함으로써 진로상담의 역동적 진단법을 만들 수 있다.

(2) 과 정

Bordin(1968)은 진로상담 과정을 세 단계로 나누었다. 이 단계들은 진로발달의 전과정을 포괄하는 하나의 소우주(microcosm)이다. 첫 번째 단계는 '탐색과 계약체결 과정'이다. 정신역학적 진로상담의 중요한 과업은, 내담자로 하여금 비직업적인 성격을 가진 심리치료에 참가하도록 권유할 뿐 아니라, 내담자가 선택 문제를 피상적이고 이성적(rationalistic)으로 검토하는 것을 피하도록 해야 한다는 것이다.

다시 말해, 이 접근법이 의미하는 바와 같이 진로결정의 정신역학, 즉 내담자의 삶에 있어서 인성과 직업과의 접촉관계에 초점을 맞추어야 한다는 것이다. 예를 들면, 정신역학적 진로상담은 무리한 요구를 하는 엄격한 아버지를 둔 낙제생 공학도가 전공을 바꾸고 싶지만 두려움을 느껴 방어적 인식을 하는 경우, 그 의미를 파악하려고 노력한다. 이 과정을 필자는 '예행연습' 이라고 일컫는데, 정신역학적 진로상담의 세 'R'중 첫 번째이다. 나머지 두 개의 'R'은 '재조명(refocusing)'과 '재구성(reconstruction)'이다.

첫 단계에서 내담자는 비임상적 세계에서 다른 사람들에게 수없이 설명했으나, 해결책을 찾지 못한 '자기 이야기'를 되풀이한다. 이제 상담자는 내담자가 하는 이야기를 듣는데, 이것은 불필요한 충고보다는 Shoben(1956)이 말한 바 따뜻한 관심, 보복적이 아닌 관대함, 솔직한 의사소통에 입각한 치료적 관계를 형성한다는 맥락에서 귀를 기울이는 것이다. 이러한 관계의 양상은 내담자중심 진로상담에서의 감정이입, 무조건적・긍정적 수용, 진실함과 대체로 일치한다.

두 번째 단계는 비판적 결정의 단계인데, 반드시 진로에 대한 비판적 결정뿐 아니라 선택이 제한된 것들 또는 인성변화를 포괄하는 문제들도 포함하는 결정 단계이다. Bordin(1968, p. 440)은 이렇게 진술하고 있다.

> 직업선택이론에서 고통에 처해 있는 개인에 대해 보다 궁극적인 관찰을 해보면, 이것이 성장과 변화를 위한 노력임을 알 수 있다. 내담자가 고려하는 직업은 지금의 자기에 대한 것과 자기가 기대하는 자신에 대한 견해를 모두 반영한다. 내담자는 자신의 노력을 점차 인식하게 되면 될수록 상담과정을 단지 결정에 영향을 미치는 것으로서가 아니라 인성변화과정의 일부로 인식하기 시작한다. 그러면 그는 보다 제한된 자기 본래의 목표를 계속 유지할 것인지 아니면 상담을 통해 목적을 확대시킬 것인지에 대해 고민하기 시작한다.

다시 말하면, 정신역학적 진로상담자는 내담자에게 개인 상호간의 관계와 진로발달을 다루는 과정에서 보다 광범위하게 참여할 수 있는 선택의 대안들을 제시한다. 만약 내담자가 이 목표를 선택한다고 하면 이것이 '조명'이다. 이것은 진로선택이 외부에서 부여되는 것이라고 인식하던 좁은 견해로부터, 문제를 털어놓고 함께 다루는 것이 그(그녀)의 인성문제까지를 다루는 것이라고 생각하게 한 변화를 의미한다. 상담자는 내담자와의 협력적인 상호작용을 통해 의사결정 관계에서 자아의 수용(self-in-relation-to-decision)을 쉽게 하면서 내담자와 상담자는 동등하게 적극적으로 참여하게 된다.

정신역학적 진로상담 과정의 마지막 단계는 '변화를 위한 노력'(Bordin, 1968)이다. 이것은 비록 직업의 실제에 한정된 것이라 하더라도 내담자로 하여금 적어도 어느 정도의 인성변화를 일으킬 것이라고 가정한다. 이 마지막 단계는 자아의 인식과 이해를 점점 확대하도록 추진된다. 비록 의사소통에 의해 촉진되기는 하나, 재구성이나 혹은 내담자가 어떤 종류의 사람인지를 재정의하는 과정은 원칙적으로 진로상담의 관계적 차원과 병행하여 이루어진다. Sullivan이 강조한 '바로 지금(right-now)'의 관계를 이용하면서 정신역학적 진로상담자는 내담자가 나타내는 감정에 반응을 보인다. 상담자는 내담자가 자기의 선택에 대해서 책임을 지지 못하는 것에 대해 반응을 나타내면서('나는 도대체 내가 무엇을 하고 싶은지 결정할 수가 없는데, 당신은 어떻게 생각하시지요?'), 좌절과 조급함을 느끼고 싫증을 느낄 지경에 이르러서는 '나는 당신이 진로를 선택하는 것을 돕고 싶지만, 당신은 그 책임을 모두 내게 돌리려는 것 같아요. 이 문제는 내가 당신과 함께 이 일을 처리하는 것이라고 생각하지는 않아요. 이 문제는 내가 당신과 함께 이 일을 처리하는 것이라고 생각하지는 않아요. 다시 말하면 50 대 50의 작업이 아니란 말입니다. 당신은 어떻게 생각하시나요?'라고 말하게 될 수도 있다.

일반적으로 내담자의 인생에 대한 것들을 추정하기 위해 다음과 같이 덧붙일 수도 있다. '당신이 다른 사람들에게 당신이 무엇을 해야하는지를 말해 달라고 얘기했을 때 그들이 느꼈던 것과 내가 지금 느끼고 있는 것이 같은 것인지, 또한 그렇게 얘기했을 때, 그것이 당신과 어떻게 관계될지 모르겠습니다.' 이와 같이 상담관계는 다른 관계들을 위한 원형(prototype)으로 사용되고, 상담을 통해 얻은 것은 상담실 밖에서 내담자가 다른 사람들과 상호교류하는데 도움이 될 수 있다(Magaret, 1950).

(3) 결 과

정신역동적 접근법은 내담자가 현명한 진로선택을 하고 자신의 선택에 대해 책임을 수용할 줄 아는 사람으로 변화하도록 돕는 이론이다. 이 접근법에서는 내담자가 갖고 있는 불안이나 정서장애를 제거시켜 내담자가 자유의지로 책임감 있게 진로를 선택하도록 내담자의 성격구조를 재구성하는 면을 강조하고 있다.

2) 방 법

이 접근법은 정신분석이론뿐 아니라 특성요인 이론과 인간중심 접근법을 절충한 이론이다.

(1) 상담 기법

Bordin(1968)은 다음과 같이 세 가지 방법을 제시하고 있다.

① **명료화 :** 이것은 현재의 진로문제와 관련된 내담자의 생각과 감정을 언어로써 명료하게 재인식시켜 준다.

② **비교 :** 내담자가 갖고 있는 문제와 역동적인 현상간의 유사점과 차이점을 비교하는 방법이다.

③ **소망－방어체계에 대한 해석 :** 내담자의 욕구나 소망과 방어체계를 상담자가 해석해 주는 방법이다.

(2) 검사의 해석

심리검사의 상담자료에 의한 진단이 이 접근법의 핵심자료이다. Bordin(1968)은 상담자는 심리검사를 통해 내담자의 심리상태를 정확히 이해하고 상담에 대한 내담자의 기대를 충족시키기 위해 검사결과를 활용해야 한다고 보았다. 이 접근법의 초점은 내담자에게 신뢰도가 높고 타당한 정보를 제공해서 내담자로 하여금 자기 자신에 대해 보다 깊이 있고 타당한 이해를 하도록 조력하는 데 있다.

(3) 직업정보

이 접근법에서는 개인의 욕구분석에 관한 정보를 중시한다. 이것은 특성요인 이론의 영향을 받은 것으로 개인이 자기(self)와 직업세계와의 정신역동적 구조를 잘 이해하게 되면 그는 자신의 욕구를 잘 충족시켜 주는 직업을 선택할 수 있고, 욕구와 현실과의 타협을 할 수 있다는 가정에 기초하는 개념이다.

3) 자 료

상담사례

진로상담에서의 정신역동적 접근법을 설명하기 위하여 인성역학과 진로결정 간의 밀접한 관계를 예증하는 선택을 발췌하였다. Randy Grant라는 내담자는 20세의 남자 대학생으로, 수학을 전공했다. 당시 그는 상담을 요청해 왔다. Randy는 평균(GPA) 3.91을 받았고, 신입생 입학검사에서는 95점 이상을 받았는데, 그는 '학문적으로 지도하는(academic advising)' 직업에 종사하고 싶었으나 경리직원이 되었다고 말했다. 상담자는 그의 상담신청서에 그가 매우 침울하고 혼란되어 있는 것처럼 보였다고 적었다.

(1) 진 단

첫 번째 면담에서 상담자와 내담자 모두 고통스러웠다. Randy는 간단한 대답만을 하면서도 의자에 앉아 안절부절하는 혼란스러운 모습이었다. 상담자는 Randy가 왜 상담하러 왔는가, 비꼬인 대화를 하면서 그가 나타내는 욕구불만의 감정이 무엇인가를 찾는 데 실패했다. 결국 상담자는 일종의 연결을 위한 노력의 일환으로, 대화적 차원에서 관계적 차원의 방향을 바꾸기로 결정했다. 그는 Randy의 어깨에 손을 얹으며 '당신이 나를 더 잘 알게 하기 위해 내 이야기를 하겠다'고 말하였다. Randy는 이 태도에 긴장을 풀고, 상담자가 자신에 대해 말하는 것을 진지하게 들었다. 두 번째 면담이 어느 정도 끝나갈 때 Randy는 상담을 하러 온 이유를 말할 수 있었다. 비록 심적으로 혼란한 상태였으나 그는 교육과 직업에 대한 자신의 문제점을 말하기를, GPA 4.00을 받지 못하고 '겨우' 3.91을 받았다고 했다. 그는 이렇게 자기 비판을 했지만, 어쨌든 수학을 좋아했고 또 잘했다고 했다.

정신역학적 진단을 이용한 세 번째 면담에서 상담자는 Randy가 매우 배타적이며 엄격한 성격의 부모에게서 과도한 성취기대를 받았다는 것을 알아내었다. 성취지향적인 사람은 전공과 마찬가지로 진로선택과 의사를 결정하는 데에 상당한 고통이 따른다. Randy는 정통적인 기독교 가정에서 태어났고, 아버지의 권위는 완벽했으며 완고했다. 그의 아버지는 늘 Randy를 대신해서 결정했고, Randy의 결정에 대해서는 비판적이었다. Randy도 결정을 하는 것에 무력함을 느꼈고, 진로선택이 고통으로 마비를 일으킬 정도였다. EPPS에 의해 상담자는, 면담을 통해 받은 Randy에 대한 진단적인 느낌을 점검해보았다. EPPS에서 그의 최고점수는 복종(deference)・굴욕(abasement)・원조(succorance)였으며, 질서(order)・인내(endurance)에서는 평균 이상의 점수를 보였고, 가장 낮은 점수는 '타인 적대(moving against others)'였다.

상담자는 면담의 가설을 확신하고, 이를 충분히 설명하기 위해 검사 프로파일을 해석했다. Randy의 점수가 첫 번째는 원형도의 '자아효율적임(self-effecting)'이고, 두 번째는 '거부된(resigned)'에 위치했다. 상담자는, Randy가 '타인 회피(moving away others)'의 감정의 흐름이 나타나는 것이라고 말해 주었다. 즉, 혼란된 내적 성향이 Randy의 진로결정을 어렵게 했고, 그가 원하는 것을 결정할 때에 Randy는 갈등하는 내적 성향에 의해 찢겨져서(산만해져서) 정지될 수밖에 없었다.

(2) 과 정

Randy가 당면한 문제는 분명히 개인적(내적)인 것이 관여되었지만, 교육과 직업문제로 정의될 수 있다. Randy가 진로상담에 임할 당시, 그는 진로선택에 대한 준비가 전혀 되어 있지 않았고, 더욱이 진로선택에 관한 나쁜 감정을 경험하였다. 결과적으로 상담자는 자신의 심리수준으로 Randy를 대하였다.

그리하여 우선 상담의 관계성에 토대를 두고 그와 근본적인 상담관계를 갖자고 그에게 제의하였다. Randy의 문제점을 해결하기 위하여 초기에 한계를 신중히 정하고, 계약상황(contract setting)을 암시적으로 설정하고 출발하였다. 상담자의 기대목표는 상담관계가 발전함에 따라 더욱 확실해졌다. 상담자는 네 번째 또는 다섯 번째의 상담기간 동안 심각한 결정단계에 Randy가 자신의 성격문제를 직접 해결할 수 없다는 것을 알게 되었지만, 무엇인가의 변화가 그에게서 일어나고 있음은 느끼게 되었다, 상담자는 문제에 대한 접근법에서 인성적 및 직업적 역동성이 평형을 이루어야 함을 알게 되었다. 상담자의 기법은 다음과 같은 반응유형과 관계되어 있었다. 즉, '당신은 진로선택 문제로 나에게 왔지만, 나에게 말하는 것이 무척 어려운 모양이군요. 왜 그럴까요?' Randy는 중요한 타인, 특히 남자에 의해 처벌받을 위협이 없는 상황에서는 잘 반응할 수 있게 되었다.

진로상담의 마지막 단계(변화를 위한 작업)에서 Randy는 자기 인생과 진로에 대해 적극적인 책임감을 갖게 되었다. 초기증세인 우울하고 적대적이며 혼란된, 정신분열과 같은 증세는 많이 개선되었다. 그의 안색은 밝아지고, 그 후의 면담에서는 정신이 보다 정리되어 보였다. 비록 Randy가 말은 적게 했지만 상담자와의 관계를 가치 있게 여겼으며, 열 번의 상담동안 한 번도 약속을 어기지 않았다. Randy를 위한 정신역학적 치료요법이 효과적이었던 것은 바로 이러한 상담관계 때문이었다. 이러한 상담관계가 영향(적절한 자극작용, modus operandi)를 주면 줄수록 그는 자신을 보호하기 위한 '방어적인 정체감(defensive identify)'(Mowrer, 1950)에서 벗어나 '발전적 정체감'을 이루었고, 그 자신의 생에 대체해나가는 데 있어 자신감을 갖게 되었다. 많은 변화들이 말로는 표현되지 않았으나 Randy가 자신이 삶에 적극적으로 임하게 되었다고 보고함으로써 확실해졌다. Freud(1962)는 『문화와 그에 대한 불평(Civilization and Its Discontents)』에서 예리하게 관찰했지만, 불행히도 각주에 모호한 점이 있었다. 현실과 관련된 Randy의 기본적인 문제는 학업과 진로에 대한 계획이었다. 처음 대학 1년 동안 Randy는 성취만을 위한 성취보다는 그의 공부로부터 본질적인 만족을 얻게 되었다. 그리고 그는 대학원 수학과 과정을 위한 장학금을 신청하였다.

(3) 결 과

진로상담은 보통 그 결과로서 진로선택을 하는 것을 목적으로 하지만, Randy의 경우에서는 내포적(암시적)인 형태로 영향을 끼쳤다. 그는 수학교과에 성공적이었을 뿐 아니라, 이 교과가 적성에 매우 맞는 것 같았다. 그러나 그는 결정하는 경우에 아버지에게서 벌을 받았던 과거의 기억 때문에 혼자서 결정하기를 두려워했다. 상담자와 진실한 관계를 갖게 된 후로 그의 방어적인 태도는 자신이 원하는 것을 할 수 있고 그것을 즐겁게 생각하는 쪽으로 완화되었다. 몇 년간의 불행했던 시절에 비해 Randy가 학업에서 느끼는 즐거운 경험은 아주 독특하였다. 그는 새로운 자유를 느끼고 학업에 열중했다. 그는 대학생활을 홀로 보냈지만, 상급학년이 되면서 캠퍼스 밖에서 사귄 친구와 함께 낡고 큰 집을 빌렸다. 졸업 후 그는 아버지의 권위에 복종하지 않고 가을학기에 대학원에 갈 돈을 벌기 위해 고속도로 건설작업장에 가기로 결정했다.

4년 후 그는 일류대학에서 높은 성적으로 Ph.D를 받고, 수학자로서 항공 프로그램을 기획하는 직업을 갖게 되었다. 방금 시작된, 그러나 관계형성의 본질적인 수준에 의해 Randy는 인성적으로나 직업적으로 현실과 일의 세계를 통합시키는 감정과 의미를 주관적으로(주체적으로), 보다 높은 차원으로 종합시켰다.

4. 발달적 진로상담

발달적 진로상담(Developmental Career Counseling)은 내담자의 진로발달의 측면을 중시하는 이론으로서 개인의 진로발달은 그의 전생애에 걸쳐 이루어지는 일련의 과정이라는 것이다. 이 이론을 대표하는 학자들은 Super, Ginzberg, Tiedeman 등이다.

Super(1962)의 이론에 의하면, 개인은 일부는 자신의 심리·생리적 속성에 의해서, 또한 일부는 의미있는 타자를 포함하는 환경조건에 의해서 결정된 비율에 따른 전체 발달의 한 측면으로서 직업적으로 발달하게 된다고 한다.

1) 모 형

Super(1951)는 Buehler(1933)의 생애발달단계의 도식을 직업발달에 도입하여

발달적 진로상담의 모형을 만들었다. Super(1957)는 직업선택의 과정은 아동기에서부터 시작하여 은퇴기에까지 이르는 연속적 과정으로서 개인의 삶의 전과정을 포괄하는 개념으로 보았다.

(1) 진 단

Super(1957)는 진단이라는 말 대신에 '평가'(appraisal)라는 말을 썼는데, 이는 평가라는 개념이 진단이라는 개념보다 포괄적이고 긍정적이기 때문이라고 말하고 있다. 그는 내담자의 잠재능력에 초점을 두는 세 가지 종류의 평가에 대해 다음과 같이 제시하고 있다(Witryol & Boly, 1954).

1 문제의 평가(problem appraisal)

내담자가 경험한 곤란과 진로상담에 대한 기대가 평가된다. 생각하건대, 심리역동적인 접근법에서처럼 Bordin(1946)의 분류체계를 사용하였다. 그러나 Super는 자신이 사용한 진단구조에 대해서는 논의하진 않았지만 Bordin은 사용하였다.

2 개인의 평가(personal appraisal)

내담자의 심리적 측면은 인구통계학이고, 심리측정적이며, 사회적인 각종 통계자료에 의해 수집되며, 임상적인 사례연구에 의한 분석이 이루어진다(Darley, 1940). 직업적인 자산과 부채가 평가되고, 규준적인 용어로 표현된다(예를 들면, 내담자는 손으로 하는 수공능력에서는 평균이상이지만 서기적인 속도와 정확성은 평균 이하이다).

3 예언평가(prognostic appraisal)

직업적 · 개인적 평가를 바탕으로 내담자가 성공하고 만족할 수 있는 것에 대한 예언이 이루어진다. 개인평가와 예언평가는 직업 적응의 중요한 원리이다(Crites, 1969).

보다 구체적으로 말하면 〈표 3-3〉에서와 같은 양식에 의해 보다 세밀하게 개인의 평가자료가 수집되고 조직된다. 이 양식은 Super의 형식(formulation)에 의한 것이다.

〈표 3-3〉 **진로평가의 개요**

이 개요는 진로상담이나 일반상담 모두에 적용할 수 있다.

이 개요는 체계적인 방법으로 개인에 대한 배경과 인터뷰, 검사의 통계자료들을 요약할 수 있도록 고안되었다. 그러나 이 개요를 특수한 문제나 상황에 적용시키기 위해서는 변화시킬 필요가 있을지도 모르겠다.

주제 : ________의 직업평가

(1) 개인평가

심리적 · 사회적 · 신체적인 면에서의 개인의 상태를 기술한다.

1 현재의 상태와 기능(present status and functioning)

① 다양한 계속적인 생활속에 개인이 어떻게 존재하고 있는가? 그의 일반적 적성과 특수적성은 무엇인가? 흥미는? 성격특성은? 태도는? 교육적 환경과 성취도는? 사회경제적 지위는?

② 자아를 포함한 신체적 · 심리적인 다양한 환경에 개인이 적응하는가? 그의 자아 개념은 어떠한가? 하루의 생활패턴은(자기 · 먹기 · 개인위생 · 공부 · 일하기 · 오락 · 취미 등) 어떠한가? 동료와의 관계는 어떠하며, 그의 본성과 인간됨은? 가족과의 관계는? 선생님과의 관계는? 상사나 부하와의 관계는 행정가나 경찰과의 관계는? 적응의 정도는? 성격의 통합정도는? 그의 우월한 적응기제는?

2 생애발달사(developmental history)

① 그의 심리사회적인 발달에 영향을 주거나 개인적으로 특별히 무능하거나 장애자로 인정될만큼 중요한 잠재적 질병을 앓은 일이 있는가?

② 개인의 가족적 배경은 어떠한가? 친밀한가, 아니면 붕괴되었는가? 형제의 수와 순서는? 아버지는 생존하시는가? 아버지의 자녀에 대한 태도는 수용 · 관심 · 회피 중 어느 편인가? 부모와 동일시의 정도는? 동료와의 관계는 밀접한가, 분리 되었는가? 동등한가? 리더인가, 추종자인가?

③ 어릴 적의 흥미와 능력은 어떠한가(취미 · 운동 · 단체가입 등)

④ 어렸을 적의 직업선택과 계획은? 좋아하는 직업, 처음 선택할 때의 나이, 선택 동기는? 우유부단하지 않았는가?

⑤ 학교에서의 학업성취도와 적응은? 학년, 학교에 대한 태도, 잘하는 과목과 싫어 하는 과목은?, 좋아하는 선생님은?

(2) 문제평가(problem appraisal)

개인의 문제확인 : 약점뿐 아니라 강점을 평가하기, 예를 들면 자기 변화의 동기나 문제 해결에의 책임, 적응력, 유연성, 평등감과 유머감각, 구조적이고 통합된 행동 등.

1 직업적 문제(vocational problem)

① 현재 가장 유용한 진단체계에 따라 분류하기.

② 직업에 대한 개인의 생각을 평가하기, 진로의사결정시에 그는 어떻게 관여하는가? 직업을 어떻게 인식하는가? 목적으로? 아니면 수단으로? 직업에 대해 미결정적인가? 직업선택에 이성적으로 임하는가? 그의 사고는 논리적인가? 아니면 심리적 오류나 왜곡적인가?

③ 개인의 직업적 문제가 미숙이나 부적응에서 오는가를 평가하기, 그는 단지 직업을 어떻게 선택하는가를 모르는가? 아니면 적절한 반응을 할 수 없을 정도로 혼란되었는가?

2 직업문제에 관계된 요인들(pactors related to vocational problem)

① 그의 직업선택문제에서 가족이 관여한 부분은?

② 직업선택에 관한 문제에서 성격과의 관련은 어떠한가?

③ 다른 요인들, 예를 들어 재정적 문제, 군복무, 결혼계획, 학업계속 등에서 무엇이 관련되는가?

(3) 예언적 평가(prognostic appraisal)

1 직업상담(vocational counseling)

① 동기 : 상담에 대한 개인의 기대는 어떠한가? 그는 문제를 스스로 해결하려 하는가? 아니면 상담자가 해결해 주기를 바라는가?

② 인터뷰 행동 : 내담자는 언어로서 반응하는가? 준비도는? 상담에 어떻게 관여하는가? 적극적인가? 고립적인가? 아니면 공격적인가?

③ 상담의 목표 및 계획 : 내담자와 무엇이 이루어질 수 있는가? 상담자는 그에게 단지 통계자료나 직업정보를 제공해야 하는가? 아니면 내담자가 자신의 직업문제에 대하여 스스로 생각하도록 도와야하는가? 상담자는 개인의 선택에 관한 문제에만 중점을 두어야 하는가? 아니면 그가 미래에 부딪히게 될 다른 여러 가지 직업적 문제를 해결할 수 있는 능력을 쌓도록 도와야 하는가? 상담이 근본적으로 직업적일 수 있는가? 아니면 일반적인 개인적·사회적 적응문제에 대한 상담이 직업상담에 우선해야 하는가? 상담이 가장 잘 이해될 수 있는 방법으로 어떤 기법이 적당한가?

2 직업적응(vocational adjustment)

① 성공 : 어떤 직업이 그의 능력에 알맞는가?

② 만족 : 어떤 직업에서 내담자는 가장 만족하는가? 자기 직업에서 직무를 잘 수행하고, 다른 사람과 잘 지내고 직업의 물리적 조건에 적응하고 그의 포부나 목표(물적보상·인정·지위 등)를 실현시키는데 있어 그의 성격이 어떻게 관계될까?

③ 부수적인 것들 : 어떤 요인들이 직업적인 문제가 일어났을 때 개인의 직업적응을 용이하게 하거나 또는 그 반대의 영향을 주는가? 예를 들어 군입대, 결혼, 직업전환, 다른 지방으로의 이사, 느린 혹은 빠른 추진력, 양립할 수 없는 사회생활, 의무 등.

이 접근법의 기본 가정은, 개인이 미래에 무엇을 할 것인가를 이해하는 방법으로 되풀이 되는 중요한 행동의 경향을 확실히 파악하기 위해 일련의 사건과 성격발달을 분석하는 것이다(Super, 1954, p. 13).

〈표 3－3〉은 횡단적 평가와 발달적 평가에 사용될 수 있는데, Super는 발달적 평가에 적합하다고 보았다.

Super가 '주제적－외삽적(thematic-expolative) 평가'라고 부른 것은 '현실적 모델'과 유사한 것으로, 발달적 구조 안에서 내담자의 행동이 주는 인상을 뚜렷이 하려고 한다.

통계자료로서 내담자의 직업적·교육적 경험에 대한 정보가 나오고 같은 생애단계에 있는 다른 사람들의 진로에 대한 정보와 그 정보를 활용할 수 있는 내담자의 개인적 자원과 능력을 평가함으로써(Super, 1976b) 상담자는 Pepinsky와 Pepinsky(1954)가 명명했던 '가정적인 내담자'를 도출하여 미래의 진로발달에 대한 예언을 위한 기초자료로 제공한다. 즉, 이와 같은 개인평가와 문제평가의 인식으로부터 내담자의 미래 진로행동에 대한 외삽이 이루어지고 효과적인 진로상담을 할 수 있게 된다.

통계자료를 모으고 평가를 하는 과정을 통해 내담자는 자신의 진로선택이나 발달에 관하여 폭넓고 적극적인 참여자가 된다. Super(1957b, p. 307)는 '가장 최선의 평가는 내담자가 자기 평가의 결과와 상담자의 평가가 함께 고려되어야 한다'고 했으며, 이렇게 함으로써 잘못된 준거를 수정하게 한다(Super, 1957a : p. 158).

> 통계자료에 대한 내담자의 반응과 상담자의 감정적인 해설(때로는 '이것이 의미하는 것은……?'으로 시작되는데)은 상담자의 왜곡을 건전하게 교정하게 한다(Super, 1949, pp. 536～540).

평가과정에 내담자를 참여시킴으로써 상담에서 직면하는 진단문제에 대한 곤란도(dilemma)가 해결된다. 평가과정에 대한 책임을 더 이상 상담자 혼자 질 필요는 없다.

이 접근법의 기본가정은 Super(1957)가 언급했듯이 내담자 개인의 현재와 미래를 이해하고 행동을 예측하기 위해 일련의 사건과 성격특성을 분석하는 것이다. 각종 통계자료로부터 내담자의 교육·직업적 경험에 관한 정보가 산출되고 같은 직업생애단계에 있는 다른 사람들과 비교·평가하는 과정을 통해 내담자의 직업 선택 및 직업적응을 예측할 수 있는데, 이때 내담자의 적극적인 참여가 요구된다.

(2) 과 정

발달적 진로상담의 과정은 진로발달이론에 기초한다. 상담자와 내담자의 관계는 내담자가 진로발달의 어느 단계에 도달해 있는지에 따라 달라진다. 따라서 상담자가 내담자의 진로성숙도를 측정하고 이에 따라 상담전략을 세워야 한다. 진로성숙도가 낮은 내담자에게는 직업준비를, 그리고 성숙도가 높은 내담자에게는 정보수집과 내면화를 조력해야 한다. 진로성숙을 측정하는 도구로는 Crites의 진로성숙도검사(Career Maturity Inventory : CMI)가 대표적이다.

진로발달단계를 객관적으로 결정하기 위해 Crites(1973 ; 1978)는 진로성숙검사(CMI)를 개발하였다. 이것은 지난 15년간에 걸친 진로성숙의 종단적 연구의 일부로 제작된 것이다. CMI는 두 부분으로 되어 있으며, 진로성숙의 태도척도와 능력검사를 측정하도록 되어 있다. 전자는 진로선택과정에서의 내담자의 태도를 측정한다. 즉, 진로선택과정에 개제하는 '성향적 반응성의 경향'을 측정한다. 태도척도는 ① 관여성, ② 독립성, ③ 방향성, ④ 결정성, ⑤ 타협성으로 구성되어 있다. 능력척도로는 진로선택과정의 인지적 측면을 구성하도록 되어 있으며, ① 자기평가, ② 직업정보, ③ 목표선정, ④ 계획, ⑤ 문제해결의 하위 척도로 구성되어 있다. 태도척도와 능력척도는 모두 진로선택과정의 주요소를 다루고 있으며, 검사 내의 각 항목은 생활연령이나 학년(6～12학년)에 따른 표준화가 되어 있다. 다시 말해, 문항들은 시간에 관련되어 있기 때문에 발달적 변인, 즉 진로성숙을 측정한다. 많은 요인들과 관련하여 CMI에 대한 다른 연구는 진로선택의 현실성과 개인적·사회적 적응의 지수를 포함하여 진로성숙검사로서의 타당도를 실증하고 있다. 따라서 광범위한 학년/생활단계 표준점(norms)에 따라 내담자의 진로발달단계를 확인하고 내담자가 그의 동료들에 비해 상대적으로 뒤떨어진 진로성숙의 범주를 정확히 지적해 줌으로써 발달적 선택문제의 진단에 예언을 줄 수 있다.

2학기 중간쯤 진로상담에 응한 진로미결정의 19세의 남자 대학신입생을 위해 CMI 진로성숙 윤곽을 생각해 보라. 그 학생과 똑같은 생활연령과 교육발달을 가진 다른 사람과 비교해 보면 그는 다른 학생에 비해 능력척도에서 목표선정과 문제해결이 미숙했고, 태도척도에서는 독립성과 결정성이 미숙했다. 비록 그의 전체점수는 표준점에서 비슷했지만, 능력이나 태도면에서 미숙한 부분이 있어 진로선택을 명료하게 할 수 없었다. 보다 자세하게는 , 그는 자기 평가와 직업정보에서 높은 점수를 얻었는데 비하여 목표선정과 문제해결에서 낮은 점수를 얻었다. 이 결과는, 의사결정에서의 그의 문제가 자아와 일의 세계에 대한 적절한 정보를 아는 것이 아니고 이들을 어떻게 상호관련시키는가에 있다는 것을 의미한다. 태도는 능력과 관계되어, 그의 문제해결과 목표선정에서의 미숙이 독립성과 결정성에서의 미숙에 의해 더욱 나빠진 듯하다. 능력에서의 모든 면이 성숙하다 해도 그는 의존적이고 미결정적인 태도로 인해 제대로 진로선택을 하지 못할지도 모른다. 이 경우에 발달적 진로상담이 의미하는 바는 두 가지이다.

첫째, 특성이론적 접근법의 전통에서 주어진 정보는 적절하지 않을지도 모른다. 이 경우에서 보듯이 내담자는 이미 진로성숙의 정보 면에서 평균 이상으로 성숙되어 있다(S-A와 OI).

둘째, 평균 이하에 있는 능력과 태도 모두의 성숙을 촉진시키는 경험은 적합할 것이다. 하나 또는 다른 하나에만 중점을 두는 것은 그를 진로 선택에서 미숙한 상태로 남게 할지도 모른다.

(3) 결 과

발달적 진로상담의 목표는 내담자의 긴장을 이완시키고, 느낌을 명료화하며, 통찰을 조력하고, 자기가 일하는 분야에서 능력감을 맛보게 함으로써 진로적응을 돕고, 일상적인 삶에서의 적응력을 증진시키도록 돕는다(Super, 1955). 발달적 진로상담의 직접 목표는 내담자의 진로발달을 돕는다. 즉, 일의 세계에 대한 인식을 증진시키고 직업목표를 설정하고 실행하게 하며, 진로발달과제를 완수하게 한다. 나아가 발달적 진로상담은 일반적인 적응력을 기르고 인간관계를 개선시키는 일에 관심을 갖고 있다. 왜냐하면 인간관계와 적응능력은 진로적응의 결정요소이기 때문이다.

2) 방 법

이 접근법은 다양한 접근법들을 포괄한 종합적인 접근법이다. 이 접근법은 특성요인 진로상담과 내담자중심 접근법의 영향을 받았다. Super(1951)가 언급했듯이 인간은 이성적인 동시에 정서적인 존재이므로 가장 바람직한 진로상담은 이론상의 양극단을 적절히 조화시킨 절충적인 것이어야 할 것이다. 상담자가 내담자의 문제해결을 도울 수 있는 질문 몇 가지를 제시하면 다음과 같다.

① 나는 어떤 종류의 사람인가?

② 내 자신에 대해 어떻게 느끼는가?

③ 나는 어떤 가치관과 욕구를 갖고 있는가?

④ 나의 적성과 흥미는 어떠한가?

⑤ 나는 현실적 자아와 이상적 자아를 어떻게 조화시킬 것인가?

⑥ 나는 나의 욕구와 가치, 흥미, 적성 등을 어떤 방식으로 표출하고 있는가?

(1) 상담기법

Super는 진로상담을 자기탐색(자아탐색), 의사결정, 현실인식의 문제를 조력하는 것으로 보고 있다. Super(1957)에 의하면 발달적 상담과정은 다음과 같은 단계를 거친다고 한다.

① 비지시적 방법에 의해 문제탐색과 자아개념을 표출하는 단계

② 심층적 탐색을 위해 지시적인 방법으로 진로탐색의 문제를 설정하는 단계

③ 자아수용과 통찰을 얻기 위해 사고와 감정을 깊이 있게 하고 명료화 하는 단계

④ 현실검증을 위해 심리검사, 직업정보분석 등을 통해 자료를 개발하는 단계

⑤ 현실검증에서 얻어진 태도와 감정을 통해 비지시적으로 자기와 일의 세계에 대해 탐색하는 단계

⑥ 의사결정을 돕기 위해 가능한 대안과 행동을 고찰하는 단계

발달적 진로상담의 주요 기법은 다음과 같다.

1 지시 · 비지시적 상담기법들

상담자는 재진술, 반응, 명료화, 요약, 해석, 직면 등 지시 · 비지시적 방법을 사용하여 상담을 진행시킨다.

2 진로자서전과 의사결정 일기쓰기

진로자서전은 내담자가 과거에 어떻게 의사결정을 했는지 알아보기 위해 학과선택, 고등학교 졸업 후의 직업훈련, 시간제 일을 통한 경험, 고등학교에서 배운 지식과 기술들, 중요한 타인들에 대해 내담자 스스로 기술하게 한다.

의사결정일기는 내담자가 현재 어떻게 의사결정을 하고 있는지를 알아보기 위해 내담자의 일상적인 의사결정, 즉 일상생활에서 그가 무엇을 하고 무엇을 먹고 입을 것인가 등과 같이 세세한 부분의 결정을 어떤 방식으로 내리고 있는지 써 보게 한다. 이와 같은 일기를 씀으로써 내담자는 자신의 의사결정유형을 이해하고 자각과 민감성을 증대시키며 의사결정과정에 적극적으로 참여하게 된다.

(2) 검사의 해석

Super(1950)는 내담자에 관한 정보를 얻기 위해 집중검사와 정밀검사를 개발하였다. 집중검사는 특성요인 진로상담에서처럼 진로선택의 어느 한 시점에서 내담자의 특성을 평가하는 것이고, 정밀검사는 진로상담의 전과정에서 내담자의 진로발달의 과정과 유형을 평가하는 것이다. 진로상담시에 보다 중요한 것은 정밀검사인데, 이것을 통해 상담자는 내담자의 진로선택과 적응 그리고 진로발달을 보다 효율적으로 조력할 수 있다.

(3) 직업정보

발달적 접근법에서는 다음과 같은 조건을 충족시켜 주는 직업정보를 내담자에게 제공해주기 위해 상담자는 직업심리학과 직무분석에 대해 정통해야 할 것

을 요구하고 있다. 발달적 접근법에서 필요로 하는 직업정보는 다음과 같은 조건을 갖추어야 한다(Super, 1954 : pp. 17~18).

① 낮은 수준, 중간수준 그리고 높은 수준의 직업과 그 직업들의 직업특성은 무엇인가?

② 중간수준 내지 정상 수준이란 어느 정도의 수준을 의미하는가?

③ 낮은 수준의 직업에서 높은 수준의 직업으로 옮겨가는 데 필요한 지식이나 기능에는 어떤 것들이 있는가?

④ 직장에 쉽게 취업하는 사람들의 성격특성과 적성, 가치관은 어떠한가?

⑤ 부모의 사회경제적 지위나 직업수준과 내담자 개인의 장래직업생활은 어떤 관계가 있는가?

3) 자 료

상담사례

이상적으로 진로상담에 대한 발달적 사례연구는 수년간에 걸쳐서 진행되어야 한다. 불행하게도 한 상담자가 한 내담자와 계속적으로 접촉을 유지하는 경우가 거의 드물고, 장기간 계속되는 연구에서의 실험대상은 상담에서 발표하지 않는 것이 상례이다. 그러므로 발달적 사례에 대한 몇 가지의 절충안이 필요하다. 발달이론에 기초한 진로상담의 한 예는 20세의 대학 3년생인 한 여학생이었는데, 그녀는 고등학교 때 그 고등학교의 상담자와 처음으로 면담을 한 적이 있었고, 그 상담자는 그녀의 초기 직업행동에 대한 관찰기록을 제공해 주었다. Susan Gotham이라는 이 여학생은 과거 그녀가 무엇을 했으며 자신의 인생에 대해 어떻게 생각하는지에 대해 주기적으로 기록함으로써 고등학교에서부터 현재까지의 시간간격을 모두 채웠다.

(1) 진 단

Susan이 처음 대학상담센터를 찾았을 때 그녀는 전공과목의 선택에 고심했다고 한다. 그 때는 3학년 초기였고 마지막에 이르러 결정을 내리게 되었다.

그녀의 조언자는 그녀에게 자신의 집중영역을 분명히 하라고 강력히 말했다. 그녀는 점차 의사결정을 하는 데에 불안하게 되었고, 그럴수록 선택하기가 더 어려웠다. 그녀는, 고등학교 때로 돌아가서, 직업을 갖느냐 그냥 가정주부가 되느냐로 심한 갈등을 겪었다. 표준화된 능력과 흥미검사의 점수나 고등학교 때의 상담자가 기록해 둔 사례수기는 그녀가 뛰어난 학문적 자질과 전문직업에의 자질을 갖고 있음을 보여주었다. 그녀의 부모는 그녀가 훌륭한 교양교육을 받고 남편감을 찾도록, 즉 직업을 갖지 말고 가정주부가 되기를 바라면서 대학에 보냈다. 그녀의 고등학교 때의 친한 친구도 졸업과 동시에 결혼하거나 결혼하기를 원했었다. Susan은 이런 사람들 사이에의 영향력에 대해서는 주관적인 대답을 했으나, 객관적으로는 결혼을 통해 그녀를 상류계층에 속할 수 있게 해 주는 대학교육을 원했으며, 한편으로는 직장을 갖지 않고 자신의 지적 능력과 잠재력을 어떻게 성취시킬 수 있을까에 대해 불안해했다. 상담자는 그녀의 딜레마가 진로의사결정에서 직업성숙을 이루기 위한 발달적 '반대경향(contra-trends)'에 처해 있는 젊고 유능한 여성들에게서 드물게 나타나는 그런 것이 아니라, 진로의사 결정과정에서 사회화 과정의 과도한 압력들 때문에 기인되는 비현실적인 것, 즉 결혼을 하느냐 아니면 지나치게 성적인 고정관념(sex-stereotyped)을 가진 직업세계로 뛰어드느냐 하는 데에 있다는 해석을 내렸다 (Crites, 1975). Susan의 선택문제에 대해 Crites는 Susan의 전의 상담자의 요약내용과 그녀와 한 면담내용을 토대로, 그녀는 가정이냐 직장이냐 하는 선택의 문제를 해결할 수 없을 것이라는 진단을 내렸다. 그는 이 막연한 진단(느낌)을 보충하기 위해 CMI와 CPI(California Psychology Inventory)를 사용하였다. 그녀는 두 번째 면담에 응해 의사결정의 태도와 능력에 대한 토론을 했고, CPI 검사에서는 그녀의 개성과 직무능력에 대해 보다 완전히 이해하기 위하여 상담자가 요구한 신병면담(intake interview)과 기본면담(initial interview)을 마무리 지었다. 이 목록에서 얻어진 결과는 상담자의 진단을 확증시키고 확대시켰다. CMI에서 Susan의 점수는 능력척도(competence battery)에서 목표선정(goal selection)을 제외하고는 평균값 이상이었다. 태도척도(attitude scale)의 백분율점수는 95였다. 그러나 '미숙성(immature direction)'의 지표는 두 가지 반응 경향을 보여주었다. 한 가지는 가정과 직장중 어느 하나를 선택할 수 없다는 결정 상의 갈등을 보여주는 것이었고, 다른 한 가지는 자신에게 닥친 문제를 해결함에 있어서 우연히 생긴 일이나 시행착오 등 관계없는 사건들에 의존하려는 경향을 그녀가 갖고 있음을 보여주는 일이었다.

진로성숙에서 그녀의 이런 측면들은 CPI로 평가한 그녀의 성격과 일치하였다. 높은 지적 효율성(intellectual efficacy) 점수를 중심으로 전체적으로 높게 위치한 그녀의 프로파일은, 그녀가 지적인 기능이 탁월하고 잘 적응(well-adjusted)된 사람이라는 상담자의 평가를 입증해 주는 것이었다. 그녀의 탁월한 적응방식은, 사회적인 우월성과 지배성의 핵심은 다른 사람들을 조화롭고 즐겁게 해주어서 사회적으로 바람직한 반응을 보이고자 하는 소망의 하나였다. 바로 여기에 그녀의 선택상의 문제점이 있었다. 즉, 그녀는 자신이 무엇을 원하는 지를 말하기 어려웠고, 다른 사람들로부터 소외되거나 비난받는 것이 두려웠다. 그녀는 직업을 갖기를 원했지만, 다른 사람들은 그녀가 가정주부가 되기를 원했다. 결론은 갈등과 우유부단이었다.

(2) 과 정

Susan의 진로상담에서 진단이 의미하는 발달적이고 치료적인 암시는 아주 복잡하였다. CMI 평가에서 보면, 직업선택의 측면에서는 비교적 성숙해 있었지만 직업선택의 내용면에서는 그녀가 직업발달과제인 대학에서의 전공과목 선정을 못하고 있는 것으로 미루어 아직 미숙하다고 볼 수 있다. CPI의 측정결과로 상담자는 Susan의 이 같은 직업발달상의 반대경향(contra-trends)은 그녀의 성격발달의 작용 때문이라고 결론지었다. 그녀가 생을 살아가는 방식은, 그녀가 필수적인 '선택행위(choice act)'에 부정적인 의사결정을 하는 것을 방해하는 강한 거부기제(denial mechanism)에 바탕을 둔 그런 사회 속에서 형성되었다. 그녀가 우유부단한 것은 '아니오'라고 말할 수도 없고 그렇다고 다른 선택을 할 수도 없는 데서 비롯된 것이었다. 간단히 말하자면, 어떤 것이나, 어떤 사람이나 다 좋아하는 어린이처럼 Susan은 성격상에서 미숙하였다. 그녀의 습관화된 '긍정적인 대답하기(yeasaying)'식의 반응경향을 그녀가 변별하는 것을 돕기 위하여 성격을 발달시키는 중재전략이 선택내용에 관련된 진로발달을 도울 것이라는 가정(assumption)에서 상담자는 다음과 같은 필수적인 두 가지

기술을 사용하였다.

첫째로 상담자는 Susan에게 매일 '결정의 일기'를 쓰도록 했는데, 그녀가 어떠한 소극적인 결정을 내리든지 상관없이, 그녀가 자신의 결정에 어떻게 생각하는가에 초점을 두고 면담 시작시에 그 일기를 함께 검토하였다. 이 과정은 그녀가 의사결정 과정—일기쓰기에 대한 반응—을 자각할 수 있도록 강화시켰고, 결정에 도달하기 위해서는 어떤 선택은 제외시켜야 할 필요성을 강조시켰다.

둘째로 상담자는 Susan에게 일련의 역할놀이 시간을 갖도록 했는데, 이 시간 동안 그는 그녀가 하고 싶어하지 않는 일을 하게 했다. 예를 들면, 1주일에 한 번씩 맹아와 농아에게 어떤 기본적인 개인적·사회적인 기술을 가르치는 시간제 일을 하도록 했다. 상담자는 그녀의 감독자(supervisor) 역할을 했고, 그녀 자신만의 시간에, 아이들을 데리고 소풍을 갈 의향이 있느냐고 물었다. 상담자는 이 일을 하던 직원이 그만두었다는 설명을 그녀에게 해주었다. 과거에 Susan의 성향(inclination)은 감독자의 요구에 묵묵히 따랐으며, 그 후에 막연히, 무의식적인 후회감을 가졌었다.

역할놀이에서 상담자가 녹화(video-taping) 해놓은 것을 보면, 그녀는 상황에 적응하려는 몇 가지 방법을 시도했고 그 중에 몇몇은 Yes라고 대답한 것도 있는데, 이것은 그녀가 원했던 것을 완전히 표현한 후에 나온 대답이었다. 상담자는 Susan과 함께 녹화필름을 보면서 상호작용하는 동안에 서로 다른 순간들에 대해 그녀가 어떤 느낌을 가졌었는가를 함께 검토하였다.

상담자는 Susan의 흥미도와 가치관에 대해 Kuder의 직업흥미조사(Kuder Occupa- tional Interest Survey)와 Allport, Vernon과 Lindzey의 가치연구(Allport-Vernon-Lindzey Study of Values)를 포함하여, Ipsative-Type의 검사를 실시하여 상담을 보충했다. 이들 '강요된 선택(forced choice)'의 검사도구들은, 주어진 선택문항 중에서 선택하는 경험을 주었을 뿐 아니라, 그녀의 흥미와 가치에서의 내적·개인적인 유사성과 강점(intra-individual similarity and strength)을 나타내 주었다.

(3) 결 과

Susan의 진로상담은 11회 이상의 면담을 거쳤는데, 그 뒤 2년간 추수지도를 계속하였다. 직업적이건 개인적이건 간에 발달의 측면(경향)은 성숙의 방향으로 발전하였다. 예를 들어, 그녀가 쓴 '결정의 일기'는 그녀가 소극적인 의사결정을 계속하는 경향을 지녔음을 나타내 주었다. 마지막 면담에서 그녀는 자신이 무엇을 원하는가를 상담자에게 말할 수 있을 뿐아니라, 애정이나 찬성을 얻지 못하리라는 두려움이 없이 그녀 자신이 옳다고 생각할 때는 '아니오'라고도 말할 수 있게 되었다.

이 마지막 면담 후에 그녀는 대학에서의 전공과 미래의 직업에 대한 결정을 했는데, 그녀는 이 결정을 가정생활에서도 결합시킬 수 있고 직업생활에서도 결합시킬 수 있게 되었다. 유희요법학(recreational therapy)은, 그녀가 학문적으로 가장 관심을 갖고 있는 물리교육학과 심리학을 잘 조화시켜 그녀의 인간중심적인 성격특성에 배출구를 마련해 주었다. 유희요법학으로 그녀는 석사과정을 마쳤고, 또한 물리교육학과 심리학을 동시에 전공할 수 있는 충분한 능력도 있었다. 이 분야에서 직업을 얻을 기회가 많음을 알았으며, A학점으로 졸업한 후 직장에 들어갔다. 그녀는 아무 어려움없이 자신이 원하는 직업적 위치를 찾았고, 자신의 일에 만족한다고 말했다. 또 자신이 협조적이고 공정한 인간관계를 영위하고 있으며, 자신이 할 일을 최대한 잘하고 있다고 말했다. 이리하여 우리는, 그녀의 진로상담을 통해, 직업선택에서 절정을 이루었던 '개인의 만족과 사회에의 공헌이라는 생각을 현실로' 전환시켜 주는 직업발달과 개인발달의 합류점을 찾을 수 있게 되었다(Super, 1957b : p. 197).

5. 행동주의 진로상담

행동주의 진로상담(Behavioral Career Counseling)의 목표는 내담자의 진로행동을 변화시키는 데 있다.

이 접근법에서 내담자가 가진 문제행동을 학습된 부적응행동이라고 보고, 다양한 방법에 의해 내담자의 부적응행동을 바람직한 새로운 행동으로 대치시키도록 조력할 것을 강조하고 있다이 이론을 이해하기 위해 앞에서 제시한 상담이론의 특성을 제시하면 다음과 같다.

특성요인 진로상담은 내담자의 능력과 그 흥미, 그리고 인성에 있어서 개인차에 초점을 맞추었고, 인간중심 이론은 내담자의 자아개념과 현상학적인 장(場)을 강조한다. 정신역동이론은 내적인 동기변인을 중시하고 이에 관련된 방어기제를 중시한다. 발달이론은 인생에 걸친 개인의 진로행동 성숙도에 초점을 맞춘다. 행동주의이론은 진로결정에 영향을 미치는 학습과정을 주로 다룬다.

1) 모 형

행동주의 진로상담에서는 직접적인 모형과 간접적인 모형을 함께 사용하고 있다. 전자는 반응결과에 초점을 두고 있으며, 후자는 반응을 유도하는 언어변인에 초점을 둔다.

(1) 진 단

진로선택에 관한 문제를 분석해 보면 그 배후에 불안이 개재되어 있음을 알 수 있다. (Goodstein, 1972). Crites(1969)는 내담자의 불안의 유형을 〈표 3-4〉와 같이 개념화 하였다.

Goodstein과 Crites는 내담자의 우유부단과 무결단성을 진단해야 한다고 하였다. 그러나 Krumboltz와 Thoresen(1969)은 이와 같은 진단을 별로 중시하지 않았다. 그들은 내담자의 행동이나 문제는 분석해야 하지만, 우유부단성과 불안의 문제를 진단할 필요는 없다고 보았는데, 왜냐하면 불안이나 우유부단의 문제는 상담과정을 통해 치료해야할 상담의 목표이기 때문이라고 하였다.

Goodstein에 의하면 단순한 우유부단의 주요한 원인론적 요인(etiological factor)은 고전적인 특성-요인 접근법에서 생각했던 것만큼 경험이 제한된 데서 기인되는 자아와 일의 세계에 대한 정보의 결핍이다. 내담자는 선택을 할 수 없거나 혹은 실체적이지 못한 선택을 한다. 결과적으로 내담자는 '당신은 성장하면 무엇을 하려고 하는가'와 같은 적절한 질문에 대답을 말로 표현 못하는, 진

〈표 3-4〉 진로선택에서의 우유부단과 무결단성

(우유부단)	경험의 제한 → (정보획득 기회의 불충분함이나 적절한 학습, 적절한 반응을 할 수 있는 기회의 부족)	부적절하거나 부적응된 행동 → (직업선택을 못함, 또는 비현실적인 직업을 택함)	실 패 → (선택문제를 해결할 수 없음)	불안(후행 결과) (선택문제를 해결하지 못하는 무능력과 선택해야 한다는 사회적 압력 사이의 갈등)
(무결단성)	경험의 유용성 → (정보획득, 학습, 적절한 반응을 할 수 있는 충분한 기회)	불안(선행원인) → (선택하는 것은 불안을 일으킴. 왜냐하면 부모님이 거절할지도 모르고 독립하게 되고 등등 이런 것들이 불안의 단서가 됨)	학습기회를 사용 못함 → (진로선택의 유용한 정보를 얻을 수 있 으나 이용할 능력 이 없거나, 또는 불안이 정보의 수 용을 방해하거나 정보가 유용하다는 것을 배울 기회를 방해함)	부적절한 또는 부적응된 행동 → (직업선택을 못하거나 비현실적인 선택을 함)
	실 패 → (선택문제를 해결할 수 없음)	불안(후생결과) (선택결과를 해결하지 못하는 무능력과 선택해야만 하는 사회적 압력 사이의 갈등)		

＊자료 : Crites(1969 : p. 600)에서 재인용.

로발달과업을 숙달하지 못한 것에 불안을 느낀다. 이 과정에서 불안은 우유부단의 선행원인이 아니고 후생결과라는 것에 주목하여야 한다. 반면에 무결단성은 진로선택에 관한 결정과 연관되는 오래 지속된 불안에서 일어나는데, 이것은 종종 내담자의 진로선택에서 위압적(domineering)이거나 지나친 요구를 하는 부모에게서 비롯된다. 진로선택문제에서 무력하게 되는 이런 사람들은 불안으로 진로결정을 못하게 된다. 즉, 이런 경우에 불안은 선행원인과 후생결과 양쪽으로 작용해서, 내담자의 불안감과 부적절한 느낌을 복합적으로 만든다.

진로상담 후에 우유부단과 무결단성을 다르게 진단하는 것, 즉 구별하는 것은 그리 어렵지 않다. 만약 '선택하지 않은(no choice)' 상태로 온 내담자가 자신과 직업에 대한 정보가 주어지고 상담이 끝난 후에도 아직 결정하지 못했다면, 그는 '무결단성'이라고 할 수 있다. 바꾸어 말하면 '우유부단'이란 정보의 결핍에서 기인되는 것으로, 이로 인하여 그나 그녀들이 마땅히 했어야 할 결정을 하지 못한 데서 온다. 그러나 진로상담에서는 사후진단을 거역할 수 없고 또 무용하다.

그러면 이런 결정의 상담과정이 시작되기 전이나 혹은 적어도 처음의 몇 마디의 면담으로 될 수 있는가? 우유부단과 무결단성을 비교한 연구는 없다. 그러나 임상적 경험에서 이러한 진단 절차를 제시한 것은 있다.

첫째, Spielberger와 동료들(1970)같이 신뢰롭고 타당한 척도를 사용하여 불안의 특징과 상태를 산출한다. 점수가 높으면 우유부단한 내담자는 보다 높은 점수에 해당하는 특징적인 불안을 갖는다.

둘째로, 진로선택 과정에 대한 경험의 유효성이나 정보의 양을 측정하기 위하여 CMI(Career Maturity Inventory, Crites, 1978)의 태도척도(Attitude Scale)와 능력척도(Competence Test)를 사용한다.

마지막으로 진단을 하기 위하여 이러한 점수들의 분포(profile)를 해석한다. 단순한 우유부단함을 가진 내담자에게 불안특성점수(trait anxiety scores)는 평균이나 평균 아래이지만 정상상태점수(average state scores)는 평균이나 평균 위이다. 그들의 CMI점수는 대략 평균 정도를 나타내나 능력척도의 자기 평가와 직업정보에서는 평균 아래로 나타낸다. 반면에 그릇된 무결단성을 가진 내담자는, 상태점수는 평균이고 불안점수는 높다. 또 그들이 CMI의 태도척도점수는 평균이지만 능력척도의 점수는 높다. 물론 의사결정과 관계된 선행원인으로서의 불안과 경험의 제한 모두에서 고통을 겪는 내담자는 상태점수와 불안점수가 모두 높고 CMI의 점수는 낮다. 그들은 제2장에서 논의된 부적응의 범주에 포함된다.

Krumboltz와 Thoresen(1969)은 행동주의적 진로상담의 실용적 관점으로 쓴 책에서 이와 같은 진단적 접근법을 피하고 있다. 그들은 행동분석이나 문제확인은 좋아하지만 불안이나 진단에 대해서는 언급하지 않는다. 그들은 이것들을 상담목표의 설명에 관련시키고 있다. 즉, 내담자의 어려움은 상담자와의 상호작용을 통하여 달성하려는 내담자의 상담목표에 있다. 그래서 내담자가 '진로선택을 하지 못한'데서 그의 문제가 있다면, 그 경우에 진로상담의 목표는 진로선택을 하도록 하는 것이다.

Krumboltz와 Thoresen(1969, pp. 9~18)은 상담에서 내담자를 괴롭히는 일곱가지의 일반적인 문제의 범주를 다음과 같이 열거하고 있다.

① 다른 사람의 행동의 문제
② 내담자의 문제가 감정으로 표현된다는 문제
③ 목표가 없다는 데서 오는 문제
④ 바람직한 행동이 바람직하지 못하는 문제
⑤ 내담자가 그의 행동이 부적절하다는 것을 모른다는 문제
⑥ 선택갈등의 문제
⑦ 문제를 확인하지 못하고 정해지는 흥미의 문제

이 문제들 중에서 진로상담이 가지는 문제는 우유부단(목표의 결여), 비현실성(오직 높은 수준의 포부에 대해서만 표현되는), 복합적인 잠재가능성(multi-potentiality, 바람직한 대안들 가운데서의 선택갈등)이다. 이런 문제유형의 각각에 진로상담의 목적으로서 특수한 행동이 묘사될 수 있다.

(2) 과 정

진로상담의 행동주의적—이론적인 관점에 있어서 내담자의 의사결정문제가 선행불안(antecedent anxiety)의 작용이라는 것이 진단적으로 알려진다면, 진로선택에 대한 효과적이고 인지적인 고려가 이루어지기 전에 제거되어야 한다. 바꿔 말하면 불안의 제거는 진로결정의 필수요건이다. 이런 경우에 Shoben(1949)이 심리치료를 위하여 제안한 것처럼 두 단계의 진로상담의 과정이 있다. 첫 단계에서 상담자는 의사결정과 연관된 '불안'을 반조건 형성(counter conditioning)함으로써 제거시키려고 한다. 두 번째에서는 내담자가 불안의 영향을 제거한 후에 도구적 학습(instrumental learning)이 일어날 수 있는데, 예컨대 내담

자가 정보탐색과 같은 진로를 선택하는 필요한 반응을 획득할 수 있게 된다.

그러나 만약 내담자문제가 전에 가지고 있던 '불안'을 제거시킬 증거가 없는 단순한 우유부단이라면 그 때 진로상담은 두 번째 단계인 도구적 단계로 시작될 것이다. 내담자 학습이 필요로 하는 것은 어떻게 진로 선택을 하며, 어떤 선택이 자신에게 유리하며, 선택의 결과가 무엇인가 하는 것이다. 종전의 진로발달에 유용하지 못했던 경험들을 내담자는 노출시킨다.

처음에 Goodstein(1972)에 의하여 행동주의적 이론에서 추출된 바와 같이 행동주의 진로상담의 과정은 내담자 문제의 원인에 변화를 준다. 만약 그 문제가 선행불안을 갖고 있다면 반조건형성과 도구적 학습의 두 단계의 과정에 의하여 해결될 수 있다. 만약 그 문제가 제한된 경험에서 연유된다면 도구적 학습으로 해결할 수 있다.

특히 반조건형성과정은 〈그림 3−3〉에서 제시된 바와 같이 '도식화'될 수 있다. 무조건자극(unconditioned stimulus, UCS)은 과거이든 현재이든 간에 진로결정에 대한 내담자의 말(talk)이다. 이 말은 무조건반응(unconditioned response, UCR)을 제거하는데, 이것은 진로결정에 대하여 말할 때에 내담자가 경험하는 불안이다.

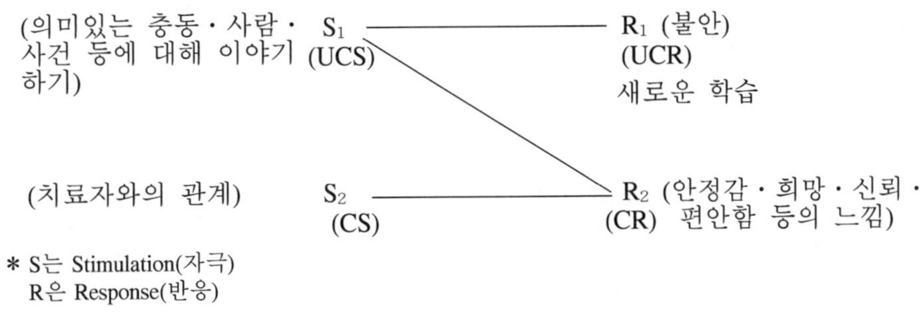

[그림 3−3] 진로의사 결정에 관한 불안의 반조건형성(Shaffer & Shoben)

바꾸어 말하면, 학습과정을 통하여 불안은 진로결정과 연관된다. 이런 속박을 상쇄하기 위하여 상담자와의 관계인 조건자극(conditioned stimulus, CS)이 내담자의 말(UCS)과 짝지어진다. 만약에 그 관계가 위험을 받지 않는다면, 즉 수용이나 무보복적인 허락이나 무조건적인 긍정적 수용 또는 따뜻한 관심의 조건이 충족된다면, 조건자극은 내담자의 안전하고 편안하고 믿음직하고 부드러운 반응, 즉 조건반응(conditioned response, CR)을 유도할 수 있다. 조건반응이 강해짐에 따라 그것은 내담자의 반응체계에서 UCR에 대치된다.

이제 내담자는 불안을 느끼지 않고 진로결정에 관하여 얘기할 수 있는데, 이는 상담자와의 관계를 통하여 반조건형성이 된 것이다. 이 때 불안을 야기하는 내담자의 문제에 대한 내용을 취급하기 전에 내담자와 상담자간의 관계를 정립하는 것은 비판적이라는 사실에 주목하여야 한다. 그렇지 않으면, 내담자(그/ 그녀)는 대단히 불안해져서 관계(접촉)를 갖지 않으려 할 것이다. 반면에 불안을 야기하는 문제의 내용에 대한 언급이 없이 내담자와 상담자 사이에 안전한 관계가 성립된다면, 내담자는 결정을 지연하게 되고 비생산적인 의뢰심을 기르게 된다.

(3) 결 과

행동주의 진로상담에서는 불안의 제거나 감소와 진로결정기술의 습득을 기대한다. 즉, 내담자의 불안을 제거시키고 부적응행동을 바람직한 적응행동으로 대치시키며, 진로 결정기술을 학습하여 현명한 진로결정을 하도록 돕는다.

2) 방 법

행동주의 진로상담에서는 상담의 목표나 가치보다 상담기법을 강조한다. 따라서 다양한 기법들이 개발되었다.

(1) 상담기법

행동주의 진로상담에서 가장 보편적으로 사용하는 기법은 다음과 같다.

1 적응 또는 둔감화(adaptation or desensitization)

체계적 둔감화는 불안반응을 제거시키기 위해 Wolpe에 의해 개발된 행동수정의 기법이다. 체계적 둔감화는 ① 근육의 긴장이완, ② 불안위계표의 작성, ③ 체계적 감감(減感)의 3단계로 시행된다.

긴장을 이완시키기 위해서는 흔히 Jacobson의 점진적 이완훈련을 사용한다. 이 훈련은 상담자의 지시에 따라 내담자가 온몸의 근육군을 점차로 긴장했다가 푸는 방법인데, 이 때 치료자는 내담자에게 온몸이 따뜻해지고 긴장이 풀리며 평온해진다는 암시를 준다. 이렇게 해서 내담자의 긴장이 풀리면 다음으로는 상상되는 불안 야기상황을 위계표로 작성한다. 이 불안야기자극은 불안을 가장 약하게 일으키는 것부터 가장 강하게 일으키는 순서로 나열한다.

마지막으로 둔감화에 들어가는데, 이것은 긴장이완의 상태에서 불안야기자극을 상상하게 만든다. 불안위계의 하위단계에서 상위단계로 상상하게 하는데, 내담자가 불쾌감이나 불안을 느끼면 신호를 하게 하여야 한다. 내담자의 신호가 있으면 상상을 중단시키고 다시 이완을 시킨다.

2 반조건형성(counterconditioning)

문제행동이 결손에 있지 않고 과도하게 일어남에 있을 때는 그 과도한 행동을 소거하거나 약하게 해 주어야 한다. 증상행동에 상반되는 바람직한 행동을 강화함으로써 증상행동이 소거되거나 약화되게 하는 방법을 써야 한다. 이런 방법을 반조건형성이라고 한다. 반조건형성은 행동주의 진로상담에서 가장 많이 사용되는 기법이다.

이외에는 Goodstein(1972)은 학습을 통해 내담자를 돕는 세 가지 방법을 기술하였는데, 그것들은 강화(reinforcement), 사회적 모방과 대리학습(social modeling and vicarious learning) 그리고 변별학습(discrimination learning)이다.

강화는 상담자가 내담자의 진로선택이나 결정에 대해 긍정적 또는 부정적인 반응을 보임으로써 내담자의 진로결정을 촉진시킨다. 모방이나 대리학습은 다른 사람들의 진로 결정행동이나 결과를 관찰함으로써 의사결정의 학습을 촉진시키는데, 주로 비디오 테이프를 사용한다. 변별학습은 진로선택이나 결정능력을 검사도구나 기타 다른 것을 사용하여 변별하고 비교해 보게 하는 방법이다.

(2) 검사의 해석

행동주의 진로상담에서는 고전적 조건반응 이론이나 조작적 조건반응이론을 적용하고 있다. 왜냐하면 개인과 환경간의 상호작용의 관계는 이 접근법의 기본 가정이기 때문이다. 그런데 심리검사는 개인의 특성이나 개인차를 측정하는 데는 좋지만 개인과 환경 간의 상호작용은 반영해 주지 않기 때문에 이 접근법에서는 심리검사의 결과를 해석하는 데 비중을 두지 않는다. 그 대신에 흥미검사를 사용하기도 한다(Krumboltz & Baker, 1973).

(3) 직업정보

행동주의 진로상담의 가장 큰 공헌 중의 하나는 직업정보의 제공이다. Krumboltz & Bergland(1969)은 회계사, 전기기사, 경찰관, X레이 촬영기사 등을 포함한 20여 가지의 직종에 관한 직업정보를 상세하게 제시했으며, '진로문제 해결상자(Problem-Solving Career Kits)'를 고안하여 다양한 직업정보를 제공하였다. 이 상자의 특수성은 다음과 같다(Krumboltz & Sheppard, 1969 : pp. 293~294).

① 그 문제는 직업의 구성원들이 직면하고 있는 실제적이고 대표적인 문제 형태이어야 한다.

② 대상인구(고등학교 학생들)의 95%가 그 문제들을 통과하는 데 어려움이 없어야 한다.

③ 문제는 대상인구의 다수가 본질적으로 흥미롭다고 생각되어야 한다.

④ 대상인구의 75% 정도는 그 내용을 50분 안에 읽고 성공적으로 그 문제들을 해결할 수 있어야 한다.

⑤ 그 문제는 완전히 자기 만족과 자기 권리하에 있어야 한다.

전문가에 의한 검사나 평가로부터의 증거는, 그 상자(kit)는 대체로 이런 기준을 만족한다는 것이었다. 결과는 역시 보다 큰 진로탐색과 결정을 자극해 온 여러 연구들(Krumboltz, Sheppard, Jones, Johnson & Baker, 1967 ; Krumboltz, Baker & Johnson, 1968)에 유용할 것이다.

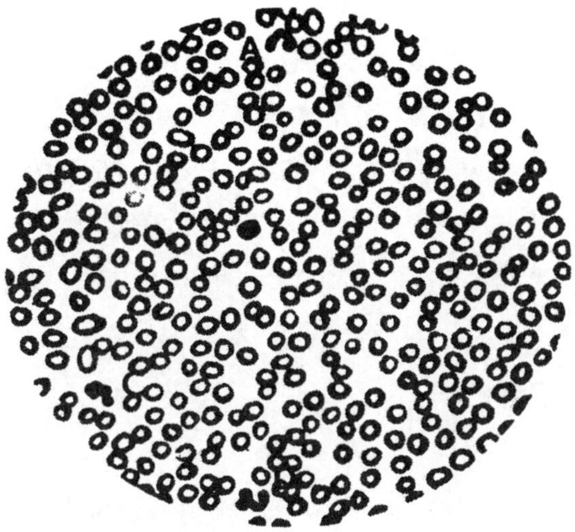

[그림 3-4] 직업 경험 상자로부터 나온 도해적 자료들(Science Research Associates, 1970)

3) 자 료

상담사례

이 사례는 진로위기를 경험하고 있으며, 제 2의 진로를 생각해야 하는 중년의 남자이다. 그는 12년간 복무한 미공군의 38세 된 대위로서, 진급을 못하여 퇴역을 하게 되었으며, 장차 무엇을 해야 할지 모르기 때문에 진로상담을 요청한 Jim이라는 사람이었다.

(1) 진 단

여기서 제시되는 문제는, 첫 번 면담으로부터 불과 1주일 내에, 오랜 기간의 근거를 갖고 있는 Jim의 문제에 대하여 어떤 결정을해야 한다는 점이었다. 간단히 말해서 그는 ① 많은 퇴직금(lump-sum, 15,000)을 가지고 미래의 이익은 없지만 퇴역을 할 것인가? ② 하사로 다시 공군에 머물 것인가? 또는 ③ 준위계급을 지원할 것인가? 의 대안에 직면하게 되었다. 그와 더불어 이러한 선택에 대한 논의에서 선택유형이 명백하게 드러났다. 즉, 그는 큰 불안으로 인한 무결단성 유형이었다. 그는 여러 선택과정에서 일관성 없이 행동하였다. 그의 선택행동에는 보수적인 면과 진보적인 면이 함께 나타났다. 그리고 불안으로 진로결정을 잘 할 수가 없었다. 불안을 없애기 위한 노력에서 그는 갈등의 조건에 초점을 맞추기보다는 지나치게 술을 많이 마심으로써 그 불안증을 감소시키려고 했다. 술을 마신 결과 순간적으로 나아지는 듯 했으나 술기운이 없어지자마자 다시 나타난 불안이 전보다 더 그를 괴롭혔다. 상담자는 이 점을 내담자에게 지적해주었다. 상담자는 내담자가 일주일 동안 그가 보려고 하면 어느 때나 상담자를 부르거나 볼 수 있다는 것을 이해시켰고, 내담자는 자신을 위해 어떤 마음을 결정하기까지는 술을 마시지 않는다는 짧은 기간의 '계약'에 동의했다.

상담자의 좋은 의견에 그는 동의했고, 공군을 떠나 시민생활을 시작하기로 결정했다.

진로선택에서 최초의 위기가 일단 해결되면 일반적으로 진로결정에 대한 Jim의 불안에 대한 오랜 기간의 문제가 진로상담의 초점이 된다. 그의 진로결정사에 관한 두 가지의 면담에서 상담자는 Jim이 그의 어머니에 대한 의존관계 때문에—그의 어머니는 그에게 공군이 되게 했고, 그가 공군으로 생활하기를 원했는데—그가 진로선택에 대한 개인적 책임을 질 수 없었다는 사실을 알았다.

결과적으로 그는 현재 진로선택에서 필연적인 불안을 경험하고 있을 뿐 아니라 그에게 STSAQ(Spielberger Trait and State Anxiety Questionnaire)와 CMI의 능력검사·태도검사 모두를 시행해 보도록 요청했다. 예상했던 대로 Jim은 STSAQ에서 특성적(trait)·상태적(state) 불안점수가 모두 높았는데, 이것은 무결단성문제를 가진 내담자가 겪는 선행불안(Goodstein, 1972)과 유사했다. 그는 역시 CMI의 능력척도, 태도척도에서 점수가 모두 낮았다. 의존성으로 인해 그의 진로발달경험은 제한되었고, 진로성숙도는 같은 발달단계에 있는 다른 사람들보다 더 낮았다.

(2) 과 정

무결단성이란 진단이 내려졌기 때문에 상담자는 진로결정의 선행불안에 대한 반조건적인 형성을 시도함으로써 Jim과의 진로상담을 시작하였다. 상담자는 과거 Jim의 진로결정에 대해 논의하면서 희망과 안정감(〈그림 3-3〉 참조)의 단서를 짝짓기 위해 발달적 관계성에 의존하였다. 그러나 Jim의 불안을 감소시키기 위해 시도된 이 방법은 내담자가 불안증을 없애기 위해 술을 마시는 행동을 할 수도 있으므로 충분히 체계적이지 못한 것이라고 상담자는 생각하였다. 바꾸어 말하면 음주는 일시적 불안감소의 방법이므로 상담자는 Jim이 술을 마시지 않도록 그의 동의에 따라 유력한 대안을 제공해야만 했다. 따라서 상담자는 그와 '행동계약'을 맺음으로써, 반조건형성의 과정을 선택하였다. Jim의 협력으로 그는 계속해서 불안을 야기하는 진로결정상황의 위계를 만들었다.

생애에서 제2의 진로(시민생활)를 결정하는 상황은 그에게 최고의 곤란을 주었다. 상담자는 Jim에게 휴식을 취하도록 했다. 그 휴식은 반조건형성의 역할의 하나로, 면담기간뿐 아니라 내담자가 불안해 할 때도 사용할 수 있었다. 상담자는 이럴 때에 휴식이 Jim이 음주를 대치하거나 감소시켜 주기를 원했다. 이러한 접근법을 활용하여 Jim과 상담자는 여섯 번의 면담 동안 효과적인 반조건적인 형성이 이루어지게 되었다. 행동주의 지향 진로상담의 두 번째 단계는, Jim의 진로성숙도를 증가시키고 실제적인 진로선택을 촉진시키는 태도와 능력을 Jim이 획득하도록 하는, 도구적 학습을 내포한다.

다섯 번째 면담에서 상담자는 CMI의 태도척도에서부터 시작하여 체계적으로 해석해 갔다. 상담자는 각 문항에서 성숙·미숙으로 반응하는 진로성숙 프로파일뿐 아니라, 목록을 함께 복사해서 Jim에게 주었다. 검사를 끝낸 후 각 답안을 놓고 상담자는 Jim과 논의했다. '검사 가르치기' 기술은 Jim에게 진로선택을 보다 현실적으로 하도록 했을 뿐 아니라, CMI의 점수를 의미있게 증가시켰다(Crites, 1971 ; 1973). 마찬가지로 상담자는 Jim에게 능력검사를 실시하도록 하였으며, 이것을 논의하고 보충했다. 또 상담자는 면접 중에 내담자가 이룩한 정보수집반응을 강화하였고, 지역사회에 관련된 자원을 제시하였다. Jim은 역시 '결정(decisions)과 결과(outcomes)'라고 칭하는, 성인을 위한 자율적 진로결정 프로그램에서 연습을 실시하였다. 이 프로그램은 Educational Testing Service에서 발행되었다.

상담이 끝날 무렵 Jim은 진로결정의 태도와 능력면에서 보다 성숙해졌으며, 또 이 능력을 진로선택을 하는 데 사용하도록 하였다. 그는 컴퓨터 계통의 직업을 훈련하기 위하여 과학에 흥미를 갖고 공군의 경험배경을 행정이나 경영에 연결시킬 것을 결정하였다.

(3) 결 과

Jim의 진로상담 결과는 그 과정에 명료히 드러나 있다. 우선 그는 낮은 계급(하사나 준위)에 머물러 근무하기보다는 공군을 떠나기로 결정함으로써 직접적인(일차적인) 선택 위기를 해결하였다. 더욱이, 음주를 하지 않고 이 문제를 해결하였다. 둘째, 진로상담의 첫번째 단계에서 발견된 선택에 관한 선행불안은 반조건형성에 주목되었고, 둘째 단계에서는 무결단성을 극복하여 진로선택을 분명히 했기 때문에 효과적이었다. 만약에 선행불안이 아직 경쟁반응이었다면 그는 직업선택에 대한 의사결정을 하지 못했을 것이다. 후에 그로부터 받은 환류(feedback)는 그가 상당히 불안을 해소하였고 전보다 일상생활에서 보다 효과적임을 나타내 주었다. 그는 술을 완전히 끊었고, 오락활동이나 친구들과의 모임에 어울렸으며, 여러 군데에 일자리를 신청하였다. 진로상담은 그에게 진로선택에 관한 불안을 감소시켰고 진로결정을 하도록 도왔을 뿐 아니라, 이런 갈등과 문제들을 해결함으로써 그에게 여러 이익을 주었다. 그는 자기의 생활을 좀더 폭넓게 하기 위해 힘을 쏟았으며, 또 진로발달과 개인발달 사이에 친교가 이루어지도록 노력하였다.

6. 포괄적 진로상담

포괄적 진로상담(Comprehensive Career Counseling)은 앞에서 기술한 다섯 가지의 진로상담의 장점을 선택하고 단점을 보완하여 설득력 있고 일관성 있는 체계로 통합시키려는 진로상담이다.

1) 모 형

포괄적 진로상담의 모형은 기존의 접근법들의 개념이나 원리뿐 아니라, 일반적인 상담이나 심리치료의 개념이나 원리도 포괄적으로 사용하여 만들어졌다. 이 접근법의 모형은 논리적인 것과 경험적인 것을 의미있게 절충시킨 모형이다.

(1) 진 단

포괄적 진로상담에서의 진단은 변별적이고 역동적인 진단의 성격을 띤다. 이것은 특성요인의 입장에서 보면 '내담자의 진로 결정상의 문제는 무엇인가?'가 되고 정신역동적인 측면에서 보면 '왜 내담자에게 문제가 생기는가?'이며, 행동주의적 접근법의 입장에서 보면 '내담자의 문제를 어떻게 제기시킬 것인가?'가 된다.

(2) 과 정

진로상담의 기본과정은 내담자와 상담자 간의 상담에 의한 상호작용의 과정이다. 먼저 첫 번째 상담을 통해 상담자는 내담자에 대한 문제를 파악하고 자료를 모은다. 두 번째 단계의 상담에서는 검사의 해석이 중심을 이루고, 세 번째 단계의 상담에서는 검사와 상담을 바탕으로 한 진로정보의 제공이 상담과정의 중심이 된다. 이 접근법의 기본가정은 내담자는 진로선택에서 야기된 어려운 문제를 상담자에게 허심탄회하게 털어놓고 상담을 통해 내면화하거나 '자기화'함으로써 문제해결을 이룰 수 있다. 이 접근법에서의 상담과정은 다음과 같은 3단계로 구성된다.

1 진단의 단계

내담자는 진로문제를 진단하기 위해 내담자의 태도, 능력, 의사결정 유형, 성격, 흥미, 등 내담자에 대한 폭넓은 검사자료와 상담을 통한 자료가 수집되는 단계이다.

2 명료화 또는 해석의 단계

문제를 명료화하거나 해석하는 단계이다. 내담자와 상담자는 협력해서 의사결정의 과정을 방해하는 태도와 행동을 확인하며 함께 대안을 탐색하는 단계이다.

❸ 문제해결의 단계

내담자가 자신의 문제를 확인하고 적극적으로 참여하여 문제해결을 위해 어떤 행동을 실제로 취해야 하는가를 결정하는 단계이다. 이 단계에서는 도구적(조작적) 학습에 초점을 맞춘다. 내담자는 자기 자신과 일의 세계에 관한 정보가 어떻게 수집되며 직업목표를 설정할 때 어떤 제한을 가해야 하는지, 그리고 예상하지 못한 사건이 발생했을 때 어떻게 대처해야 하는지에 대해 책임감을 갖고 해결하도록 노력해야 한다. 만일 진로상담이 효율적으로 이루어진다면 내담자는 직업문제의 적응과 발달뿐 아니라, 일상적인 상황에서 야기되는 다양한 문제들을 현명하게 해결하고 의사결정을 하는 방법을 배우게 되며, 자신에 대한 능력감과 신뢰감을 느낄 수 있게 된다.

(3) 결 과

포괄적 진로상담의 목표는 변별적이고 역동적인 진단과 명확하고 과학적인 해석, 그리고 문제해결을 위한 조작적 학습을 통해 내담자를 독립적이고 현명한 의사결정자로 만든다. 직업 면에서 성숙한 개인은 매사에 유능하고 자신감을 느끼며 자기의 일을 사랑할 뿐 아니라, 대인관계가 원만하고 삶이 풍요롭고 자유롭다.

2) 방 법

포괄적 진로상담은 특성요인 접근법의 지시적인 방법과 Rogers의 인간중심적인 방법 그리고 행동주의적 접근법의 학습 이론적인 방법을 절충하고 있다.

(1) 상담기법

포괄적 진로상담은 여러 가지 다양한 기법들을 절충한 기법이다. 상담의 초기단계, 즉 진단과 탐색단계에서는 인간중심 접근법과 발달적 접근법이 주로 활용된다. 상담의 중간단계에서는 내담자의 진로 문제의 범위를 좁히고 Colby(1951)

가 말한 '중재'와 '병치' 전략을 통해 문제를 명확히 진술하도록 유도한다. 중재란 내담자가 자기의 문제를 모호하게 진술할 때 그 한계를 확실히 하도록 돕는 전략이고, 병치란 내담자가 진술한 말들사이의 관계성을 비교・대조하게 하는 명료화의 기법이다.

상담의 중간단계는 이처럼 내담자의 문제에서 장애의 원인이 되는 요인을 명료하게 밝혀서 제거시키고 촉진이 되는 요인을 찾아 강화시키는 단계이다. 따라서 주로 정신역동적인 접근법이 활용된다고 볼 수 있다.

상담의 마지막 단계에서는 특성요인 및 행동주의적 접근법에 따른 검토나 강화의 기법이 주로 사용된다. 이 기법들은, 특히 문제해결에 적합한 기법들이다. 이 때 상담자는 더욱 능동적이고 지시적인 태도로 내담자의 문제 해결의 장에 개입한다.

(2) 검사의 해석

포괄적 진로상담에서는 검사의 역할을 중시한다. 이 접근법에서는 특성요인 접근법에서와 달리 상담의 진단, 과정, 결과의 통합이라는 전체단계에서 검사를 효율적으로 활용한다.

먼저 내담자가 가진 진로상의 문제를 가려내기 위해 변별적인 진단검사를 한다. 이 때 주로 사용하는 검사가 진로성숙검사, 직업적성검사, 직업흥미검사 등이다. 이런 자료들은 반드시 포괄적이고 역동적으로 해석되어야 하며, 상담결과와 상호보완되어야 한다. 즉, 심리측정자료는 상담의 주관적 오류를 보완해야 한다. 이 같은 진단을 역동적 진단이라고 한다. 마지막으로 결정적 진단은 진로선택이나 의사결정과정에서 나타나는 내담자의 문제에 초점을 둔다.

이 같은 검사의 결과는 상담자와 내담자가 함께 해석해 나간다. 즉, 상담자는 검사결과를 내담자와 함께 보면서 신뢰감을 주고, 내담자의 진로문제에 장애가 되는 요인을 해석하며 내담자와의 의사소통을 극대화하여 문제 해결을 위해 공동작업을 한다. 검사의 해석시에는 심리측정의 특수용어를 사용하지 않고 내담자의 개념・언어적인 수준과 형태로 진술한다.

(3) 직업정보

포괄적 진로상담에서는 단순한 우유부단으로 인해 진로를 결정하는 못하는 집단과 완전히 결단력이 없는 집단, 그리고 비현실적인 집단에 따라 직업정보의 제공방법이 다르다. 즉, 단순한 우유부단의 집단에게는 정밀하고 체계적인 직업정보를 제공함으로써 진로선택을 도울 수도 있지만, 완전히 결단력이 없는 집단에게는 진로정보의 제공이 오히려 불안을 야기시킬 수 있으므로 불안을 먼저 제거시켜 주어야 한다. 마지막으로 비현실적 집단은 자아의 현실적인 주변환경·직업세계에 대한 현실능력을 먼저 키워 준 후에 정보를 제공해 준다.

위와 같은 진로상담 이론의 방법을 요약하여 정리하면 다음과 같다(김충기, 1989 : pp. 466~168).

4) 자 료

상담사례

이 사례는 17세의 고등학교 학생인 Karen과의 일곱 차례에 걸친 면접의 결과이다. Karen은 진로상담에서 자신에 대한 믿음을 가지고 있는 학생이었다. 저자는 1주일 단위로 크리스마스 휴가기간 동안 한 번의 면담을 제외하고는 그녀와 매주 만났다. 면담발췌문, 검사결과, 전기적 및 인구학적 자료 등등의 사례자료를 진단·과정·결과의 모형을 가진 포괄적 접근법을 통해 상담을 조직했다. 면담방법 및 검사해석의 방법은 직업정보의 이용을 성공적으로 해내는 수단이다.

(1) 진 단

Karen에게서 그녀와의 진로상담에 관한 예비적인 정리를 하고, 왜 Karen이 상담자를 보고자 하는지에 관한 첫 인상을 얻기 위하여 개별적인 면담을 비교적 짧게(표준소요 시간인 50분 이하) 끝낼 수 있음을 알았다. 그녀가 언급한 문제는 자신의 진로선택에 관한 불확실함이었다. Karen은 교사직이나 사회사업, 또 가능하다면 음악계통의 직업이 어떨까 생각했지만 어느 것을 선택해야 할지 어려웠다고 했다. 문제의 탐색을 위해 '불확실하다는 것이 어떤 의미일까?'와 '왜 Karen이 무엇을 하고 싶어하는가를 결정하는 데 어려움을 겪어 왔다고 보는가?'와 같이 주로 개방형의 질문을 가지고 대응했다. 이와 같이 유사한 질문에 대한 Karen의 대답에서 Karen의 문제는 불확실보다 우유부단이라는 점을 제시하였다.

이를테면 Karen은 '저는 교사직과 사회사업직의 중간에서 결정을 내리지 못하고 있다. 나의 어머니는 3학년 선생님이고 저 또한 어머니의 직업을 좋아하지만 사회사업가라면 보다 넓게 남을 도울 수 있지 않겠는가?'라고 말했다. Karen이 상담자에게서 끌어낸 반응은 똑같이 바람직한 것이 두 개 있을 때 그들 중 어느 것을 선택할 지 몰라하던 내 경험과 똑같은 것이었다. 나는 이와 같이 얘기함으로써 Karen의 의견에 동감을 표시했다 : '나도 네가 표현하고 있는 불확실성, 즉 우유부단함을 무엇인가 결정하려 할 때 많이 겪어 왔다. 아마도 너를 괴롭히고 있는 것은 불확실함이라기보다는 우유부단일 것이다.' 상담자는 자기가 생각하고 있는 바의 두 상태 또는 조건의 차이, 즉 불확실성이란 것은 결정보다 앞에 오는 불안이라기보다는 선택시의 불일치(Crites, 1969 ; Hilton, 1962 ; James, 1963)로서 정의된다는 것을 설명했다. Karen은 자신이 우유부단했다는 점에 동의했고, 그래서 두 사람은 변별적 진단으로서 결말을 지었다. 그러나 Karen의 우유부단함이 단순한가 아닌가의 문제는 거의 세 번의 면담을 통해서 계속된 역동적인 진단에 의해 결론지어야 했다.

상담자는 Karen이 가정이나 학교에서 겪은 결정적인 경험 중에서 선행되는 조건들을 확인해 내야 했다. Karen이 고등학교 3학년이었기 때문에 졸업 후 무엇을 할 계획이냐고 물었더니 대학에 갈 생각이라고 했다. Karen은 어떤 대학 또는 대학교로 가려고 했던가? Karen은 고등학교 때에 비해서 다른 학생들과 더 밀접한 대인관계를 발전시킬 수 있다고 믿는 조그마한 남부의 대학을 선호했다. 그러나 Karen의 아버지는 학비가 비싸고 집에서 너무 멀리 떨어져 있다든지, 기타 다른 이유들 때문만이 아니라, Karen이 정말로 자신이 무엇을 원하는지를 모른다고 생각했기 때문에 그녀의 선택에 의문을 제기했다. 아버지는 Karen의 '밀접한 대인관계'의 필요가치를 낮게 평가하고, 그녀가 고등학교 시절에 쌓아 온 '업적에 대한 명성'을 계속할 수 있는 주립대학에 가도록 강력히 원했다. 그녀는 마지못해 아버지가 원하는 대로 따르기로 했다. 상담자 Karen에게 '이 결정을 다른 결정들과 같이 내렸느냐?'라고 물었더니 그렇다고 대답했다. Karen에게 결정을 내려야 하는 상황에 처했을 때 어떻게 느꼈느냐고 묻자, 굉장히 불안한 느낌을 받았다고 했다. Karen은 굉장히 압박을 느끼며 아버지가 무엇을 말하는지 두려워한다고 했다. 의사결정에서 겪었던 경험의 진술을 통해서, 특히 Karen의 아버지에 관해서 나는 결단력의 결핍에 관한 역동적 진단을 개발했다. 계속적인 면담과 검사의 결과, Karen은 직업선택의 결정뿐 아니라 다른 결정에서도 심각한 어려움을 겪고 있음이 드러났다.

Karen의 결단력의 결핍은 자아 개념과 자존심의 결핍으로까지 이어졌다. 전체 과정중 초기의 한 면담에서 자신에 대해 설명을 해보라고 했는데 할 수가 없다고 했다. 게다가 Karen은 자신이 누구인지조차 모르겠다고 했다. 자신을 아는 것이 성숙한 직업결정에서 핵심적인 부분이기 때문에 나는 결정과정과 연관이 되어있는 다른 직업선택능력이나 태도뿐 아니라 자신을 객관적으로 평가하는 일이 유용할 것이라는 점을 제의했다. 상담자는 이러한 변수들을 측정하기 위해 고안된 CMI(직업성숙도 조사)에 관해 얘기했는데, Karen는 그것을 가치 있는 것으로 생각했다. Karen의 CMP(1973년 판, Career Matur- ity Profile) 백분위 점수는 12학년을 기준으로 해서 만든 분포의 좌우에 위치해 표시되어 있다. Karen은 자기 평가 분야를 제외한 능력검사의 모든 영역에서 평균을 상회하고 있다. 이 자기평가에서 가능한 총점(각 하위척도 별도) 20점에서 10점을 기록했고 백분위는 15였다. 이것은 평균보다 상당히 하위에 속하는 점수이다. 다시 말하면, Karen의 성숙도검사 점수와 비율(원점수 및 백분위 점수 각각)(Crites, 1961)은 Karen이 자신의 평가에서 아직 미숙해 있음을 드러내는 것이다. 또한 비록 Karen의 태도척도 점수가 높았다하더라도 직업선택과 관련한 우유부단뿐 아니라, Karen이 직업적 미성숙 상태에 있음을 드러내주는 항목들은 자신에 관한 의심이나 불확실성을 입증하는 것이다. 그런고로 자기평가에 있어서 진로성숙은 결정적인 진단이었다.

(2) 과 정

초기의 개략적인(screening) 면담과 첫 번째 면담을 포함하여 Karen과의 진로상담과정에서의 첫째 단계는 주로 문제 탐색에 방향을 맞추었다. 문제탐색은 문제의 진단에 초점을 맞추었다. 그것은 또한 Karen과의 효과적인 의사소통 관계를 형성하고 Karen과의 작업(협동)관계를 발전시켜 나가는 복잡한 과정을 열어주었다. 상담자는 Karen이 기꺼이 반응했지만 오히려 그럴싸하게 영향을 주었음을 발견하였다. 각자가 상호작용의 책임이 있음을 나타내 주는 좋은 지표(지수)가 되는 내담자/ 상담자의 '대화비율'은 약 50대 50이었다. 상담자를 괴롭히는 것은 Karen과의 의사소통의 양이 아니라 질이었다. 진로결정문제에 대한 Karen 자신의 분석은 최소한 초기에는 그럴 듯했지만 피상적이었다. 이러한 허물을 허물어뜨리기 위하여, 내가 느끼기 전에 Karen이 전에 생각해보지도 감지해보지도 못했던 문제의 여러 양상을 노출시키도록 고안된 개방형 질문을 했다. 그녀가 자신이 어떤 종류의 사람인지 '모른다'고 얘기했을 때, '왜 그런가?' 그리고 '네가 누군지 모르면 누가 안다는 말인가?'하고 물었다. Karen은 대개 자기의 부모에게, 특히 아버지에게 이런 문제에 대한 답을 반응해 왔다고 한다. 우리들 관계의 본질을 분명히 하기 위해 다음 질문으로 되돌아 갔다. '네가 어떤 종류의 사람인지 내가 얘기해 주길 바라느냐?' Karen : '좋습니다. 그렇게 해주세요.' 문제가 탐색되고 해석되었으며, 초기 협정이 맺어진 것이다. 진로상담 과정의 첫째 단계의 목표들이 달성된 것이다.

Karen과의 진로상담에서 두 번째로 거쳐야하는 단계는 보다 집중적인 것이었다. 우리는 Karen의 문제를 더 깊이 규명하고자 노력을 했고 문제가 생기게 된 요인을 확인했다. 문제의 대부분은 그녀 가족이 관계되어 있었다. 아버지는 Karen에게 똑같은 태도를 기대하는 바 마구 독려하는(hard driving) 성취지향의 사람이다. 대조적으로 어머니는 Karen이 사회봉사의 직업을 고려해보도록 격려하는 가족 중심적인 초등학교 교사이다. 그래서 Karen의 우유부단성은 부모의 각기 다른 가치와 부모에 대한 Karen의 혼합된 복종이 반영되었다.

상담자는 Karen이 이들 부모의 소망이 다른 데서 오는 분리된 복종과 관련된 불안으로부터의 발산으로서 진로선택에 관하여 많은 갈등을 알게 되었다.

만약 Karen이 한 가지 결정을 하게 되면 두 분 중 한 분에 의해 거절당했다. 절충하고 싶어 하지 않는 것이 이 곤란한 문제와 뒤섞여서, 또 절충을 하지 않는 것이 진로를 선택하는 데 용이한 길이기 때문에, 부모님 중 한 분과

떨어지려는 위험을 무릅쓰게 된다. 상담자진로상담의 두 번째 단계에서 보다 더 전형적인 평이한 응답을 써서 Karen에게 이런 점을 지적해 주었을 때, Karen은 울면서 '그러면 어떻게 그들로부터 벗어나서 자유로울 수 있나요? 제 자신의 일을 제가 알아서 하기 위해서 제가 무엇을 할 수 있나요?'라고 응답했다. 진로상담과정의 이 시점에서, 일반적으로 Karen의 부모들과의 관계에 대한 고려와 특별히 부모들이 어떻게 Karen의 진로결정에 영향을 끼치는가를 포함한 '계약'을 재협상했다. 우리는 그녀가 부모들과 자신의 문제를 어떻게 해결하며, 궁극적으로 Karen의 직업선택문제를 어떻게 해결할까에 대한 협동적 관계를 동의했다.

5차, 6차, 7차 면담을 구성하는 Karen과의 진로상담의 세 번째 단계에서, 우리는 부모가 Karen에게 해주기를 원했던 것보다는 자신이 하고자 하는 것을 할 수 있는 여러 가지 선택권에 대해 이야기하였다. Karen은 때때로 이러한 선택의 문제에서 부모의 기대에 어긋나는 행동을 하지 않았나 하고 주저했지만 점차로 Karen은 자신의 생을 자신이 책임질 수 있는 것이라면 자기 나름대로 꾸려 나갈 수 있는 자신의 것이라는 점을 이해하게 되었다. Karen이 가고 싶어하던 대학의 문제도 해결되었다. 그러나 우리는 가정형편상 어려워 보이는 문제를 어떻게 해결할 수 있을까에 대해 충분히 상의했다. 어머니는 저녁시간에 식구들이 한데 모이게 하려고 애썼지만, 아버지는 늦게까지 작업을 하거나 집에 있을 때면 전축을 시끄럽게 틀어 놓음으로써 저녁식사 중 가족의 상호작용은 불가능했다. 더구나 Karen이 집에 있는 시간도 결코 Karen의 것 같지 않았다. 누군가가 늘 Karen의 프라이버시를 침해했다. 상담자가 도달한 결론은 Karen 스스로가 자신의 시간을 창조하도록 하는 것이었다. Karen은 집안 일에 대한 책임을 누구에게 나눠주는 것이 어렵다고 생각했다. 그러나 카렌은 남들이 일어나기 전 아침 시간에 자신만의 '조용한 시간'을 갖도록 일찍 자라는 내 제안을 받아 들였다. 그녀는 자신에게 가능한 직업을 탐색할 뿐 아니라, 내 제안대로 실천했다('뭐든지 할 수 있어요.' 참조할 것, Mitchell, 1978). 이들 직업에 관한 토론에서 그녀에게 가능한 직업에 관한 검사—변별적 태도검사, Holland의 직업선호성검사, 직업성숙도 검사—의 결과를 도입하여 Karen의 진로선택에 필요한 의미를 끌어내 보려 하였다. Karen의 진로상담의 세 번째 단계는 최근의 직업정보에서 그녀에게 가능한 직업의 검토와 Karen은 더 이상 우유부단하지 않게 되어 직업선택 문제를 스스로 해결할 수 있는 시점에서 끝을 맺었다. 그녀는 자신의 직업 탐색을 보다 철저히 할 뿐 아니라, 집에서 떨어져 사는 법을 배우기 위해 여름방학을 보낼 계획을 세웠다. 그래서 Karen은 갈등 상황을 경감시키는 방향으로 선택문제의 해결을 보았으며, 갈등을 효과적으로 제거할 수 있는 기회를 마련할 수 있게 되었다.

(3) 결 과

결과는 Karen의 진로상담 과정에 내재되어 있다. 첫째, Karen이 비록 특정한 어떤 직업을 선택하지 않았을지라도 Karen은 왜 자신이 의사결정에서 어려움을 겪었나를 알게 되었다. Karen은 자신이 늘 자신의 높은 이상과 자기 기준을 현실과 타협시키기를 꺼려했으며, 그래서 종종 직업의 문제에서 뿐 아니라, 다른 면에서도 우유부단했음을 깨달았다. 진로상담이 끝날 무렵에 Karen은 자신의 현실과 좀 더 적절히 타협할 수도 있었으며, 여름방학에 자신이 집으로부터 벗어나 살아 보는 것 같은 결정도 할 수 있었다. 둘째로, Karen은 자신에 대해 더 잘 알게 되었고 자신의 자아개념을 나에게 전달해 줄 수 있게 되었다. 그녀는 부모에 관한 자신의 많은 감정을 명료화할 수 있었으며, 자신이 어떻게 친구(동료)들과 관계를 형성하고 있는 지 더 잘 이해하게 되었다. Karen은 자신이 종종 동료들에게 그녀의 아버지가 그녀에게 했던 것처럼—지시적이고 명령적이며, 비판적인—행동을 함으로써 그들을 멀어지게 했음도 알게 되었다. 그 결과 그녀는 충고와 도움은 주지만 Karen을 사회 집단의 가장자리에 붙박아 두려는 사람들에 의해 자신이 움직였음을 알았다. Karen은 자신의 활동적이고 지시적인 성격을 누그러뜨리고 남에 대한 기대도 완화하기로 했다. 이러한 모든 변화는 자기평가능력을 증진시켰고 직업성숙도에서 자기 평가의 측면을 고양시켰다. 끝으로 Karen은 진로상담에서의 완전성을 추구하는 데 더 잘 적응하는 것처럼 보였다. Karen은 진로결정을 내릴 능력이 생겼을 뿐 아니라 자신의 삶을 운영하는 면에서도 진정한 자신감을 갖게 되었다. Karen의 직업 문제 및 개인적 적응은 포괄적인 진로상담의 경험으로부터 개선이 가능했던 것 같다.

7. 진로상담이론의 요약 비교

위와 같은 5가지 진로상담이론의 요점을 제시하면 다음과 같다.

〈표 3-5〉 진로상담이론의 비교 모형

구분	모형		
	진 단	과 정	결 과
특성요인측면	내담자에게 무엇이 문제인가를 결정함으로써 이끌어낸 각기 다른 치료 방법이다.	상담자가 내담자에 관한 자료수집과 해석을 폭넓게 포함한다. 내담자는 처치(치료)에 실질적인 결정이나 바람직한 조정이나 추수지도에 영향을 주는 상담자에서만 도움이 된다.	시급한 목표는 내담자의 현재문제를 해결하는 것이다. 장기적인 목표는 내담자가 자신의 가치있는 자질과 경향을 더 잘 이해하고 관리하게 함으로써 장래의 문제를 해결할 수 있도록 하는 것이다.
인간중심측면	Rogers와 Patterson은 내담자에게 직업상의 문제가 있다기 보다는 내담자와 상담자간의 관계가 분열되어 있다고 본다.	Patterson은 과정을 Rogers가 말한 심리치료에서의 개인적 조정의 최고 단계를 포함하는 것으로 본다. 심리치료를 따르는 내담자의 조정 수준은 내담자가 자신이 누구인가와 자신이 필요한 것이 무엇인가를 알때의 상담을 받지 않은 내담자의 수준과 비슷하다.	목적은 양립할 수 없는 직업상의 역할 속에서 내담자가 어떠한 위치에 있는가에 대하여 자아개념을 명확히 하고 잘 수행하도록 촉진하는 것이다. 그것은 자신에 대한 영상과 작업현장에서의 역할을 받아들이거나 현실속으로 변화시킬 수 있는 개인의 재조직된 자아에 대한 심리치료의 전체적인 결과와 관련되어 있다.
정신역동측면	Bordin은 진단이 치료법 선택의 토대를 이루어야 한다고 한다. 그리고 진단에서 사용된 심리적인 기관이 포함된 구성개념(선택, 불안, 의타심, 자기갈등)이 사용되어야 한다.	Bordin은 과정의 3단계를 정의한다. ① 탐색 및 협약확립단계, ② 내담자가 추구하는 것 이외에 개인적인 적응의 어떤 극면을 결정할 것인가에 대한 비평적인 결정단계 ③ 자아에 대한 이해의 진전이 상담에서 초점이 되는 변화작업의 단계이다.	결과는 두 가지이다. ① 생애에 대한 의사결정에서 내담자를 돕는다 ② 넓은 의미로 내담자의 성격에 긍정적인 변화를 가져오도록 영향을 준다.

발달측면	Super는 진단보다는 평가라는 말을 사용한다. 그리고 내담자의 잠재성과 문제에 초점을 둔 제유형 즉, ① 문제평가, ② 개인평가 ③ 전조평가를 개괄한다. 내담자는 평가과정에서 능동적이다.	직접적인 목표는 내담자의 생애개발을 촉진시키는 것이다. Super는 폭넓은 목적은 개인의 일반적인 대인적응에서의 개선효과를 가져오는 것이라고 진술한다.(이것은 특질요소적 측면과 내담자중심 방법의 종합을 말한다)	생애개발의 과정은 생애선택에 대한 방향 설정과 준비에서부터 의사결정과 현실검증로 발전된다. 내담자는 과정중에서 내담자가 도달하는 시점에서부터 상담을 시작한다.
행동측면	Goodstein은 자신의 행동 이론적 접근에서 중심적인 역할을 행동상의 문제, 생애선택문제분석에서의 불안에 있다고 본다고 본다. Krumboltz와 Thoresen은 상담목적의 문제검증에 초점을 둔다. 이 행동실제적 접근법에서 그들은 불안이나 진단에는 초점을 두지 않는다.	Goodstein은 내담자문제의 근원에 따라 과정이 다르다고 한다. 선행불안은 대응조건화와 도구적인 학습을 필요로 한다. 반대로 결과적인 불안은 도구적 학습만을 필요로 한다. 한편 Krumboltz와 Thoresen 은 부적응 행동유형의 배제에 목적을 둔다.	Goodstein의 이론적 결과는 ① 선행불안과 결과적 불안의 배제, ② 의사결정과 기술이 습득이다. Krumboltz와 Thoresen 의 실용적인 목표는 기술의 습득 ─ 부적응 행동의 수정, 의사결정과정의 학습, 문제발생방지 ─ 을 포함한다.

〈표 3-6〉 진로상담이론의 비교 방법

구 분	방 법		
	면 접 기 법	검 사 해 법	직업정보의 이용
특성요인측면	더 많은 도움을 받기 위하여 친밀관계 형성, 자아이해의 증진, 계획의 수행, 내담자의 타인에의 위탁 등을 실용적이고 기술적으로 하는 방법을 포함한다.	검사결과에 대하여 권위있는 해석을 내리고 내담자의 신중성을 기하기 위한 결론과 취할 점을 도출해 낼 수 있는 상담자를 포함한다.	상담자는 이 정보를 이미 내린 선택을 확실히 하거나 똑같이 설득력있는 의견간의 망설임을 해결할 수 있도록 제공하나, 내담자가 부적절한 선택을 재조정하도록 도울 수 있다. 의사결정과정에서 내담자가 적극적일 수 있도록 한다.
인간중심측면	상담자는 직업상의 역할에서 내담자의 경험과 자아개념을 이행하는데 도움이 되도록 고안된 면접 동안 대응을 해 줄 것이다.	상담자는 검사가 우선 내담자의 계발과 필요를 위하여 사용되어야 한다고 제안한다. 내담자가 필요로 하고 요구하는 것만큼만 사용하라. Super는 정밀도 검사라 이름지었다.	내담자측에 필요하다고 인식될 때 도입되었다. 상담자는 그런 정보가 필요와 가치와 목표현실의 맥락에서 이해되고 탐사되어야할 개인적 의미를 내담자에 갖고 있다고 인식해야 한다.

정신역동측면	Bordin은 사용가능하고 해석 가능한 세 가지의 상담자 대응을 열거한다. ① 내담자의 사고와 언어화를 집중시키는 명료화 ② 비교 ③ 원망(怨望)의 방어, 체계의 해석 이것은 심리치료적 실제와 특질요소적 접근 및 내담자 접근을 중심으로 한 것이다.	Bordin은 세 가지 주요 용법을 규정한다. ① 내담자는 검사의 선정에서(내담자 중심 접근중) 능동적인 참여자가 되어야 한다. ② ③ 상담자는 구두로 검사해석을 하여야 한다. 특질요소 측면에서 나타난 것보다 필요한 만큼 소개하여야 한다.	일과 과제의 요구분석에 기초한 정보가 필요하다 : 이것은 사랑을 일에 조화시키려는 특정요인적 접근법과 비슷하지만, 개인과 직업의 정적인 특성보다는 개인적 요구와 작업조건의 만족이 변수라는 점에서 다르다고 할 수 있다.
발달측면	Super의 주기적 접근은 내담자가 내용진술에 직접적으로 반응하는 것이나 감정의 표현에 간접적으로 반응하는 것이다.	가장 적절한 정보는 각기 다른 직업상의 추구에서 나타나는 생애유형의 기술이다. Super는 이 접근법에 필요한 생애 유형에 관련된 여섯 가지의 기술적인 자료가 있다고 한다.	목표는 변별적인 방법으로 처리함으로써 의사결정에서의 검사값을 극대화하는 것이다. 또한 과정의 각 국면에서 내담자를 포함시킴으로써 극대화시키는 것이다. 특성, 요인, 접근법에서의 경우 "포화검사"보다는 "정밀검사"를 나타낸다.
행동측면	Goodstein은 불안의 감소를 위한 심리 치료의 기법를 제의한다. 그는 상담자가 바람직한 내담자의 방문을 강화하고 사회적 모방을 조장하며, 의사결정기술을 습득해서 변별학습을 해야하는 실용적 태도에서 Krumboltz와 Thoresen과 체제를 같이 한다.	이론적인 면에서든 실용적인 면에서든 검사의 사용은 개인과 환경의 반응－행동적 측면을 추구하는 상담자의 우선적인 관심사—서 보다 행동에서의 개인차를 측정하기 때문에 대부분 무시된다. 그래서 행동목표의 목록을 모을 수 있다.	행동적 측면을 추구하는 상담자는 단순히 인쇄된 정보보다 생애 탐색과 의사 결정을 더 깊이 자극시키기에 유용한 생애에 관한 체제를 개발해냈다.

*출처 : 김충기, 진로상담의 이론과 실제, 서울 : 성원사, 1989 : pp. 466~468.

제 2 부

진로정보와 검사의 활용

제 4 장

진로정보의 활용

20세기 이후 도래한 고도산업사회는 폭주하는 정보의 세계에 적응하는 데 큰 문제점을 던져 주고 있다. 평생교육의 필요성이 대두되고, 방대한 지식·정보 가운데 전이력이 큰 정보가 필요하게 되었으며, 고도의 지식과 기술을 요하는 산업분야에서 성공하기 위해 끊임없는 교육 및 훈련이 필요하게 되었다. 뿐만 아니라 가족의 구조가 변화하고 지역 간의 격차가 커졌으며, 인간관계에도 큰 변화가 일어나게 되었다.

이러한 복합적인 사회구조 속에서 학생들은 자신의 문제를 해결하거나 장래의 계획을 세우기 위하여 자기 자신과 환경에 관한 여러 조건들을 이해하고 관계되는 자료를 보다 효율적으로 분석, 평가할 수 있어야 한다. 따라서 학생들에게 관계되는 정보를 제공하고 적절히 사용할 수 있도록 돕는 진로정보의 제공이 진로상담에서 중요한 위치를 차지하게 되었다. 진로정보활동은 개인이 자신의 특성을 이해하고 환경을 이해하여 적절한 진로를 선택하고, 선택한 진로에 적응·발전하도록 돕는 데 있어서 절대로 필요한 활동이다. 이 장에서는 진로정보의 개념과 목적, 진로정보의 범위, 최신정보의 구득방법, 자기이해를 위한 정보, 대학의 계열 및 학과선택에 관한 정보, 직업훈련에 관한 정보 및 직업선택을 위한 정보에 대해 알아보고자 한다.

1. 진로정보

진로의 정보를 의미·목적 및 필요성·기대효과·진로정보 프로그램으로 나누어 살펴보고자 한다.

1) 진로정보의 의미

21세기 사회에서는 누가 먼저 빠르고 정확한 정보를 갖고 이용하고 행동하느냐에 따라 각 개인의 삶의 위치와 미래가 결정되기 때문에 정보의 이해와 습득은 필수적이다. 따라서 우리는 현대를 정보의 시대 또는 정보습득의 시대라고 부른다.

(1) 정보란?

그러면 정보(information)란 무엇인가?

정보란 학생들이 여러 가지 문제에 직면해서 장래 계획이나 의사결정을 할 때 자기와 자기를 둘러싼 생활환경을 보다 깊게 이해하는 데 필요한 모든 사실과 지식을 제공해 주는 활동을 말한다. 정보는 미지의 세계에 대한 정확한 소식, 시정의 보고, 정황의 보고를 모두 포괄한다(장석민 외, 1988 : p. 57).

현대사회는 정치, 경제, 사회, 문화, 교육, 과학, 종교, 이데올로기, 가치관 등 어느 분야에서든지 정확한 정보를 요구한다. 따라서 학생들은 이에 적응하기 위한 다양한 정보에 익숙해야 자신의 인생 행로에 적합한 방향을 설정하고 적응이 잘 이루어져 건전하고 행복한 삶을 누릴 수 있게 된다.

(2) 진로정보란?

그러면 진로정보(career information)란 무엇인가?

진로정보는 진로에 대한 다양한 정보를 의미한다. 진로란 경우에 따라 직업, 또는 생애·경력·생업 등의 내용으로 쓰인다. 정보활동은 1960년도에 처음으로 미국의 Norris와 그의 동료들이 펴낸 책자인 '생활지도에 있어서 정보활동'(The Information Service in Guidance)에서 사용되었다(Norris, et al., 1972). 이것이 1972년까지 생활지도 활동에 널리 통용되다가 1979년 개정 4판을 계기로 정보활동을 '진로정보활동'이란 용어로 명칭을 변경하여 좀더 포괄적인 의미의 내용을 포함하여 부르게 되었다. 즉, 단순히 정보활동이란 편협적인 소규모의 정보내용을 소개하는 것보다 이제 시대도 많이 변했고 정보도 다양하여 더욱이 1970년대 초 career education의 새로운 교육이념이 도입되면서부터 이에 상당한 영향을 받아 career information이라고 career를 얹어서 사용하고 있다(Norris, et al., 1972 : p. 25).

진로정보 활동의 핵심은 생산적 활동을 효과있게 계획하는 데 유용하고 필요한 정보이다. 진로정보의 의미는 진로발달에 있어서 개인이 필요로 하는 정보를 수집·보급하며 설명해 준다는 데 있다(Norris, et al., 1979 : p. 8). 진로정보는 언제나 진로선택을 위한 교육·직업 및 사회·개인적 정보 등의 세 가지 영역으로 나누어진다. 이 세 가지 영역은 상관되어 있으며 개별적인 것보다 집단적으로 간주한다.

인간생활에 있어서 평생을 통하여 진로에 관한 결정만큼 개인에게 중요하고 지대한 영향을 미치는 결정도 드물다. 그럼에도 불구하고 진로를 소홀히 취급하는 경향이 있다. 즉, 자신과 일의 세계에 대한 자료를 충분히 분석, 평가하지도 않고 즉흥적으로 자기가 나아갈 길을 결정해 버리는 경우가 허다하다. 과거에는 단순히 보수와 승진전망, 안정성 등과 같은 기준만을 제시하고 진로를 선택하도록 하였다. 그리고 가치관·흥미·직업관 등의 개인적, 내적 요인을 무시한 경우가 대부분이었다.

그러나 오늘날에 와서는 많은 변화를 가져왔다. 진로선택 기준도 자아와 직업정보, 교육정보, 개인 · 사회적 정보 등의 정확한 이해를 토대로 하여 자기결정에 이르도록 하는 방법이 소개되기 시작하였다.

생활지도의 아버지로 불리는 Parsons는 1908년에 보스턴에 직업보도국을 설치하고 직업지도에 착수하였다. 그는 직업지도를 할 때에 개인의 분석과 직업세계의 이해를 위한 정보를 제공해 주고 직업기술을 가르쳤으며, 적합한 직업선택에 도움을 주어 학생들이 생활유지 수단으로 직업수행에 적응을 잘하고 만족하며 행복한 삶을 누리도록 하는 데 크게 공헌하였다. 그런데 그 당시에는 일의 경제적 측면, 이를테면 임금, 의무, 물리적 환경, 승진전망, 근무시간, 소재지, 학력수준과 같은 요인만을 강조하고 있고 일이라는 맥락에서 인간의 사회 · 심리적인 측면을 고려하지 않고 있다(이정근, 1978 : p. 80). 그러나 앞으로의 과제는 경제적인 측면만을 고려하는 것이 아니라 사회 · 심리적인 측면도 함께 제시해 주어야 한다. 아울러 전인(全人)으로서의 원만한 인격과 참된 삶의 길잡이가 되는 중요한 요소임을 깊이 인식하여야 한다.

현대산업사회는 공업사회와 정보사회로 탈바꿈하면서 탈공업사회로 옮아 가고 있다. Bell(1973)에 의해 주장된 탈공업사회의 특징은 〈표 4－1〉과 같다.

〈표 4－1〉 다니엘 벨의 탈공업화 사회 비교 도표

구 분	산업사회 이전	산업사회	탈공업화 사회
생산방식 경제부분	자원채취 제1차 농업 어업 임업 석유, 가스	제조 제2차 재화생산 내구재 비내구재 대규모건설	처리 ; 반복적 서비스 제3차, 제4차 수송무역 공익사업, 재무 보험 제5차 부동산 보건 · 교육 연구 · 정보 레크레이션
자원의 변형	자연력 바람, 물, 기술 인력	인공에너지 전기, 석유, 가스 석탄, 원자력	정보 컴퓨터및 자료전송시스템
전력자원	원재료	금융자본	지 식
기 술	수공업	기계기술	지적기술

〈표 4-1〉에서 계속

기능 요소	직공, 수공업 노동자, 농부	기술직, 미숙련 노동자	과학자, 기술직, 전문직업
방 법 론	상식, 시행착오, 경험	경험주의, 실험	추상적 이론, 모델, 시뮬레이션, 의사결정, 이론, 시스템 분석
시간적 전망	과거에 지향	임기응변의 적응성 실험	미래지향 : 예측과 계획
설 계	자연에 대한 게임	인공적 미래에 대한 게임	인간 간의 게임
기축원리	전통주의	경제전망	이론적 지식의 집대성

* 출처 : D. Bell, *The Coming of Post-Industrial Society*, N.Y : Basic Books Inc., 1973 : p. 162.

한편 Naisbitt는 정보화 사회로의 경향을 '제4의 물결'(The Megatrends)로 규정지으며 과학기술의 발달에 따른 사회체제의 변화를 다음과 같이 제시하고 있다(Naisbitt, 1984).

① 산업사회는 이미 정보의 창조와 분배에 바탕을 둔 정보사회로 이행되고 있다.

② 우리는 지금 하이테크/ 하이터치(high tech/ high touch ; 고도의 과학기술대 고상한 취향)이라는 두 가지 방향을 동시에 따르고 있다.

③ 우리의 경제는 이제 폐쇄적이고 자족적이며 국가적인 단일경제체제 속에서 더 이상 풍요를 누릴 수 없다. 지금, 우리의 경제는 세계경제의 일부라는 것을 인정해야 한다.

④ 우리는 지금 단기적인 사고와 보상에 의해 운영되는 사회에서 장기적인 구조 속에서 매사를 처리하는 사회로 재구성되고 있다.

⑤ 모든 삶의 국면에서 조직체의 도움으로부터 벗어나 더욱 더 자립적인 생활을 영위해 나가고 있다

⑥ 정보보급망의 발달로 말미암아 계층적 구조에 대한 의존도가 감소하고 있다.

⑦ 오래된 공업도시를 떠나 쾌적한 전원도시에서 사는 삶이 늘어나고 있다.

⑧ 선택의 범위가 한정되고 양자택일의 사회로부터 자유로운 다종선택의 사회로 바뀌고 있다.

이와 같이 현대사회는 탈공업사회로 전환되고 정보사회로 발전됨에 따라 자라는 학생들은 학교 교육활동과 더불어 장래 진로선택과 적응을 위해서는 정보에 민감해야 되고, 모든 지식과 정보를 알도록 노력하여야 한다. 정보란 학생들이 건전하게 성장·발달하기 위하여 자기와 자기를 둘러싼 인적·물적 환경을 알기 위하여 필요한 자료이며, 또한 장래계획이나 인생설계를 위해 의사결정과 실천하는 데 중요한 역할을 하게 된다.

2) 진로정보의 필요성 및 목적

오늘날 사회는 급격히 변화하고 있다. 과거의 수십 년 또는 수백 년간의 변화는 오늘날 수년 또는 수십 년의 변화에 해당할 정도로 급격히 변화하고 있다.

Sand는 서기 원년 당시에 비해 1750년에는 인간의 지식이 배증하였고 1900년대는 제2의 배증, 1950년에는 제3의 배증이 있고, 제4의 배증은 불과 10년 후인 1960년대에 일어날 것이라고 말한 바 있다. 1980년대 후반부터는 기하급수적 배증이 일어나고 있다.

이와 같이 지식과 기술의 발달이 급속히 이루어지는 반면에, 지식의 노후화가 나타나고 있다. 1960년대는 인류의 지식의 절반 정도가 10년 동안에 쓸모 없게 되었으나, 1970년대부터는 매 5년마다 지식이 노후화 하여 쓸모 없는 지식으로 되어 버리고 있다(김종서 외, 1994). 그러나 2000년도에 접어든 오늘은 어제의 진리가 노후화된 지식으로 버려지는 현상들이 나타나고 있다.

이와 같은 고도의 정보·산업사회화는 학생들이 학교생활이나 가정생활에서 폭주하는 정보세계에 적응하고 대응하는 데 큰 문제점을 던져 주고 있다. 즉, 평생교육의 필요, 고등교육의 대중화 현상, 방대한 지식·기술 가운데 전이가 높은 정보의 필요성, 자기 교육력 향상, 영재교육, 실업기술교육의 강조, 인간화 교육 등의 분야에서 정보탐색과 준비의 필요성이 제기된다. 뿐만 아니라 가치관의 변화로 인하여 세대 간 및 세대 내, 지역 간의 격차가 생기며, 가족의 구조 및 기능이 변화되고 사회에서의 인간관계의 변화 등이 일어나게 된다. 또한 생활양식의 변화도 나타나게 된다.

이러한 복합적인 사회구조 속에서 학생들은 자기문제를 해결하거나 장래계획을 세우기 위하여, 자기자신과 환경의 여러 조건을 이해하고 관계되는 요인을 평가할 수 있어야 한다. 따라서 미지의 세계에 대한 정보를 마련하고 제공해 주는 일은 진로상담 활동에서 중요한 위치를 차지하는 것이다. 그러므로 진로정보 활동은 학생들의 장래계획을 적성과 흥미, 능력과 인성에 맞추고 미래의 원만한 적응을 해나가기 위해 절대적으로 필요하다.

일반적으로 중등학교 수준의 정보활동의 목적은 다음과 같다.

① 효과적인 학습, 진급, 진학에 관련된 정보를 제공해 줌으로써 교육의 목적을 달성할 수 있다.

② 직업세계의 종류와 관계되는 모든 분야를 폭넓게 이해시키고 준비할 수 있는 기회를 제공해 줌으로써 올바른 직업 선택이나 직업관 형성에 이바지할 수 있다.

③ 교육, 직업, 사회생활 적응에 관련된 정보를 수집, 이행함으로써 학생들로 하여금 포괄적인 삶의 적응방식을 수립하는 데 도움을 줄 수 있다.

④ 충분한 자기연구(self-study)를 토대로 해서 교육계획과 직업계획에 대하여 이해를 촉진하고 진로계획을 수립하는 데 기초작업을 형성할 수 있도록 한다.

⑤ 학교를 중퇴하거나 떠난 학생들, 예를 들면, 취직하거나 진학하거나 가정을 갖는 사람들의 당면한 필요를 충족시켜 줄 수 있는 특정한 지식이나 가술 등을 제시하여 미래의 생활적응이 원만히 이루어지도록 하는 데 있다.

⑥ 학생 자신의 잠재능력을 최대한으로 개발할 수 있는 분위기 조성과 여건에 알맞은 기회와 적응력 탐색에 이바지하도록 한다.

⑦ 자기발전과 향상에 관련된 정보를 수집하는 능력을 기르고, 방향설정에 알맞은 정보를 익숙하게 하여 현명한 자기실현의 기회를 선택하는 계기를 마련해 준다.

Miller는 정보활동의 목적을 ① 학생에게 직면한 환경을 이해하고 그에 적응하는 것을 돕기 위함이고 ② 학생들이 앞날의 직업이나 장래를 탐색하는 데 필요한 보다 넓고 많은 정보를 마련하는 일이며, ③ 장차 특정한 계획과 작업계획에 필요한 정보를 얻고 해석하게 하는 것이라고 설명하고 있다(Miller, 1965 : p. 30).

앞에서도 누누이 지적하였지만, 현대산업사회는 과학기술문명의 발달로 직업의 세계가 다양화・전문화되었고 학문 분야에도 많은 변화와 발전을 거듭하여 반도체산업・유전공학・환경공학・생명공학 등 새로운 영역의 발전 가능한 분야가 계속적으로 쏟아져 나오고 있다.

그러므로 이와 같은 복잡다단한 환경 속에서 자신을 계발하고 성공적인 삶을 개척해 나가기 위해서는 다양한 정보의 탐색・수집이 필요한 것이며, 정보를 이용하며 미래의 자기 성장과 향상 발전에 기여할 수 있도록 준비 태세를 갖추어야 한다.

3) 진로정보 활동의 기대 효과

진로상담의 효과를 기대하려면 개인의 가치관의 확립을 위한 진로관을 뚜렷이 세워야 한다. 이 진로관은 선천적으로 타고 나는 것이 아니라 후천적인 환경의 영향과 올바른 교육에 의하여 좌우된다. 진로상담은 바로 경험을 통한 인식・탐색・준비의 과정을 거쳐 가치관을 형성하기 위한 교육으로서 학교교육의 중요한 과제이다. 어느 것이나 중요하지 않은 것이 없겠으나, 개인의 진로관 형성은 매우 중요하다. 이런 의미에서 진로상담자료 센터의 역할은 중요하며 센터가 충분히 활용될 수 있도록 행정・재정적 지원이 필요하다.

직업을 선택하는 것은 생활양식을 선택하는 것과 같다고 Roe는 직업선택의 중요성에 관해서 언급한 일이 있다. 직업이 우리의 인생행로를 좌우한다는 말이다. 우리가 선택하는 직업은 개인의 가치관과 연관이 되어 있으며, 직업이 개인의 가치관과 일치하지 않을 때는 개인은 갈등을 경험하게 된다. 개인적 불신은 물론 직장, 사회, 국가의 손실이 된다. 그러므로 가치관은 직업의 결정과 일치되어야 한다.

Schwarzweller가 주장하는 것과 같이 직업가치관은 사회화의 과정을 통해서 학습되고, 사회・문화적 요인에 의해서 결실되며, 청소년기까지 심하게 변하지 않으며, 부모나 교사 혹은 중요한 성인에 의해서 영향을 받고 어느 정도는 유지된다. 동시에 다른 가치관은 사회적 지위・성・연령에 의해서 발달되는 것을 알 수 있다. 따라서 청소년기에서 대학 사이의 가치관의 발달과 이러한 가치관이 진로 지도에 미치는 관계에 관한 정보를 제공하는 것이 필요하다. 진로관과 가치관이 조화된 상태를 이루기 위한 정보제공 활동은 제1차적인 교육의 의무이며 자기발견의 기회에 바로미터(barometer)가 되는 것이다.

학교교육은 학생들에게 인생을 배우고 학문과 실제생활에 필요한 기본적인 지식과 기능과 태도의 발달을 도와줄 수 있어야 한다. 교실에서 교수·학급경험과 생활을 통한 체험으로서의 가치관 학습의 기회를 제공해야 하며 배운 지식과 기술을 토대로 하여 응용할 수 있는 실천력 있는 능력자를 길러 내야 한다. 그리고 다양한 일의 세계로 학생들을 안내하고 스스로 진로를 결정할 수 있도록 하고 여러 가지 방법을 선택된 길이 개인의 만족과 행복을 연결되도록 하여야 한다.

4) 진로정보 프로그램

Tolbert(1980)는 청소년(16세 이상)들을 위한 진로준비 프로그램에서는 고용준비를 위한 직무기능과 일하는 습관 및 태도 등의 개발에 필요한 정보와 공학에 관한 지식 등을 제공하는 포괄적인 직업교육 프로그램과 고등학교 과정을 이수한 다음 진학할 전문교육기관에 대한 정보와 지식을 제공하는 포괄적인 교육 프로그램이 포함되어야 한다고 하였다.

이 프로그램에 정보활동이 큰 비중을 차지하고 있음을 볼 수 있다. 어떠한 진로상담 프로그램이든지 프로그램 자체에는 진로정보 프로그램이 포함되어 있다. 이들 프로그램에 나와 있는 정보활동이 효율적인 활동이 되기 위해서는 정보활동 유자격자가 정보학의 기본적인 원리를 잘 적용해야 한다. 이 때 고려할 점은 다음과 같다(석수륭, 1988 : p. 35).

(1) 환경적인 요인

사회경제적 수준, 노동시장, 지역사회와 협력관계, 학생의 동기, 학생의 조력활동 등과 같은 프로그램과 관계되는 제반 환경적인 변인을 고려한다.

(2) 정보에 대한 학생의 요구

직업에 관한 정보, 교육에 관한 정보, 재정에 관한 정보, 군대에 관한 정보, 인사자원에 관한 정보, 고용자에 관한 정보, 직무의 탐색과 선택의 기술에 관한 정보, 의사결정에 관한 정보, 직업정치에 대한 정보, 학생의 가치, 흥미, 적성, 능력 등에 관한 정보에 대한 학생들의 요구를 고려한다.

(3) 정보의 특성

① **정보의 신뢰성 :** 정확한 최근의 정보자료들을 통합하여 신뢰성 있는 정보를 확보 한다.

② **정보의 종류 :** 정보전달 매체자원, 경험자원, 직업훈련자원, 직업정치자원 등 다양한 자원을 통하여 정보를 수집한다.

③ **정보파일 :** 전국 및 지방별로 직업훈련에 관한 파일, 교육훈련에 관한 파일, 장학금에 관한 파일, 재정원조에 관한 파일, 군대 내의 직업훈련에 관한 파일, 지역사회 인사지원에 관한 파일, 고용자에 관한 파일, 임금에 관한 파일 등으로 분류한다.

(4) 정보의 보급 · 조직 및 관리

① 정보 보급은 개인 · 집단상담 · 학급지도, 경험학습, 이동정보 센터 및 자기연구 등을 통하여 보급된다.

② 정보자료는 검토, 평가되어 학생들이 쉽게 활용할 수 있는 장소에 보관하고 주기적으로 수정 · 보완한다

③ 정보자료의 효율적인 조직, 관리를 위하여 임직원의 훈련기회를 증대한다.

(5) 정보의 사용목적

① 직업의 기회를 논리 정연하게 함께 묶게(grouping)할 수 있다.

② 교육 및 훈련의 기회를 논리 정연하게 묶게 할 수 있다.

③ 특별한 직무에 관한 근본적인 특징들을 파악할 수 있다.

④ 직업과 교육에 관한 탐색에 있어 기본적인 탐색기술이 어떤 것인지를 명백히 할 수 있다.

⑤ 직무 및 교육의 선택에 있어 개인의 가치와 흥미가 어떠한 관련성을 갖는지 알 수 있다.

⑥ 의사결정에 최신의 정보를 적극적으로 활용할 수 있다.

(6) 정보체제의 결과

정보체제에 있어 시설, 조직 및 관리를 위한 경비, 학생 일인당 평균 사용경비와 평균사용 횟수 및 정보활용의 용이성 등과 프로그램 실시와 관리, 활용에 소요되는 경비와 정보 사용의 효용성 등을 고려한다(Drier, 1980).

이상과 같은 정보의 기본원리들을 포괄적으로 고려한 진로정보 프로그램을 통한 정보활동은 효율적인 활동이 될 수 있다. 진로정보 활동을 통하여 신뢰할 수 있는 최근의 정보를 많이 활용하는 젊은이(youth)들은 다음과 같은 유익을 얻을 수 있다(Drier, 1980).

① 현재와 장래에 있을 유용한 진로 기회를 알 수 있다.

② 개인적으로 만족스러운 진로를 선택할 수 있다.

③ 현재 또는 장래에 받을 수 있는 교육과 훈련의 기회에 대한 가능성을 알 수 있다.

④ 노동시장에 영향을 미치는 사회적인 요인들에 관한 정보들을 많이 갖게 되어 장래 진로를 잘 계획할 수 있다.

⑤ 직업교육에 관한 기회에 대해 많은 탐색을 하게 되어 진로발달계획에 많은 정보를 이용할 수 있다.

⑥ 직업기회의 변화에 영향을 미치는 요인들과 학습기술과 적응에 관련되는 요인들을 인식할 수 있다.

⑦ 장래를 결정하기 위해서나 진로를 변경하기 위해 정보를 탐색하고 활용하는 기술들을 배울 수 있다.

최근의 진로정보를 많이 활용하는 젊은이들이 이와 같은 이점을 가질 수 있다는 점은 진로정보 활동의 중요성을 입증해 준다. 어떠한 활동이든지 원리에 입각하여 행해질 때 효과적인 활동이 되는 것처럼 진로정보 활동도 활동원리에 따라서 행해질 때 효율적인 활동이 될 수 있다(석수룡, 1988 : p. 29).

2. 진로정보의 영역

진로정보는 여러 가지 방법으로 분류될 수 있지만, 편의상 Norries, Hatch, Engelkes, Winborm이 제시한 분류에 따라 교육정보(educational information), 직업정보(occup- ational information), 개인 · 사회적 정보(personal-social information)의 세 가지 영역으로 구분하여 그 의미와 내용을 소개하고자 한다.

1) 교육정보

'교육정보란 이수해야 할 교육과정, 특별과정, 입학조건과 상황, 그리고 학생생활의 문제들을 포함하여 현재와 미래에 있을 수 있는 교육 또는 훈련기회에 관한 여러 가지 형태에 타당하고도 유용한 자료들을 말한다'(Norris, et al., 1979 : p. 26). 여기서 말하는 교육정보는 단순히 상급학교를 진학하기 위한 자료와 정보만을 뜻하는 게 아니고 학교교육을 통한 교육활동 모두를 직업세계와 폭넓게 관련시킨 내용을 말한다.

'현재의 기회'는 지금 학생이 다닌 학교의 자료들과 개인이 현재 또는 미래에 이용할 수 있는 것들과 관련된다. 이와 같은 기회에 관한 '타당하고 유용한 자료'는 이 같은 자료의 성질 · 범위 · 가치, 학생의 현재 또는 미래생활을 위한 가능한 의미와 동료 · 학교 교직원 · 학교시설 등에 관한 정보 등을 포함한다.

'미래에 있을 수 있는 기회'에 관한 정보는 직업기술 학교, 도제(徒弟)와 현직훈련 기회, 군대 내에서의 교육기회, 연장 및 성인학급, 대학 등에 관한 자료들을 포함한다. 교육 과정의 내용과 성격, 학생들이 안내하는 생활활동에 관한 정보, 중등학교 성적 뿐만 아니라 적성에 따른 입학요건 등이 강조되어야 한다. 성공적인 학생생활의 생활유형과 학생 각자가 미래의 교육과 직면하는 일상생활의 문제에 관한 사실적인 정보 또한 포함되어야 한다. 이러한 관심은 재정적인 곤란이나 학업습관 문제 또는 교육받는 가치에 대한 문제도 포함되게 한다. 미래의 형식적인 학습경험에 대하여 생각하는 학생들은 그들이 만나게 될 기회와 책임, 어려움에 대하여 충분한 정보를 가지게 될 때까지는 적합한 선택을 할 수가 있다.

일반적으로 학생들에게 제시해 주어야 할 구체적인 교육정보는 다음과 같다.

① 학교생활을 규제하는 모든 규칙

② 각급 학교의 교육과정 및 교과활동에 관한 자료

③ 교과와 직업, 교과와 흥미, 교과와 적성 등의 관계에 대한 정보

④ 학교 내에서 존재하는 클럽과 사회적 활동

⑤ 해당 학교에서 중요시하는 교육적 가치 및 교육관에 관한 정보

⑥ 상급학교(인문계·실업계 고등학교, 대학 등)의 안내를 위한 자료

⑦ 상급학교 진학자를 위한 과정과 비진학자를 위한 과정

⑧ 진학에 필요한 비용, 경제적 조건을 제시하는 자료

⑨ 각급 학교 출신들의 직업선택 및 사회진출에 대한 자료

⑩ 학교가 갖고 있는 면학을 위한 시설과 설비

⑪ 학습습관과 기술에 관련된 자료

⑫ 특정한 과정의 학습요령

⑬ 학교도서관의 이용법과 기타 시설의 사용법

⑭ 장학제도와 기타 학비조달에 관한 정보

⑮ 가정과 학교와의 통신방법

⑯ 졸업 후의 계속 교육에 관한 편의 제공 방법

⑰ 현직훈련에 대한 기회와 계획

⑱ 상급학교 교육 프로그램에 관한 안내

⑲ 일하면서 공부하는 것을 계획하고 있는 학생을 위한 야간학교, 통신교육제도, 각종 전문기술학교 (산업체 부설학교, 속기, 타이핑, 미용, 영양사, 봉제, 기능공 등을 위한 사회 교육 제도)에 대한 정보

⑳ 가정학습 프로그램을 위한 정보

㉑ 생활지도에 관련된 문제별 영역에 대한 지도 자료

㉒ 기타 교육에 관련된 정보

(1) 교육정보의 단계

각급 학교별 교육정보의 내용을 간략히 소개하면 다음과 같다(Norris, et al., 1979 : p. 188).

1 초등학교에서의 교육정보

① 학교시간

② 놀이활동

③ 안전예방

④ 부모의 학교 방문에 대한 규칙

⑤ 건강정보

⑥ 바람직한 학교 생활습관

⑦ 작문과 독해력 증진을 위한 활동과 셈하기 경험

2 중학교에서의 교육정보

① 학교생활 계획 제시

② 가능한 교육 및 주제와 교사의 성명 소개

③ 클럽이나 기타 교과활동에 준하는 활동 및 회원 자격습득의 방법

④ 학교 내에서 가능한 사회적 활동

⑤ 도서관 시설과 규정

⑥ 생활지도 활동의 성질과 목적 이해

⑦ 학교시설 · 교통규칙 및 기타 규칙이나 필수조건

3 고등학교에서의 교육정보

① 광범위한 교육과정, 즉 대학입시, 직업 및 교양과정에 관한 내용

② 교육과정 한 분야별 전문화에 익숙해야 한다. 즉, 직업 영역의 한 분야인 농업 · 가정 · 실업 또는 산업체 등

③ 특별 과정과 직업 또는 기타 생활 계획에 관한 교육과정과의 관계

④ 미래의 교육 및 훈련에 필요한 기관의 일반적 필수조건

⑤ 특별훈련 기회의 가능성. 예를 들면, 타이핑 과정, 분배교육 등

⑥ 좋은 학습습관의 개발

⑦ 미래의 교육과 훈련에 필요한 재정보조의 가능성

이상에서 초·중·고등학교에서 필요한 교육에 관한 정보를 예시하였는데, 이러한 정보는 카운슬러나 담임교사 또는 진로상담 교사들과의 상담면접을 통해서 이루어질 수 있다. 그리고 정보자료실이나 게시판, 학교신문, 학교방송 등의 매체를 통해서도 가능하다.

2) 직업정보

현재나 미래에 가능한 직업선택과 관련하여 타당한 정보를 얻도록 청소년들을 돕기 위해 준비된 유용한 자료는 직업정보영역에 해당한다. 직업정보영역은 생활지도 활동에서 아주 오래 전부터 있어 왔던 정보활동 중의 하나이다. 왜냐하면, 생활지도는 본래 직업지도에서 출발되었기 때문이다.

직업정보(ocuupational information)는 직업의 세계에 관한 정보이다. 직업과 직위에 대한 타당하고도 유용한 자료를 의미한다. '직업정보는 노동력에 관한 것, 직업구조와 집단취업경로 등의 규정, 직업의 분류, 직종에 대한 필요한 자격요건, 근무조건과 의무, 교육정도, 보수, 승진관계, 인간관계, 일의 형태, 현재 또는 미래의 수용 및 인력 증원 계획 등을 포함한다'(Norris, et al., 1979 : p. 25).

이러한 직업정보를 학교단위로 수집하고 이용하는 데에는 많은 노력과 경비와 시간이 요구된다. 그러나 다양한 직업정보의 활용이 진로상담의 핵심적인 기능임을 인식하고, 각급 학교에서는 학교 단위별로 직업정보실 또는 폭넓은 진로정보실을 마련해야 할 것이며, 교육부나 각 시도 교육청 등에 진로정보센터를 설치·운영하여 각급 학교를 지원해 줄 것이 요구된다.

학교에서 종합적으로 준비되어야 할 직업정보 내용은 다음과 같다.

① 국가 인력수급 계획에 관한 자료(일반 인구 및 노동력 인구 조사통계, 지

역별, 성별, 인구분포, 매월 근로조사 통계 등)

② 산업분류 및 직업 분류자료(직업의 종류와 변화추세 및 산업구조의 변화)

③ 직업선택을 위한 이해자료(취업조건 및 자격, 사업장의 작업환경, 작업의 전망 및 보수 규정, 인간관계, 일의 내용, 심리적 보상 등)

④ 노동시장의 구인·구직정보(신규 채용에 따른 구인·구직정보, 노동과 취업을 다루는 기관, 노동시장의 변화추세 등)

⑤ 졸업생의 취직 상황 정보(졸업연도별 취직 및 이직경향, 졸업생들의 근무평정에 관한 정보, 취직 후의 적응에 관계되는 정보 등)

이러한 정보에 포함되는 사항들을 좀더 자세히 열거해 보면 다음과 같다.

① 인력에 관한 것 : 인원, 지역별, 성별 분석, 직종별 분석

② 직업 구조 : 주요 직업집단, 직업군의 분류

③ 취업의 경향 : 취직과 실업률, 장차의 전망

④ 직업분류와 직종

⑤ 각종 직업에서의 의무와 업무의 성질, 신분보장

⑥ 각종 직업에 취업하기 위한 자격

⑦ 각종 직업에 필요한 준비와 훈련

⑧ 승진에 필요한 방법과 지식

⑨ 각종 직업에서의 작업조건

⑩ 직업연구에 필요한 정보의 원천

⑪ 기술고시 및 기술자 등록에 관한 사항

⑫ 직업정보를 평가하기 위한 기준

⑬ 고용과 취업을 담당하고 있는 기관에 관련된 정보

(1) 직업정보의 단계

1 초등학교 단계에서 필요한 직업정보

① 일의 모든 영역에 대한 전반적인 태도를 발전시킨다. 교사는 각기 다른 직업수행에 관한 행동이나 언어적 편견으로 제시하지 않도록 조심하여야 한다. 예를 들면 쓰레기를 치우는 사람이나 지역사회의 건강을 위해 일하는 의사나 다

마찬가지로 중요한 존재임을 나타내 주어야 한다.

② 부모의 직업수행에서부터 지역사회 협조자들에 이르기까지 광범위하고 다양한 직업인에 대하여 인지시켜야 한다.

③ 아동들에게 직업에 대한 무수한 질문에 대답할 수 있도록 돕는다.

④ 임금 봉급뿐만 아니라 일에 따른 보상이 다양함을 제시한다.

2 초등학교 상급학년

① 수많은 생계유지의 방법과 취업할 수 있는 직업의 다양성을 인식시킨다.

② 직업인(workers)의 상호의존성을 이해시킨다.

③ 개인의 소질뿐 아니라 일정한 능력은 대부분의 직무에 성공적인 수행을 하도록 주어져 있다는 것을 이해시킨다.

④ 직업선택에 있어서 중요하게 생각되는 정보영역, 즉 일의 성질, 훈련, 직업조건 등과 같은 영역을 이해시킨다.

⑤ 직업선택과 직무수행에 야기되는 일반적인 문제를 이해시킨다.

⑥ 장래의 직업선택에 있어서 세심한 연구의 필요성을 이해시킨다.

3 중학교 수준

중학교 단계에서는 학생들에게 특수하고도 직접적인 직업계획을 세우는 것보다는 미래와 일반적인 계획을 세우는 데 도움을 주는 정보를 제공하는 데 주안점을 둔다.

① 광범위한 일의 분야에 대하여 배운다.

② 이러한 일의 분야와 교과과정 선택과의 관련성을 알도록 한다.

③ 특별한 직무수행에 관한 정보를 얻는다.

④ 직업세계에 관한 정확하고도 최신의 정보를 얻는 수단을 이해한다.

⑤ 직업계획의 중요성과 범위를 이해한다.

⑥ 직업의 세계가 결코 정지상태에 있지 않고 항상 변하고 있음을 이해한다.

4 고등학교 수준

이 단계에서는 아래 학년에서 강조해 온 정보영역을 어떻게 제한했느냐에 좌우된다. 따라서 고등학교 진로준비의 단계로서 이행해야 할 중요한 정보는 다음과 같다.

① 끊임없는 직업의 세계에 대한 탐색과 특수한 직업분야의 연구를 위한 수단을 이용한다.

② 학생들이 졸업하거나 중퇴할 때에 시험적인 직업계획을 발전시키도록 돕는다.

③ 가까운 장래에 취업하게 된다면, 현재 또는 가능한 직업의 기회에 접근할 수 있는 지식을 갖도록 한다(Norris, et al., 1979 : pp. 137～140).

3) 개인 · 사회적 정보

개인 · 사회적 정보(personal-social information)란 개인과 인간관계에 작용하는 인간적 · 물리적 환경의 기회와 영향에 관한 타당하고 유용한 자료이다. 그것은 학생 자신이 자신을 잘 이해하고 타인과의 관계에서 조화 있게 적응하여 남녀간 예의와 범절, 여가 활동, 외모, 사교술, 가정에서의 인간관계, 건강생활, 성취 동기, 처세술, 가치관, 이데올로기, 종교관, 경제활동 등 사회생활을 현명하게 적응할 수 있는 행위와 관련된 사항이다.

개인 · 사회적 정보의 종류는 ① 신체발달에 관한 정보, ② 기본적 욕구 및 행동에 관한 정보, ③ 정서에 관한 정보, ④ 인성 및 정신위생에 관한 정보, ⑤ 사회의 관계에 관한 정보, ⑥ 남녀의 역할 및 성에 관한 정보 등이다.

초 · 중 · 고등학교 학생들의 개인 · 사회적 정보활동 내용을 종합하여 소개하면 다음과 같다.

① 자기 이해와 자기통찰의 성취

② 이성 또는 동성과의 성숙된 관계형성

③ 남성적 또는 여성적 역할의 이해

④ 건전한 인성(성격, 품성, 기질 등)의 발달

⑤ 개인의 행동과 특성 및 개인차의 이해

⑥ 가정의 조건과 부모의 기대에 대한 이해와 적응, 수용

⑦ 이성관계, 성, 결혼에 대한 책임

⑧ 정신, 신체적 건강과 발달의 성취

⑨ 외모, 예의와 에티켓

⑩ 사회적 기술, 여가생활의 건전한 활용, 용돈의 조달

3. 진로정보 센터

진로정보 센터(career resource center)란 학생들에게 각종 진로정보 자료를 수집・보관・열람하도록 일정한 장소를 마련하여 보급하는 곳이다. 수없이 많은 진로정보를 수집해서 그것을 체계적인 방법으로 수집, 분류, 보관하는 일은 힘들고도 방대한 작업으로 비용도 많이 든다.

그러나 학생들에게 가능한 한 효과적으로 진로정보를 제공해 주기 위해서는 다양한 정보를 제시하여 개인의 학습, 진학, 취업, 사회적 적응 등 발전을 의미 있게 향상 시켜 주는 촉매제의 역할을 해야 한다.

그러자면 일선학교의 교사, 진로상담 교사, 사무직원 등의 참여가 필요하며, 학부모, 지역사회 인사들의 뒷받침은 물론, 학교 교육행정 책임자들의 긴밀한 협조체제가 필요하다.

1) 진로정보 센터의 필요성

진로상담의 효과적 실시를 위한 방편으로서 진로정보 센터에 관한 관심과 필요성이 점차로 요구되고 있다. 생활지도 상담실(진로 상담실)이나 진로와 관련된 자료실을 구비한다는 일은 학생들이 손쉽게 이용할 수 있는 진로정보 센터의 기능이 확립되어야 한다는 것을 의미한다.

진로정보를 보급하기 위해서는 일정한 시설을 갖추어야 한다. 외국의 경우에 직업정보만을 다루는 전문기관이 있어서 각종 진로정보 자료를 시청각 자료, 정기 간행물, 안내책자 등으로 보급하고 있지만 우리의 실정은 여기에 미치지 못

하고 있다.

학생들은 가정, 학교, 사회생활을 영위해 나가는 데 있어서 요구되는 필요한 자료들을 상당히 원하고 있다. 이를 위해서는 체계적으로 각종 자료를 수집, 보관, 제공하는 자료실이 구비되어야 구체적이고 실질적인 정보를 제공할 수가 있다. 그래서 교육, 직업, 개인・사회적 정보를 일목요연하게 찾아보고 이를 위해 탐색・준비하고 참고할 수 있는 자료실은 필수적으로 설치되어야 한다. 그렇지 못하면, 학생들은 정보 습득의 기회를 놓쳐 개인의 성장・발달에 큰 손실을 입을 수 있으므로 정보자료실은 마땅히 구비되어야 한다. 진로정보 센터의 목적은 적합한 시기에 내담자, 학생, 부모, 교사, 진로상담 교사와 기타 교육행정 관리자들에게 정확하고 적합한 진로정보를 제공해 주는 데 있다.

진로정보 센터는 다음과 같은 내용의 진로정보를 보유해야 한다.

① 직업에 관한 정보

② 진로의사 결정정보

③ 교육 및 재정 지원정보

④ 정치(定置) 및 구직정보

⑤ 직업 및 자기평가 도구, 시뮬레이션 Kits, 표준화 검사와 도구에 관한 정보

⑥ 학급의 진로주입 자료, 과외활동, 교과과정 안내, 교육과정과 전문직원을 위한 참고자료 등

2) 진로정보 센터의 기능

진로정보 센터는 각종의 정보자료를 각 단계별로 분류・보관・열람할 수 있도록 해야 하며, 학생들이 손쉽게 이용할 수 있는 편리한 장소에 마련되어야 한다. 범람하는 정보의 양은 매우 방대하고 다양하기 때문에 이를 모두 수집할 수는 없다. 다만 학생들에게 필수적으로 요구되는 최신의 자료를 중심으로 수집・보관・열람되어야 한다.

진로정보 센터가 갖는 기능은 다음 아홉 가지로 요약된다(Meerbach, 1978 : pp. 31~33).

① 진로정보와 자료를 수집 · 분석 · 보관한다.

② 진로정보 및 자료의 보충과 보급에 힘쓴다.

③ 자료는 상담 및 개인평가에 이용한다.

④ 적재적소에 알맞은 정치활동에 이용될 수 있다.

⑤ 산학협동체제 속에서 학교와 산업기관과의 유기적인 관계를 맺어줄 수 있다.

⑥ 진로와 관련된 교육과정을 발전시키고 개발하는 데 도움을 준다.

⑦ 간접적인 교사의 역할을 대신해 준다.

⑧ 정보센터는 지역사회 자원의 협조로서 합리적인 장소를 제공해 줄 수 있다.

⑨ 지역사회의 자원인사의 도움을 받을 수 있다. 그 밖에 각종 심리검사 및 제반 조사 활동, 진로정보의 안내, 진로지도 보급 프로그램, 진로지도 담당자의 연수 등의 기능을 수행하기로 한다.

각급 학교별 진로정보 센터의 기능을 제시하면 다음과 같다.

(1) 초등학교

초등학교에서의 진로정보 센터의 활동은 아동들에게 직업의 세계를 소개하는 데 초점을 둔다.

초등학교 프로그램은 학생들의 자아의 인식과 환경 및 지역사회가 그들 생활에 영향을 끼칠 수 있는 방법을 제시하고 있다. 특별히 강조하는 바는 기본적인 신체 · 지적 · 사회적 기술에 따라 올바른 일의 습관을 발전시키는 데 있다. Smith에 의하면, 초등학교 교사는 아동이 직업에 대한 왜곡됨을 제거하도록 학생의 직업발달을 도와주며, 아동으로 하여금 흥미와 능력, 가치의 중요성을 설명하고 분류하고 이해하도록 지도하며 효율적인 의사결정의 기술을 습득하도록 도와주어야 한다(Smith, 1970 : pp. 273~279).

정보와 직업적인 경험을 준비하는 일은 초등학교 아동의 타고난 창조력과 호기심에 실제적으로 반응하는 것이다(Stamm & Nissman, 1971 : p. 191). 전형적인 초등학교 프로그램은 진로와 관련된 학습경험을 제공하기 위해서 교육과정 범위 안이나 밖에 다양한 기회를 주어야 한다. 정보는 학생들이 학습과정에 연계되도록 이용되어야 한다(Arbuckle, 1964 : pp. 77~84). 실험적인 학급활동에서는 학생들이 정보를 찾아서 이용할 수 있도록 요청되어야 한다. 따라서 초등학교 수준에서 진로자료 센터 또는 학습센터는 조직화한 경험중심의 활동에 기초를 둘 필요가 있다.

초등학교 학습센터에서는 자아실현을 위한 풍토를 조성해야 하며 자기 의존·독립성·자아인식 및 자기수용을 이루도록 도와 주어야 한다(Glasser, 1971). 학습센터는 또한 학생의 선택에 따라 개별연구를 중심으로 고안된 교수 프로그램을 제공해야 된다. 다양한 교수기술과 관련시켜 사용된 여러 가지 매체 자료들은 전체 학습과정의 통합적인 부분으로 이루어진다. 이러한 관계로 인하여 아동은 발견자가 되고 문제해결자가 되면 야기되는 학습의 기회를 강조하게 된다.

초등학교 학습센터에서는 진로인식에 관한 지식을 전달할 이상적인 방편을 제공한다. 동시에 아동의 진로발달에 공헌할 수 있는 실험적인 기술을 이용하고 있다. 초등학교에서도 카운슬러가 배치되어 있어 학생이나 학부형, 교사들을 위한 상담의 책임을 가지고 있으며 자료실을 이용하여 진로 인식에 선택하여 이용하도록 봉사하고 있다.

(2) 중학교

중학교 과정은 진로탐색 단계이다. Keller는 중학교 수준에서의 진로발달에 관한 활동은 다음과 같은 내용에 책임을 져야 된다고 말하고 있다(Keller, 1972 : p. 19).

① 학생들이 내적 또는 외부적 환경을 평가하기 위해 필요한 인지적인 도구를 배우는 데 도움을 준다. 이러한 도구는 목표와 진로계획 및 진로선택을 확립하기 위하여 직업정보를 분석하고 종합하는 개념적인 지도를 포함한다.

② 현존하고 있는 직업 내지는 진로를 지원하는 실험적인 기회를 제공한다.

③ 학생들에게 미래의 정체성 목표를 위한 역할 모델을 깨우쳐 준다.

④ 학생들에게 장기적 목표뿐 아니라 단기적 목표에 도달할 수 있도록 진로에 대한 청사진을 계획하는 데 도움을 준다.

Keller는 진로상담을 추진하기 위하여 재구성된 교육과정의 영역을 지원하고 있으며, 직업군(career cluster)의 개념을 탐색하도록 도와야 하며, 진로지도는 학습경험을 조정하고 개별화하는 데 이용할 것을 강조하고 있다. 진로탐색 과정은 진로 자료 센터 · 컴퓨터 · 시뮬레이션(simulation) · 직업 실험실 기타 대중매체의 도움을 받을 수 있다.

중학교 자료센터의 기능은 근본적인 초등학교 수준의 방법과 같다. 정보의 생활지도 활동, 교육과정 발달, 교사지원, 지역사회의 활용 등이 이 활동의 핵심을 이룬다. 다만 초등학교와 중학교 자료센터의 중요한 차이는 생활지도 활동과 심사숙고하는 진로계획의 시작에 강조점을 두고 있는 것이다. 즉, 좀더 세분화된 정보를 제공해 주며 학습경험을 통하여 역할 모델, 가치관의 분류, 개인의 평가, 진로정보의 접근 등 광범위한 기회를 제공하는 것이다.

(3) 고등학교

학생들이 일에 대해 실제적으로 접근함에 따라 고등학교에서는 중요한 변화가 일어난다. 이 단계에서 젊은 학생들은 가치관이나 태도, 신념 및 의사결정 기술을 증명할 수 있는 기회를 필요로 한다. 이에 따라 고등학생을 위한 생활지도 프로그램은 학생들에게 진로계획이나 성인세계에 투입하도록 보다 조직적인 지원을 보급하지 않으면 안 된다.

대표적인 프로그램 중에 하나가 Walz의 지도하에 개발한 생활 및 발달제도(Life Career Development System ; LCDS)인데 미시간 주에 있는 인간발달 서비스 기구에서 구할 수 있다. 이 프로그램은 젊은 학생들이 현명한 계획과 의사결정으로 그들의 자질을 향상시킴으로써 자신의 생활 및 진로발달을 높일 수 있도록 아홉 가지 교수 기준으로 구성되어 있다. 또다른 중요한 프로젝트는 생활지도 운영(operation guidance)인데, 1971년이래 오하이오 주 컬럼부스시 직업교육연구소에서 개발하였다. 이 프로그램은 생활지도 활동을 위한 논리적 계획과 운영을 지향한다. 또 진행 중에 있는 진로계획 지원체계(Career Planning

Support System)란 연구가 있다.

고등학교 학생들에 대한 교육적 관심은 더 한층 조직적인 생활지도 프로그램의 필요를 야기하고 있다. 학생들에게 적합한 일을 발견할 수 있도록 하고 효과적인 취업배치 작업은 카운슬러 이상의 능력 있는 전문가의 책임과 도움에 의하여 이루어져야 한다.

고등학교에서의 진로정보센터의 이용은 두 가지로 요약된다.

진학을 위한 정보의 활용을 위해 적극적으로 대학입시 정보자료를 탐색해야 한다. 전국적으로 시중에 판매되고 있는 대학입시 정보자료는 무수히 많다. 또한 각 대학에서 발간되고 있는 대학요람 등을 관심 있게 찾아보고 자신의 적성·흥미·능력·장래전망 등에 적합한 인적 요인과 사회적 요인을 참작하여 분수에 알맞은 방향으로 진로선택을 하도록 하는 것이 성공 가능성이 높다.

한편 취업을 하는 경우에는 각종 직업정보 자료를 탐색하는 것이 자신의 진로 방향에 큰 도움이 된다. 고등학교 시기는 구체적인 진로계획의 시기임을 충분히 인식하고 장래 직업선택을 목표로 하여 진로정보 센터를 자주 이용해야 된다.

3) 진로정보 센터의 원리

진로정보 제공을 통하여 학생들은 ① 진로정보 사용에 대한 자부심과 자각, 그리고 동기유발을 갖게 되며, ② 직업의 세계와 교육 및 훈련의 기회 등에 관해 많이 알게 되며, ③ 자기, 타인 및 환경을 잘 이해하게 되며, ④ 진로정보센터를 자주 이용하게 되며, ⑤ 자신에게 적절한 진로를 선택·결정하여 계획을 세우게 된다. 진로정보가 학생들에게 이와 같은 도움을 줄 수 있으나 정보활동의 활동양상에 따라 효율성에 있어서 차이가 있을 수 있다.

그러나 다음과 같은 원리에 따라 정보활동이 실행되면 정보활동의 효율성의 차이를 줄일 수 있다.

① 진로정보 활동이 진로상담에 있어 중요한 한 부분으로 다루어져야 한다. 학교는 진로상담의 과정(process)에서 적절한 시기에 학생들에게 의미 있는 정

보를 많이 제공하여야 하며, 또한 학생들의 정보탐색 활동의 기회도 많이 제공하여야 한다.

② 진로정보 활동은 학생들 각자의 자기 연구와 장래의 경향성에 초점을 두고 행해져야 한다. 학교는 진로정보 활동에 있어 개인적 접근방법으로는 학생들 개인을 특유의 한 개체로 인정하고 각 개인에게 필요한 정보를 개별적으로, 또한 일의 세계와 교육에 관한 정보와 개인 · 사회적 정보를 집단적으로 제공하여 학생들의 의사 결정에 조력하여야 한다.

③ 진로정보 활동은 진로계획에 필요한 정보를 단순히 제공하는 이상의 의미를 내포하는 것이어야 한다. 학교에서 진로정보 활동은 학생들에게 단순히 제공하는 활동으로서보다는 정보에 대한 학생 개인의 태도와 정서적 반응, 요구 등을 고려하여 적절한 정보를 제공하는 활동이어야 한다.

④ 진로정보 활동은 정보취급 유자격자가 실행하여야 한다. 학교에서 진로지도에 필요한 정보를 수집, 보관 및 보급하는 활동이 원활히 이루어지고, 또한 적절한 진로정보 프로그램을 활용 및 개발하기 위해서는 진로정보 취급 유자격자가 정보활동을 담당하여야 한다.

⑤ 진로정보 활동에는 정보와 정보활동에 대한 평가가 있어야 한다. 학교에서 진로지도 담당자는 정보활동을 통해 제공되는 정보의 유용성에 대한 평가와 정보활동에 대한 제반평가를 통하여 진로정보 활동을 개선하는 노력을 하여야 한다.

이상과 같은 활동원리에 입각한 정보활동을 통하여 제공되고 탐색되는 정보는 정확하면서도 풍부하여야 한다(석수룡, 1988 : p. 29).

4. 진로정보 센터의 조직

진로정보 제공을 위해서는 상담실 조직과 마찬가지로 일정한 조직과 시설이 필요하다. 건물 안에 있는 자료센터는 학생회(Student Body) 근처 가까운 거리에 두어야 좋다. [그림 4－1]에 표시한(Norris, et al., 1979 : pp. 344～345) 바와 같이 적어도 정보자료실을 구비하여야 하며, 여기에 학생들이 필요한 여러 가지 자료들을 비치하고 자유롭게 열람하고 이용할 수 있는 편리한 장소를 마련해야 한다.

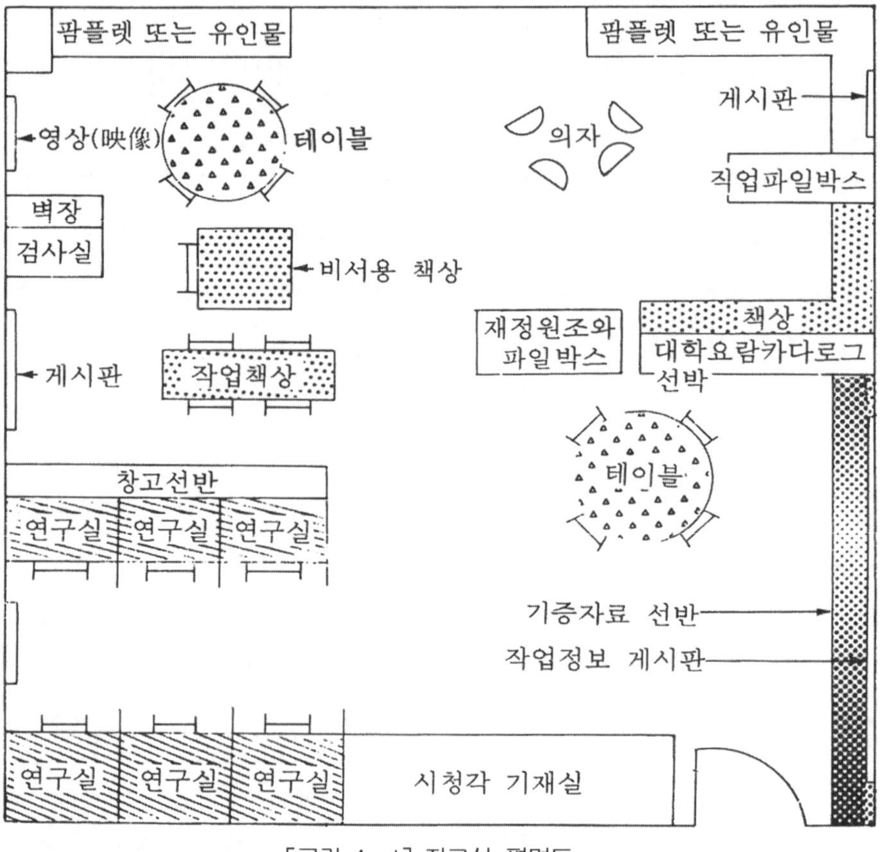

[그림 4-1] 자료실 평면도

자료실 안에는 그림에 제시한 바와 같이 최소한의 장소 내에 앞에서 언급한 각종의 정보자료와 표준화 검사실시를 위한 문제지와 시설, 책상・파일박스・게시판・책・선반 등 시설물을 정리하여 비치하고 학생들이 원할 때에 언제든지 이용할 수 있도록 개방되어야 하며, 학생들이 정보를 손쉽게 얻을 수 있게 편리한 서비스를 제공해야 한다. 진로정보센터에는 물론 학교의 크기에 따라 1~2명 또는 대규모 학교인 경우는 그 이상의 진로상담 전문가를 두고 학생의 요구가 충족되도록 서비스를 제공하여야 한다. [그림 4－2]는 참고적으로 미국의 샌디에고 메디슨 고등학교의 진로센터를 표본으로 자료실을 소개하였다.

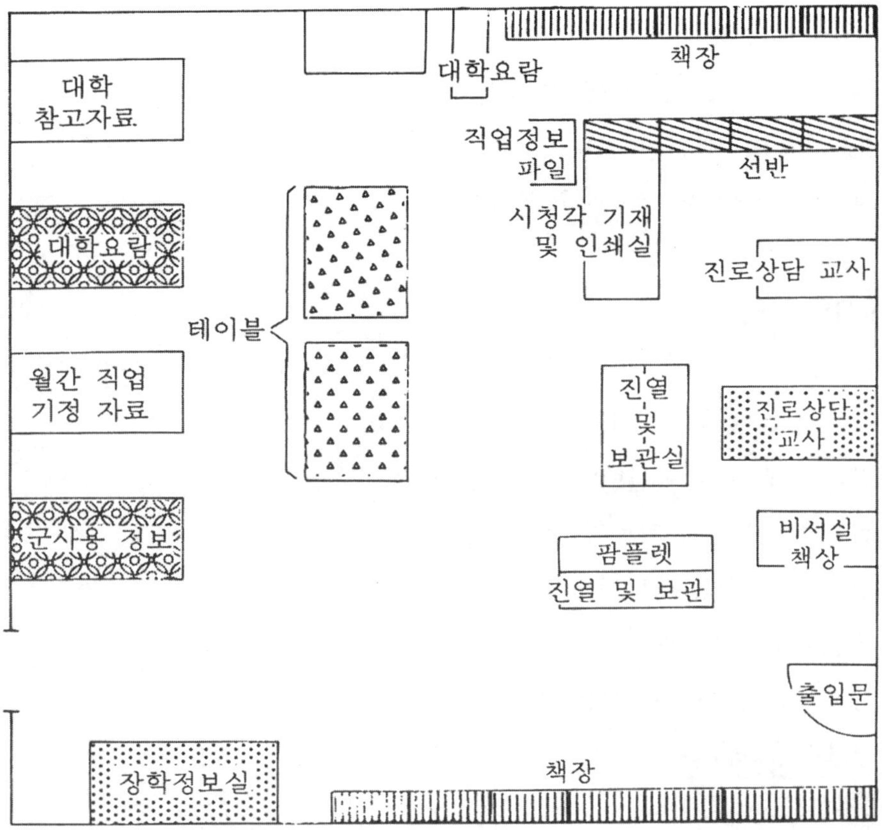

[그림 4－2] 샌디에이고 메디슨 고등학교 진로센터

자료를 선택할 때에는 정확하고 대표적인 것이어야 하며 사용자의 흥미에 알맞도록 준비되어야 하며, 눈에 잘 띄는 곳에 배열이 잘 되어 있어서 쉽게 정보자료를 찾을 수 있도록 조직적으로 정비되어야 한다. 그리고 자료는 적시에 알맞은 최신정보를 입수하여 오래 보존하여 이용하도록 잘 보관하여야 한다. 그리고 정보활동의 이용에 관한 홍보활동을 강화해야 한다.

참고자료로서 현재 교육연구원에 진로정보 상담실을 설치해 놓고 학생들에게 진로정보제공과 상담활동을 실시하고 있는 경기도교육연구원의 진로정보 활동

상황을 예를 들어 보면 다음과 같다(경기도교육연구원, 1992. 팸플릿).

1) 설치 목적

① 중 · 고등학교의 진학 및 취업지도
② 교도활동의 상담 및 지원
③ 청소년의 건전한 가치관 형성지도

2) 기 능

① 각종 심리 검사 및 제반 조사활동
② 진학(고교 및 대학선택) 지도에 관한 정보제공
③ 취업정보에 대한 자료의 수집 · 제공
④ 개인 및 집단의 상담지도
⑤ 생활지도 실천사례 보급
⑥ 진로지도 우수사례 보급(중학교, 인문 · 실업 고교)
⑦ 진로지도 프로그램 개발
⑧ 진로지도 담당자연수
⑨ 진로정보 안내

3) 사업내용

(1) 진학지도

① 자기학습 지도계획 수립안내
② 성적관리 준칙안내
③ 주요 대학 입시 요강 안내(전 · 후기)
④ 각종 대학장학금 안내

⑤ 과목별 출제예상 안내

⑥ 예 · 체능진로 안내

⑦ 학력고사 직전 학습방법 안내

⑧ 모의학력고사 자료안내

⑨ 공부계획(study plan) 작성지도

⑩ 학력종합평가(도내) 안내

⑪ 진학 뉴스

(2) 직업지도

① 취업정보교환

② 추수지도(追隨指導) 자료안내

③ 직장 예절자료 안내

④ 진로지도 사례보급

(3) 각종 표준화 검사

① 지능검사

② 성격검사

③ 적성검사

④ 기타 표준화검사

(4) 생활지도

① 교도부 상담실 운영자료 안내

② 신입생 오리엔테이션 자료 안내

③ 안전지도자료 안내

④ 생활지도자료 보급

⑤ 생활지도 사례연구지도

⑥ 교도교사연수

(5) 훈련 프로그램

① 성취동기 육성자료 안내
② 심성계발 프로그램
③ 학습력증진 프로그램

그 밖에 이 연구원 내의 비치자료는 다음과 같다.

1 진학지도 자료

① 각종 심리검사 자료
② 도내 학력평가 보고서
③ 경기도 내 고등학교 졸업자 진로상황
④ 학력고사 성적분포 및 문제분석자료
⑤ 대학진학 지도자료
⑥ 전국대학 전형요강

2 생활지도 자료

① 생활지도 관계문헌
② 학습부진아 지도자료

3 직업 정보 자료

① 경기도 내 기업체명단 및 생산품일람
② 직업훈련에 관한 자료
③ 각종 면허·자격규정 및 검정시험규칙
④ 기타

위와 같은 정보실을 교육연구원에만 설치할 것이 아니라 전국적으로 각급 학교, 즉 초·중·고등학교(실업고 포함), 나아가서는 대학기관에도 의무적으로 설치할 필요가 있다. 설치에 목적이 있는 것이 아니라, 다양하게 준비되어 있는 자료는 개인의 요구에 알맞게 적극적으로 이용되어야 한다.

[그림 4－3]의 진로정보 자료실 평면은 각급 학교(초 · 중 · 고등학교)에서 필요로 하는 자료실 모형을 제시한 것이다.

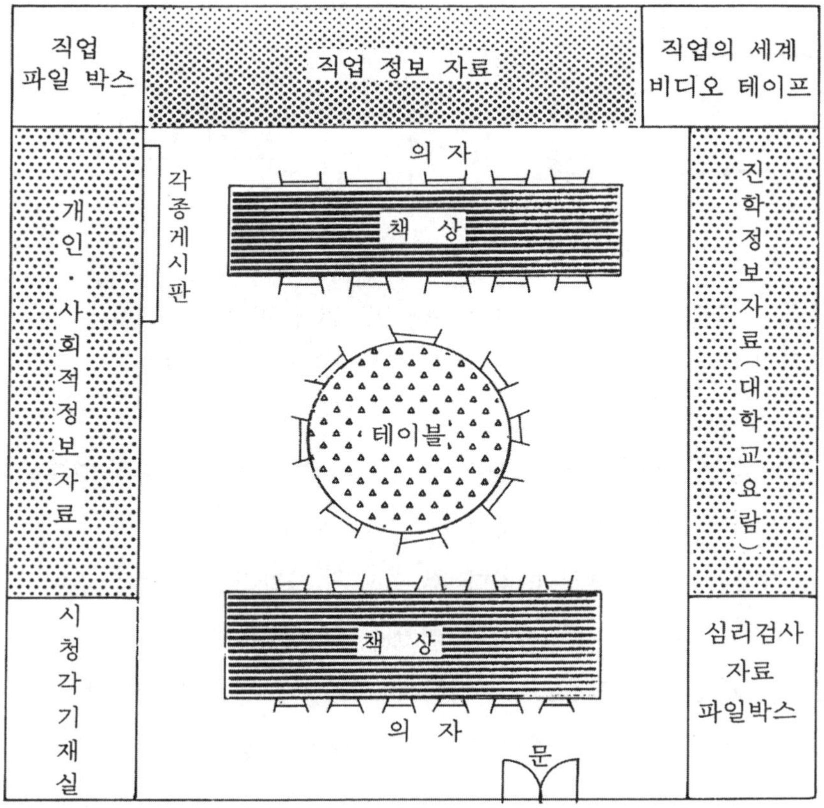

[그림 4－3] 진로정보 자료실 평면

전국적으로 중 · 고등학교에는 이미 진로 상담실을 의무적으로 설치하였기에 학생들의 상담활동을 할 수 있는 공간이 마련되어 있다.

진로정보센터(자료실)는 진로상담의 실천적 결과로 정보자료실을 통한 상담, 직업 배치, 교육배치, 학교 안에서의 진학배치, 산학협동 프로그램과 분배교육연구, 추수 지도와 평가, 검사 등의 역할을 수행하여야 한다. 그런데 진로정보 자료실(또는 진로정보실)은 현재 몇 군데를 제외하고는 각급 학교에 설치되어 있는 곳이 별로 없다. 재정적인 지원이 부족하여 자료실 마련을 못하고 있는 현실

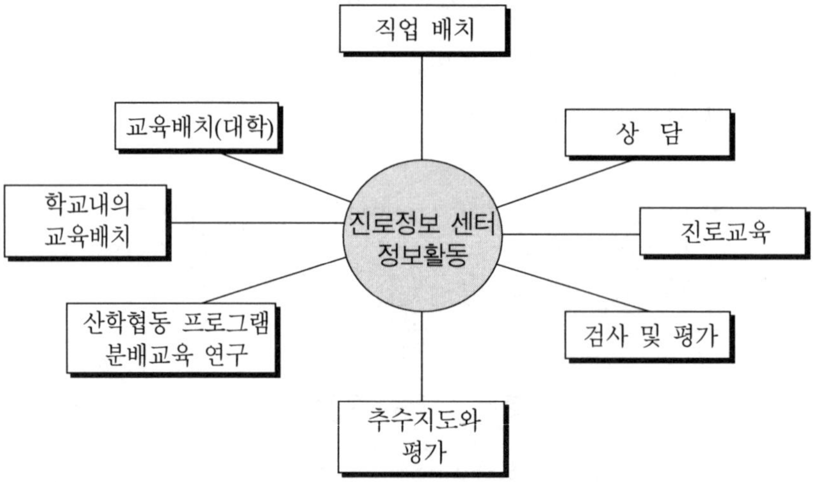

[그림 4-4] 진로정보와 기타 활동 간의 기능적 관계조직

* 출처 : R. H. Fredrickson, Career Information, J.J : Prentice-Hall, 1982 : p. 267.

이 안타깝기는 했지만, 학교를 운영 · 관리하는 교육행정가 또는 교장들의 인식 부족으로 적극적인 활성화가 되지 못하는 경우도 많다.

그리고 다양한 정보자료를 마련할 수 있도록 다각적인 방법을 강구하여야 한다. 각 기관별로 홍보책자나 중요한 자료를 무료로 기증받는 형식도 구상해야 하고 필요한 자료는 적극적으로 구입하여 자료실에 체계적으로 찾기 쉽게 비치하고, 학생들로 하여금 자주 활동하도록 홍보활동도 강화하여야 한다.

진로상담교사가 각급 학교에 배치되어 있으므로, 이들은 상담실과 진로정보 자료실 운영을 활성화하고 책임을 갖고 창의적으로 모든 학생들이 손쉽게 이용할 수 있도록 적극 운영의 묘를 기해야 한다.

4) 진로정보의 전달방법과 자료

(1) 진로정보의 전달방법

진로지도는 학교교육의 모든 국면에 걸쳐 관련되는 동시에 전 교직원의 협조가 필요하며, 특히 진로지도교사(career teacher)가 진로교과목을 전담하여 체계적으로 정해진 시간에 지도하는 것이 바람직하다. 진로지도는 진로계획의 수립에서 시작된다.

진로계획은 개인의 성향, 특수능력, 독특한 열망 등을 기초로 시작되어야 하는 순전히 개인적인 과업이다(문교부, 1982 : pp. 27~31). 학교교육은 학생들이 장차 학교를 졸업하고 뛰어들어야 할 직업사회에 만족스럽게 일할 수 있는 능력을 지니게 하고, 자기 자신이 종사해야 할 알맞은 일을 발견하고 적응해 가도록 교육시켜야 한다. 그렇기 때문에 학교교육에서 학생들이 진로선택을 위한 진로지도 프로그램이 준비되어야 한다.

진로지도는 이미 앞에서 언급한 바와 같이 1980년 7월 30일 교육혁명 이후 학교교육의 정상화를 통해 전인교육을 강화하게 되고, 평생교육을 지향함에 따라 학생 진로의 필요성이 더욱 절실하게 되었으며, 새로 개정되는 교육과정에는 진로상담을 삽입하여 교과목으로 가르치도록 하는 데 이르렀다. 우선적으로 초등학교에서 6시간, 중학교에서 7시간, 고등학교 10시간 모두 23시간을 할애하여 직업교육의 과정으로 진로상담을 시작하게 되었다. 이러한 시간배당은 점차적으로 확대될 전망이다.

진로상담은 1970년 이후 미국에서 시작된 교육으로 넓은 의미의 직업교육이며 진로 개발교육이라 칭할 수 있는데, 진로지도와 취업지도가 포함된다. 또한, 학생의 성장 · 발달단계에 따라 직업의 세계를 인식시켜 주고, 직업군을 소개하며, 초등학교에서부터 중 · 고등 및 대학교육에 이르기까지 단계적으로 진로 인식 · 진로탐색 · 진로준비의 과정을 설정하여 교과목시간에 직업교육을 실시하여야 한다. 그러면 진로상담추진을 위한 진로지도는 어떻게 할 것인가, 그 내용을 소개하면 다음과 같다(이정근, 1980 : pp. 97~103).

1 인쇄매체

인쇄매체를 통하여 학생들에게 진로정보를 제공해주는 일이다. 직업정보를 수록한 인쇄물로써 직업사전이나 직업의 안내를 위한 각종 인쇄물(포스터 · 선전광고 등)을 통하여 직업의 관계를 소개하는 일이다.

2 기타 매체

기타 매체를 이용하는 방법으로써 각종 시청각 매체를 통하여 직업정보를 제공하고 필요한 직업적 행동을 길러 줄 수 있다. 즉, 게시판이나 전시(회), 교육용이나 상업용 텔레비전 · VTR · 슬라이드 · 줄사진 · 영화 · 마이크로 필름을 통하여 직업에 대한 인식을 하도록 직업의 종류와 내용을 소개하는 일이다.

3 각종 행사

강연회 · 토론회, 진로의 날(career day) 또는 수업활동과 각종 직업에 대한 인식이나 태도 형성이 진로에 대한 내용을 강조한다.

4 면담과 상담

면담을 통하거나 상담을 통하여 학생들이 궁금해하는 직업의 구체적인 내용과 미지의 세계에 대한 탐색활동을 전문가인 카운슬러나 진로상담교사와의 대화를 통하여 이해한다. 따라서 개인이 지니고 있는 잠재가능성과 흥미와 능력을 객관적으로 평가할 수 있는 개인정보자료를 토대로 하여 학생들이 알고자 하는 정보를 교환하고 적합한 내용의 참고자료를 제시해 줌으로써 궁금증을 풀어 줄 수 있다. 이 상담에서 내담자로 하여금 선택이나 의사결정에 포함되는 요인들을 이해할 수 있도록 도와주는 데 초점을 둔다.

5 탐색활동

흉내내기에 의한 방법으로 게임이나 역할극 등의 탐색활동을 통하여 다양한 직업에 대한 간접경험을 제공하여 직업에 대한 인식을 새롭게 하며, 자기의 능력이나 흥미나 적성에 부합되는 것인가를 깨닫게 해 주는 역할이 작용된다.

6 견 학

견학은 학교현장에서 이루어질 수 없는 직업교육에 대한 내용을 실제로 보여주기 위하여 공장이나 회사, 기업체 등 사업기관을 돌아보면서 필요한 직업정보나 교육정보를 얻게 한다. 이러한 과정을 통하여 개인의 취향, 필요에 알맞은 분야를 이해시키고 경험을 풍부하게 가지도록 한다. 따라서 학생들은 직업의 다양성과 중요성을 인식하고 이에 대응할 적용 방법을 찾도록 유도한다.

7 학교교육과정을 통한 전달방법

유치원부터 대학교 과정에 이르기까지 진로상담을 발달단계에 알맞게 단계별로 직업의 세계를 지도하여 이해하도록 한다. 즉, ① 직업의 성질, ② 작업조건, ③ 직업에 필요한 교육정도, ④ 보수, ⑤ 장래에 대한 전망, ⑥ 승진관계, ⑦ 특정직업의 준비를 위한 참고 자료를 찾아 보기 위한 인쇄된 정보자료 등을 접할 수 있게 진로상담 시간에 이와 같이 내용을 체계 있게 지도한다. 직업의 세계는 ① 전문적 기술직, ② 사무관리직, ③ 행정관리직, ④ 판매직, ⑤ 농 · 임 · 어 · 축산업, ⑥ 생산직, ⑦ 서비스직, ⑧ 교통 · 체신직, ⑨ 단순노무직 등으로 나누는데, 이와 같은 직업군을 발달단계에 알맞게 소개하고 지도한다. 1957년의 통계에 의하면 2,300여 종이던 직업이 현재에는 1만여 종에 달하고 있는데, 이러한 직업을 같은 종류로 묶어 아홉 가지로 나누어 지도하면 된다(지도 내용은 문교부 장학자료 34집 참조). 이러한 직업의 종류는 분류방법에 따라 다소 차이가 있다.

1992년 통계청에서 새로이 한국표준직업분류표를 만들었는데 그것은 다음과 같다.

① 입법공무원, 고위임직원 및 관리자.
② 전문가
③ 기술공 및 준전문가
④ 사무직원
⑤ 서비스 근로자 및 상점과 시장판매 근로자
⑥ 농업 및 어업 숙련근로자
⑦ 기능원 및 관련 기능근로자
⑧ 장치 · 기계조작원 및 조립원
⑨ 단순노무직 근로자 등

8 현장실습

이 방법은 학생들로 하여금 진로시간에 배운 직업군 중에서 흥미와 적성에 알맞은 직성에 알맞은 직종을 택하여 직접 직업현장에 나가 일해 봄으로써 일에 대한 구체적인 정보를 획득할 수 있다. 실제적인 일에 경험을 쌓도록 특별한 계획과 절차를 마련하여 실습목적에 차질이 없도록 치밀한 연구와 배려가 필요하다.

이상과 같이 진로상담은 진로지도를 바탕으로 하여 직업 교육을 실시하면 문제의 실마리를 풀어 나갈 수 있다. 이처럼 진로 지도나 직업 지도에 있어서 반드시 감안되어야 할 점은 새 직업이 한갓 정태적(靜態的)인 것이 아니라, 동태적이고 변천해 가는 성격임을 강화되어야 한다. 이러한 사명을 능률・효율적으로 달성하기 위해서는 장기적인 인력수급에 대한 분석 또는 상담 및 각종 표준화 검사, 즉 적성 및 흥미, 직업적성검사 등의 활용 및 강화 등으로 체계화되고 검사 결과에 대한 이용이 시급한 과제이다. 이런 강화책과 더불어 행정지원이 뒤따라야 하며, 직업교육 실천을 위한 진로상담 교사의 양성과 현재 카운슬러들에게 현직교육 및 연수교육을 통하여 진로상담을 위한 재교육을 실시, 전문가를 양성하여 각급 학교에 배치하여야 한다.

5) 진로정보 자료

진로의 관한 정보수집 활동은 너무나 방대하고 경비가 필요하기 때문에 한꺼번에 준비할 수 있는 여건이 못된다. 그러므로 각급 학교별, 재정 형편에 따라 연중계획을 세워 예산을 편성하고 매년 보급하는 형식을 취해야 할 것이다. 자료가 흔하지 않아서 전부 소개하기가 어렵긴 하지만, 학교나 가정에서 필요한 정보자료의 내용 중 영역별로 참고가 되는 중요한 것들을 개괄적으로 제시하면 다음과 같다.

(1) 교육정보에 관한 자료

교육정보는 다음과 같은 자료에서 쉽게를 구할 수 있다.

① 교육부에서 발간한 각종 간행물 및 기타 정부간행물

② 각급 학교의 교육계획서 및 학교・학급경영안

③ 각 대학에서 발간한 안내서, 학교 요람 및 교육과정 안내

④ 각 대학에서 발간한 교우지 및 학보

⑤ 대학(교) 및 전문기관(연구소)에서 발간한 연구지나 논문집

⑥ 기업체나 기관에서 대외 선전용으로 제작한 간행물

⑦ 기타 사회단체나 사업소에서 발간하는 정기간행물

⑧ 각종 신문, 잡지 및 T.V 매체

⑨ 한국교육개발원에서 발간하는 교육에 관한 각종 연구물

⑩ 교육에 관련된 책자

⑪ 대백과사전 등의 각종 사전류

⑫ 해외유학 정보 자료지

⑬ 교육전문 자료 월간지

⑭ 교양 도서류 등

위와 같은 교육정보를 세분화하면 다음과 같다.

1 교육정보의 원천

학교교육 전반에 걸치는 교육계획에 관한 정보는 해당 교육기관에 가서 얻을 수 있으나 아래와 같은 자료에서도 구할 수 있다.

① 정부에서 발간한 각종 간행물

② 각급 학교 교육 계획서 및 학교 경영안

③ 각 대학에서 발간한 안내서, 대학요람 및 교육과정 해설서

④ 각급 학교에서 발간한 교지 및 학보

⑤ 대학 및 전문기관에서 발간한 연구지나 논문집

⑥ 교육전문가 및 교육심리학자들이 저술한 전문지침서

⑦ 일반사회의 정기간행물, 신문 및 잡지

2 교과학습을 돕기 위한 교육정보

① 해당 학교의 교육과정의 종류

② 각 교과목의 성격과 그 중요성

③ 다음 학기에 과해지는 교과목

④ 해당 학교가 중핵으로 삼고 있는 과정

⑤ 학교의 소정과정 및 각 교과목과 개인의 교육·직업적인 목표와 관계

⑥ 해당 학교가 특별히 마련하고 있는 특색 있는 교육·직업적 경험

그 밖에 각 과정을 학습하는 데 필요한 기초기능, 학습습관, 방법, 참고도서와 자료 등을 제공할 수 있으며, 필요한 지역사회인사와 자원을 이용하여 교육에 관한 정보를 제공해 주어야 한다.

3 진학정보

진학정보에 포함되어야 할 항목으로는

① 진학할 고등학교, 대학(학과)에 관한 성격

② 학과에서 배우게 될 학문의 성질

③ 개인의 적성과 흥미, 능력과 인성의 파악

④ 진학할 학과에 소요되는 경비

⑤ 졸업 후의 전망

⑥ 진학할 학교, 학과에서 요구하는 입학조건과 의무

⑦ 개인의 경제사정과 가정형편의 고려

(2) 직업정보에 관한 자료

직업정보를 얻을 수 있는 원천도 다양하다. 직접 직업의 세계인 직장, 현직에 들어가 수집하는 것이 바람직하나 학교, 병원, 기업체, 산업체, 사회단체, 정부기관 및 관련 단체 등을 중심으로 얻을 수 있는 자료를 들어보면 다음과 같다.

① 각종 전문단체와 기업체에서 발견된 간행물

② 각 정부기관의 부·처에서 발간되는 자료들(특히 노동청이나 재정경제원 등)

③ 직업에 관계되는 단행본 및 회사, 기업연감(직업사전 포함)

④ 각 기업체(중소기업, 대기업)에서 발간되는 홍보용 책자

⑤ 지역사회 조사물 및 연구 보고

⑥ 과학기술정보 센터, 산업경제연구원 등에서 연구·발행되는 책자

⑦ 각 산업체 및 기업체연수원 또는 전국 직업훈련소, 새마을연수원, 사설강습소, 청소년연맹, 청소년단체 등의 사회교육기관에서 발간되는 연수자료나 홍보용 자료

⑧ 직업에 관련된 월간지(취업정보, 리쿠르트, 직장인 등)

⑨ 생활지도를 위해 특별히 준비된 사례 및 연구 보고

⑩ 한국교육개발원 교육방송에서 제작된 직업의 세계(VTR 자료)

(3) 개인 · 사회적 정보에 관한 자료

개인 · 사회적 적응에 도움이 되는 정보의 원천이 되는 자료를 소개하여 보면 다음과 같다.

① 개인의 건강 및 신체발달 기록

② 발달심리 및 인성심리에 관한 서적

③ 집단역학 및 집단과정의 기술에 관한 서적

④ 정신위생에 관한 서적

⑤ 성교육에 관계되는 서적

⑥ 청소년 발달에 관한 연구물

⑦ 위인들의 전기 및 자서전

⑧ 입지전(立志傳) 및 성공 사례집

⑨ 예의범절 · 도덕 · 윤리와 관련된 서적

⑩ 종교에 관련된 서적

⑪ 이데올로기에 관련된 서적

⑫ 가치관, 직업윤리 등에 관련된 서적

⑬ 처세술, 성취동기에 관한 서적

위에서 열거한 정보를 내용별로 범주화하여 요약하면

① 신체발달에 관한 정보

② 동기, 욕구 및 행동에 관한 정보

③ 개인정서에 관한 정보

④ 인성 및 정신위생에 관한 정보

⑤ 사회적응에 관한 정보

⑥ 남녀의 역할 및 성의 이해에 관한 정보 등으로 집약된다.

5. 진로정보 센터의 실제

진로정보센터는 교육부 위탁으로 1999년 8월 25일 한국직업능력개발원 부설로 설치되었다. 우리 나라에서는 처음으로 조직적인 진로정보센터를 창설하였기에 여기에 소개하고자 한다.

추진 배경과 목적을 보면 직업세계가 복잡해지고 취업이 어려워지고 2002년부터 새입시제도가 도입됨에 따라 진학지도와 진로지도의 중요성이 부각되고 있다. 이에 본 센터는 평생교육시대를 맞이하여 모든 학생, 학부모 및 계속 교육을 원하는 성인들에게 진로정보와 진로상담 서비스를 종합적으로 제공하고 각급 학교 및 관련기관에 전문적 지원을 제공함을 목적으로 한다. 주요 기능은 다음과 같다.

① 진로와 관련된 상담 서비스 제공

② 진로개발을 위한 각종 서비스 제공

③ 진학과 취업을 포함한 진로에 관련된 각종 정보의 제공

④ 상담 및 진로 관련전문가 양성 및 훈련

⑤ 각급 학교 및 관련기관에 대한 자문

⑥ 각종 진로지도 및 진로상담 프로그램 개발·연구

⑥ 진로발달 및 진로상담에 관한 기초연수 수행

1) 자녀의 진로지도

(1) 직업인으로서의 기본적인 소양 길러주기

① 직업인의 긍지와 떳떳한 자세를 자녀에게 보여준다.

② 다양한 일 체험을 통하여 직업인으로서의 기본적인 소양을 갖추도록 한다.

③ 자녀에게 창의적 문제 해결력을 길러 준다.

④ 가정에서 하는 작은 일에서 성공경험과 성취감을 누리도록 도와준다.

⑤ 직장인으로서 갖추어야 할 기본예절과 대화법, 타인 이해법 등에 대해 가르쳐 준다.

⑥ 직업인으로서 받는 보수에 의해 행복한 가정이 유지됨을 알게 한다.

⑦ 책 읽는 습관, 외국어와 컴퓨터 사용능력을 길러 준다.

(2) 자기 이해력 증진시키기

① '넌 이래!'라고 단정적으로 말하지 말고, 자녀가 자신의 흥미, 성격, 적성, 가치관 등에 대해 스스로 깊이 생각할 수 있게 해준다.

② 자녀의 관심분야가 마음에 들지 않더라도 무조건 비판하거나 윽박지르지 않는다.

③ 전문상담가에게 각종 심리검사 결과에 대한 해석상담을 받고 그 결과에 대해 자녀와 대화를 나눈다.

④ 일상생활 중에서 자녀의 흥미 및 적성과 관련된 칭찬거리를 적극적으로 찾고 그 개발에 힘쓴다.

⑤ 자녀가 자신의 흥미·관심분야와 관련된 활동과 일을 더 많이 체험하고 탐색할 수 있도록 적극적으로 지지하고 실제적으로 지원해 준다.

(3) 진학 및 직업세계에 대한 정보제공하기

① 2년제와 4년제대학의 학과정보, 2002학년도 대학입학 전형제도, 각종 훈련·자격

② 직업정보, 취업관련정보 등을 제공해 준다.

③ 인터넷 및 관련책자를 통해 미래의 직업세계와 다양한 진로정보를 찾아보게 한다.

④ 자녀가 관심을 가진 학과의 졸업생, 재학생, 현직 직업인을 만나 인터뷰할 수 있게해 준다.

⑤ 부모 세대에서 각광받았던 직업을 강요하지 말고, 직업을 탐색할 때는 단

기적 안목을 벗어나 장기적 안목과 미래지향적 열린 자세를 가지게 한다.

(4) 선택의 자율성과 책임성 길러주기

① 하나의 적성분야만을 찾으려 하기보다는 복수의 직업적 가능성(적어도 4∼5가지 정도)을 열어두고 개발하게 한다.

② 부모가 자녀의 진로를 대신 선택해 주기보다는 자녀가 스스로 현실적이고 구체적인 미래계획을 세울 수 있도록 도와준다.

③ 일상생활의 사소한 일 하나 하나도 스스로 선택하고 결정하며 실행하고 반성해 보게 한다.

④ 자녀는 실수를 통해 성장한다. 따라서 꾸중보다는 선택가능한 다양한 대안을 모색하도록 해준다.

⑤ 자녀가 좋아하는 직업을 선택할 수 있도록 돕는다.

(5) 자녀와 대화하기

① 자녀의 마음을 열게 하려면 먼저 자녀의 감정을 읽어 준다.

② 우선 자녀의 말은 무조건적으로 수용하고 경청한다. 비평보다는 긍정적인 격려의 말로 시작한다. 비평은 자녀들을 방어적, 반항적으로 만든다.

③ 자녀에게 꿈, 미래, 직업과 관련된 질문을 자주 던진다.

④ 자녀의 문제를 교사, 상담가, 성직자, 이웃, 전문가 등과 수시로 의논하고 자문을 받는다.

⑤ '널 믿어', '널 사랑해', '넌 할 수 있어', '네 옆엔 내가 있어', '네가 얼마나 귀한 존잰데' 등의 말을 항상 해준다.

2) 중학생을 위한 고교진학 준비요령

♣ 고등학교에 왜 진학하는가?

고등학교에 진학하기 위해서 무엇이 중요하다고 생각하고 있는가? 만일 '적성보다는 학업 성적이 우선이다', '대학진학을 위해서는 반드시 일반계 고등학교로 진학해야 한다'고 하면 큰 잘못이다. 왜냐하면, 이러한 생각들은 선택의 문을 스스로 좁히는 일이기 때문이다.

① 자신의 소질과 적성을 계발하기 위해서이다.
② 장래직업에 대해 구체적으로 준비하기 위해서이다
③ 폭넓고 깊이 있는 인간관계를 맺고 체험하기 위해서이다.
④ 대학진학을 위한 준비와 기본적 요건을 갖추기 위해서이다.

진학준비를 어떻게 해야 하는가?

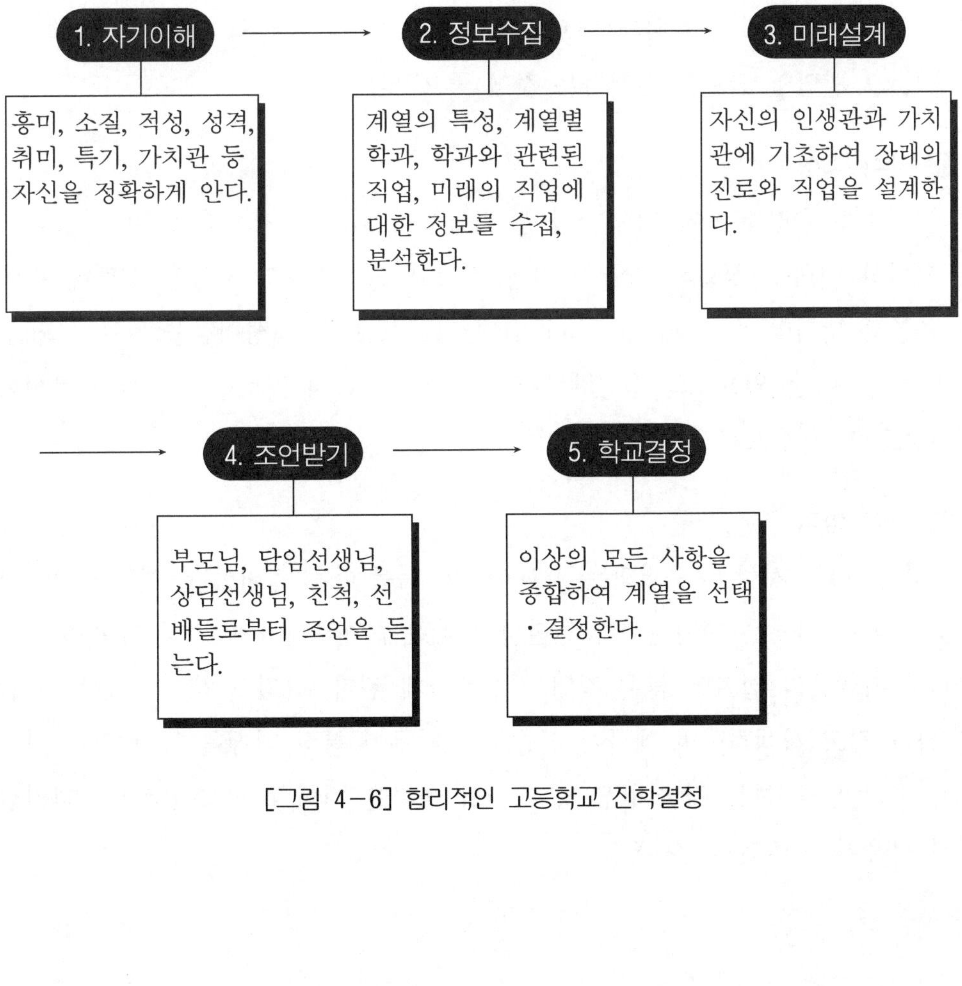

[그림 4-6] 합리적인 고등학교 진학결정

(1) 자기이해

이 단계에서는 자신의 학업성적과 여러 심리적 특성을 종합적으로 탐색하고 이해하는 일이 이루어진다.

1 나의 흥미

흥미란 '어떤 사람이나 활동 또는 사물에 대해 가지는 긍정한 느낌(즐거움, 만족)이나 부정적 느낌(슬픔, 불만족)의 경향성'을 말한다. 따라서 적성이 어떤 일에 대한 능력을 의미한다면, 흥미는 대상에 대한 선호를 의미한다. 자신이 어떤 분야에 흥미가 있다고 해서 반드시 그 분야의 일을 잘 할 수 있다고 말하기는 곤란하다. 하지만 흥미 있는 일을 하게 되면 그 일에 몰두하게 되고, 그로 인해 보람과 만족감을 얻게 된다. 특히, 직업적 흥미는 직업의 선택과 지속, 만족과 성공여부 등과 밀접하게 연관되어 있다. 그래서 자신의 흥미를 정확히 파악해서 그 방면의 진로를 개척하는 것이 중요하다.

2 나의 적성

적성은 '특정한 분야에 대해 성공할 가능성이 있는 잠재능력'을 말한다. 따라서 자신의 적성을 정확히 파악한 다음 진학할 고등학교의 계열을 선택해야 이를 충분히 발휘할 수 있게 된다. 이 때에 비로소 보람과 성취감을 맛보게 되고, 이러한 만족감은 앞으로의 성공에 발판이 된다. 따라서 적성을 고려한 진로선택이야말로 가장 중요한 것이다.

3 나의 성격

성격은 '다른 사람과 구별되는 자기자신의 독특성'을 의미한다. 예를 들면, 사회성이 높은 사람은 대인관계가 원만하기 때문에 사회활동에 적극 참여할 뿐만 아니라 사람들의 접촉이 많은 직업을 선택하게 된다. 그리고 생각이 많은 사람은 사려 깊고 사색적이며 매사에 신중하기 때문에 특정 과제를 깊이 있게 파고드는 쪽의 일을 하는 경향이 많다. 따라서 성격은 진학할 학교선택이나 직업선택과 적응에 큰 영향을 준다.

4 나의 취미

나의 취미는 무엇인가? 취미는 자기 자신의 여가시간을 그쪽으로 잘 이용함으로써 삶을 즐겁고 보람있게 영위하게 한다. 또한 취미로 시작한 일에서 전문성을 인정을 받아 그 방면으로 성공하기도 한다. 예를 들면, 몸이 허약해서 시작한 수영을 본격적으로 발전시켜 수영선수가 된 사람도 있다. 이처럼 취미는 생활의 풍요뿐 아니라 때로는 직업적 성공까지도 가져다 주는 삶의 가장 중요한 요소이다.

5 나의 가치관

가치관이란 '자신이 가장 중요시하는 것이 무엇이냐?'하는 것이다. 다시 말하면 자신을 일정한 방식으로 행동하게 하는 원리, 믿음, 신념 또는 가장 옳고 값지다고 믿는 것을 말한다. 그 종류에는 재산, 지위, 명예, 권력과 같이 가치가 밖으로 나타나 있는 '외재적 가치'와 일을 하면서 얻게 되는 정신적인 즐거움, 보람, 만족을 의미하는 '내재적 가치'가 있다. 따라서 자신의 가치관에 합당한 진로와 직업을 정하는 것이 바람직하다.

6 나에게 있어서 중요한 사람들

사람은 성장 · 발달과정에서 주위 사람들로부터 많은 영향을 받는다. 이렇게 영향을 미치는 사람을 '중요한 타인'이라고 하는데, 이들 중에는 부모님, 선생님, 친척, 친구, 선배님, 종교인 등이 있다. 이런 사람들은 진로결정에 큰 영향을 주기 때문에 이들과의 관계를 좋게 하는 것이 무엇보다 중요하다.

(2) 고등학교 정보수집

이 단계에서는 자신의 장래희망과 진로를 생각하면서 각종 고등학교 정보를 수집 · 분석하는 일이 이루어진다. 왜냐하면 이러한 자료를 바탕으로 할 때만이 합리적인 진로 · 진학이 되기 때문이다. 또한 이러한 정보의 분석결과는 여러분 장래의 삶의 방향, 내용 질, 결정에도 큰 영향을 주게 된다.

1 고등학교의 분류

고등학교는 일반계, 실업계, 예・체능계, 외국어고 및 과학고, 특성화 고교로 나누어 진다.

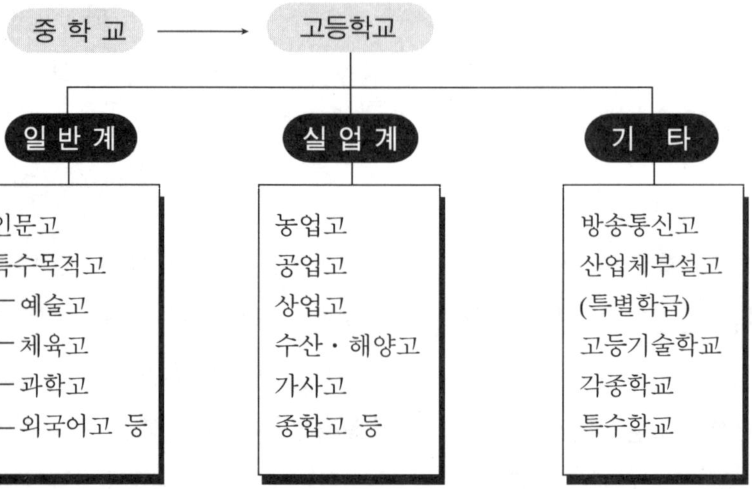

[그림 4-7] 계열별 고등학교 분류

① **일반계 고교 :** 대부분 대학진학을 위한 교육에 중점을 두고 있으며, 2학년부터는 희망과 적성에 따라 인문・사회와 자연계열, 직업과정 중에서 선택하게 된다.

② **실업계 고교 :** 농업, 공업, 상업, 수산・해양 등에 관한 직업교육과 고등보통교육의 실시를 목적으로 하고 있다. 따라서 급변하는 산업화, 국제화시대에 대처할 수 있는 기능인 양성을 위하여 폭넓은 실습교육에 역점을 두고 있다.

2 계열별 학과

요즈음 대학에서는 계열별로 다양한 제도들이 실시되고 있어서 일반계와 실업계 고교생 모두에게 동등하게 진학의 기회를 주고 있다. 그리고 점차 수능시험 성적보다 학교생활 내용 쪽으로 선발기준이 점차 바뀌어 가는 추세이다.

〈표 4-2〉 실업계 고등학교의 계열별학과

계 열	해 당 학 과
어 문 계 열	독일어과, 러시어과, 프랑스어과, 에스파니아어과, 영어과, 일어과, 중국어과 등
인 문 계 열	문예창작과, 인문계 고교
상업경영계열	관광경영과, 무역과, 비서과, 사무자동화과, 상업과, 정보처리과, 회계과 등
자연과학계열	과학과
공 업 계 열	건축과, 금속과, 금형과, 기계과, 배관용접과, 섬유과, 인쇄과, 자원과, 전기과, 전자과, 조선과, 토목과, 통신과, 항공정비과, 화공과, 환경과, 컴퓨터그래픽과 등
농 업 계 열	농업과, 식품가공과, 원예과, 조경과, 축산과, 농업유통과 등
수산해양계열	기관과, 냉동기계과, 선박운항과, 수산가공과, 수산양식과, 어업과 등
가 정 계 열	의상과 등
의료보건계열	간호과 등
미 술 계 열	디자인과, 목칠공예과, 미술과, 사진과, 요업과 등
음 악 계 열	음악과
연극영화계열	연극영화과
무용체육계열	무용과, 체육과
교 육 계 열	유아교육과

(3) 미래의 설계

쓸모 있고 편리하면서도 아름다운 건물을 짓기 위해서는 우선 그에 맞는 설계도가 그려져야 한다. 마찬가지로 우리가 행복하고 보람 있는 삶을 영위하기 위해서는 장래에 대한 설계도를 잘 그려야 한다. 멀리는 평생의 설계부터 가깝게는 목전의 진학계획이 해당된다. 그런데 이 설계도를 잘 그리기 위해서는 자기를 합리적으로, 객관적으로 보고, 이에 따라 목표를 확실히 정한 다음 그려야 한다. 물론 그린 설계도가 완벽할 수 없기 때문에 제반여건의 변화에 따라 수정될 수도 있다. 어떻든 이 단계에서는 진로설계의 주요 요인이 되는 생의 목표, 개인특성, 가정환경, 미래예측 등을 종합적으로 고려해 보는 일이 중요하다.

① 적성, 능력, 성격, 개성 등을 고려하는 일

② 실천할 수 있는 것들을 가지고 설계하는 일

③ 사회가 요구하는 규범범위 안에서 설계하는 일

(4) 조언받기

여러분께서 진학할 고등학교를 결정할 때 도움을 받을 수 있는 사람으로는 부모님, 담임선생님, 진로상담 선생님, 친척, 선배 등이 있다. 이들에게 상세한 자기 이해자료와 각종 고등학교 정보를 가지고 솔직하게 이야기해 보면 미처 생각하지 못했던 것을 알게 된다. 또한 유관기관의 상담실도 이용해 보면 좋은 자료를 얻을 수 있다. 그 곳에서는 각종 표준화 검사를 해줄 뿐만 아니라, 그 결과를 가지고 상담도 해 주기 때문이다. 검사비는 대개 무료지만 유료일 경우 약간만 부담하면 된다.

〈표 4-3〉 검사와 상담을 받을 수 있는 곳

상담실	연락처	상담실	연락처	상담실	연락처
진로정보센터	(02)516-2590, (080)500-7588	대구상담실	(053)654-0530∼1	대전상담실	(042)257-2000
강원상담실	(0361)256-2000	전북상담실	(0652)273-1411	경남상담실	(0551)273-2000
서울상담실	(02)2285-1318	인천상담실	(032)888-2163∼4	울산상담실	(052)212-0920
충북상담실	(0341)258-2000	전남상담실	(0661)742-5005	제주상담실	(064)721-1005
부산상담실	(051)804-5001	광주상담실	(062)226-8181∼3	경기상담실	(0311)225-5800
충남상담실	(0417)554-2131∼3	경북상담실	(0571)853-3011		

※ 이 외에 시군구별로 각종 청소년상담실이 설치·운영되고 있다.

(5) 학교결정하기

이 단계에서는 자기자신에 대한 탐색결과와 고등학교에 대한 정보를 토대로 진학할 학교를 결정하게 된다. 특히, 여기에서 고려할 점은 일시적인 감정의 동요나 주위의 유혹에 의해 학교를 결정해서는 안 된다는 것이다. 다시 한 번 장래의 진로계획을 면밀히 검토하여 최선의 결정을 해야 한다. 그리고 일단 결정한 다음엔 그것을 달성하기 위한 여건조성과 최선의 노력이 뒤따라야 함은 두말할 나위 없는 일이다.

♣ 되돌아보기

고등학교 진학시 학업성적과 대학진학만을 생각한 나머지 일반계 고교만을 선호한다는 것은 대단히 안이하고 위험한 생각이다. 왜냐하면 일반계 고교란 선택가능한 여러 가지 중 한 가지일 뿐이기 때문이다. 현재 실업계 고교에서는 여러분의 꿈과 개성을 마음껏 펼칠 수 있는 다양한 학과가 개설되어 있다. 따라서 다각적인 검토와 충분한 시간을 가지고 심사숙고한 다음 진로계획을 세우는 것이 현명하다.

(6) 실업계 고교진학의 장점

1 대학진학을 할 경우 혜택이 많다.

실업계 고교는 직업・기술 교육의 습득뿐만이 아니라, 4년제대학, 전문대학, 개방(산업)대학 등에 특별전형으로 진학할 수 있는 장점이 있다(1999. 3. 1. 현재 대학진학률 : 35.2%). 또 바뀌는 2002학년도 대학입학 전형제도부터는 대학수학능력시험의 성적반영률이 줄어들고 학교 생활기록부의 반영률이 늘어나기 때문에 대학 진학의 문이 더욱 넓어질 전망이다.

2 학과가 점차 다양화・전문화되고 있다.

21세기 지식・정보화사회에 대응하여 하루가 다르게 만화영상과, 멀티미디어, 애니메이션과 등이 개설되고 있고 앞으로는 다양하고 전문적인 학과가 개설될 예정이다.

2 전문화시대에 걸맞게 자신의 특기나 적성을 살릴 수 있다.

최근 학업성적이 우수한데도 자신의 특성을 살리기 위해 일반계보다 실업계 고교로 진학하는 학생이 늘고 있는 추세이다. 특정기술이나 자격증을 가지고 있을 경우, 대학 시험의 특별전형에서 혜택을 받을 수 있고, 공무원시험에서도 가

산점이 있어 유리하다. 또 재취업도 쉽다. 최근 4년제대학 졸업생이 전문기술을 익혀 취직을 하기 위해 전문대학에 재입학하는 경우가 그 좋은 예이다.

4 최신의 실습장비와 시설이 확충되고 있다.

요즘 실업계 고교에서는 실험·실습교육의 질적인 향상과 신기술도입을 위해 정부의 적극적인 지원으로 첨단 장비와 시설로 바꾸고 가고 있어서 최신의 기술을 습득할 수 있다.

3) 실업계 고등학생을 위한 취업준비 요령

자기자신에게 적합한 직업을 갖기 위해서는 다음과 같은 일반적인 원칙을 따라야한다.

(1) 취업의 일반적인 원칙

1 자신의 진로방향을 설계한다.

우선 자신이 어떤 직종에 종사하고 싶은지를 확실하게 결정해야 한다. 그래야만 취업을 향한 전략을 빠르게 진행시킬 수 있게 된다. 그리고 직업을 결정하기 위해서는 자기 이해와 직업정보에 대한 깊이 있는 탐색이 이루어져야 한다. 그 중에서도 특히 중요한 것은 자신의 적성과 흥미에 맞는 것을 고르는 것이다. 막연한 기대나 사회적 편견 또는 외형적인 화려함에 현혹되어서는 절대로 안 된다. 비록 시간이 걸리더라도 목표하는 직업에 대하여 정확하게 파악한 후에 진로를 설계해야 한다.

2 진로노트를 작성하여 이용한다.

'진로노트'란 자신을 이해하고 탐색한 기록이나 취업에 필요한 각종 정보를 종합적으로 담은 자료철이다. 자신에 대한 전반적인 기록, 목표한 직업에 대하 제반정보와 전망을 체계적으로 정리해서 직업을 선택하고 취업을 하는 데 활용해야 한다.

3 '취업정보실'을 주기적으로 방문한다.

일반적으로 기업체에서는 필요한 인력을 해당 학교의 '취업정보실'에 추천해 달라고 의뢰한다. 특히 적은 인원일 경우 신문광고 대신 '취업정보실'에만 의뢰하는 경우가 많다. 따라서 주기적으로 '취업정보실'의 각종 정보와 추천상황을 체크해야 합니다. 그리고 '취업정보실'에서 주관하는 특강, 취업지도설명회, 선후배간담회 등에 적극 참가하는 것이 좋다. 왜냐하면 해당업체에 근무하는 선배들은 회사의 제반사정과 함께 입사조건, 면접방법 등 중요한 정보들을 가지고 있기 때문이다.

4 학업 성적 향상에 힘쓴다.

흔히 학교성적이 취업의 절대조건이 아니라고 말하기도 한다. 그러나 현실적으로는 성적불량이 낙방의 주요 원인이 된다. 물론 대부분 기업의 인사담당자들은 최소 성적수준과 함께 인간 됨됨이를 주요 선발기준으로 내걸고 있다. 그렇다고 이런 추세에 편승하여 학교성적을 소홀히 하면 낭패를 당하기 쉽다. 아직도 우리 사회엔 성적우수자를 선호하는 풍조가 여전히 주류를 이루고 있기 때문이다.

5 다방면으로 실력을 쌓는다.

필기시험이 없더라도 영어와 일반상식에 대한 공부는 열심히 해두어야 한다. 또한 컴퓨터 활용능력과 함께 자신의 전공 관련 자격증을 따놓는 것은 필수이다. 그 외에도 자신이 희망하는 업종과 관련된 체험과 이론에 대한 공부도 꾸준히 해 두어야 한다. 왜냐하면 이런 작고 가벼운 경험과 실력이 자신을 표현하는 자리에선 큰 몫을 작용하기 때문이다.

(2) 취업의 준비방법

직업을 준비할 때는 반드시 다음 과정을 생각해 보아야 합니다.

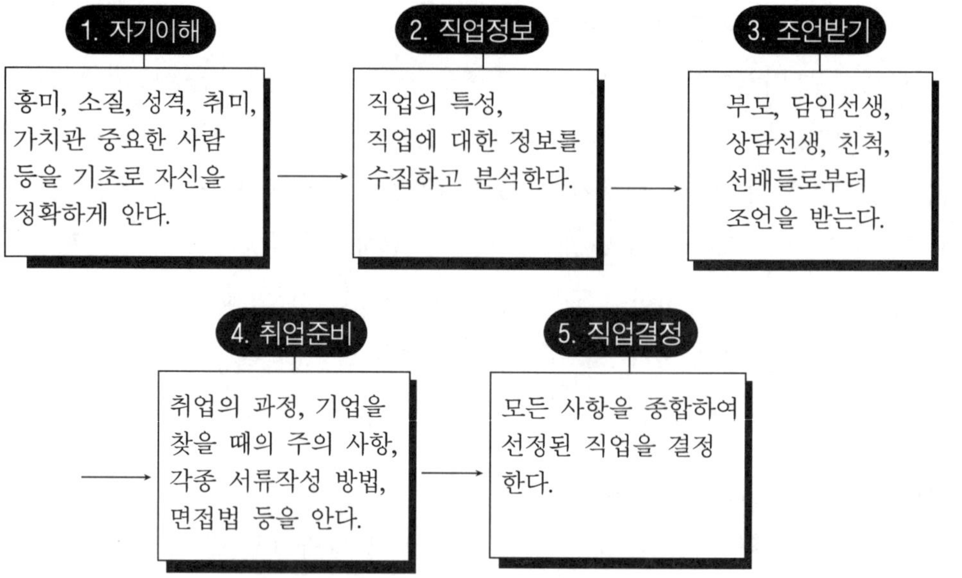

[그림 4-8] 합리적인 직업 결정 과정

(3) 직업정보의 수집과 분석

1 직업의 세계

급속한 산업화와 함께 직업의 생성·소멸 또한 빠르게 진행되고 있고 직종도 전문화·세분화되어 가는 추세이다. 우리 나라에서는 현재 1만 2천여종의 직업이 있다고 한다. 이러한 모든 직업을 다 아는 것은 불가능하기 때문에 내용이 유사한 직업분야별로 나누어 알아보는 것이 좋다.

2 직업정보 수집

직업정보에는 채용시기, 채용방법, 전형방법, 자격요건, 시험과목 등이 구체적으로 들어 있다. 따라서 이러한 정보에 어두우면 채용기회를 놓치게 마련이다. 특히, 요즘은 빠른 사회변화추세에 따라 채용시기나 방식을 수시로 바꾸고 있다. 이러한 정보는 교내 '취업정보실'이나 취업전문기관에서 발행하는 책자, 기업정보실, 인터넷이나 PC통신 등을 통해 얻을 수 있다.

◈ 인터넷

사 이 트 명	홈페이지 주소
한국직업능력개발원	http://www.krivet.re.kr
노동부 고용정보 워크넷	http://www.work.go.kr
중소기업청 홈페이지	http://www.smba.go.kr
고용지원센터	http://hope.tmca.or.kr
야후 취업사이트	http://employment.yahoo.co.kr
라이코스 취업사이트	http://www.lycos.co.kr/directory/job_info
매경 스카웃	http://www.mk.co.kr
리크루트	http://www.recruit.co.kr
인크루트	http://www.incruit.co.kr
종합취업정보 사이버잡	http://www.jobis.co.kr
지오스 리쿠르트먼트	http://geos.co.kr
정보마을	http://job.gotop.co.kr
맞춤구인구직 잡링크	http://channel.shinbiro.com/@joblink/home.html
벼룩시장	http://www.findall.co.kr
신바람 일터정보	http://job.combase.co.kr
잡인포 취업박람회	http://www.kntl.co.kr/kntlworld/job/index.html
인터넷 채용박람회	http://coop.co.kr

◈ PC 통신

<table>
<tr><th>취업관련 동호회</th><th>하이텔</th><th>천리안</th><th>나우누리</th><th>유니텔</th></tr>
<tr><td>리크루트 취업정보
(02) 3789-1364</td><td colspan="4">go recruit</td></tr>
<tr><td>매경스카우트
(02) 2000-2142</td><td>–</td><td>go mscout</td><td>go scout</td><td>go scoutu</td></tr>
<tr><td>메가 취업정보
(02) 675-9735</td><td>–</td><td colspan="3">go mega</td></tr>
<tr><td>스태프 취업정보
(02) 586-8211</td><td>–</td><td colspan="2">go staff</td><td>–</td></tr>
<tr><td>잡－뉴스 채용속보
(0344) 965-1801</td><td>go jobhunt</td><td>–</td><td>go jobnews</td><td>–</td></tr>
<tr><td>주간구인 취업정보
(02) 268-9511</td><td colspan="4">go jobis</td></tr>
<tr><td>코스모 취업정보
(02) 449-5365</td><td colspan="2">go cosmo</td><td>–</td><td>–</td></tr>
<tr><td>고용정보 Work-net
(02) 2635-2400</td><td colspan="4">go worknet</td></tr>
</table>

3 직업 정보분석

기업에 관한 정보는 해당 기업에 직접문의하거나 인사실무자가 나오는 설명회 등에서 가장 정확히 알 수 있다.

① 앞으로 성장가능성이 있는 회사인가?

② 회사경영자의 경영철학은 건전한가?

③ 전문성을 가지고 있는가?

④ 교육제도는 충실한가?

⑤ 근로조건은 합리적인가?

⑥ 이직률은 어느 정도인가?

⑦ 채용과정에의 열의는 어느 정도인가?

(4) 취업준비

서류준비	→	서류제출	→	채용시험	→	채용통보
· 입사지원서 · 이력서 · 자기소개서 · 성적증명서 · 자격증 사본 · 주민등록등본 등	→	기한에 맞추어 모든 서류를 작성하여 확인한 후 취업정보실 선생님으로부터 최종 검토 및 확인을 받은 다음 해당회사에 제출합니다.	→	시험은 서류전형, 필기(영어, 상식), 인성, 적성기초 직무능력검사, 면접시험, 신체검사, 결과 발표의 순입니다.	→	보통 개별적으로 통보되며, 연수교육 및 실습과정을 마친 후 직책이 결정됩니다.

[그림 4-9] 취업의 과정

1 서류작성 및 제출

취업에 필요한 서류는 회사별, 직종별로 다 다르다 그러나 어느 회사에서나 공통적으로 사용되는 것이 입사지원서, 이력서 · 자기소개서인데 이들은 꼭 자필로 작성해야 하므로 사전에 충분히 연습해 두어야 한다.

① 지원서, 이력서

㉠ 자필로 깨끗이 작성……이력서는 자기자신의 이력사항을 소개하는 글이기 때문에 자필로 깨끗이 작성해야 한다. 필체에 자신이 없으면 따로 글씨연습을 해 둘 필요가 있다. 혹시 틀린 글자가 있을 때는 수정액을 사용하지 말고 새로

운 용지에 다시 쓰는 것이 바람직하다.

ⓛ 간단·명료하게 구체적으로 작성……가능한 한 짧은 시간 내에 자신의 이력사항을 쉽게 알아볼 수 있도록 일목요연하게 작성한다. 그리고 읽는 사람에게 호감을 줄 수 있도록 특기사항, 수상경력, 자격증 등을 꼼꼼히 기록하고 도장 찍을 곳도 빠트리지 않아야 한다.

ⓒ 솔직하게 작성……허위나 과장됨 없이 사실대로 성실하게 기술해야 한다. 입사 후에 허위로 작성한 사실이 밝혀지면 입사가 취소된다는 점을 명심해 두어야 한다.

ⓔ 사진과 연락처……사진은 좋은 인상을 남길 수 있도록 밝은 표정과 단정한 용의·복장으로 찍어야 한다. 그리고 사진은 정해진 칸에 맞게 붙여야 한다. 전화번호란이 없는 경우에는 이력서 우측상단에 연락이 가능한 전화번호를 적으면 된다. 또 이력서상의 주소와 현 주소가 다를 때는 반드시 실제 연락처를 밝혀 주어야 한다.

② 자기소개서

ⓖ 성장과정……어린 시절부터 자신이 성장해 온 과정을 시간의 순서에 따라 작성하는 것이 좋다. 초·중·고교시절 있었던 독특한 경험을 나름대로 개성 있게 표현해 볼 수도 있다. 일반적이거나 평범한 이야기보다는 자신의 뚜렷한 개성이나 강한 의지를 나타낼 수 있는 내용들을 언급하는 것이 좋다. 즉, 남들이 관심을 기울이지 않던 새로운 분야에 대한 흥미나 관심, 그리고 그것을 선택한 과정이라든지, 경험 등 읽는 사람의 공감을 불러 일으킬 수 있는 내용들이 효과적이다. 이 때 성장과정에서 자신에게 영향을 많이 준 선생님이나 주변 인물 등에 대한 언급을 함께 하는 것이 좋다.

ⓛ 장·단점과 특기……자신의 장점을 최대한 나타내도록 한다. 그리고 단점을 감추기보다는 솔직하게 인정하고 그것을 고치기 위해 어떤 노력을 기울이고 있는지도 보여준는 것이 좋다. 사람에게 감추고 싶어하는 단점을 떳떳이 밝히는 자세는 상대에게 신선한 공감을 줄 수 있기 때문이다. 이러한 단점을 개선하려는 의지를 이야기하는 것은 확고한 주관과 성실성으로 보여 강렬한 인상을 줄 수 있다. 그리고 특기사항을 언급할 때에는 구체적으로 밝히는 것이 좋다.

㉢ 입사지원 동기……회사에 지원하게 된 이유나 동기를 명쾌히 밝혀 주어야 한다. 이 때 해당 기업의 업종이나 특성 등과 자신의 전공 또는 희망 등을 관련시켜 밝히는 것이 좋다. 이를 위해서는 평소에 회사에 대한 자세한 정보를 가지고 있어야 한다. '취업정보실' 자료, 신문, 해당 기업 사보 등을 통해 얻은 자료를 가지고 그 업체에 대해 상세히 연구해두는 것이 유리하다. 입사 동기가 불분명하면 성취 의욕이 적어 좋은 결과를 기대할 수 없다. 따라서 지원 동기를 확실히 밝힘으로써 입사 후에 업무를 자신 있게 추진할 수 있다는 강한 인상을 심어줄 필요가 있다.

㉣ 장래 희망 및 포부……희망이나 포부를 통해 일에 대한 의욕과 분명한 인생관을 피력해야 한다. 이 때 '열심히', '꾸준히' 등의 상투적인 표현은 피해야 한다. 일단 그 회사에 입사했다는 가정 하에서, 목표성취와 자기개발을 위해 어떠한 계획이나 각오를 가지고 있으며, 또 그 일에 어떻게 임할 것인지를 구체적으로 패기 있게 표현해야 한다. 그렇다고 너무 과장된 포부를 열거하는 것은 좋은 인상을 주지 못한다. 또 추상적인 표현은 피하는 것이 좋으며, 부정적인 인생관·사회관을 지녔다는 인상도 풍기지 않도록 해야 한다.

2 면접시험

최근에는 면접시험의 비중이 높아지고 있다.

① 시험순서

㉠ 대기실……잡담을 하거나 함부로 돌아다니지 말고 조용한 태도로 자기 차례를 기다리면서 예상되는 질문에 대한 대답을 최종적으로 정리해야 한다. 또한 머리, 복장이 단정한지도 살펴본다.

㉡ 입실……본인의 수험번호나 이름이 불려지면 명랑한 목소리로 대답을 하고, 면접실에 들어갈 때에는 반드시 두 세 번의 노크를 한 다음 조용히 문을 열고 들어가는 것이 좋다.

㉢ 면접태도……두 손으로 가만히 문을 닫은 다음 면접관을 향해서 가볍게 목례를 합니다. 그리고 지정된 자리에 앉으라는 지시가 있을 때 의자에 앉는다. 이 때 자연스러운 미소와 표정으로 면접관의 관심을 끌도록 한다.

㉣ 질의응답……솔직하고 자신 있는 태도로 대답하여 면접관들에게 신뢰감을 주도록 한다. 그리고 대답을 잘못했다 하더라도 머리를 긁적이거나 무의식적인 행동을 하지 않아야 한다. 질문내용을 잘 모를 때에는 적당히 얼버무리지 말고 다시 확인하여 대답하여야 합니다. 자신 있는 질문이 나왔다고 기분이 들떠서 너무 빨리 큰소리로 많은 말을 하는 것은 좋지 않다. 언제나 침착하게 요점만을 명료하게 간추려서 요령 있게 대답해야 한다.

㉤ 퇴실……면접이 끝나면 너무 성급하게 일어나 퇴실하는 것은 좋지 않다. 바른 자세로 서서 면접관을 향해 공손하게 인사를 하고 나오되, 문은 두 손으로 가볍게 소리가 나지 않도록 닫고 나와야 한다.

② **준비사항**

㉠ 용의와 복장……첫인상에서 인상적인 평가를 받는 것이 중요하기 때문에 밝은 표정을 유지하도록 해야 한다. 학생은 교복을 입어야 하며, 신발은 학생용 구두를 신고 졸업 후에는 정장 차림을 한다. 여학생일 경우 미니 스커트, 굽 높은 구두, 슬리퍼 형 구두, 색깔 있는 스타킹은 삼가는 것이 좋다.

㉡ 준비물……필기도구 · 수험표 · 주민등록증(학생증) · 손수건 · 빗 등을 준비한다. 또한 가벼운 마음으로 읽을 수 있는 한 권의 책을 준비 해 가면 지루함도 피할 수 있고 면접 안내자에게도 호감을 줄 수 있다.

㉢ 사전 숙지사항……지원한 회상의 현황, 설립연도, 소재지, 사업부문, 계열사, 자본금, 매출액, 주력사업, 인사방침, 경영목표, 기업전망 등 제반사항에 대해 미리 알고 가는 것이 좋다.

㉣ 사용 언어……상대가 알아듣기 쉽게 대화형태의 말로써 말끝을 분명히 하는 것이 중요하며, 고사성어 등 어려운 단어를 쓰는 것은 자연스럽지 않다. 끝맺는 말로는 [~습니다], [~입니다], [~합니다]로 하는 것이 분명한 의사전달이 될 수 있다.

㉤ 성의 있는 답변……하찮아 보이는 질문이나 답변하기 곤란한 질문이라도 성실히 답변하고 말 한 마디, 한 마디에 적극적이고 긍정적인 자세로 최선을 다하는 모습을 담아야 한다.

㉥ 마지막까지 최선을 다하는 자세……면접 중 질문에 대답을 못했거나 실수

를 했다고 하더라도 중도에 면접을 포기하면 안된다. 마지막까지 성의를 가지고 면접에 임할 때 좋은 결과를 얻을 수 있다.

(5) 직업결정

자신에 대한 이해 결과와 직업에 대한 정보분석 결과를 토대로 직업과 직장을 결정하게 된다. 특히, 이 때에 고려할 점은 일시적인 감정의 동요나 주위의 유혹에 의해 진로가 결정되어서는 안 된다. 따라서 다시 한 번 장래의 진로계획을 면밀히 검토하여 최선의 결정을 해야 한다. 그리고 일단 결정한 다음엔 그것을 달성하기 위한 여건조성과 최선의 노력이 뒤따라야함은 두 말할 나위 없는 일이다.

제 5 장 검사의 활용

진로를 합리적이고 객관적으로 현명하게 선택하기 위해서는 이에 적절한 심리검사를 몇 가지 실시하는 것은 매우 중요한 일이다.

이 장에서는 학교에서 진로상담을 위해 진로상담교사나 일반 학급담임 교사들이 최소한 몇 가지 검사들을 선택하여 실시할 수 있도록 최신의 검사 정보를 제공하고 검사내용과 실시요령 등에 관하여 소개하고자 한다.

1. 진로성숙검사

진로성숙에 대한 검사는 주로 학생들이 진로발달 과정에서 얼마만큼 성숙이 이루어지고 있는가를 파악하는 도구로서 미국에서는 상당히 많은 종류의 검사들이 개발되어 있다.

진로성숙 또는 발달정도를 측정하기 위한 검사도구로는 Adult Career Concern Inventory(ACCI : Super 등), Assessment of Career Decision Making(ACDM : Harren 등), Career Decision Scale(CDS : Osipow), Career Development Inventory(CDI : Super 등) Career Maturity Inventory(CMI : Crites), Cognitive Vocational Maturity Test(CVMT : Westbrook& Parry-Hill), 그리고 My Vocational Situation(MVS : Holland 등)과 국내에서 최초로 중앙교육진흥연구소에서 개발한 '진로의식 발달검사' 및 한국교육개발원에서 개발한 '진로성숙도 검사' 등이 있다.

여기에서는 이상에 열거된 진로성숙도 측정도구들 중에서 가장 많이 활용되어 온 것을 3가지만 선택하여 자세히 살펴보기로 하겠다(김병숙 외, 1999).

1) 진로발달 검사도구

(1) 진로발달 검사도구(CDI)의 개발과 목적

Super가 제시한 진로발달의 이론적 모델에 기초하여 제작된 진로발달검사도구(Career Development Inventory : CDI)는 Super와 그의 동료들에 의해서 연구된 진로유형 연구의 영향을 많이 받았다. 진로유형 연구는 미국 뉴욕의 중학교 3학년(9학년) 남학생들을 대상으로 청소년들의 정신적 · 사회적 · 직업적 성장을 종단적으로 연구한 것으로서, 이 연구의 핵심내용은 진로성숙, 진로유형, 진로발달단계 및 자아개념의 직업적 자아개념으로의 전환 등에 관한 것이었다.

진로발달검사도구의 개발목적은 ① 학생들의 진로발달과 직업 또는 진로성숙도를 측정하기 위하여, ② 학생들의 교육 및 진로계획 수립에 도움을 주기 위하여, ③ 진로결정을 위한 준비도를 측정하기 위하여 등이다.

(2) 진로발달 검사도구의 종류

진로발달검사도구는 중 · 고등학생을 위하여 제작된 학교용(school form)과 고등교육기관에 사용할 수 있는 대학교용(college & university form) 등 두 가지 양식이 있다. 이 두 가지 검사양식 사이에는 구조나 논리에 있어서는 차이가 없으나 검사대상의 교육적 수준이나 진로발달정도가 상이하므로 문항내용에는 차이가 있다(Johnson, 1985).

학생용 검사도구는 중학교 2학년(8학년)부터 고등학교 3학년(12학년)학생들에게 적용가능하며, 전국의 중학교 3학년(9학년)부터 고등학교 3학년(12학년) 각 학년을 대상으로 표준화를 실시한 규준을 가지고 있다. 진로발달 검사도구의 5개의 하위척도 가운데 CP(career planning), CE(career exploration), DM(decision making), WW(world of work information) 등 4개는 중학교 2학년(8학년) 수준 이상의 학생들에게 적합하다. 그러나 PO(knowledge of preferred occupational group)는 척도에서 사용되고 있는 직업관련 용어 정보를 고등학교 1학년 이하의 학생들이 이해하기 어렵기 때문에 고등학교 2학년과 3학년 학생들에게 적합하다.

대학생용 검사도구는 학생용 검사도구와 비슷하나, 대학상황에 맞게 조정되었으며, 동시에 대졸자들이 주로 취업하는 직업에 초점을 맞추었다. 이 도구에서 사용하는 용어 및 개념들도 대학생 수준에 맞는 것으로 선정되었다.

(3) 진로발달 검사도구(CDI)의 척도

진로발달 검사도구(CDI)는 8개의 하위척도로 구성되어 있다. 이중 5개의 하위척도는 진로발달 특수영역을 측정하기 위하여 제작된 것이며, 나머지 3개의 하위척도는 5개의 하위척도 가운데 같은 특성을 측정하는 척도들을 조합하여 만든 것이다. 이 척도들은 아래와 같다.

① CP-진로계획(career planning) : 20 문항

② CE-진로탐색(career exploration) : 20 문항

③ DM-의사결정(decision making) : 20 문항

④ WW-일의 세계에 대란 정보(world of work information) : 20문항

⑤ PO-선호하는 직업군에 대한 지식(knowledge of preferred occupational group) : 40 문항

⑥ CDA-진로발달과 태도(attitude) : CP + CE

⑦ CDK-진로발달과 지식과 기술(knowledge and skills) : DM+WW

⑧ CDT-총체적인 진로성향(career orientation total) : CP＋CE＋DM＋WW

(4) 진로발달 검사도구의 활용

진로발달 검사도구는 건전한 교육적 · 직업적 선택을 위한 학생들의 준비도를 측정하기 위하여 고안된 것으로 다음과 같이 활용될 수 있다.

① 개인상담시 분석적인 데이터 및 예언적인 정보를 제공할 뿐만 아니라 상담을 필요로 하는 특별영역을 찾아내는 데 유용하다.

② 진로교육 프로그램 시행결과를 측정하기 위한 도구로 유용하다.

③ 진로발달 검사도구를 통하여 얻은 정보는 적성개발, 흥미검사 그리고 학력검사 등에서 얻은 정보와 함께 사용된다면 학생들을 위한 진로발달 경험을 계획할 때 유용하다.

2) 진로성숙도 검사

(1) 진로성숙도 검사의 개발

진로성숙도 검사도구(Career Maturity Inventory : CMI)는 객관적으로 점수화되고 표준화된 진로발달 측정도구로서 최초로 개발되었다(Crites, 1973). 이것은 직업성숙개념과 진로유형 연구모형의 영향을 받았다. 진로성숙도 검사 측정모델은 스탠포드-비네(Standford-Binet)와 웩슬러(Wechsler)가 지능을 측정하기 위하여 만든 성인지능검사척도(adult intelligence scale)에서 사용한 연령에 따른 점수화 방법을 사용하고 있다.

(2) 진로성숙도 검사의 원리

진로성숙도 검사 측정모델이 강조하는 주요원리는 다음과 같다(GYsbers et al., 1984).

① 발달변인들을 측정하기 위한 문항들은 시간과 밀접하게 관련이 있어야 한

다. 즉, 종합적인 발달변인으로 간주되는 진로성숙 측정도구의 모든 문항들은 시간을 나타내거나 시간과 실제적으로 연관이 있어야 한다. 진로성숙도 검사도구(CMI)는 이러한 조건을 만족시키는 문항들과 그리고 이론적으로 또는 언어적으로 의미가 있는 문항들로 구성되었다.

② 진로성숙도 검사의 모든 문항들은 논리적・경험적인 타당성을 유지하기 위하여 진로선택 내용과 진로선택 과정을 통합시켰을 뿐만 아니라, 연령과 점수척도, 그리고 논리적-경험적인 측면 모두를 고려하여 만들어졌다.

(3) 진로성숙도 검사의 척도

1 태도척도

진로성숙도 검사는 태도척도(attitude scale)와 능력척도(competency scale)로 구성되어 있으며, 태도척도에는 선발척도(screening form)와 상담척도(counseling form) 두 가지가 있다. 선발척도(form A-2)는 직업발견 및 진로설정과 관련된 긍정적 진술과 부정적 진술 50개로 이루어져 있다. 이 척도는 상담을 위하여 학생들을 분류하거나 또는 진로교육의 결과를 평가할 때 적합하다. 피검사자들은 각 문항에 대하여 진(true) 또는 위(false)로 반응하면 된다.

태도척도 가운데 상담용 척도(counseling form B-1)는 75개의 문항으로 구성되어 있는데 그 가운데 50문항은 선발척도(form A-2)의 문항과 동일하다. 이들 75개의 문항들은 진로결정성(decisiveness), 참여도(involvement), 독립성(independence), 성향(orient- ation), 그리고 타협성(compromise) 등 5개의 하위영역으로 나누어져 있다. 상담용척도(form B-1)의 검사결과는 일에 대한 태도의 관점에서 교육 또는 상담의 효과를 자세히 분석하는 데 유용하다.

태도척도와 능력척도는 각각 분리하여 사용할 수 있도록 제작되었다. 그러나 진로성숙의 개념이 태도적인 인지적인 요소 모두를 포함한다고 볼 때 가능한 함께 사용하는 것이 타당하다. 진로성숙도 검사는 초등학교 6학년부터 고등학교 3학년을 대상으로 표준화를 실시하였다. 그러나 성인들에게도 적용이 가능하다(Crites, 1988).

이미 앞에서 언급된 것처럼 진로성숙도 검사는 태도척도와 능력척도로 구성되어 있는데, 이들 양척도에 사용된 문항들은 실제생활을 토대로 선정되었다. 예를 들면 진로상담시 상담자가 진술한 내용, 진로상담사례, 그리고 직업정보자료 등을 근거로 문항들이 제작되었다.

태도척도는 진로선택과정에 대한 피험자의 태도와 진로결정에 영향을 미치는 성향적 반응 경향성을 측정하는 것으로 문항내용은 다음과 같다.

2 능력척도

능력척도는 진로의사결정에서 가장 중요한 것으로 간주되는 지식영역, 즉 자기평가(self-appraisal), 직업정보(occupational information), 목표선정(goal selection), 계획(planning) 그리고 문제해결(problem solving) 등 5개의 영역을 측정하는 문항들로 구성되어 있다. 각 영역은 20개의 문항으로 구성되어 있어 전체 100개의 문항이 능력척도를 구성한다. 각 문항은 4개의 선택답지와 1개의 '모른다' 답지로 구성되어 있다.

〈표 5-1〉 태도척도 문항내용

영 역	측정 내용	문항의 예
결정성 (decisiveness)	선호하는 진로의 방향에 대한 확신의 정도	나는 선호하는 진로를 자주 바꾸고 있다.
참여도 (involvement)	진로선택과정에의 능동적 참여 정도	나는 졸업할 때까지는 진로선택에 별로 신경을 쓰지 않겠다.
독립성 (independence)	진로선택을 독립적으로 할 수 있는 정도	나는 부모님이 정해주시는 직업을 선택하겠다.
성 향 (orientation)	진로결정에 필요한 사전이해와 준비의 정도	일하는 것이 무엇인지에 대해 생각하는 바가 거의 없다.
타협성 (compromise)	진로선택시에 욕구와 현실을 타협하는 정도	나는 하고 싶기는 하나 할 수 없는 일을 생각하느라 시간을 보내곤 한다.

(4) 진로성숙도 검사의 활용과 상담방법

진로성숙도 검사는 다양한 측면에서 개인진로상담이나 집단진로지도에 유용한 정보를 제공할 뿐만 아니라, 고등학교나 대학수준에서의 종합적인 진로발달 프로그램 개발에 활용될 수 있다. 진로성숙도 검사도구(CMI)의 문항들은 진로

의사 결정과정에서 가장 일반적으로 제기되는 두 가지 문제점, 즉 미결정(indecision)과 비현실성(unrealism)의 분석뿐만 아니라, 이와 같은 문제점을 발생시키는 요인을 찾아내는 데 유용하다.

만약 내담자의 진로의사결정 과정상의 문제점들이 진로성숙도 검사도구(CMI) 측정을 통해서 발견되었다면, 상담자가 진로성숙도 검사도구(CMI)의 결과를 가지고 내담자와 상담하는 방법에는 다음 세 가지가 있을 수 있다.

① 전통적인 검사결과 해석방법으로 진로성숙검사 결과표에 그래프로 해당영역의 점수를 표시하고 내담자와 그 결과의 의미를 해석하는 방법이다.

② 종합검사 결과 해석법으로 상담자가 내담자에게 검사결과를 그래프로 제시하기보다는 검사결과를 종합적으로 이해하여 내담자와 상담하는 과정 속에 언어적으로 표현하는 방법이다.

③ 고등학생들에게 특별히 효과적인 방법으로 상담자가 내담자가 올바르게 응답하지 못한 문항들은 하나씩 짚어 가면서 설명하는 '검사도구 해석 · 활용법(teaching the test)'이다(Crites, 1971).

2. 적성검사

지능검사보다 더 특수하고 광범한 영역의 능력을 시간제한 하에서 측정하며, 주로 산업체나 학교에서 많이 사용한다. 특수한 직종에 맞는 사람을 선발할 목적으로 사용하는 것이 일반적이며, 그 종류는 크게 일반적성검사, 특수적성검사, 중다적성검사의 세 가지로 구분된다.

일반적성검사(general aptitude test)는 다양한 종류의 직무를 수행하는 데 종합적으로 요구되는 기본능력을 측정하는 검사로서, 사실상 지능검사와 같다.

특수적성검사(special aptitude test)는 특수한 직종이 요구하는 적성을 가지고 있는지를 측정하는 검사로서, 기계적성 · 사무적성 · 운동적성 등의 특수한 능력을 따로 재는 검사를 말한다.

중다적성검사(multipul aptitude test)란 여러 개의 특수적성을 모은 총집

(battery)형태의 검사로 광범위한 분야의 다양한 능력을 각기 측정해서 비교 해석할 수 있도록 제작한 검사이다.

현재 우리 나라에서 직업상담용으로 사용할 수 있는 적성검사총집으로는 GATB 직업적성검사(중앙적성출판사)가 있다.

1) 일반적성 검사

GATB(General Aptitude Test Battery)는 미국노동청의 고용위원회(U.S. Employment Service)가 1945년에 연구·개발한 일반적성검사로 현재는 미국노동청에서 직업·채용상담의 자료를 얻기 위하여 사용되고 있다. 이를 일반직업적성검사라고 하는 이유는, 인간성능에 대한 요인분석(factor analysis)에 의하여 일반능력(G), 언어적성(V), 수적성(N), 공간적성(S), 형태지각(P), 운동조정속도(K), 손가락의 교치도(F), 손의 기교도(M), 사무지각(Q) 등 총 9종류의 기본적 능력을 추출하여 이들을 측정할 수 있는 15종의 검사로 종합검사(test battery)를 구성하여 각종 직업에 대한 직무분석과 직업적성군별 기준을 정하여 개인이 어떤 직업군에 적합한가를 볼 수 있게 한 검사이기 때문이다.

이 GATB는 적성능력의 측면을 측정하는 검사로서 세계 각국에서 널리 사용되고 있다. 우리 나라 노동부에서 발행한 일반적인 적성검사(1997)도 이 GATB를 기준점으로 삼은 검사이다.

2) 일반직업 적성검사(노동부, 1987)

노동부 산하의 중앙고용정보 관리소에서 제작한 일반직업적성검사는 우리나라에서 각 학교나 기업체, 노동부 산하 교육훈련장에서 많이 이용하고 있다(김병숙 외, 1999).

(1) 검사의 목적과 내용

일반직업적성검사는 다양한 직업분야에서 자기가 맡은 직무를 성공적으로 수행하기 위하여 요구되는 몇 가지 적성요인의 측정을 목적으로 고안되었다.

이 검사에 의하여 얻어진 자료는 학생 및 구직자가 선택하려고 하는 직업의 직무수행 요건과 적성요인을 비교하여 능력에 적합한 직업의 선택과 지도에 활용된다.

일반직업적성검사는 직무수행에 필요하다고 판단되는 9종의 적성요인을 측정하기 위한 15가지 검사로 되어 있다.

이 15가지 검사 중 11가지는 검사용지와 필기구 (볼펜, 연필)에 의한 지필 검사이며, 나머지 4가지는 측정도구에 의한 기구검사이다.

즉, 지필검사는 적성검사문제지의 검사 1부터 11까지로 되어 있으며, 기구검사는 손재능검사판을 이용하는 검사12 및 13과 손가락 재능검사판을 사용하는 검사 14 및 15의 4가지 검사로 되어 있다.

(2) 검사종목

검사종목	검사의 내용
검사 1 공구비교검사	왼쪽에서 제시한 간단한 공구의 도형을 보고 오른쪽의 4가지 도형들 중에서 왼쪽의 도형과 동일한 것을 찾아내는 검사
검사 2 명칭비교검사	좌우 2개의 문자 또는 숫자를 비교하여 동일여부를 가려내는 검사
검사 3 종선기입검사	H의 양쪽 종선에 닿지 않도록 H의 횡선에 짧은 종선을 가능한 많이 긋는 검사
검사 4 계산검사	더하기, 빼기, 곱하기, 나누기의 계산검사
검사 5 평면도 판단검사	왼쪽에서 제시한 그림 중 위치나 방향이 바뀌어진 도형을 오른쪽의 5개의 기하학적 도형들 중에서 찾아내는 검사
검사 6 타점속도검사	연이어 나열된 사각형 안에 점 3개를 가능한 빨리 찍는 검사
검사 7 입체도 판단검사	평면도를 보고 접거나 둥글게 말아서 만들어지는 입체도형을 가려내는 검사
검사 8 산수 응용검사	산수 응용문제를 푸는 검사
검사 9 어휘검사	제시된 4개의 낱말 중에서 서로 비슷하나, 반대의 의미를 지닌 두 개의 낱말을 가려내는 검사

검사 10 기호기입검사(Ⅱ)	사각형안에 정해진 기호를 가능한 한 빨리 기입하는 검사
검사 11 형태 비교 검사	숫자로 기록된 도형과 가, 나, 다, 라로 기록된 도형 중에서 모양과 크기가 동일한 도형을 찾아내는 검사
검사 12 환치검사	손 재능 검사판 위에 꽂혀 있는 나무막대를 양손으로 동시에 하나씩 뽑아서 아래구멍에 넣는 검사
검사 13 회전검사	한 손으로 꽂혀있는 나무막대를 뽑아낸 후 같은 손으로 막대의 상, 하를 거꾸로 회전시켜 같은 구멍에 꽂는 검사
검사 14 조립검사	한 손으로 재능검사판 위에 꽂혀있는 쇠못을 뽑고 다른 한 손으로 옆 원주에 꽂혀있는 고리를 하나씩 빼서 이를 조립한 후 (쇠못에 고리를 끼움) 쇠못을 뽑은 손으로 아래구멍에서부터 위로 꽂아 나가는 검사
검사 15 분해검사	아래 구멍에 꽂혀있는 쇠못과 고리를 뽑아서 분해한 후 한 손으로 고리를 다시 꽂고 다른 손으로는 쇠못을 뽑아 아래 구멍에서부터 위로 꽂아 나가는 검사

(3) 측정요인

일반직업 적성검사에서 측정하는 적성요인은 아래와 같이 9가지가 있다.

적성요인	적성요인 설명
G－학습능력	설명, 예시 및 여러 가지 원리를 이해하는 능력, 추리하고 판단하는 능력, 새로운 환경에 신속히 적응하는 능력
V－언어능력	단어의 의미 및 그와 관련된 개념을 이해하고 적절히 구사하는 능력, 단어 상호간의 관계 및 문장의 의미를 이해하는 능력, 정보나 자신의 생각을 표현하는 능력
N－수리능력	계산을 정확히 하고 신속히 하며 응용문제를 추리, 이해하는 능력
Q－사무지각	낱말, 인쇄물, 전표물 등을 세부까지 정확하게 지각하는 능력, 낱말이나 숫자를 직관적으로 비교·판별하며 사실과 다른 점을 발견하고 교정하는 능력
S－공간판단력	입체도형의 이해나 평면도형과 입체도형의 관계를 이해하는 능력, 청사진을 읽거나 기하문제를 푸는 능력, 2차원, 3차원의 형체를 상상하거나 생각하는 능력
P－형태지각	사물이나 도형을 세부까지 정확하게 지각하고, 비교·판별하는 능력, 도형의 행태와 음영의 근소한 차이 및 넓이나 길이의 근소한 차이를 식별해내는 능력
K－운동조절	눈과 손 또는 손가락을 정확하게 움직여 신속히 작업을 수행하는 능력, 반사적인 동작을 정확하고 바르게 하는 능력, 눈으로 보면서 손의 신속한 운동을 빠르게 하는 능력

F－손가락 재능	손가락을 빠르고 정확하게 움직여 작은 물건을 재치 있게 다루는 능력
M－손재능	손을 마음대로 재치 있게 움직이는 능력, 물건을 집어 올리거나 내려놓거나, 바꾸어 잡거나, 회전시킬 때 손과 손목의 운동이나 손목놀림을 자유롭게 할 수 있는 능력

3) 적성진단 검사

중앙적성연구소에서는 이상로와 김경인(1974)이 제작한 적성진단검사(중학생－성인용)를 발행한 것이 대표적이다.

(1) 검사의 특징과 형식

일선학교나 직장의 요구에 비추어 진학적성과 직업적성이 동시에 파악될 수 있도록 하였다. 학생들의 진학지도와 직업선택에 필요한 직업적성을 동시에 파악하여 장기적인 교육 및 생활지도 계획수립에 도움이 되도록 하였다.

이 검사는 실시의 편의상 11개의 하위검사로 나누어 구성되어있다. 이들 하위검사는 모두 지필검사(paper & pencil test)로서 개인 또는 집단을 대상으로 실시할 수 있도록 한 시간제한검사(time limit test)이다. 11개의 하위검사 중 언어사용력, 언어추리, 계산능력, 수리력, 추리력, 수계열, 공간관계, 물상추리, 생물추리의 9개 검사는 사지선다형의 객관식 필답형식을 취하고 있었으며, 지각속도검사는 양자택일식의 객관식 검사(속도검사, speed test)이고, 미로추적검사는 단답주관식 검사이다.

(2) 검사의 구성내용

이 검사는 일반능력요인(G)과 5개의 적성요인(언어, 수리, 사고, 공간지각, 과학기계)을 측정할 수 있는 11개의 하위 검사로 구성되어 있으며, 하위검사들을 결합하여 20개의 직무군으로 개인의 학업 및 학업적성의 영역과 그 수준을 분석, 진단하도록 되어 있다. 본 검사의 6개 성능요인과 11개 하위검사는 각각 다음과 같다.

1 성능요인

본 검사에서 측정되는 6개의 성능요인, 즉 1개의 일반능력요인과 5개의 적성요인은 다음과 같다.

① **일반능력**(G) : 이는 개인의 일반능력수준(general ability)을 나타내는 것으로 일반적으로 이해력, 추리력, 문제해결력 등과 같은 기본학습능력 또는 적용력을 말하며 지능수준과 비교적 높은 상관을 갖고 있다. 이 검사에서는 언어추리(V), 수리력(N), 추리력(연역추리 : RD), 수계열(귀납추리 : Ri), 지각속도(P), 공간지각(S)의 6가지 하위검사의 득점으로 일반능력(G)을 측정하고 있다. 이 일반능력은 피검자의 적성준거 내지 직능수준을 평가하는 데 기준이 되는 준거이다.

② **언어적성**(V) : 언어개념, 언어사용력, 언어적 추리력을 포함하며, 이는 어문계통의 전문직에 크게 소요되는 성능으로서 언어사용력(L)과 언어추리(V)의 2가지 하위검사로서 측정하도록 하였다.

③ **사고적성**(R) : 추리와 판단을 통해서 사고하는 능력을 알아보려는 것으로, 연역추리력을 측정하는 추리력검사(Rd)와 귀납추리력을 재는 수계열검사(Ri)의 2개의 하위검사로서 측정하고 있다.

④ **수리적성**(N) : 수량과 관계되는 실제문제나 수량 간의 문제를 알아보는 수리능력을 말하며, 이는 수량적 학습이나 직무와 관계되는 것으로 계산능력검사(C)와 수리력검사(N)로서 측정하고 있다.

⑤ **공간지각 적성**(SP) : 주로 시각작용에 의한 입체구성능력, 공간정위나 공간관계력, 공간적 식별력, 지각속도 등을 말하는 것으로 지각속도 검사(P)와 공간관계 검사(S)로 구성되어 있다.

⑥ **과학기계 적성**(SM) : 이공계통에서 특히 요구되는 일반과학에 관한 이해력, 추리력, 판단력 및 감각운동의 정확성과 속도 및 협응력과 공학적 원리 및 기능에 관한 능력을 말하며, 특히 일반대학의 자연계에 요구되는 적성이다. 이는 물상 및 기계추리력을 재는 생물추리검사(B) 및 수공능력을 재는 미로추적검사(F)로 구성되어 있다.

2 하위검사

이미 6개 성능요인에서 그 명칭을 밝힌 바 있으나 그 구체적인 내용은 다음과 같다.

① **언어사용력 검사**(L) : 어휘력, 단어연상, 언어의 적절한 사용력을 알아내려는 문제들로서 각 문장이 완전한 문장이 될 수 있도록 각각 그 ( ) 속에 들어갈 적당한 낱말을 네 개의 답지 가운데서 골라내도록 되어있다. 모두 20개의 문항이다.

② **언어추리 검사**(V) : 추리와 판단의 과정을 통해 사고하는 능력을 알아내려는 문제로서, 왼쪽 두 사물 또는 사실의 관계와 같은 관계를 가진 낱말을 오른쪽 4개의 낱말 중에서 골라내어 세 번째 낱말과 짝지우도록 되어있다 모두 20개의 문항으로 구성되어 있다.

③ **계산능력 검사**(C) : 빨리 그리고 정확하게 수량을 계산하는 능력을 알아보는 것으로, 여러 가지 계산문제의 답을 네 개의 답지 가운데서 정답을 골라내도록 되어 있으며, 이 검사는 20개의 문항으로 구성되어 있다.

④ **수리력 검사**(N) : 수량과 관계되는 실제문제나 수량과의 관계등을 포함하는 수량적 추리능력을 알아내려는 문제로서, 수량적 추리를 요하는 산수응용문제의 답을 네 개의 답지 가운데서 골라내도록 한 검사이다. 이는 전체 15개의 문항으로 구성되어 있다.

⑤ **추리력 검사**(Rd) : 연역적 추리력을 알아보기 위한 검사로서, 문항의 그림에 찍혀져 있는 점(·)의 위치와 동일한 조건의 위치에 점을 찍을 수 있는 그림을 네 개의 답지항 그림 가운데서 골라내도록 한 위상관계문항이며, 이는 R. B. Cattell과 A. K. S Cattell이 제작 표준화한 CFIT(Culture Fair Intelligence Test) Scale 2와 Scale 3의 위상관계 검사문항을 기초로 발췌, 개편한 것이다. 전체 15개의 문항으로 되어 있다.

⑥ **수계열 검사**(Ri) : 귀납적 추리력을 알아내는 검사로서, 일정한 순서와 법칙에 따라 배열해 놓은 여러 개의 수계열마다 각 수계열의 맨 마지막 부분에 들어갈 적당한 숫자를 네개의 답지 가운데서 골라내도록 되어 있으며, 20개의

문항으로 되어 있다.

⑦ **지각속도 검사**(P) : 얼마만큼 빨리 그리고 정확하게 사물을 식별해 내는 능력을 가지고 있는가를 알아보려는 검사로서, 이는 각각 짝지어져 있는 왼쪽과 오른쪽의 글자나 부호의 모양과 순서가 틀린 것을 골라내게 되어 있으며, 전체 50개의 문항으로 구성되어 있다

⑧ **공간관계 검사**(S) : 이는 공간지각이나 공간적 관계에 관한 능력을 측정하는 공간지각검사로, 여러 가지 모양의 전개도를 보고 그것이 어떤 도형을 펼쳐 그린 그림인지를 알아내어 네 개의 답지 가운데서 하나씩 골라내도록 한 공간지각 검사이며, 이 검사는 모두 15개의 문항으로 되어 있다.

⑨ **물상추리 검사**(H) : 물상과학적인 이해력과 추리력 및 각종 기계나 도구 및 공학적 원리의 이해력과 추리력을 측정하기 위한 검사로서, 여러 가지 물상과학추리 및 기계의 움직임과 원리문제에 대한 답을 각각 주어진 네 개의 답지 가운데서 골라내도록 되어 있다. 전체 20개의 문항으로 구성되어 있다.

⑩ **생물추리 검사**(B) : 생물과학적인 이해력과 추리력을 재기 위한 문제로, 20개의 생물과학적인 추리문제의 답을 각각 네 개의 답지 가운데서 골라내도록 되어 있다.

⑪ **미로추적 검사**(F) : 감각운동능력과 손의 기교도, 눈과 눈의 협응도(coordination), 수공능력을 알아내는 문제로, 여러 가지 모양의 그림으로 나타내고 있는 통로를 따라 선을 빨리 그리고 정확하게 그려 나가도록 한 20개의 미로추적 문제로 구성되어 있다(김병숙외, 1999).

4) 기초적성 검사

서울특별시 교육연구원에서 1994년에 제작, 발행한 적성검사를 개관하면 다음과 같다.

본 적성검사는 기존의 적성검사에 포함되지 않았던 '대인관계', '과학탐구' 등의 소검사를 포함시키고 있는 점이 특징이다. 검사대상은 중학생용이다.

기초적성검사는 7개 하위영역의 9개 소검사로 구성되어 있다.

9개의 소검사별 측정요인은 다음과 같다

① **어휘력 :** 단어의 의미를 이해하고 작용하는 능력을 뜻한다.

② **언어추리력 :** 제시된 단어들 간의 관계를 파악하고 유추하는 논리와 추리력을 의미한다.

③ **수 계산력 :** 수를 신속·정확하게 가감승제 하는 능력을 말한다.

④ **수 추리력 :** 논리적 추론이 동원되는 수 문제를 해결할 때 필요한 능력을 의미한다.

⑤ **공간관계 :** 능력기하학적 도형의 형태를 시각적으로 지각하고, 공간적인 조망을 정신적으로 조작하는 능력을 말한다.

⑥ **과학탐구력 :** 문제를 확인하고 해결방안을 구안하여 실험설계 및 결론을 도출하는 일련의 능력이다.

⑦ **변별지각력 :** 문자, 기호, 숫자 등을 신속·정확하게 비교·판별하는 능력이다.

⑧ **수공기능 :** 눈과 손의 협응을 통해 신속·정확하게 그리거나 완성시키는 기능적 능력이다.

⑨ **대인관계능력 :** 한 개인의 행동 패턴이 사회적 참여도가 높고, 외향화되었는지 아니면 사회적으로 억제되고 내향화되었는지에 따라 일상생활에서 만나는 사람들과의 관계는 달라진다. 그리고 이러한 개인의 행동 패턴은 직업을 선택하고 그 직업에서 성공적으로 살아가는 데도 중요한 영향을 준다. 한 예로 매사에 적극적이고 활달하며 타인의 의견을 수용하는 행동경향을 가진 사람은 사람을 상대로 하는 모든 직업에서 성공할 가능성이 크다. 대인 관계검사는 내향·외향, 의존·독립, 수줍음·자신감, 소심· 용감의 네 개 요인으로 구성되어 있다.

5) 학과와 직업선택을 위한 적성검사(중앙적성연구소, 1998)

(1) 본 검사의 목적과 기능

개인이 한 직업활동을 선택한 후 선택된 직업 내에서 어떠한 종류의 활동을 하는 데 있어 개인이 가진 능력유형, 인성유형 그리고 직업선호경향의 3가지 요인이 일치하는 정도에 대한 정보를 통하여 가장 타당한 직업을 선택하도록 해준다.

첫째, 개인의 능력, 인성유형 그리고 직업선호경향과 직업선택과의 일치정도를 분석하여 개인이 어떠한 직업을 선택해야 하느냐의 정보를 부여하여 가장 이상적인 직업을 결정할 수 있도록 '안내'의 정보를 제공할 수 있다.

둘째, 한 개인의 적성에 관한 종합적인 자료를 통하여 대학에서 학과나 계열을 선택하는 데 있어 결정적인 '정보'의 역할을 할 수 있다.

셋째, 능력, 인성유형 그리고 선호경향 간의 그 일치정도의 종합적인 정보를 통해서 선택된 직업 중 어느 분야에서 가장 효율적인 성취를 할 수 있느냐의 정보를 제공한다.

(2) 검사의 활용방법

인간의 성취에 작용하는 특성은 3가지로, 능력유형으로서 '직업능력유형'이라고 표현될 수 있는 직업과 관련된 능력과 정의적 특성이라고 볼 수 있는 '직업인성특성'과 개인적으로 가지고 있는 '직업선호경향'이라고 볼 수 있다.

이러한 개인이 갖고 있는 3가지의 특성이 일치하는 직업을 선택하게 되면 개인적인 행복추구에서 뿐만 아니라 직업수행에서의 생산성과 효율성을 극대화시킬 수 있다.

지금까지의 도구가 위의 3가지 요인 중 주로 하나의 요인, 즉 능력유형이라든지 인성유형, 혹은 선호경향만을 다루고 있어 인간의 성취를 위한 요인을 포괄적으로 보지 못하고 있다. 그래서 본 검사는 단편적이고 부분적으로 다루는 데서 오는 정보의 불확실성과 정보의 부적절성을 탈피하고자 위의 3가지 요인을 동시에 고려하는 접근방법을 택하였다. 이를 위하여 이론적 배경은 Guilford의 지능구조이론에 두고 있다. 그러나 그 이론을 근간에 두었을 뿐, 이 이론을 재개념화하고 재측정하였으며, 또한 한국상황에의 적용가능성 그리고 나아가 직업이라는 특수한 상황과 관련시켜 재개념화와 이론형성에 관심을 두었다. 다음의 그림은 본 검사의 개념 및 측정모형이다. 모형을 구성하는 작은 입방체들은 각기 직업과 관여된 인간의 특성을 나타내고 있다. 각 특성은 3가지 영역의 조합에 의해 정의된다.

4개 차원의 작용영역과 2개 차원의 정보영역 그리고 2개 차원의 행동영역을 조합하여 16가지의 개별화된 특성이 있음을 알 수 있다.

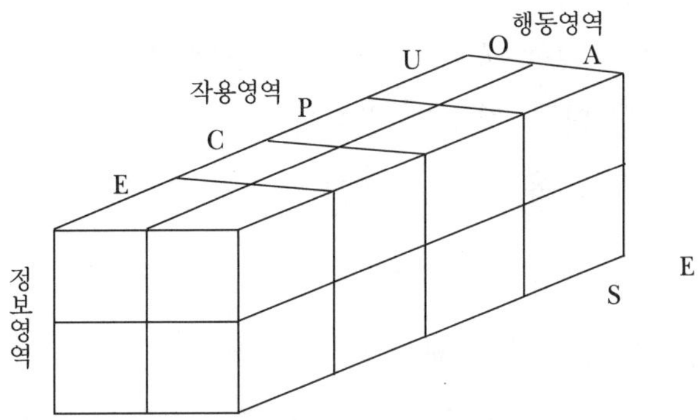

[그림 5-1] 본 검사의 개념 및 측정모형

(3) 검사문항의 영역

검사문항은 작용영역, 정보영역, 행동영역으로 나누어진다.

1 작용영역

① U(관습형) : 인지적 사고와 기억적 사고에 속하는 정신과정으로 한 현상이 인지되어 새롭게 조직된 정보는 다음 단계의 기억에 의하여 두뇌에 저장된다. 익숙한 문제를 보고 그것을 인지하는 과정, 알고 있는 어휘를 통해 비슷한 단어를 찾는 과정 등은 관습형에서 인지에 관련된 사고이다.

② P(실질형) : 질문 또는 문제의 조건을 만족시키는 특정한 하나의 답을 생각해내는 과정이다. 실질형은 과제에서 정답을 찾은 다음 비로소 멈추게 된다.

③ C(창의형) : 발달적 사고로 광범위한 탐색을 통해 주어진 상황에 맞는 정보를 기억장치로부터 인출하는 능력이다.

④ E(평가형) : 정보의 적합성에 대한 점검을 통해 결정 및 판단을 내리는 능력이다.

2 행동영역

① O(정돈형) : 단위 · 분류의 결과를 말한다. 단위는 기초적인 결과로 다른 정신 결과의 기초가 되며, 분류는 공통점을 갖는 것에서 나누는 행동영역을 뜻한다.

② A(응용형) : 관계, 체계, 함축의 결과를 말한다. 관계는 두 정보 사이의 연관성의 결과이고, 체계는 단위 또는 그 밖의 결과가 내적으로 상호결합한 상태이며, 변환은 한 정보가 다른 정보로 변환되는 과정이나 그 결과를 가리킨다. 함축한 정보가 다른 정보를 유도하거나 암시할 때 성립된다.

3 정보영역

① S(감각형) : 시각적 청각적 매체 등의 감각기관을 통해 전달되는 정보매체를 말한다. 우리의 두뇌는 외부에서 들어온 자극을 새로운 언어로 구성하여 그 형태를 재현한다

② L(언어형) : 사고활동을 통해 구체적으로 정보로부터 얻어내는 추상적 정보를 말한다. 그래서 언어적 정보를 의미정보라 한다. 여기에 속하는 매체로는 기호적 매체, 의미적 매체 및 행동적 매체이다

4 문항형태

① **개념분류**(I) : 앞 뒤 어휘의 관계를 이해하여 다음 어휘도 같은 관계를 갖도록 대응능력을 알아보기 위한 문항

② **개념분류**(II) : 주어진 단어를 보고 각 단어의 의미를 파악 · 분류할 수 있는 준거를 찾아 그 준거에 맞지 않는 단어를 찾아내는 문항

③ **사물(도형)지각** : 사물을 정확히 지각하고 제대로 판단하는 기본능력을 갖추고 있는지를 알아보기 위한 문항

④ **부분보고 전체 찾기** : 변화된 상황에서 주어진 상황의 결과를 예측하여 지각하는 능력을 알아보기 위한 문항

⑤ **어휘유추** : 어휘의 나열에서 일정한 관계를 분석 · 추리하는 능력을 알아보기 위한 문항

⑥ **도형판단** : 주어진 단서에 적합한 모양을 정확하게 이해·예측하는 능력을 알아보기 위한 문항

⑦ **어휘판단**(추리) : 주어진 어휘들 사이의 공통점을 정확하게 이해하고 찾을 수 있는지 알아보기 위한 문항

⑧ **도형변환**(I) : 수를 셀 수 있고 동시에 보이지 않는 곳에 있는 블럭까지도 지각할 수 있는 능력을 알아보기 위한 문항

⑨ **확산사고** : 제시된 도형을 이용하여 다양하고 독특한 아이디어를 창출해내는 능력을 알아보기 위한 문항

⑩ **개념확산** : 제시된 단서에 해당하는 단어를 가능한 한 많이 생각해내는 능력을 알아보기 위한 문항

⑪ **관계유추확산** : 주어진 관계를 이해하여 그 관계와 같은 관계를 생각해 내는 능력을 알아보기 위한 문항

⑫ **어휘확산** : 제시된 단어에 해당하는 어휘를 가능한 많이 생각해 내는 능력을 알아보기 위한 문항

⑬ **개념유추** : 주어진 어휘를 보고 그 단어의 의미를 파악, 평가하여 그 단어와 관계 있는 어휘를 찾을 수 있는 능력을 알아보기 위한 문항

⑭ **개념지각** : 어휘들 사이에서 공통점을 찾아내는 능력을 알아보기 위해 제시된 어휘들에서 공통점에 해당하는 준거를 찾아내어 그 준거에 합당한 답을 선택하도록 하는 문항

⑮ **도형변환**(II) : 변화된 상황에서 같은 상황을 지각하는 능력을 알아보기 위한 문항

⑯ **도형추리** : 주어진 도형들 사이의 앞 뒤 관계를 이해하여 같은 관계를 갖도록 빈곳에 적합한 도형을 추리해내는 능력을 알아보기 위한 문항

6) 직업선호도 조사

직업선호도 조사는 한국노동연구원이 고려대학교 행동과학연구소에 의뢰해서 1998년 개발한 검사로서, 흥미검사와 성격검사, 생활사검사의 독자적인 세 개의

검사로 이루어져 있다.

여기서는 특히 직업 흥미를 측정하는 흥미검사에 대해 살펴보겠다.

(1) 흥미검사

흥미검사는 Holland(1992)의 개인 · 환경간 적합성모형을 토대로 하여 개발한 것으로, Holland에 따르면 다음과 같다.

① 사람들의 흥미는 6가지 유형으로 구분할 수 있다(직업흥미 유형).

② 환경도 그 환경에서 일하는 사람들의 흥미에 대응하는 여섯 가지의 유형으로 구분할 수 있다(직업환경 유형).

③ 사람과 환경유형이 일치하는 경우 최대한의 잠재력을 발휘한다.

이 이론에 따르면 각 유형의 사람들은 성격이나 자신에 대한 평가, 선호하는 활동, 적성, 가치관 등 많은 분야에서 서로 독특함을 보인다. Holland는 이를 이용해서 평소활동, 자신의 유능함 지각, 선호하는 직업이나 분야, 일반적 성향 등의 영역에서 개인이 나타내는 6가지 유형 각각의 상대적 우열을 구분해 냄으로써 개인의 흥미구조를 밝힐 수 있다고 주장했다.

또한 각 직업환경은 그 환경에서 우세하게 생활하는 사람들의 흥미유형을 반영하는 것이어서, 개인의 흥미유형이 직업의 흥미유형과 일치할 때, 직업생활의 성과가 더 크다고 보았다. Holland가 말하는 6가지 흥미유형의 특징은 다음과 같다.

1 현실형(Realistic)

현실형의 사람들은 현장에서 몸으로 부대끼는 활동을 좋아한다. 이들은 사교적이지 못하며, 대인관계가 요구되는 상황에서 어려움을 느끼므로 혼자 혹은 현실형인 다른 사람들과 일하기를 선호한다. 체격이 탄탄하고 몸이 건강하기 때문에 대부분 블루칼라 직업을 가지고 있으며, 기술자나 엔지니어, 각종 교통수단(버스나 택시) 운전자가 많다(Holland, 1985 ; Gottfredson & Holland, 1989). 일반적으로 보면 여섯 가지 흥미유형중 사회경제적으로 가장 낮은 위치에 속하는 편이고, 또한 가장 낮은 교육수준을 가지고 있으며, 기본적으로 인간지향적

(person-oriented)이거나 아이디어 지향(idea-oriented)적이기보다는 사물지향적 (thing -oriented)이다.

2 탐구형(Investigative)

과학자직업을 가진 지적인 사람들은 대부분 이 유형이다. 탐구형은 사람보다는 아이디어를 강조하고, 추상적인 사고능력을 가지고 있다. 사회적인 관계에서는 무관심하고, 정서적인 상황에서 불화를 일으킬 수 있으며, 다른 사람들이 보기에 차갑고 거리감을 느끼게 한다. 탐구형의 학력수준은 여섯 가지 유형 중 가장 높다. 따라서 높은 지적 능력을 가지고 있으며, 가장 높은 사회적 지위를 차지하고 있다.

3 예술형(Artistic)

예술형의 사람들은 창의성을 지향하며, 아이디어와 재료를 이용해서 자신을 새로운 방식으로 표현하는 작업을 한다. 예술가유형의 사회적 지위는 중간정도에서 높은 정도이며, 학력수준은 여섯 가지 유형 중에서 두 번째로 높다. 전형적인 예술가유형은 관습과 보수성을 거부하고 현실적으로 받아들여질 수 없는 행동의 한계를 넘어서는 삶을 사는데, 대부분 매우 민감하고 감정적이며 일반인보다 정서장애가 많다. 즉, 예술가의 전형은 자기중심적이고, 개인적인 어려움에도 불구하고 예술을 추구한다.

4 사회형(Social)

다른 사람과 함께 일하는 것을 지향하는 사회형은 기본적으로 자선가 타입이다. 그들은 다른 사람을 육성하고 계발하는 것을 좋아하며, 이익이 적더라도 도움이 필요한 사람을 돕는 일을 한다.

일반적으로 지적수준은 아주 높지 않으나 다른 사람의 지적인 상상을 이해하고 관심을 갖는 수준이다. 사회형은 곤란을 겪거나 도움이 필요한 다른 사람들과 같이 일하는 역할을 선호하며, 대인관계와 관련된 일을 좋아하므로 대인관계 기술이 좋을 뿐 아니라 심리적으로도 의존적인 사람들이다.

5 진취형(Enterprising)

진취형은 학력수준이나 사회적인 지위 면에서 보면 여섯 유형 중에서 네 번째이다, 그들은 물질이나 아이디어보다는 사람들에게 관심을 가지며, 특정목표를 달성하기 위해 다른 사람을 통제하고 지배하는데 관심이 있다. 또한 이들은 과제를 성취하기 위해 다른 사람들에게 일을 할당하고 조정하는 데 재주가 있으며, 남들보다 앞서 나가기를 좋아하고, 직장의 위계구조에서 책임을 지는 직위에 올라가려고 노력한다.

6 관습형(Conventional)

이 유형은 일반적으로 잘 짜여진 구조에서 일을 잘하고, 세밀하고 꼼꼼한 일에 능숙하다. 관습형은 현실형보다는 높은 사회적 지위와 학력수준을 가지고 있으며, 숫자와 관련된 업무나 비서직을 선호한다. 여섯 가지 모든 유형에서 성차가 문제가 되고 있지만, 관습형에는 특히 여성의 비율이 많은 편이다. 관습형은 조직에서 고위직을 추구하지는 않지만, 일을 성취하기 위한 목표나 수단이 명백하게 제시되는 구조화된 상황에서 일을 가장 잘한다.

(2) 흥미검사의 구성

흥미검사는 5개의 하위검사로 구성되어 있으며, 각 하위검사는 각기 6개의 흥미유형을 측정할 수 있는 문항들로 구성되어 있다. 다음의 〈표 5-2〉는 그 구성을 설명해 놓은 것이다.

〈표 5-2〉 흥미검사의 구성

<table>
<tr><th>하위검사명 (5개)</th><th>내 용</th><th>문항수</th><th>비 고</th></tr>
<tr><td>활동검사</td><td>평소에 좋아하거나 하고 싶어하는 활동에 대한 검사</td><td>48문항</td><td rowspan="5">각 하위검사는 모두 6개의 차원(유형)을 반영하는 문항들을 포함하고 있다. 즉 5개의 하위검사를 통해 6가지 차원별 점수를 얻을 수 있다.</td></tr>
<tr><td>유능성 검사</td><td>자신에게 어떤 능력이 있다고 생각하는지에 대한 검사</td><td>31문항</td></tr>
<tr><td>선호직업검사</td><td>평소 어떤 작업을 좋아하는지에 대한 검사</td><td>66문항</td></tr>
<tr><td>선호분야검사</td><td>현재나 과거에 어떤 과목이나 학문분야를 선호하는지에 대한 검사</td><td>42문항</td></tr>
<tr><td>일반성향검사</td><td>자신의 일반적인 성향이나 태도검사</td><td>60문항</td></tr>
</table>

7) 종합적성 및 진로검사※

① 적용대상 : 유치원생～중학생 ② 제 작 자 : 문용린 ③ 발 행 처 : 대교 교육과학연구소 ④ 제작년도 : 1997년 ⑤ 검사시간 : 40～45분

1 목 적

아동이나 학생의 잠재능력 중 가장 우수한 능력과 취약한 능력을 발견 및 효과적인 교정 및 진로지도에 도움을 주고자 개발되었다. 본 검사를 통하여 아동이나 학생의 능력과 관심, 그리고 성격특성들이 어떤 직업군에 가장 적합한지를 진단하여 진로지도교육에 도움을 주고자 한다.

2 구 성

유아용, 초저용, 초고용, 중학생용의 네 종류의 검사로 구성되어 있다. 유아용은 3개의 차원과 11개의 하위영역, 초저용은 4가지 하위차원과 14개의 하위영역, 그리고 초고용과 중학생용은 4개의 차원과 17개의 하위영역을 포함하고 있다. 이 검사에서 측정하고 있는 하위영역은 다음과 같다.

① **다중적성 :** 아동 · 학생의 다양한 잠재능력을 측정

· 음악적성　· 신체-운동적성　· 논리－수학적성　· 공간적성

· 언어적성　· 대인적성　· 대내적성

② **정서지능 :** 아동 · 학생의 잠재능력이 실제 상황에서 발현될 수 있는 정도

· 정서인식능력　· 정서표현능력　· 감정이입능력

· 정서조절능력　· 정서활용능력

③ **진로의식성숙 :** 직업세계에 대해 어느 정도 관심을 가지고 있는지 측정

· 직업욕구　· 직업관심 · 진로관여성

※ 여기에 제시된 검사개요는 서울대학교 사범대학 교육연구소(1997) 한국교육심리검사총람에서 발췌한 것임을 밝혀 둔다(PP. 301～315).

· 직업확신성 · 진로독립성 · 진로정보처리능력

④ **진로성향 :** 아동의 성격특성과 직업군에서 요구하는 성격특성 관련성 측정

· 진로성향 · 선호직업

3 표준화

① 종합적성 · 진로진단검사는 유치원생(만 5~6세), 초등학생(만 7~12세), 중학생(남 13~15세)을 지역별, 연령(혹은 학년)별로 유층표집하여 10,000여명을 선정하였다

② 규준은 유치원생들은 연령별로, 초등학생이나 중학생은 학년별로 작성될 것이다.

4 검사실시상의 유의점

① 자신의 생각이나 느낌을 솔직하게 반응하는 것이 중요하다.

② 유아용은 일대일 면접으로 실시하고, 초등학교1~2학년은 검사 실시자가 읽어 주며, 초등학교 3학년부터 중학교 3학년까지는 각자 읽고 반응해 간다.

5 채점방법

'매우 그렇다' 혹은 '항상 그렇다'는 2점, '약간 그렇다' 혹은 '그저 그렇다'는 1점, '그렇지 않다'는 0점을 주며 각 영역별로 점수와 T점수로 환산된다.

8) 진로성향 종합검사

① 적용대상 : 중학생~고등학생
② 제 작 자 : 임인재
③ 발 행 처 : 중앙교육진흥연구소
④ 제작년도 : 1975년
⑤ 검사시간 : 37분

1 목 적

본 검사는 개인이 가지고 있는 심리적 특성, 즉 지적 및 정의적 특성중 진로

지도에 있어 가장 중요한 진로적성, 직업흥미, 직업가치관 및 진로의식의 발달 정도를 종합적이고 체계적으로 파악하여 다양한 종류의 직업들 중에서 자신에게 적합한 직업을 선택할 수 있게 함으로써 개인의 직업만족도를 높이고 궁극적으로 직업을 통한 자아실현을 성취할 수 있도록 고안되었음.

2 구 성

본 검사는 직업과 관련하여 요구되는 인간의 인지적 및 정의적 측면을 포괄적으로 측정해 주는 네 개의 검사군으로 구성되어 있다. 즉, 진로적성검사, 직업흥미검사, 직업가치관검사 및 진로의식발달검사로 구성되었다.

① **진로적성검사**

- 기계추리력 검사
- 언어추리력검사
- 공간지각력검사
- 수리력검사
- 어휘력검사
- 언어사용력검사
- 지각속도검사
- 수공기능검사

② **직업흥미검사 :** 직업군별로 어떤 직업군에 흥미를 가지고 있는지를 측정한다.

③ **직업가치관 검사**

- 탐구성
- 실용성
- 자율성
- 주도성
- 질서정연성
- 사회적 안정성
- 심미성
- 사회봉사성

④ **진로의식 발달검사**

- 확신성
- 관여성
- 독립성
- 진로정보처리 능력
- 현실타협성
- 진로의식 발달전체

3 표준화

진로적성검사의 표준화를 위한 규준집단은 전국을 대도시, 중소도시, 읍면의 4등급으로 나누고, 각 지역의 중·고등학교 학생수 비율 및 성별을 고려하여 총 3,244명을 표집하였다. 규준은 중·고등학생의 경우 적성의 발달이 계속된다는 것을 고려하여 학기별(6개월 단위)로 제작하였다.

4 검사 실시상의 유의점

① **검사실시자 :** 실시요강을 충분히 숙지하고 있어야 함.

② **수험자** : 건강상태가 정상적인 학생들을 대상으로 함.

③ **검사환경** : 가능한 조용하고 쾌적한 분위기가 되어야 함.

5 채점 방법

진로적성검사의 수공기능검사 A, B를 제외한 모든 검사의 채점은 컴퓨터를 통해서 처리되며, 각 하위검사별로 정답을 한 문항수가 각 하위검사의 원점수가 된다.

9) 직업진학 적성검사

① 적용대상 : 중 · 고등학생
② 제 작 자 : 정한택
③ 발 행 처 : 중앙교육사
④ 제작년도 : 1970년대 초

1 목 적

적재적소에 알맞은 인력을 파악하기 위한 적성검사의 목적을 달성하기 위하여 작성됨.

2 구 성

· 지능 · 언어적능력 · 공간판단 · 형태지각 · 서기적지각

· 눈과 손의 협응 · 운동속도 · 손가락 끝의 재주 · 손끝의 재주

· 위의 능력을 측정하기 위한 본 검사의 하위검사는 다음과 같다.

· 언어적 능력(국어문제, 문맥이해) · 수리적 능력

3 검사실시상의 유의점

① 각 검사를 실시하기 전에 연습문제를 풀어 보도록 한다.

② 검사실시자는 시계를 반드시 준비하도록 한다.

4 검사 소요시간

각 검사의 소요시간은 정확히 지켜 주어야 한다. 이 때 연습문제를 푸는 데

걸리는 시간은 제외하여야 한다.

검 사 별	연습문제	본문제
검사 1	1분 이내	7분
검사 2		5분
검사 3		5분
검사 4		3분
검사 5		3분
검사 6		2분

5 채점방법

① 채점판으로 채점을 한다. 둘 이상을 답으로 할 때는 무효로 처리한다.

② 50명 이상의 단체의 경우는 답안지다 감사로 송부하면 제작사의 컴퓨터에 의해 채점이 가능함

④ 채점판은 실시요강의 정답표를 참고로 하되 맞은 수는 백분위점수, 표준점으로 ㅍ환산표를 이용하여 계산하여 둔다.

10) 진로 및 적성탐색검사

① 적용대상 : 13세 이상 아동 및 성인
② 제 작 자 : 안창구
③ 발 행 처 : 한국 가이던스
④ 제작년도 : 1995년
⑤ 검사시간 : 40~45분

1 목 적

일이나 활동 및 직업에 대한 흥미, 일이나 활동에 대한 능력의 정도로서의 유능감, 그리고 성격적 특성에서 나타나는 직업적 성격 유형을 찾아내고자 한다.

2 구 성

① 진로탐색검사

· 직업적성 유형 찾기 · 활동 · 성격

· 유능감 · 가치 · 직업 · 능력평정

② **적성탐색검사**

· 직업적성 유형 찾기 · 활동 · 성격

· 유능감 · 가치 · 직업 · 능력평정

3 검사 실시상의 유의점

① **검사실시자 :** 검사 전에 검사의 지시문을 정독하여 익힌 후 수험자들에게 지시문의 내용을 충분히 이해시켜 검사 중에도 질문이 없도록 하는 것이 중요하다. 이는 검사시간을 단축하는 데도 중요하다.

② **검사환경 :** 주의집중을 잘 할 수 있는 장소, 즉 학교교실이나, 도서관, 개인사무실, 상담실, 또는 집에서 자유스럽게 실시할 수 있고, 오전 10시부터 12시 사이의 시간을 이용하여 검사를 실시하는 것이 바람직하다.

③ **검사인원 :** 개별적 또는 집단적으로 실시할 수 있다.

4 채점방법

진로탐색검사를 통해 얻어지는 점수는 하위검사와 전체 요약점수이며, 이와 함께 진로탐색검사의 결과에 대한 보다 유용하고 포괄적인 해석을 잘 할 수 있도록 하기 위한 긍정반응지수, 변별도지수, 일관성지수가 제공된다.

5 기타 및 유의사항

① 진로의식의 발달수준, 진로에 대한 정체감과 변별도 등에 관한 정보제공

② 집단진로지도의 자료 및 진로 발달 프로그램의 훈련자료로 활용.

③ 노동청직업보도실, 직업일선기관, 청소년상담실, YMCA, 병무청 및 군기관의 신병 특기분류, 소년원, 보호관찰소 공사립 사회복지재단 등에서도 청소년의 교도, 상담 및 재활

④ 직업생활에서의 부적응, 전직, 실직, 퇴직 후의 적응 등에 대해서 임상적 직업상담 내지는 진로상담의 자료제공 등 다양하게 활용

11) 진로흥미 적성검사

① 적용대상 : 문자해독과 내용이해가 가능한 초등학생～고등학생
② 제 작 자 : 김충기, 정채기
③ 발 행 처 : 한국적성연구소
④ 제작년도 : 1993년
⑤ 검사시간 : 50분(실제는 45～47분)

1 목 적

학생들이 자기의 특성을 정확히 이해할 수 있도록 하기 위해서 능력(적성)뿐 아니라 태도(흥미)영역을 종합적으로 분석하여 그 학생들이 자아이해를 통해서 자신의 진로를 탐색할 수 있도록 개발되었다.

2 구 성

① **언어능력**(20문항) : 개인이 가지고 있는 단어개념, 단어 간의 관계, 동의어와 반의어, 문장이해력, 문장적용력

② **수능력**(20문항) : 다양한 수를 이용한 계산능력, 수간의 관계, 기본적인 사칙연산의 활용, 수의 응용문제 풀이 능력

③ **공간능력**(20 문항) : 공간적인 위치나 공간을 파악하여 정확히 토막을 셀 수 있는 능력

④ **도형능력**(15문항) : 사물이나 도형을 세부까지 정확하게 지각하여 형태의 비교를 판별하는 능력, 도형의 변화를 판별하는 능력을 잰다.

⑤ **사무능력**(30문항) : 문자, 숫자, 알파벳을 정확히 빨리 직관적으로 비교, 판별하여 사실과 다른 점을 찾아 교정하는 능력을 잰다.

3 검사실시상의 유의점

① **수험자** : 건강상태가 나쁘고 정신적 안정상태를 유지하기 힘든 수험자나, 난청자나 약시자는 검사에서 제외시킨다.

② **검사환경** : 안정된 분위기를 유지한다.

③ **검사시간 :** 오전 10시경이 좋다.

④ **인원수 :** 학생수 50명 이상이면 보조검사자가 필요하다.

소검사	문항수	지시시간	본검사 소요시간	합 계
언어능력	20	약 2 분	5 분	약 7 분
수능력	20	약 2 분	8 분	약 10 분
도형능력	20	약 2 분	3 분	약 5 분
공간능력	15	약 2 분	4 분	약 5 분
사무능력	30	약 1 분	1 분 30초	2분 30초
흥미검사	110	약 2 분	120 분	약 22 분
답안 · 문제지 배부		약 5 분		약 5 분
계		약 16분	41분 30초	약 57분 30초

4 기타 및 유의사항

본 검사는 현행대학의 단과대학별로 나뉘어져 있는 전공 · 학과의 구별에 따라 형식과 내용을 이루고 있으며, 흥미검사의 구체적인 내용은 단과대학별 전공학과의 내용을 하위검사 내용으로 하였다.

12) 진로적성 진단검사

① 적용대상 : 중 · 고등학생
② 제 작 자 : 김재은
③ 발 행 처 : 웅진출판주식회사 부설 한국심리적성연구소
④ 제작년도 : 1989년
⑤ 검사시간 : 중학생－약 35분, 고등학생－80분

1 목 적

본 검사는 진로선택을 생각함에 있어서, 학생 자신에 의한 자기발견이나 자기이해를 촉진하고, 자기의 진로에 관해서 결단을 하는 데 도움이 될 자료로서, 또 교사에게는 원조와 지도를 위한 자료로 나아가 부모에게는 보다 올바르게 아이들을 이해하게 되고, 교사와의 의사소통을 원활하게 진행하는 구체적 조언의 자료로서 도움이 되도록 개발하였다.

2 구 성

본 검사는 진로선택에 관계가 깊다고 생각되는 직업흥미검사·성격검사의 두 가지 심리검사와 학생의 진로에 관한 조사로 구성되어 있다.

① **검사 I : 진로조사**

· 클럽활동의 현황 · 학습상태 · 진로에 대한 본인과 가족들의 생각

· 고민사항

② **검사 II : 직업흥미검사**

· 기획	· 관리	· 설득	· 봉사	· 서기
· 계산	· 작업	· 기계	· 연구	· 예술

③ **검사 III : 성격검사**

- 정동성…정서안정성, 비신경질
- 자주성…자제력, 자주성
- 행동성…행동력, 외향성
- 인간관계에 관한 특성 : 협조성, 지도성

④ **지적 능력검사 : 고등학교용 검사에만 포함**

- 문과계 능력…일반적 능력, 언어적 능력, 문과계 지식
- 이과계 능력…일반적 능력, 수리적 능력, 이과계 지식

3 표준화

① **규준집단 :** 유층표집방법을 통해 중학교 2학년 학생 약 2,000여명과 고등학생이 표집되었다.

② **규준 :** 각 집단별로 평균득점, 표준편차가 산출되어 진학등급 및 직능등급의 척도가 결정되었다.

4 검사실시상의 유의점

① **검사자 :** 사전에 검사의 실시방법, 소요시간에 충분히 이해하여야 한다,

② **검사상황 :** 학생들이 피로하지 않도록 오전 중에 검사를 실시하는 것이 좋다. 그리고 학생에게 낯익은 교실에서 실시하는 것이 좋다.

③ **고등학생의 경우 :** 지적능력검사에 시간이 많이 소요되므로, 하루에 두 시간 정도의 시간을 낼 수 없는 경우 이틀에 나누어 실시하거나 검사Ⅰ,Ⅱ,Ⅲ을 집에서 실시하도록 하여도 된다.

5 기타 및 유의사항

① 개인의 진학, 진로지도나 학급의 집단지도를 위해 활용될 수 있다.

② 학교급별(중학교, 고등학교) 검사지 구분

③ 고등학생용 검사에서는 전국대학의 계열을 10개로 구분하고 국내직종을 여덟 분야로 구분하여 학생이 어느 분야에 적성이 있는지도 진단한다,

13) 진로적성검사

① 적용대상 : 중 · 고등학생
② 제 작 자 : 임인재
③ 발 행 처 : 대한사립중고등학교장회
④ 제작년도 : 1989년
⑤ 검사시간 : 90분

1 목 적

중 · 고등학생들에게 각자의 적성수준을 생각하고 대학진학을 원하는 학생들에게 대학의 계열선택 또는 학과의 방향에 대한 정보를 제공하고, 중학생인 경우 어떤 계열의 고등학교에 진학하는 것이 더 적합한가에 대한 적성수준을 알려준다.

2 구 성

① 어휘력검사 · 수리력검사 · 문장이해 및 판단력검사

② 기계추리력검사 · 언어논리력검사 · 자연과학적 지식검사

3 표준화

본 검사의 표준화를 위하여 사용한 집단은 인천시내 고등학교 1학년 남학생들로서 총 1,098명임. 규준은 중 · 고등학교 각 학년을 학기별, 성별로 구분하여

제시하였다.

4 검사 실시상의 유의점

① **검사실시자 :** 본 검사는 각 하위검사 푸는 요령을 실시 교사가 직적 설명해 주어야 하는데, 이러한 설명이 부족하면 학생들의 적성측정이 매우 불안정해질 수 있는 우려가 큼. 따라서 검사실시자는 본 검사의 실시요령에 숙달되어여야한다.

② **수험자 :** 검사 실시의 의의를 충분히 이해하여 적극적인 자세로 임하도록 해야 한다.

③ **검사환경 :** 가급적이면 원래 공부하던 학급이 좋다.

5 채점 방법

본 검사는 모두 객관식 문항이 되어 있으므로 맞는 답의 수만을 세어서 원점수로 하고 이를 환산점수로 전환하여 검사점수를 해석한다.

6 기타 및 유의사항

① 본 검사는 어느 방향의 직업에 보다 적합한가에 대해서 일반적인 정보를 제공해 주고는 있으나, 상급학교에 진학하지 않고 직업을 선택하고자 하는 경우에는 특정직업에 대한 구체적 적성수준의 측정에 어느 정도 제한점이 있다고 할 수 있다. 그리고 상급학교의 진학의 경우에도 예술, 체육 계열 등 특수 적성분야의 적성은 측정해 주지 못하고 있다.

② 본 검사는 시간상의 문제점을 극복하고자 한 간편성 검사이다.

③ 진로적성 프로파일의 해석에 있어서 높은 적성점수 분야가 그 학과, 그 직장을 선택하면 성공할 것이라는 단정적인 결론을 내려 주는 것이 아니라, 단지 성공의 가능성이 다른 곳보다는 높다는 확률적인 의미로 해석되어야 한다.

14) 스트롱 흥미검사(SII)

스트롱 흥미검사(Strong Interest Inventory)는 6가지 일반적인 직업 유형들로 점수를 해석하기 위한 기초자료로서 Holland의 육각형모형을 사용하였다.

스트롱 흥미검사는 207가지 직업측정도구와 17가지 비전문적 또는 직업·기술적 직업을 포함하고 있다. 저작자는 검사에 대한 다음의 목적을 가지고 있다. 즉, 직업선택 학생을 돕는 것, 생활모습과 직업을 탐색하기 위한 자극을 제공하는 것, 학생부모 간의 토론의 접촉반응제가 되는 것 등의 목적을 가지고 있다.

또한 입문서에서는 피고용자에 대한 활용가치를 서술한다 : 고용결정에서 피고용자를 돕는 것, 성인으로 하여금 중간 진로평가와 변화를 숙고하도록 돕는 것, 내담자로 하여금 직업만족 그리고 불만족 사이를 이해할 수 있는 것, 동일시하고 경계상의 후보자를 돕는 것, 조기은퇴자와 은퇴계획을 세우는 것을 돕는 것. 검사는 컴퓨터로 조정되고 점수화 되거나 결과에 대한 점수 서비스는 제공된다(Drumund & Ryan, 1995 : p. 317).

15) 진로직업 선호체계 검사

진로직업 선호체계검사(Career Occupational Preference Systems : COPS)는 흥미를 측정하고 목록표에 있는 Roe의 분류체계 수정판을 사용한다.

본 검사의 척도내용은 다음과 같다.

① 전문적 과학 기술적 사업
② 기술적 과학 사무직
③ 전문적 공학 의사소통직
④ 기술적 공학 전문적 예술
⑤ 소비자 경제학 기술적 예술
⑥ 옥외 전문적 사업 전문적 서비스
⑦ 전문적 사업 기술적 서비스

진로직업체계 검사는 능력척도와 가치척도를 포함하는 통합된 체계이다. 범위내에 있는 다양한 직업에 대한 더 많은 것을 찾아내도록 도와주며, 내담자에 의해 사용되는 상관되는 자료들이다. 내담자들은 흥미, 적성, 일의 가치가 매우 높은 진로집단(Career Group)으로 고려하도록 요구하고 있다. 여기에는 많은 다른 유용한 흥미검사가 있다.

상담자는 그 도구가 어떻게 흥미 정보와 직업유형, 그리고 내담자가 검사를 택하는 유형, 직업군(job clusters)등을 조직해야 하는 방법에 익숙해야할 필요가 있다, 피검자의 교육 및 지적수준도 고려되어야 한다.

MacAleese(1984)에 따르면 흥미검사는 세 가지 일반적 목표를 가지고 있어야 한다. 즉, 내담자는 알려지지 않은 흥미를 분류하고 기술된 내담자의 흥미를 확인하며 능력과 적성간의 차이를 분류해야 한다.

16) 직업적성검사

일반적성검사(General Aptitude Test Battery : GATB) 는 직업상담이나 진로지도에 가장 많이 활용되는 검사 중에 하나이다.

이는 한 개인이 특정분야에 적성이 있는지를 파악함으로써, 대학진학시의 전공선택이나 산업체의 인력선발, 구직자의 직업선택 등에 유용한 정보를 제공해 주기 때문이다.

미국에서 개발한 일반적성검사(General Aptitude Test Battery)는 널리 알려진 적성검사로, 우리나라에서는 이 검사를 토대로 표준화한 검사들이 'GATB 직업적성검사(중앙적성출판사)' 또는 '적성종합검사(코리안 테스팅)' 라는 이름으로 사용되고 있다. 여기에서는 GATB 직업적성검사에 대해서 알아보기로 한다.

1 GATB 직업적성검사의 구성요소

GATB 직업적성검사는 모두 15개의 하위검사를 통해 9개 분야의 적성을 측정할 수 있도록 제작된 것으로, 15개의 하위 검사 중 11개는 지필검사이고 4개는 수행검사이다. 〈표 5-3〉은 이 검사의 구성을 정리한 것이다.

2 검출되는 적성

〈표 5-3〉에서 본 바와 같이 GATB 직업적성검사를 통해 9개 영역의 적성을

검출할 수 있는데, 각 영역은 다음과 같다.

〈표 5-3〉 GATB 적성검사의 구성

하위검사명	검출되는 적성(9개)		측정방식
기구대조검사	행태지각(P)		지필검사
형태대조검사			
명칭비교검사	사무지각(Q)		
타점속도검사	운동반응(K)		
표식검사			
종선기입검사			
평면도판단검사	공간적성(S)		
입체공간검사		지능(G)	
어휘검사	언어능력(V)		
산수처리검사	수리능력(N)		
계수검사			
환치검사	손의 재치(M)		동작검사
회전검사			
조립검사	손가락 재치(F)		
분해검사			

17) 간편(MMPI) 성격검사

① 적용대상 : 중학생～성인
② 제 작 자 : 진위교, 김형립
③ 발 행 처 : 코리안테스팅센터
④ 제작년도 : 1970년
⑤ 검사시간 : 90분

1 목 적

MMPI 검사의 대상자들이 대부분 정상적인 중·고등학생임을 감안하여 문항수나 검사시간을 줄이고 채점절차 및 결과해석 등이 아주 간단하고 용이하게 이루어지도록 만든 검사이다. 이 검사는 학생들의 성격적 적응여부나 정신건강의 정도 및 양상을 진단하고, 학생들 각자가 자신의 성격에 대한 자각을 통해 현실적이고 객관적인 자기이해를 높이는 데 도움을 줄 수 있을 것이다.

2 구 성

① 타당도 척도

· 허구점수(L) · 신뢰성점수(F) · 수험태도점수(K)

② 임상척도

· 심기증(Hs) · 우울증(D) · 히스테리(Hy) · 정신병질(Pd)
· 편집증(Pa) · 정신쇠약증(Pt) · 정신분열증(Sc) · 경조증(Ma)

3 표준화

① 표준화에 참가한 6,500여명으로 중·고등학교의 경우 성별·지역별로 대상학교를 무선표집하고 대상학교에서 1, 2, 3학년 1개반씩을 무선표집하였다. 그리고 대학생의 경우에는 지역, 전공, 학교수준을 고려하여 대상학교를 선정하고 학년별로 비슷한 학생 수를 표집하였다. 일반인은 지역별, 연령, 직업, 학력 등을 고려하여 약 650명을 표집하였다.

② 규준은 남자중학생, 여자중학생, 남자고등학생, 여자고등학생, 남자대학생, 여자대학생별로 각기 작성되었다.

4 검사실시상의 유의점

각 하위검사를 그 우울증 검사나 강박증 검사라는 명칭으로 부르기보다는 척도번호로 부르기를 당부하고 있다. 그렇게 함으로써 정상인 대상의 성격측정에서 지나친 정신병리적 함축이나 오용, 오도를 피할 수 있기 때문이다.

5 채점 방법

'그렇다', '아니다'에 모두 응답한 문항이나, 대답하지 않은 문항이 총 40문항 이상이 될 경우에 그 답안지를 무효로 처리한다. 원점수 규준표에 나와 있는 T 점수로 변환시켜 프로파일을 작성하여 각 개인의 점수를 해석하게 된다.

6 기타 및 유의사항

필답식 집단용 검사이지만 개인검사로도 사용될 수 있다. TAT 검사법.

18) 다면적 인성검사(MMPI)

① 적용대상 : 중학생～성인
② 제 작 자 : 김영환, 김재환, 김중술, 노명래, 신동균, 염태호, 오상우
③ 발 행 처 : 한국심리학회 한국가이던스
④ 제작년도 : 1994년
⑤ 검사시간 : 60～90분

1 목 적

MMPI의 일차적인 목표는 정신과적인 진단 분류를 위한 측정으로, 일반적인 성격특성을 측정하기 위한 것은 아니다. 그러나 병리적 분류의 개념이 정상인의 행동과 비교될 수 있다는 전제하에 MMPI는 개인의 인성특징의 비정상성 혹은 징후를 평가하여 상담 및 정신치료에 기여하기 위함은 물론이고, 비정상적이고 불건전한 방향으로 진전될 가능성을 미리 찾아내어 예방책 및 지도책을 도모하기 위한 검사이다.

2 구 성

① 타당성 척도

② '알 수 없다' 척도

· L척도(15)　· F 척도(64)　· K척도(30)

③ 임상척도

· 건강염려증(Hs, 33)　· 우울증(D, 60)
· 히스테리(Hy, 60)　· 반사회성(Pd, 50)
· 남성－여성 특성(Mf, 60)　· 편집증(Pa 40)
· 강박증(Pt, 48)　· 정신분열증(Sc, 78)
· 경조증(Ma)　· 내향성(Si, 70)　＊ (　　)안은 척도명과 문항수

3 표준화

표준화를 위한 집단은 학생과 일반집단으로 나누고 이를 성, 연령, 학력, 거주

지 별로 총 4,829 명이 수집되었다. 규준은 중학생과 고등학생을 각각 성별로, 전체 일반 남녀별로, 15～24세, 25～34세, 35～44세, 45～54세, 55세 이상의 성인으로 남녀별로 각각 구분하여 작성하였다.

4 검사 실시상의 유의점

• **검사실시자 :** 표준화 과정에서 사용한 방법과 조금이라도 차이가 있으면 검사결과를 규준에 비추어 해석하는 것이 무의미하므로, 검사자는 검사요강을 숙독하여 그에 잘 따르도록 한다.

5 채점 방법

① 답안지를 살펴보고 빠뜨린 문항이나 이중으로 답한 문항(무응답으로 간주)을 헤아려(물음표) 채점란에 기입한다.

② 답지 위에 채점판을 대고 구멍 뚫린 곳에 나타나는 표시의 수를 헤아려 답지 아래 쪽이 있는 원점수 줄에 기록한다. 채점판은 각 척도마다 따로 마련되어 있으며 Mf 척도는 남녀별로 따로 마련되어 있다.

③ K 교정점수를 구하여야 한다.

6 기타 및 유의사항

제시되어 있지 않다.

3. 검사정보의 자원

검사정보의 많은 자원은 상담자에게 유용하다. 진로상담자들에게 특별히 흥미로운 것은 다음과 같다.

Kapes, J. T., & Mastie M. M. (Eds.) (1988)

A Counselor's guide to career assessment instruments(2nd ed.).

Alexandria, V. A. : American Asscociation for Counseling and Development.

이 책은 가장 일반적으로 사용되는 진로도구 가운데 43개의 재검토와 분석, 126개의 다른 검사도구의 주석 목록표를 제시한다. 특별한 사람을 위한 복합적 사정 프로그램과 도구는 물론 다중적성 검사기구, 흥미기구, 일가치도구, 진로발달과 성숙도구, 성격측정이 이 책에 모두 포함되어 있다.

Educational Testing Service(1987). The ETS test collection catalog : Volume 2 : Vocational tests and measurement devices. Phoenix, AZ : Ornx Press.

이 책은 직업표집검사, 진로선택, 계획보존, 직업적 흥미와 적성도구, 개인 가치도구와 같은 영역을 포괄하는 1400개 검사 이상의 서술적 묘사를 포함하고 있다.

많은 다른 검사의 주석목록표가 있다.

Mitchell J. V., Jr.(ED)(1983). Tests in Print Ⅲ. Lincoln: Buros Institute of Mental Measurements, University of Nebraska-Lincoln, Sweetland, R. C., & Keyer, D. J.(1986). Tests(2nd ed.). Austin, TX : Pro Ed.

교육검사서비스(ETS)는 검사의 가장 큰 도서관 중의 하나이며, 미국과 선발된 외국검사기관 13,000개 보다 더 많은 검사의 주석을 단 관계서적목록을 간행한다. 다음은 진로상담자에게 흥미를 주는 관계 서적목록의 예이다. 참고하기 바란다.

① 직업적성과 직업만족(Occupational Attitutes and Job Satisfaction)
② 성인기초교육(Adult Basic Education)
③ 장애인을 위한 직업측정(Vocational Measures for the Handicapped)
④ 사무적성과 성취(Clerical Aptitude and Achievement)
⑤ 기계적성과 지식(Mechanical Aptitude and Knowledge)
⑥ 직업지식과 기술직(Occupational Knowledge)
⑦ 전문직(Professional Occupations)
⑧ 직업선택인지발달(Vocational and Industrial Aptitude)
⑨ 적업흥미(Vocational Interests)
⑩ 직업평가와 선택형(Vocational Ratings and Selection Forms)

1) 적성검사의 종류

〈표 5-4〉 적성 검사의 종류

번호	검 사 명	대 상	제작자 및 제작처	발 행 처	제작(개정) 년도
1	GATB 적성검사	중~성인	박수병	중앙적성출판사	1961(1967)
2	일반직업적성검사	중・고생	노동부 중앙고용 정보관리소	노동부 중앙 고용 정보관리소	1994
3	적성종합검사	고교생~성인	정범모	코리안테스팅 센터	1961
4	적성진담검사	중학생~성인	이상로, 김경린	중앙적성연구소	1969(1974)
5	종합적성 및 진로검사 (정서지능 및 다중지능)	유아~중학생	문용린	대교교육과학연구소	1996
6	직업진학적성검사	중・고생	정한택	중앙교육사	1970 년대초
7	진로성숙도 검사	중・고생	한국교육개발원	한국적성연구소	1992
8	진로성향종합검사	중・고생	임인재	중앙교육진흥연구소	1975
9	진로적성검사	중・고생	임인재	대한사립중고등학교장회	1982(1992)
10	진로적성검사	중・고생	임인재	중앙교육진흥연구소	1975
11	진로적성검사	중・고생	김재은	웅진출판사	1990
12	진로적성진단검사	성인	김재은	웅진출판사	1989
13	진로 및 적성탐색검사	13세~성인	안창규	한국가이던스	1995
14	진로적성・흥미검사	초등~고교생	김충기, 정채기	한국적성연구소	1993
15	KAT-S 적성검사	고등학생	한국행동과학연구소	한국행동과학연구소	1985
16	KAT-M 적성검사	중학생	한국행동과학연구소	한국가이던스	1994
17	KPTI 적성검사	중・고생	김인수	한국심리검사연구소	1977
18	표준적성검사	중・고생	임인재, 장상호	대한사립중고등학교장회	1979

2) 성격 · 인성검사의 종류

〈표 5-5〉 성격 · 인성검사의 종류

번호	검 사 명	대 상	제작자 및 제작처	발 행 처	제작(개정) 년도
1	간편 MMPI 성격검사	중학생~성인	진위교, 김형립	코리안테스팅센터	1970
2	다면적 인성검사	중학생~성인	김영환 외 한국심리학회	한국가이던스	1963 (1994)
3	DPI-GS 인성검사	중 · 고생	변창진	중앙교육진흥연구소	1994
4	BGT 성격진단법	아동~성인	이상로, 변창진, 이희도	중앙적성출판사	1974
5	성격적응검사	초 · 중 · 고	정한택	중앙교육사	
6	성격진단검사	중 · 고생	정원식, 김호권	코리안테스팅센터	1964
7	성격차원검사	아동~성인	시빌아이젱크, 이현수	중앙적성출판사	1985
8	성인용 성격요인검사	성인	염태호, 김정규	웅진출판사 부설 한국심리적성연구소	1990
9	MBTI검사	고교생~성인	김정택, 심혜숙	한국심리검사연구소	1990 (1994)
10	MMPI다면적 인성검사	고교생~성인	정범모, 이정균, 진위교	코리안테스팅센터	1963
11	MMTIC 어린이 및 청소년 성격유형검사	8~13세	김정택, 심혜숙	한국심리검사연구소	1993
12	욕구진단검사	중학생~성인	황정규	코리안테스팅센터	1965
13	인성검사	초등학생	정범모	코리안테스팅센터	1967 (1971)
14	인성진단검사	중 · 고생	정범모, 이종승	코리안테스팅센터	1959 1968 1980
15	일반성격검사	중학생~성인	김기석	코리안테스팅센터	1973
16	유아성격검사	4~7세	송인섭	도서출판학지사부설 학지심리검사연구소	1993
17	KIPA 인성검사	중 · 고생	염태호, 김정규	웅진출판사 부설 한국심리적성연구소	1990
18	KPI 성격검사	중 · 고생	한국행동과학연구소	한국행동과학연구소	1992 (1996)

19	KPI 성격검사	대학생	한국행동과학연구소	한국행동과학연구소	1993 (1996)
20	KPTI 일반인성검사	중·고생	김인수	한국심리검사연구소	1993
21	TAT 검사법	4세 이상 아동	전용신	고대행동과학연구소	1973
22	표준화성격진단검사	중학생~성인	이상로, 변창진, 진위교	중앙적성출판사	1969
23	표준화인성진단검사	중·고생	황응연	대한사립 중고등학교장회	1979 (1989)
24	표준화인성진단검사	대학생, 성인	황응연	코리안테스팅센터	1992

*4. 16번 검사는 유아검사에 수록되어 있음.

3) 최신 적성검사의 종류

〈표 5-6〉 최신 적성검사의 종류

종 류	적용대상	저작자	소요시간	실시방법
KAT-M	중학생	한국행동과학연구소	84분	개인, 집단
KAT-M	고등학생	한국행동과학연구소	94분	개인, 집단
종합능력검사	중학생	한국행동과학연구소	84분	개인, 집단
종합능력검사	고등학생	한국행동과학연구소	94분	개인, 집단
KIB흥미검사	중·고등학생	한국행동과학연구소	40~50분	개인, 집단
진로발달검사	초등4년~중학1년	안창규	40분	개인, 집단
진로탐색검사	중·고등학생	안창규	45분	개인, 집단
적성탐색검사	대학생·성인	안창규	50분	개인, 집단
고3용 적성탐색검사	고3용	안창규	50분	개인, 집단
SDS-R 자기탐색검사	대학생·성인	안창규·안현의	50분	개인
SDS-CE 자기탐색검사	중·고등학생	안창규·안현의	40분	개인
음악적성검사	만 4~7세	한국가이던스	40분	개인
SDAT 안전운전적성검사	성인	이순철·신용균	15분	개인, 집단

* 자료 : 한국가이던스출판

제 3 부

진로상담의 방법

제 6 장 진로상담의 과정

1. 진로상담의 최근 동향*

일반적으로 진로상담은 개개인이 최선의 진로결정을 내릴 수 있도록 자신에 대한 이해뿐만 아니라 직업에 대한 이해를 돕는 일련의 과정으로 간주된다.

진로상담에 대한 이러한 전통주의적 관점과 이론적 특성은 Parsons(1909)의 주장에 그 바탕을 두고 있다. Parsons는 진로선택이란 다음과 같은 3단계의 과정을 거친다고 주장하였다

① 자신에 대한 자각을 키우기

② 직업에 대해 분석하고 이해하기

③ '사실에 근거한 추론' 과정을 거쳐 직업을 선택하기.

1920년대와 1930년대에 이르러 심리 검사도구의 개발과 직업분류 등 직업에 대한 연구와 그 접근방식에 있어서의 과학화와 함께 여러 심리학자들의 영향하

---

* 본 진로상담의 기법은 Brown과 Brooks(1991)의 저서인 *Carrer Counseling Techniques*에서 번역한 일부를 참고하여 기술하였다.

에 이 3단계 모델은 새롭게 발전하였다.

진로상담의 새로운 모델은 다음과 같다.

① 자신의 특성을 파악하기 위한 다양한 여러 절차와 심리검사 도구 등을 통해 자신에 대한 자각 증진하기

② 자신의 잠재력을 최대한 발휘할 수 있는 직업을 선택하기 위해 직업에 대하여 연구하기

③ 사실에 근거한 추론과정을 거쳐 한 직업을 선택하기.

급속한 변화 가운데서도 이 모델은 현재까지 직업상담이론에 있어 절대적인 위치에 놓여 있다(Brown, 1984). 자기 학습을 돕는 대부분의 책들은 대개 이 특성 모델에 기초를 두고 있으며, 또한 이 모델은 현재까지 직업상담의 인식에 지대한 영향을 미치고 있다. 어느 '직업상담자'는 '나는 Bolles(1989)의 '당신의 낙하산은 무슨 색입니까(What Color Is Your Parachute)'라는 책을 읽어 보았는데, 그것은 진로상담을 하기 위해 이해해야 할 필요가 있는 모든 것들이 들어 있다'라는 언급과 같이 예시되기도 했다. Bolles는 직업상담자는 아니며, 직업상담의 기초로 사용되기에 적합하지 않은 책이지만 꽤나 성공적인 책을 저술한 사람이다. 하지만 그의 책과 그 비슷한 책들은 초기 진로선택이나 직업전환을 생각하는 수백만의 사람들에게 읽혀져 왔으며, 상당히 유용한 자료로 활용될 수 있음이 입증되어 왔다.

최근 진로상담에 대한 또 다른 공헌은 John Holland(1974)와 같이 뛰어난 전문가에 의해 이루어졌는데, 그는 직업선택이론의 발전에 중요한 영향을 미쳤을 뿐 아니라, 대부분의 사람들이 만족스런 진로결정을 내리기 위해 직업상담가의 도움을 필요로 하지 않는다고 주장하였다. Holland는 자기 채점이나 흥미검사 해석과 같은 자기주도적인 활동과 그 외 자기학습을 위한 책들과 컴퓨터를 이용한 진로지도 프로그램을 통하여 직업선택의 상황에서 대부분의 사람들이 충분한 도움을 제공받을 수가 있다고 생각한다.

일부 개인들에게는 단순해 보이는 직업상담의 이러한 접근방식이 충분히 효과를 발휘할 수 있는 반면에 대부분의 경우 매우 복잡한 진로문제들을 안고 상담자를 찾아가며 그들은 개인상담 및 진로상담에 있어 고도의 숙련된 기술을

구비한 진로상담자로부터의 전문적인 도움을 필요로 한다.

앞에서 언급된 전통적인 진로상담에서처럼 자기 지각은 많은 경로를 통해 얻어진다. 그 중 하나는 진로결정을 위한 검사도구와 그 외 다른 연구결과들과 더불어 Osipow, Carney, Winer, Yanico, Koschir(1976)의 연구는 최소한 진로상담자들의 전통적인 진로상담활동 16%가 부가적인 심리적 문제들로 인해 효과적이지 않을 수 있다는 점을 지적한다.

진로상담에 대한 보다 통합적 접근을 요구하는 새로운 인식의 두 번째 관점은 생애－역할 관점이다. 이 관점은 Okun(1984)과 Super(1984)에 의해 발전된 것으로 진로계획은 가정과 여가와 같은 다른 인생역할 계획과 함께 연관되어 수행될 수 있어야 한다고 주장한다. 진로상담자를 심도 있게 훈련시킨다는 것은 모든 사람들의 진로상담을 해주는 것을 의미하는데, 그 이유는 내담자들에게 자신의 가정과 여가역할과 조화될 수 없는 직업을 선택하도록 도움을 제공하는 것은 유익하지 않다는 것을 깨닫기 때문이다. 다른 역할들을 고려하지 않으면서 어느 한 역할을 계획하는 것은 종종 문제를 해결하기보다는 오히려 문제를 만드는 것이 된다.

오늘날 진로상담자들은 사람들의 초기 직업선택을 돕는 데에만 관심을 기울이지는 않으며 일련의 직업들을 포함하여 전반적인 진로계획을 세우도록 돕는 데에 초점을 둔다. 그들은 또한 진로상담을 위해 찾아오는 많은 내담자들이 자신들의 진로선택을 방해하는 심리적 문제로부터 직업을 분리시키거나 또는 조화시킬 필요를 알고 온다는 사실에 대하여 인식한다. 게다가 진로상담자들은 점점 더 전반적인 생애－역할의 통합에 관심을 기울이고 있으며, 내담자가 최소한 다른 인생역할들에 미치는 진로의 잠재적인 영향을 고려해서 볼 수 있도록 돕고 있다. 이런 관점에서 보면 진로상담자들은 내담자들이 인생역할들 간에 균형과 조화를 이룰 수 있는 생애계획을 발전시켜가도록 잘 돕기 위하여 훈련되어야 한다.

지난 70여년에 걸쳐 발달되어 온 전통적인 진로상담이 여전히 영향을 미치고 있으나 계속해서 변화해 가고 있는 것이 사실이다. 오늘날 진로상담에 관한 정의는 많은 부분에서 전통적인 관점과는 많이 차이가 나게 된다.

> 진로상담은 진로발달문제를 안고 있는 개인들을 돕기 위한 하나의 대인간의 과정이다.
>
> 진로상담은 선택해서 새로운 직장에 들어가 적응하고 직업능력을 발전시켜 가는 일련의 과정이다. 이것은 전생애에 걸쳐 다른 인생역할과 역동적으로 상호작용하는 심리적 과정이다. 진로문제는 어느 한 부분으로 제한되기 어려우며 주로 진로결정, 직업수행, 스트레스와 적응, 대인관계와 작업환경에의 부적응, 다른 인생역할과의 부적절한 통합 등을 포함한다.

진로상담의 개념적 정의에 있어 앞으로 포함되어질 의미 가운데 하나는 내담자에게 불확실한 문제가 어떤 것인지 그리고 어느 부분에서 우유부단하게 결정 내리지 못하는지를 진로상담자가 파악할 수 있어야 한다는 점이다. 우유부단한 내담자는 자신의 능력과 약점 그리고 환경 조건을 객관적으로 평가할 수 있는 인지적 사고능력이 부족하다고 보여진다. 인지능력이 높은 수준의 사람들은 자신에 대한 이해와 자기평가를 내릴 수 있으며, 이러한 자기 인식을 통해 선택의 상황에서 환경조건에 잘 적용해 볼 수 있다. 반면에 인지수행능력이 떨어지는 사람은 진로결정에 있어 그릇된 개인적 규칙들 즉, Krumboltz(1983)에 의해 설명된 바 있는 그릇된 논리체계(Beck, 1976 ; Ellis, 1962)를 가지고 있다.

이러한 규칙들이 초래하게 되는 것들로는 해결될 수 있는 문제임에도 그 문제가 해결될 수 없다고 믿는 것, 문제를 해결하기 위해 충분한 노력을 기울이지 않는 것, 진로결정에 있어 실행가능한 대안을 무시하는 것, 잘못된 근거를 가지고 대안을 선택하는 것, 목표가 성취될 수 없다는 인식으로 말미암은 고통을 경험하는 등의 결과들을 포함한다. 진로상담자들은 인지수행능력의 결여에 의해 문제를 겪는 내담자와 단지 우유부단한 내담자를 구분할 수 있어야 한다. 즉, 진로상담자들은 진로결정을 원하거나 이미 결정된 진로에서의 적응을 원하는 내담자들에게 있어 인지수행능력의 결여가 잠재적인 장애요인이 되는 경우를 잘 구별해 낼 수 있어야 한다. 그리고 인지수행능력 결여의 경우에는 인지수행능력이 어느 정도로 회복될 때까지 진로와 관련된 문제들에 대한 결정을 신중하게 연기할 수 있도록 적절한 조처를 취해야 한다.

1) 진로상담의 과정

진로상담의 과정은 다음과 같다.

〈표 6-1〉 진로상담 과정의 개요

내담자와의 관계 구축 →	개인별 진로적성검사 →	직업 탐색 →	통합된 정보와 선택
	① 면담 ② 심리테스트 ③ 각종 검사 ④ 개인별 체크리스트 ⑤ 검사결과 피드백/상담자	① 기술/일반자료 ② 현장근로자와 면담 ③ 직업 shadowing ④ 전산화 체계	

우리가 논의하고자 하는 진로상담 과정에 대한 개관은 이보다 복잡한데, 다음과 같이 도표화할 수 있다.

내담자와의 관계 형성 → 인지수행능력과 동기수준에 대한 점검 → (아니오) 개인상담 ↓ 진로상담
→ (예) 진로상담

인지 수행능력의 문제로 일단 확인되어지면 진로상담 과정은 특성모델과 비슷한 방식으로 수행될 것이다. 그러나 그렇지 않은 경우에는 다음 도식과 같다.

예 : 인지수행능력의 문제 →	평가 수행 →	상담에 있어 대안적 접근
진로상담	① 진로선택의 적합성 ② 진로에 있어 다른 역할들의 영향 ③ 취업의 경우 직업역할 내에서의 적응가능성 ④ 진로선택과 관련된 자기자각 ⑤ 직업구조에 있어 여러 직업기회들에 대한 지식 ⑥ 진로선택에 미치는 다른 선택들의 영향(배우자 문제 등)	① 새로운 진로선택에 대한 특성중심 접근 ② 직업역할 내 적응 ③ 상호역할 간의 적응

〈표 6-2〉 인지수행능력 문제의 원인과 특성

원 인	특 성		
	진로상담	치료개입 후 진로상담	개인상담 후 진로상담
Ⅰ. 정보부족			
A. 자신과 직업에 대한 정보의 부족으로 말미암은 단순한 결핍	×		
B. 읽기, 학습능력부진으로 인한 정보사용능력의 결여	×		
C. 필요한 정보와 불필요한 정보를 구분할 수 있는 능력의 결여로 말미암은 과다정보	×		
Ⅱ. 고정관념	×		
A. 경험의 부족으로 인한 고정관념(역할 모델의 부족 등)	×		
B. 내적 신념으로 말미암은 고정관념(종교적 가르침 등)	×		
C. 경미한 심리적 문제로 인한 고정관념(여러 경험을 가지고 있는 사람들에 비해 스스로 어떤 역할 수행에 대하여 할 수 없다라고 단정짓게 되는 낮은 자존감 등)	×	×	
D. 여러 선택가능성을 배제하게 만드는 경미한 나름대로의 금지조건(의무사항)들		×	
Ⅲ. 약간의 정신건강문제			
A. 신중한 의사결정을 가로막는 그릇된 결정방식		×	
B. 약간의 또는 많은 선택사항들에 대한 고려를 할 수 없게 만드는 낮은 자존감			
C. 신중한 사고와 선택을 가로막는 금지사항이나 사고 패턴을 형성하는 비논리적 사고		×	
D. 진로선택시에 일부 제한을 갖는 공포증이나 더듬거림같은 문제들(항공여행을 필요로 하는 직업 선택을 못하게 하는 비행공포증 등)		×	
Ⅳ. 심각한 정신건강문제		×	
A. 진로선택을 사고할 수 있는 개인의 능력에 심각한 손상을 가져오는 정신질환(만성적 정신분열이나 정서장애 등)			×
B. 심각한 약물장애			×
Ⅴ. 외부요인들			
A. 일시적 위기(상처나 부부관계의 파괴)			
B. 진로문제에 집중하기 어렵게 하는 일시적 또는 장기적 스트레스			

바람직한 진로상담의 과정은 내담자의 인지수행능력의 평가와 더불어 시작하는 것이다. 예를 들어, 내담자들이 일시적으로 이혼이나 죽음과 같은 상실의 슬픔을 경험하고 있는 상황에서는 그들에게 열려 있는 선택의 기회들이나 개인적 특성들에 대하여 객관적으로 검토하는 것이 어렵다. 인지수행능력의 손상을 일으킬 수 있는 보다 심각하고 장기간에 걸친 문제들에는 선택불안, 과잉의존, 소모성 약물이나 알코올중독 문제, 일부 직업선택을 어렵게 하는 공포증, 낮은 자존감 등 여러 심리적 문제들을 포함한다.

일부 인지수행능력의 문제들은 진로상담이 진행되는 동안에 다루어질 수도 있다. 진로문제와 함께 동시에 촉발될 수 있는 문제들에는 극단적 사고(나는 변호사가 되어야 한다 또는 되어서는 안 된다), 의무명령(나는 완벽한 직업을 찾아야만 한다), 비합리적 사고(여성이 사업을 벌리면 항상 이혼한다), 고정관념(진정한 남자는 간호사가 될 수 없다) 등을 포함할 수 있다. 인지수행능력 문제 유형들과 그 대처 방법은 〈표 6-2〉에 제시되어 있다.

만약 적절한 인지수행능력이 있다면, 평가과정들은 내담자가 초기 직업선택을 앞두고 있는지, 직업전환을 원하는지, 또는 해고되어서 갑작스런 경제적 위기에 처해 있는지에 따라서 다양한 관련요인들을 점검하는 데에 초점을 두게 될 것이다. 세 번째 예의 경우에, 진로상담자의 일차적인 관심은 내담자가 직업을 구할 수 있도록 돕는 것이 될 것이다. 그리하여 단순히 내담자가 다양한 직업기회를 찾도록 돕는 것은 초기 직업선택문제에 대한 접근이 될 수 있다. 계속해서 상담자와 내담자는 어느 직업이 내담자의 가치 기준과 어느 정도 부합하는지, 그것이 내담자의 다른 인생역할들에 미치는 영향이 어떠한 것인지, 그리고 보다 적합한 직업을 얻기 위해 요구되는 변화노력들에는 어떠한 것들이 있는지를 살펴보게 될 것이다. 만약 내담자의 필요가 그렇게 급하지 않다면 보다 통합적인 접근이 시도될 수 있을 것이며, 이러한 접근방법에 의하면 인생역할들 간의 상호관계를 살펴보고, 진로선택이나 적응에 영향을 미칠 수 있는 요인들을 고려해서, 내담자가 배우자의 직업이나 다른 가족에 대한 부담, 연령, 건강문제, 또는 이동을 제약하는 그 외 다른 개인적인 상황들에 의해 현상황에서 어떻게 문제가 되는지를 확인하는 등이 포함될 수 있을 것이다.

무엇인가에 매여 있는 내담자에 대하여, 상담자는 내담자가 인생의 만족(여가활동 등)을 증진시킬 수 있는 다른 생애역할을 발견하거나 개발시키는 것을 돕는 것으로 종결할 수도 있다.

어떤 경우에는 상담의 결과목표로 새로운 직업선택이나 현 직장에서의 적응, 또는 역할 간 상호조정(여가활동시간을 줄임으로써 진로문제의 해결에 보다 에너지를 쏟을 수 있도록 하는 등) 등이 해당될 수 있다.

2) 상담기술

여기서 논의된 모델에서 요구되는 기술들은 기존의 특성중심 모델에서 요구되는 기술들에 비해 훨씬 다양한 것들이다. 여기에는 전통적인 진로상담과 연결될 수 있는 기술들 뿐만 아니라 진로상담과 관련하여 개인 또는 가족상담에서 사용되는 기술들을 포함하고 있다.

〈표 6-3〉

관계를 세워 가는 기술	문제해결을 촉진하는 기술들
적극적인 경청	직면
공감 반응	관계 보상(즉각성)
정보입수와 명료화	습관성의 공감반응
인정하기	정서반응 요약과 문제 확인

여기서 논의되는 기술들은 ① 진로발달문제를 동시에 다루면서 인지수행능력과 ② 자신에 대한 지각 ③ 목표설정과 의사결정 ④ 진로탐색 ⑤ 진로와 인생역할 통합, 그리고 ⑥ 종결과정 등에 사용될 수 있는 기술들을 포함하고 있다.

이 장의 구성은 초기면접과 함께 상담의 시작, 내담자의 문제 진단하기, 목표설정하기, 개입하기 등 상담과정들을 따라 이루어져 있다. 실제로 진로상담은 일련의 정돈된 일직선상의 단계를 따라 설명되기는 어렵다. 예를 들어, 진로상담과정에 있어서 어떤 경우에는 여러 종류의 검사에 관련된 문제들이 있으며 첫 상담은 인지수행능력의 정도를 확인하는 것이 된다. 만약 인지수행능력이 양호하다면, 평가 다음 단계로 내담자가 긴급한 경제적 필요에 당면해 있는 경우가 아니라면, 상담자는 내담자의 전반적인 경향을 살펴보게 되는데, 이 경우에 평가는 바로 안정적인 일자리를 얻는데 도움이 될 수 있는 개인적 요인들을 검토하는 것이 된다. 목표설정과 개입은 또한 진로상담 과정에서 계속해서 진행되어지는 하위과정들에 속한다.

3) 진로상담자가 되는 길

진로상담자가 되기를 희망하는 학생들의 수가 점차 증가하는 추세에 있음에도 상담과 심리학의 훈련과정에 들어오는 대다수의 학생들이 진로상담자가 되기를 희망하지는 않는다. 어떤 종류의 상담이나 치료를 하는 사람이라도 진로문제와 그 문제가 다른 인생 역할들에 미치는 영향력 및 심리적 기능을 확인하고 개선시킬 수 있도록 돕는 데에 익숙해져야 한다. 그럼에도 대다수의 훈련생들이 개인상담에 있어 전문적으로 훈련되기를 선택하는 데 비해, 의식적으로 진로문제상담에 대해서는 등한시하는 경향이 있다. 만약 당신이 진로상담을 전공하여 보다 능숙한 상담자가 되기를 원한다면, 어떤 기술들을 개발하는 것이 필요하다고 생각하는가? 국립진로발달연구협회(The National Career Development Association, 1985)는 진로상담의 전문성을 키우기 위해 활용할 수 있는 일부 지침을 개발하면서 초기단계에서 도움이 될 수 있는 관련 목록들을 다음과 같이 정리하였다.

진로상담에 필요한 지식과 기술

1. 관계형성에 필요한 상담기술과 이론공부를 포함하는 일반적인 상담기술들
2. 내담자의 진로문제를 도울 수 있는 상담기술을 사용할 수 있는 능력
3. 가치관, 흥미, 적성 등과 같은 개인적 요인들에 대한 자각을 증진시키고 이러한 자기 지식을 진로상담에 적용할 수 있는 능력

4. 내담자가 진로에 대해 가지고 있는 고정관념을 점검하고 그것을 극복하도록 돕는 능력
5. 진로결정과정에서 인생의 다른 역할들의 중요성에 대하여 내담자로 하여금 점검해볼 수 있도록 돕는 능력
6. 내담자의 의사결정능력을 증진시킬 수 있도록 돕는 능력
7. 관련지식의 확보
   a. 노동시장 정보, 훈련과 고용경향, 직업정보
   b. 진로발달에 대한 기본적인 개념들
   c. 진로발달과 의사결정에 관한 이론들
   d. 특수집단의 진로상담에 사용될 수 있는 자원과 기술들
   e. 직업 정보의 개발, 저장, 활용체계
   f. 남성과 여성의 역할 변화와 인생역할들간의 연관성
8. 적성, 흥미, 가치, 인성, 특성에 대한 평가 능력
9. 다양한 집단들에 대한 평가자료 확인
10. 평가·해석과 검사도구들의 활용능력
11. 자신의 삶의 질과 작업환경에 대한 자기 평가를 내릴 수 있도록 내담자를 돕는 능력

2. 첫면접

진로상담에서 첫면접은 매우 중요하다. 이 면접에서는 상담자와 내담자와의 상담계약이 성립되고 관계형성과 평가가 시작되며 비밀유지의 한계가 확인된다.

첫 회기의 일반적 지침은 다음과 같다.

① 면담준비

② 내담자 만남과 관계형성

③ 구조화 : 최초 계약설정

④ 구조화 : 비공식적인 역할 확립

⑤ 비밀의 한계확립
⑥ 평가고려사항 확인
⑦ 가정상황 확인
⑧ 첫 회기 종료

1) 면담준비

어떤 경우에 진로상담의 첫 면담준비는 내담자에게 충분한 주의를 집중하기 위해서 심호흡을 하고 그 회기가 외부상황에 의해 방해받지 않도록 하고 기다리는 것에 불과 하다.

그러나 대학상담소나 사설직업소개소와 같은 서비스 제공기관에서는 면담신청절차의 일환으로 내담자가 지능, 성격종합 테스트, 적성검사, 구조화된 질문지 등을 마치도록 하거나 면담 예약시 내담자 데이터 양식을 작성하는 경우가 있다. 공립학교에서는 출석기록, 이수과목증명, 이수과목성적, 학업성취도 등의 누적기록이 이용 가능하다.

이용 가능한 자료의 경우 대부분의 상담자들은 ① 내담자에 대한 예비지식을 갖고 ② 평가과정에서 중복을 피할 수 있도록 그 정보를 신중히 검토하는 것이 필요하다. 일부 다른 상담자들은 내담자에 대한 첫 인상이 내담자와의 상호작용으로부터 생기도록 첫 면담 후에 이용 가능한 데이터를 검토하기를 선호하기도 한다. 모든 데이터를 주의 깊게 검토하여야 하지만 내담자의 동기화 정도와 인성특성 같은 요소에 대한 평가는 초기 면담 후로 보류하는 것이 바람직하다.

왜 내담자기록을 검토하는 것이 필요한가? 한 가지 이유는 노력의 중복을 피할 수 있어서이다. 보통 테스트나 조사가 미리 이뤄지면 다시 그것들을 다룰 필요가 없게 된다. 또 다른 이유는 상담자가 면담에 대한 준비도를 미리 보여줄 수 있다는 데 있다. 내담자가 테스트를 치르고 또는 상담이유에 대한 정보를 이미 제공한 상태라면 그들은 상담자가 그 정보를 검토한 상태이기를 기대할 것이다. 그렇게 하지 않는 것은 관심부족으로 간주될 수도 있다.

요약해 보면 데이터 검토를 기초로 하여 내담자에 대한 성급한 결론을 내리지 않도록 주의한다면 이용가능한 내담자 자료를 검토하는 것은 상담과정을 수월하게 돕는 것이 된다.

2) 내담자와의 만남과 관계형성

일단 내담자가 상담을 받기 위해 도착할 때 상담자는 내담자를 맞이할 준비가 되어있어야 하는데, 이는 상담의 실제에 있어 기본규칙이다. 이러한 원칙을 지키지 않게 될 때 내담자에 대한 관심의 부족을 전달하고 그 관계의 진전에 손상이 될 수도 있다.

효과적인 상담관계는 성공적인 진로상담의 수행에 필수적이다. 촉진적인 관계의 구축 여부에 관해 확인할 수 있는 요인들의 목록을 살펴보면 다음과 같다.

① 상담 회기를 준비한다

② 내담자를 맞이하고 바로 내담자의 관심사에 귀를 기울인다.

③ 언어적으로 또는 비언어적으로 온정, 존중, 관심을 보인다.

④ 내담자가 속한 문화와 성별 등과 같은 관련 요소들을 주의 깊게 살핀다.

⑤ 내담자와 상담자의 역할에 관련된 기대감을 키워 준다.

⑥ 친밀한 관계형성을 위한 전략을 사용한다.

⑦ 정확하게 그리고 효과적으로 내담자의 문제를 파악하고 내담자가 목표를 잘 설정할 수 있도록 돕는다.

3) 구조화 : 초기계약의 설정

계약설정은 상담결과와 그 상담과정에 대한 내담자의 기대수준을 파악하는 것을 포함한다. 기대감의 확인은 다음에 기술된 질문에 대한 명확한 답들을 포함하는 것이 된다.

① 진로상담의 결과로 당신에게 일어나기를 바라는 것은 무엇인가?

② 상담과정의 맥락에서 이 목적의 달성이 어떤 식으로 이뤄지기를 바라는가?

③ 자신의 목적달성에 있어 당신의 역할은 어떤 것이라고 기대하는가?

④ 목적달성에 있어 상담자에게서 어떤 역할을 기대하는가?

⑤ 이 과정이 어느 정도 소요되기를 바라는가?

내담자의 기대는 2개의 범주로 분류될 수 있다. 즉, ① 어떤 변화가 발생할지에 대한 생각과 ② 상담이 성공적이라면 어떤 변화가 발생해야만 하거나 무엇이 반드시 일어나야 한다는 생각, 내담자가 진로상담과정에 대하여 어떤 기대를 갖는 것과 마찬가지로 상담자 또한 그렇다. 상담자는 그 과정에 걸리는 시간의 양에 대하여 그리고 내담자가 그 자신의 변화를 위해 감당해야할 역할과 상담자가 진로상담 과정에서 갖게 되는 역할에 대한 기대를 갖는다. 또한 이 기대는 상담과정 동안 ① 무엇이 일어날 것이라는 예측 ② 무엇이 발생해야 한다는 생각들로 분류될 수 있다.

상담자의 기대와 내담자의 기대 간의 불일치는 왜곡된 상담과정을 초래하게 될 것이다. 그러므로 상담과정이 성공적으로 되기 위해서는 어떤 변화가 있어야 하는지 상담자와 내담자 간 기대수준의 일치와 불일치에 대하여 명확하게 파악하는 것은 필수적이다. 일단 기대수준 일치정도가 명확하게 파악되면 불일치문제를 해결하고 상담과정 동안 있어야할 변화에 대하여 일치된 기대감을 갖도록 하는 것은 계약설정에 있어 필수요소이다. 다음에 기술한 면담내용은 이러한 생각을 일부 나타내 준다.

사 례

1. 성인근로자

인사, 반가움의 의미교환, 내담자의 관심사에 대한 초기탐색 후에 상담자는 다음과 같이 시작한다.

상담자 : 우리가 함께 하는 시간 동안 어떤 일이 생기리라고 기대하는지에 대하여 당신 생각을 아는 것이 중요합니다.

내담자 : 확신할 수는 없지만 저는 더 만족스런 직업을 찾기를 바라고 있습니다. 저는 당신이 그것을 도와줄 수 있다고 들었습니다. 추측건대 당신

은 제가 몇몇 검사를 받길 원하고 나에게 몇 가지 질문을 하시리라 생각합니다. 그 외엔 무엇이 있어야 될지 잘 모르겠습니다.

상담자 : 그러면 당신은 더 만족스런 직업을 찾기 원하고 내가 그것을 도와줄 수 있을 거라고 기대하고 있군요. 한 번 해보도록 하지요. 흥미와 적성을 알아보는 검사 몇 개와 그 외 관련도구들을 사용하게 됩니다. 이것의 다른 측면은 해결을 위해 상당한 작업을 필요로 하는 문제에 바로 맞부딪쳐 들어가 상담을 시작합니다. 이는 우리 둘 다 우리가 상담과정 동안 열심히 작업에 임하고 당신이 상담회기 이외의 시간에 일하는 사람들을 찾아가 면담하는 것과 같은 그런 작업을 할 수도 있다는 것을 의미합니다. 이것에 대해 어떻게 생각하십니까?

내담자 : 괜찮다고 봅니다. 그러나 상담회기 외에 다른 것을 할 수도 있다는 점은 예상하지 못했습니다. 현재 저는 일이 몹시 바쁩니다. 시간이 정말 문제가 됩니다.

상담자 : 그렇다면, 외부활동에 대해 현실적으로 조정하는 것이 필요하겠는데, 아마도 일부의 경우 반드시 해야 하는 것이 있을 수 있습니다. 작업에 관한 자료를 읽는 것은 반드시 필요합니다.

내담자 : 제가 생각했던 것보다 좀더 복잡한 것 같군요. 그렇지만 상담을 받고 싶습니다. 최선을 다해 보도록 하겠습니다.

상담자 : 상담과정에서 일어날 일에 대하여 명확히 하기 위해 요약을 해 봅시다. 나는 만족스런 일을 당신이 찾을 수 있도록 도울 것입니다. 나는 당신 자신과 당신의 현재 직업 그리고 당신이 불만족 이유에 대해 더 알게 됨으로써 그것을 도울 수 있을 것입니다. 당신의 인성이나 적성을 파악하기 위해서 몇몇 적성관련 검사들을 받게 될 것입니다. 나는 당신이 직업과 관련하여 보다 많은 발견을 할 수 있도록 돕는데 일정한 책임을 갖게 될 것입니다. 나는 당신이 현재 직업에서 어떤 문제들을 갖고 있으며 한 인간으로서 그리고 한 근로자로서 당신 자신에 관한 정보를 자유롭게 나누게 되기를 바랍니다. 나는 또한 당신이 상담과정에 도움이 될 수 있는 어떤 일들을 부가적으로 상담 외 장면에서 수행할 수 있기를 기대합니다.

(중략)

상담자 : 내가 말한 것 중에 당신을 불편하게 한 것이 있습니까?

내담자 : 없습니다. 저의 스케줄을 배려해 주신다면 문제되는 것은 없습니다. 요새 매우 바쁘거든요.

2. 대학생

상담자 : 예약할 때 당신이 작성한 신청서와 전공희망기록 내용을 읽어 보았습니다.

내담자 : 예, 저는 다음달에 전공을 사전 등록해야 하는데, 감을 잡을 수가 없습니다. 지금까지 많이 생각해 봤는데 좋은 생각이 떠오르지 않습니다. 룸메이트는 제가 경제학을 전공해야 한다고 이야기하지만 저의 생각엔 좋은 분야가 아닌 것 같습니다.

상담자 : 당신이 적극적으로 전공에 대해 생각해보았는데, 이제까지 헛수고한 느낌이겠군요. 비즈니스 전공하는 거에 대하여 완전히 부정적인 것도 아니구요.

내담자 : 맞습니다. 하지만 정말 확신하기가 어렵습니다. 그리고 아버지가 당신을 찾아가면 도움을 얻을 수 있을 거라고 말씀하셨습니다.

상담자 : 나는 확실히 최선을 다하겠습니다. 그리고 우리가 함께 작업한다면 사전등록 기간이 돌아올 때 당신이 전공에 대한 어떤 결정을 하게 될 것으로 믿습니다. 전공선택에 대하여 생각하는 동안 그 전공으로 당신이 어떤 일을 하게 될지를 검토해 보는 것은 일반적으로 도움이 됩니다. 다시 말하면, 어느 전공을 선택하게 될 때 그 결과로 어떤 종류의 진로를 갖게 될 것인가? 등 입니다.

내담자 : 이해됩니다. 그리고 그것은 제 룸메이트가 경제학을 제안한 이유입니다. 그는 제가 졸업하게 되면 좋은 일자리를 얻을 수 있다고 말했습니다. 그렇지만 저는 경제학에 제가 어울리는지 확신할 수가 없습니다.

상담자 : 그러면 진로와 관련해서 전공을 고려해보는 것이 당신에게 도움이 되겠군요. 상담하는 동안 당신이 기대하는 것이 무엇인지 이야기해 봅시다.

면담 1에서는 내담자의 초기 목적이 꽤 명료하여 상담의 기대에 대하여 잘 기술할 수 있다. 면담 2에서는 초기 목적의 명료화가 첫 번째로 수행되고 나서 역할에 대하여 이야기 되고 있다. 이 면담에서만 보면 대학전공에 대하여 검토하면서 진로탐색을 하는 것에 대하여 거부할지도 모른다는 것을 예측해 볼 수 있다. 그런 경우가 발생하게 된다면 상담자는 다음 두 방법 가운데 하나를 선택하게 될 것이다. 내담자와 상담자의 기대불일치로 인하여 그 회기를 종결하기 또는 내담자와 함께 그의 전공을 확인하기 위해 협력하는 것, 상담에 대한 기대를 설정하고 나서 상담자의 목표가 달성되도록 은연중에 내담자에게 영향을 미치려고 하는 것은 적절하지 않다.

면담 1과 면담 2에서 모두 주의를 기울여야 할 사항은 시간의 문제이다. 면담 1에서는 내담자가 진로상담과 과외활동에 보낼 수 있는 시간의 양에 분명히 제한되어 있다. 면담 2에서는 학생이 사전등록이라는 최종기한을 지켜야 한다. 후자의 경우는 사전등록까지 잠정적인 결정을 내릴 수 있으며, 그 이후 결정이 바뀌게 되면 정정기간에 코스를 변경할 수도 있다. 대학생과는 일주일에 단지 두 번의 상담회기를 갖거나 사례 1의 성인 내담자를 위해서는 보다 긴 기간으로 회기를 연장시킬 수도 있겠지만, 일반적으로 상담자는 내담자의 시간제약 조건 내에서 해결될 수 있도록 상담을 진행할 것이다. 전략과는 무관하게 어떤 경우에는 각 내담자의 상황에 맞게 초기 동의(계약)가 이루어져야 한다. 면담에서 발췌한 다음 내용은 이러한 생각을 뒷받침해 준다.

사 례

1. 동기가 아주 확실한 내담자

상담자 : 당신이 예상하는 진로상담 회기가 어느 정도인지 궁금합니다.

내담자 : 글쎄요, 별로 오래 걸리지 않기를 기대하는 데, 빠른 기간 안에 직업을 바꾸고 싶습니다.

상담자 : 상담장면 외의 활동에 대한 당신의 실행의지를 포함해서 여러 요소가 회기의 실제 횟수에 영향을 미칩니다.

내담자 : 저는 열심히 임하고 싶습니다. 상담을 정말 시작하고 싶습니다.

상담자 : 당신이 상담에 열심을 갖고 임하는 것을 알겠군요. 우리가 얼마나 자주 만나야 될지 봅시다.

2. 동기가 불확실한 내담자

상담자 : 보통 진로 선택의 문제를 엄밀히 다루자면 4주에서 6주 동안에 주당 한 시간을 상담하게 됩니다. 당신의 진로를 당신의 배우자에 맞추어 결정해야 하는 등의 문제가 있을 경우에는 더 걸릴지도 모릅니다.

내담자 : 이런! 오랜 시간이 걸릴 것 같군요. 우리가 이것을 빨리 끝낼 수 있을 거라고 기대했었습니다. 제가 여섯 번씩이나 상담하러 올 수 있을지 잘 모르겠습니다.

상담자 : 당신은 일정기간 동안 상담받는 것을 어렵게 느끼는 것 같군요. 나는 지금이 문제를 해결하기에 가장 적절한 시기인지 의문스럽습니다. 당신 삶에 있어서 다뤄져야 할 어떤 다른 문제들이 있고 진로를 선택하는 것이 지금 당장 그렇게 중요하지 않은 것으로 보입니다.

내담자 : 글쎄, 중요하다고 생각합니다. 저는 단지 이것을 해결하는 데 있어 여러 주를 소요하고 싶지 않을 뿐입니다.

상담자 : 상담과정에 진입할 수 있기 위한 몇몇 대안들을 찾아봅시다. 한 가지 방법은 일주일에 두 번 만나는 것입니다. 이것은 상담과 상담과정에서 보통 요구되는 숙제를 당신이 상담과정에 열심히 함께 해야된다는 것을 의미합니다.

내담자 : 그것이 더 좋다고 생각합니다. 제가 그렇게 하는 것이 필요하다는 것을 압니다. 지금 저는 그것이 더 쉬울 거라고 생각합니다.

계약설정의 과정의 정점에서 진로상담을 위한 초기목표가 수립될 것이고, 내담자와 상담자가 가진 기대가 명료화되고 절충되어지고 상담진행과정에 대한 몇몇 규칙을 정하게 될 것이다.

이 시점에서 초기목표 수립에 있어 한 두 가지 주의해야 할 사항이 있다. 첫째, 미숙한 상담자는 종종 초기목표가 내담자의 최종목표인 것처럼 인식하는 실수를 범하곤 한다. 가끔 그런 경우도 있으나 대체로 그렇지 않은 경우가 많다. 어떤 경우라도 초기목표는 공식적인 목표설정 과정이 진행될 때까지는 잠정적인 것으로 간주되어야 한다. 단지 초기목표가 설정되었다 해도, 내담자의 목표전환을 확인하기 위해 계속해서 주의를 기울여야 한다.

4) 구조화 : 비공식적인 역할 설정

앞 부분에서는 진로상담에 있어 공식적으로 기대감을 확립하는 것에 대하여 논의하였다. 이 절에서는 진로상담을 좌우하는 규칙들에 대한 비공식적 설정을 중심으로 하여 살펴본다. 상담자와 내담자가 목표와 같은 수준에서 상담과정과 목표에 대한 명확한 합의에 이르고 난 다음에 초기계약에 부합하지 않는 방식으로 진행됨으로써 상담자로 하여금 이러한 합의를 약화시키도록 하는 것은 이해되기 어렵다. 비공식적 측면의 상담이 공식적인 합의와 일치하지 않는 것은 전혀 비생산적이다. 예를 들어 내담자와 상담자가 진로상담 회기 외에 지속적인 일련의 숙제과제가 있음을 설정한다면 이러한 과제는 수행되어져야 한다. 상담자가 끝까지 수행하지 않는다면 내담자와의 합의에 있어 신뢰성이 떨어지게 된다. 이 절의 초점은 상담과정이 진행됨에 따라 상담자는 공식적으로 설정된 규칙뿐 아니라 상담자와 내담자 사이에 이루어진 무언의 합의에 따라 상담이 진행되어 질 수 있도록 하여야한다는 점이다. 다음 발췌문에서 상담자와 내담자 사이에 이루어진 '합의'의 유형에 대해 생각해 보기로 한다.

상담자 : 몇 살이죠?
내담자 : 21살이요.
상담자 : 어디서 태어났습니까?
내담자 : 아이오와.
상담자 : 어디서 일하고 싶으시죠?

내담자 : 남동쪽에서요. 저는 추운 날씨가 싫습니다.

상담자 : 당신은 추위를 싫어하시는군요. 당신은 남동지역의 무엇이 가장 좋습니까?

내담자 : 따뜻한 것이요.

위와 같은 어처구니없는 면담은 그만두기로 하고, 이 내담자와 상담자 사이에 어떤 비공식적인 합의가 이뤄지고 있는가? 상담자는 분명하고 폐쇄된 질문을 할 것이고 내담자는 단지 그 정보를 제공할 것이다.

위 면담과 다음에 기술된 면담을 비교해 보기로 한다.

상담자 : 당신에 대해 좀 말해 보십시오

내담자 : 저는 스물 한 살이구요, 평생 아이오와주에서 살아 왔습니다. 건축업을 계속 하고 싶긴 하지만 저는 더 따뜻한 기후로 이사하는 데 무척 관심이 많아요. 저는 유능한 석수(石手)이고요, 그 일을 즐깁니다.

상담자 : 당신은 당신이 현재 하고 있는 일을 즐기지만 추운 날씨가 싫어서 이사하기로 결심했군요. 당신의 일에 대해 더 이야기 해주십시오.

이 면담에서 상담자는 주도적인 개방적 질문을 통하여 상담에 있어 전반적인 진척이 이루어지도록 하며, 내담자는 진로상담과정을 촉진하는 데 필요한 정보를 제공하게 된다.

다른 비공식적인 합의는 상담자의 기대로부터 생긴다. 상담자는 전문가로서의 역할을 견지하거나 또는 내담자와 동등한 관계에서 협력하거나 그 역할을 나름대로 설정할 수가 있다. 처음부터 내담자에게 스스로 힘을 쓸 수 있도록 하기 위해서는 공조체제가 더 효과적이다. 다음에 기술된 발췌문을 비교해 보기로 한다.

발췌 1

내담자 : 저는 자신에 대해 더 잘 알기 위해 검사를 받았으면 합니다.

상담자 : 물론 가능합니다. 내 생각엔 'Self-Directed Search(자기 스스로 탐색)'가 이상적인 기초단계라고 생각합니다.

발췌 2

내담자 : 제 자신을 더 잘 알기 위해 검사를 좀 받았으면 합니다.

상담자 : 나도 당신에 대해 많이 알아가기 시작하는 단계에 있습니다. 하지만 당신이 누구보다도 당신 자신을 잘 압니다. 검사목록을 몇 개 소개할 텐데 당신이 자신에게 가장 도움이 될 만한 것을 선택하십시오.

진로상담자는 일반적으로 내담자가 독립적인 의사결정을 내릴 수 있도록 돕는 것을 주목표로 삼게 된다. 물론 발췌 2의 상담과정에서 내담자는 스스로 결정을 내릴 수 있는 사람으로 자신을 인식하는 것이 보다 쉽다. 상담과정에 있어 상담자와 내담자가 각각 자신의 고유영역을 가지면서 동등한 위치에서 협력하는 관계임을 인식하도록 하는 것은 중요한다.

진로상담자는 상담과정에서 암묵적인 구조화가 이미 언급된 구조화 내용과 일치하는가에 주의를 기울이며 계속해서 확인해 가야 한다. 또한, 주로 암묵적으로 구조화가 이루어지는 상담의 측면을 고려해 볼 때 상담자들은 상담과정이 암묵적인 동의와 일치되면서 내담자의 성장과 문제해결을 촉진하는 큰 목표를 지향하는 가운데 상담이 진행되도록 해야 한다.

5) 비밀유지의 한계 설정

첫 면담의 진행과정에서 또한 비밀유지의 문제를 다루도록 해야 한다. 반드시 내담자 자신이나 다른 사람들이 위험에 빠지는 경우에는 내담자가 비밀을 보장받을 권리가 있음을 알도록 해야 한다. 또한 감독자나 다른 사람들이 지도 감독 차원에서 구체적인 상담내용을 알게 된다면 내담자로 하여금 이에 대하여 사전에 통보를 받도록 해야 한다.

다음의 발췌문은 상담자가 내담자와 더불어 비밀 유지의 문제를 이야기하고 있는 내용이다.

발 췌

상담자 : 당신 자신이나 다른 사람들에게 해를 끼치게 될 증거가 있는 경우를 제외하고는 당신이 나에게 이야기하는 것들에 대하여 비밀이 보장된다는 점을 이해하는 것이 필요합니다. 노스캐롤라이나 주는 아동학대의 사례의 경우 보고할 것을 요구합니다. 하지만 나의 중요한 관심은 항상 당신을 위한 것에 있으며, 그 가운데 움직일 것입니다. 이런 비밀보장 측면을 분명히 확인할 필요가 있습니다.

내담자 : 저도 그렇게 생각합니다. 제가 내 자신을 해치거나 다른 사람들에게 피해를 입히는 경우라면 당신이 다른 사람들에게 알려야 한다는 것을 이해할 수 있습니다.

6) 평가 고려사항의 확인

검사실시에 대하여 첫 면담 전에 이야기가 된 상태이거나, 유용한 내담자 자료가 없는 상태라면 첫 면담과 함께 평가를 시작할 수 있다. 첫 악수, 눈 마주침, 내담자의 옷차림, 그리고 말투, 자세 등과 같은 비언어적 행동도 평가자료가 될 수 있다. 즉, 다양한 방식으로 내담자에 대해 파악할 수 있다. '내담자들이 자신의 문제들을 해결하도록 돕기 위하여 내담자 관련 요소들을 파악할 수 있는 평가를 어떻게 하면 됩니까'라는 최소한의 질문 외에도 여러 많은 질문들을 통해 내담자에게 접근할 수 있다. 이 질문은 '내담자에게 어떤 정보가 필요하고 평가할 때 어떤 평가전략을 가지고 임해야 하는가?'라는 의미로 해석될 수 있다. 이 질문에 대한 부분적인 대답은 '다음에 기술된 몇몇 또는 모든 항목에 대한 정보를 파악할 수 있도록 한다'라고 볼 수 있다.

① 적성, 관심, 가치 그리고 인성 등의 특성

② 대인관계기술, 직업능력, 업무습관, 정보탐색기술, 검사수행능력, 의사결정기술 등을 포함한 행동

③ 일반적으로 자아, 기술능력, 자기효능감 등의 자각

④ 직업정보, 직업동향, 구직절차 등에 대한 지식

분명한 것은 다음 세 가지 사항이다.

첫째, 이 목록에 제시된 여러 요소들에 대한 평가전략은 상담 면담을 통해 이루어진다.

둘째, 여러 검사들을 실시하는 등 다양한 다른 평가전략은 평가과정에서 활용될 필요가 있다.

셋째, 진로상담자는 다양한 평가전략의 활용방법을 알아야 할 뿐만 아니라 평가도구의 선택과 평가결과 활용에 있어 내담자가 함께 할 수 있도록 이끄는 방법을 알아야 한다.

진로상담 첫 면담 전에 혹은 면담하는 동안에 상담자는 앞에 제시된 질문에 초점을 맞추도록 한다 : '평가할 필요가 있는 것은 무엇인가?' 그리고 '그것을 어떻게 평가할 것인가?'

무엇을 어떻게 평가하느냐에 관한 질문에 대한 대답은 쉽지 않다. 하지만 평가를 필요로 하는 영역들을 파악하는 데에는 다음 제안들이 도움이 된다.

① 내담자가 자신의 행동양식이나 어떤 분야에 대해 잘 모르는 경우에는 몇 가지 검사를 필요로 한다.

② 내담자가 대화기술을 갖고 있다 할지라도(예를 들면 구직면접에서), 면담을 수행하는 능력과 관련해서 내담자의 자기효능감에 대하여 이야기하는 것이 좋다. 이를 위한 비교적 간단한 방법은 내담자들이 구직면접과 같은 행동수행능력을 1에서 10척도로 자신을 스스로 평가해보도록 요구한다(1은 매우 낮은 점수이고 10은 매우 높은 점수임).

③ 의사결정능력의 부족(충동적인/의존적인), 낮은 자존감(나는 매우 가치 없다), 인지수행능력 결여 등의 단서들은 진로상담을 계속해야 할지 아니면, 개인상담으로 전환해야 할 지에 대한 신중한 검토를 필요로 한다.

④ 공식적인 평가과정(예를 들면, 테스트나 적성검사)에 대한 결정은 내담자와의 합의하에 이뤄져야 한다.

7) 상담비용 등 기타 문제

진로상담 과정에 있어서 첫 회기에 일반적으로 다루어져야 하는 문제들이 있다. 이들 중 일부는 앞에서 논의되었는데 예를 들어, 언제 만날 것인지? 얼마나 자주 만날 것인 지? 어디서 만날 것인지? 등이다. 그리고 내담자가 사설기관이든 개인상담 개업가에 의해서든 상담서비스에 대해 돈을 지불해야 하는 경우, 상담비용문제와 언제 어떻게 지불할 것인지의 문제가 있다. 예약시간을 놓치면 어떻게 하고 상담자에 의해 테스트나 적성검사를 받지 않으면 어디서 치를 지와 여러 세부적인 것들에 대한 문제도 있다. 이러한 일반적인 문제들을 적절하게 잘 다루는 것은 진로상담의 성공적 수행에 큰 영향을 미칠 수 있으며 진로상담자는 이러한 사항들을 적절하게 다루었는지 확인할 수 있는 목록을 필요로 한다. 이 목록은 다음의 내용들을 포함하게 된다.

① 다음 약속은 언제, 어디서 이루어지게 되는지와 상담약속을 정하거나 취소하는 지침을 주는 예약기록.

② 상담비용과 지불방법에 대하여 기술한 청구기록(회기에/30일 안에/현금신용카드 등)

③ 테스트나 적성검사를 하게 되는지, 그 검사들이 있게 되는 시간과 장소를 예시하는 기록

8) 첫면담의 종결

첫면담의 종결에서는 다음 내용을 포함하여 일련의 사항들이 점검되어져야 한다.

① 각자의 역할과 비밀유지와 관련된 합의 내용에 대한 요약, 상담자 또는 내담자가 내용을 요약해 볼 수 있다.

② 과제확인

③ '상담비용 관련 사항' 확인

이 두 가지 작업—요약과 과제—은 첫 회기와 다음 회기 사이가 연속해서 진행될 수 있도록 하기 위한 것이다. 제2회기 요약은 두 회기 모두에 초점을 맞추되 그것을 제3회기와 연결시키는 것이 되어야 한다. 요약은 뒤돌아보는('이번 시간에는 이런 내용들이 다뤄졌습니다.') 경험이다. 과제는 이미 다룬 것과 다음 회기에 다뤄질 것(미래지향적)이 연결될 수 있도록 해야 한다.

내담자 : 이제, 우리는 제가 만족할 수 있는 직업을 찾기 위해 같이 할 것을 동의했습니다. 제가 직업을 찾는 데 도움이 될 수 있는 상담 외에도 약간의 과제를 수행해야 된다는 것을 압니다.

상담자 : 잘 요약하였습니다. 그리고 비밀유지에 대하여 기억할 필요가 있습니다.

내담자 : 예. 제 자신이나 다른 사람에게 해가 되는 경우를 제외하고는 상담내용을 비밀로 부칠 것을 압니다.

상담자 : 좋습니다. 그러면 이제 다음주까지 해야 하는 숙제에 대해 말하고자 합니다. 오늘부터 다음 상담시간 사이 매일 저녁에 직장에서 가장 좋았던 때와 가장 나빴던 때에 대한 목록을 작성해 오도록 하세요. 이것은 당신이 좋아하는 것과 싫어하는 것을 파악하는 데 도움이 될 것입니다.

내담자 : 좋은 때가 많진 않을 겁니다.

상담자 : 당신 직업에 좌절을 느끼고 있군요. 그래도 매일 근무 끝나고 정리를 해 올 수 있겠죠?

내담자 : 물론입니다. 메모장에 메모를 하겠습니다. 좋은 때가 있을지도 모르죠.

상담자 : 좋습니다. 5월 10일 오후 6시에 여기서 결과를 듣도록 하겠습니다. 당신 카드에 그것을 보관할 겁니다.

9) 첫면담 요약

① 내담자에 대한 이용가능한 모든 자료를 검토하고 내담자에 대하여 조급한 결론을 내리지 않도록 주의하라.

② 당신을 만나러 오는 내담자에게 초점을 맞추도록 마음의 준비를 하라

③ 내담자에게 따뜻하게 인사하라. 좋은 관계를 구축하는 기술을 사용하라.

④ 역할 기대와 진로상담 과정에 대해 명료화하라.

⑤ 무언의 가정과 구두로 행해진 가정이 모순되지 않도록 처리하라.

⑥ 비밀유지에 대해 논의하고 설명하라.

⑦ 필요한 평가자료의 유형에 대한 확인을 시작하라.

⑧ 문제/목적에 대하여 제시할 것을 결정하라.

⑨ 동기를 평가하라.

⑩ 다음 회기에 연결 지으면서 종결하라.

10) 첫면담 실습에 대한 학습

(1) 당신의 현장경험을 통해 내담자와 함께 작업하는 가운데 첫 면담을 마치도록 하라. 그리고 다음 실습 내용을 포함시키도록 하라.

① 이용 가능한 모든 사례를 검토한 후에 회기를 준비하라. 사전자료를 바탕으로 내담자에 관한 잠정적인 결론을 만들어보라. 상담을 하면서 이 결론에 따라서 진행시키지 않도록 주의하라.

② 내담자를 만나라. 악수, 눈짓, 목소리 굵기 그리고 행동에 주목하라. 내담자가 자신만만한가? 신경질적인가? 염려하는가?

③ 내담자의 초기목표를 확인하라. 실제적인 목표설정이 이루어졌을 때 그것이 확실히 내담자의 목표라는 것을 확신할 수 있는가?

④ 진로상담에 대한 내담자의 기대수준을 정하라.

⑤ 내담자가 당신의 기대조건들을 어떻게 잘 수용하는가?

⑥ 비밀유지에 대하여 설명하라.
⑦ 요약하라.
⑧ 비용문제 등을 다루도록 하라.
⑨ 과제를 부여하라(예, '당신이 흥미를 느끼는 것들에 대해 생각해오기').
⑩ 감독자로부터 적절한 피드백을 받도록 하라.

(2) 다음 질문들에 답하여 보라.

① 사전자료를 기초로 하여 당신이 내담자에 대하여 설정한 결론이 얼마나 정확했는가? 보다 중요한 것으로, 당신의 결론이 얼마나 많이 빗나갔는가?

② 상담에 대한 내담자의 기대와 당신의 기대가 얼마나 일치하는가? 그 차이점이 만약 명확하게 검토되지 않는다면, 상담 중에 이것이 어떠한 문제를 야기시킬 것인가?

③ 내담자가 희망하는 것이 검사를 추가적으로 요구하는 것인가? 어떻게 당신은 이 평가를 수행할 계획인가?

④ 다음 회기는 어떻게 시작할 것인가?

당신이 현장실습과목에 등록되어 있지 않다면, 진로상담자에게 이름과 관련 인적사항을 삭제한 자료를 요청하여 상기 실습의 A1-10단계에 따라 연습해 볼 수 있을 것이다. 그리고 나서 진로상담자로부터 당신이 얼마나 정확하게 수행하였는지 피드백을 받도록 하라.

3. 진로상담의 기본원리

진로상담은 다음과 같은 원리에 기초를 두고 실시하여야 한다.

(1) 진로상담은 진학과 직업선택에 초점을 맞추어 전개되어야 한다.

진학선택이라는 함은 상급학교 진학의 문제를 다루는 것이다. 초등학교에서 중학교, 중학교에서 고등학교(인문계와 실업계), 고등학교에서 대학으로의 진학 선택의 길은 매우 다양하다.

초등학교는 의무교육인만큼 선택의 여지가 없다. 무조건 의무적으로 교육을 받아야만 한다. 그러나 중학교부터는 다르다. 인문계 고등학교로 진출할 것인가, 아니면 실업계 고등학교로 나아갈 것인가의 기로에 놓여 있다.

대부분의 청소년들은 실업계 고등학교보다는 인문계 고등학교를 선호하고 있다. 왜냐하면 대부분 대학에 진학하려고 뜻을 두고 있기 때문에 실업계 고등학교를 기피하는 경향이 많다. 그렇다고 모든 학생들이 인문계로만 진학할 수는 없다. 중학교에서 고등학교 계열선택은 매우 중요하다. 대학진학의 선택은 장차 전문인으로서의 직업을 선택하는 데 직접 영향을 끼치기 때문이다.

(2) 진로상담은 개인의 특성을 객관적으로 파악한 후 진로상담자와 내담자 간의 래포(rapport)가 형성된 관계 속에서 이루어져야 한다.

개인의 특성이란 지능, 성격, 흥미, 소질, 학업성취, 신체적 조건 등 내적인 요인과 가정의 사회경제적 지위, 부모의 교육정도 등을 포함하는 가정여건과 가치관, 포부 등을 포함한다.

(3) 진로상담은 개인의 진로결정에 있어서 핵심적인 요소이므로 진로의사결정 과정의 상담을 거쳐야 한다. Gelatt(1967)는 진로의사를 결정하는 8단계의 상담 과정을 제시하고 있는데, 그 내용을 소개하면 다음과 같다.

① 진로결정의 목표의식 확립

② 관련정보의 수집

③ 가능한 대안(alternative)을 열거

④ 각 대안의 실현 가능한 결과를 예측

⑤ 결과의 가능성을 예언

⑥ 결과에 대한 가치를 평가

⑦ 대안의 선택

⑧ 결정에 대한 평가를 하고 추후 재투입

이와 같은 진로결정은 계속적인 의사 결정을 의미한다.

(4) 진로상담은 진로발달 이론에 근거하여야 하며 진로발달이 진로상담에 영향을 미친다.

진로발달이론은 앞에서 언급한 바와 같이 특성요인이론, 직업발달이론, 욕구이론, 정신분석 이론, 사회학적 이론, 의사결정이론 및 사회학습이론이 있다. 이런 이론에 근거를 두고 진로상담자의 역할은 매우 다르게 나타난다.

(5) 진로상담은 변화하는 직업세계의 이해, 진로정보활동을 중심으로 개인과 직업의 연계성을 합리적으로 연결시키는 과정에 합리적 방법 이용에 초점을 두어야 한다.

변화하는 산업사회 구조의 변화, 직업의 종류와 그 특성, 정보화 시대의 인기 있는 유망직종, 교육정보, 직업정보, 개인·사회적 정보 등 다양한 정보자료를 중심으로 잘 이해하고 상담이 전개되어야 한다.

(6) 진로상담은 각종 심리검사의 결과를 기초로 합리적인 결과를 이끌어낼 수 있도록 도와 주는 역할을 다해야 한다. 심리검사란 표준화 검사를 의미하고 있는데 지능검사, 흥미검사, 적성검사, 직업적성검사, 진로성숙도검사, 창의성 검사, 인성 또는 성격검사, MMPI 등이 포함된다.

개인을 이해하는 방법으로서 비표준화에 따른 검사도 사용할 수 있다. 이를테면, 관찰법, 사례연구, 자서전법 등을 활용하여 학생 개인을 정확히 파악하여 그에 걸맞은 상담이 이루어지도록 상담자의 능력과 역할이 기대된다.

(7) 진로상담은 상담윤리강령에 따라 전개되어야 한다.

진로상담자는 상담이론과 방법에 정통한 자라야 한다. 또한 진로교육이론에도 전문적인 소양을 갖춘 유능한 능력자이어야 한다. 이러한 능력을 갖추려면 적어도 석사학위 이상의 학력을 이수하고 상담심리 전공분야에 전문적 소양을 쌓아야 한다.

진로상담자는 상담자로서 갖추어야 할 전문적 능력과 인성적 능력을 갖춘 자로서 상담자 윤리강령을 준수하고 직업윤리를 지키는 범위 내에서 상담을 전개해 나가야 한다.

4. 진로상담시 고려해야 할 사항

각급학교(초 · 중 · 고) 별로 진로 상담자가 진로상담내용을 고려하여 다음과 같은 절차에 따라 상담을 전개하는 것이 바람직하다.

1) 자기이해

상담은 '나는 누구인가?' 나의 존재를 좀 더 구체적으로 알아보는 것이 중요하다. 나의 능력, 소질, 적성, 흥미, 성격, 신체적 조건 등 인적사항을 보다 객관적으로 알아보는 활동을 전개한다. 일찍이 소크라테스는 '네 자신을 알라(know yourself)'로 갈파했는데 이것은 바로 자신의 주제파악이며 분수에 맞는 방향으로 행동하고 결정하라는 뜻으로 해석된다.

따라서 진학이나 직업을 선택하기 전에 사전에 자신의 모든 모습을 객관적으로 이해하는 작업이 필수조건이다. 여기에 더하여 가정의 경제적 여건을 참조하고 미래의 성공가능성, 위험부담률을 분석하는 절차가 포함된다.

2) 직업세계의 이해

1960년대 이전에는 직업의 종류가 불과 2,000 여종에 지나지 않았다. 그 당시에는 직업이라고 해야 농업을 주로 하는 농본사회이었으므로 직업이 단순하고 숫자면에서도 적었다. 그러나 산업발전이 왕성해지기 시작한 60년대 후반부터는 새로운 직업의 종류도 점점 다양화, 세분화, 전문화 되기 시작하여 현재에 이르러서는 1만 5천여 종을 헤아리고 있다.

이러한 직업 종류의 다양화로 학생들은 장차 자기의 직업을 선택하는 데 크나큰 어려움을 안겨 주었다. 뿐만 아니라 직업의 역할이나 임무도 모르고 직업을 선택하기에는 역부족이어서 이에 대한 인식과 탐색과정이 필요하게 되었다.

따라서 학생들로 하여금 직업선택 이전에 직업탐색과정을 두어 여러 가지 직업의 하는 일과 장래의 전망에 대하여 인식시키도록 계획적인 지도가 요청되고 있다.

초등학교에서는 진로인식지도, 중학교에서는 진로탐색지도, 고등학교에서는 진로준비지도, 대학교에서는 진로전문화과정에 따라 각급 학교별 진로지도내용을 철저하게 학습하도록 정규교과, 특별활동, 특기적성교육활동을 통하여 직업세계를 이해하도록 독려한다.

3) 가치관의 확립

직업선택 이전의 고려해야 할 점은 가치관의 정립이 필요하다. 민주주의와 자본주의 사회에서의 특징은 경제 지상주의라고 하지만 경제가 모든 생활상의 세계를 지배할 수는 없다.

그러므로 학생들로 하여금 이 세상을 건전하고 행복하게 살아가려면 나름대로의 건전한 가치관을 갖도록 지도해야 한다. 가치관에는 외재적 가치와 내재적 가치가 있다. 전자는 주로 권력, 돈, 명예등을 요구하나 후자는 정서적 만족감을 줄 수 있는 보람과 긍지, 심리적 보상을 들 수 있다. 이러한 가치관의 조화를 이룰 수 있도록 강조하는 역할이 요청된다.

특히 진로가치관 형성은 개인으로 하여금 장차 선택한 직업분야에서 잘 적응하고 만족하며 자아실현의 계기가 될 수 있는 것이다. 그러므로 가치관 검사를 통한 개인의 뚜렷한 가치관이 잘 성립될 수 있도록 가치관 교육이 이루어져야 한다.

4) 진로정보 활동의 전개

현대 사회는 정보화, 국제화, 세계화 사회로 치닫고 있다. 진로정보활동의 전개와 실시는 학교교육에서 빼어 놓을 수 없는 중요한 위치를 차지하고 있다. 산업사회에서 요구되는 교육정보, 직업정보, 개인・사회적 정보를 충분히 활용할 수 있도록 진로정보센터 활용을 적극적으로 권고하고 진로상담시 활용하도록 한다.

5) 표준화검사의 실시

진로상담시 표준화 검사(심리검사)는 필요필수조건이다. 이 책에 제시된 심리검사내용을 살펴보고 적합한 검사를 활용하여 학생들의 적성・흥미・가치관・성격 등의 정확한 파악을 의무화하여야 한다. 이러한 활동은 학생들의 잠재력을 객관적으로 파악하는데 크게 도움이 되는데, 이를 진로결정시 적극 활용하여야 한다.

6) 단계적 원리의 적용

단계적 원리란 small step의 원리로서 가깝고 구체적인 데서부터 계획을 세워 원대하고 추상적인 방향으로 추진하는 것이다. 학생들은 이상이 높고 의욕도 강하며 호기심도 많다. 그렇다고 장래 하고 싶은 일을 한꺼번에 결정하는 것은 현명한 처사가 아니다. 그러므로 한 가지 선택한 과업에 꾸준히 실천하는 활동이 필요하다.

인생의 길은 단순하지 않기 때문에 진로발달단계에 따라 요구되는 진로인식, 진로탐색, 진로준비과정을 단계별로 순서를 지키도록 지켜나가야 한다.

7) 직업윤리의 적용

직업선택은 인생에 있어서 가장 중요한 결단이기 때문에 일시적 기분이나 누구의 충고보다 자기 적성이나, 가족이나 친지 등, 또는 자신의 결정으로 보다 신중히 선택되어야 하며 직업을 선택한 이후에는 직업에서 요구하는 기본윤리가 지켜져야 한다.

우리들의 진로나 취업의 결정은 근본적으로 어떤 소명의식, 책임의식, 협동성, 인간관계 등이 요구되므로 직장인으로서의 소명을 다해야 한다. 즉, 열심히 노력하고 인내심을 키워야 하며 의지력을 가져야 한다. 아울러 성실한 근무자세, 상호협조, 창조력을 발휘해야 한다. 직업윤리에는 기업인의 윤리가 있고 근로자의 윤리가 있다.

모든 직업에는 직업을 성실히 수행하기 위한 직업 윤리가 지켜져야 직업사회의 안정을 가져오고 번영할 수 있기 때문에 각별히 직업관 확립과 더불어 직업윤리이행은 기본 과제임을 인식시켜 주는 것이 현명한 방법이다.

8) 진로상담의 실시

진로상담은 직업상담과 진학상담으로 이루어진다. 직업상담(vocational counseling)은 직업지도의 가장 중요한 부분으로서 학생이 직업을 선택하게 될 때 그 상담에 응해서 좋은 조언(advice, helping process)을 해주는 것이다.

이것은 졸업기에 다가와서 서두를 것이 아니며, 재학중에 수시로 그 필요에 따라 이루어져야 한다. 또 상급학교에 진학하는 학생에 대해서도 그 학교선정에 있어서도 장래의 직업과 관련시켜서 이루어져야 할 것이다.

이 상담에 적정한 조언을 주기 위하여 갖추어야 할 자료는 ① 학생의 개성조사, 특히 그 흥미와 방향, 적성, 신체적 특성 등 ② 가정조사, 특히 그 경제적 사정과 부모의 의견 ③ 직업조사, 특히 작업내용, 경영, 혹은 고용조건, 요구되는 성능, 노동 및 환경조건, ④ 상급학교조사 ⑤ 자격, 검정조사 등이다.

진로상담은 개인적 요인, 환경적 요인, 직업적 요인, 진학요인, 취업요인을 고려한 연후에 진로결정을 돕기 위해 베풀어지는 활동인데, 여기에 진로정보요인을 감안하여 상담자가 내담자, 학부모상담을 통하여 진로를 판단하고 권고하는 상담과정에서 진학 또는 취업으로 결정하여 교육을 받거나 취업에 임한 후 결국에 가서는 성공적인 직업인을 육성하는 길로 나아가야 하며, 자아실현의 인간이 되는 것으로 참된 삶을 누리게 된다.

따라서 진로결정 모형이 진로상담에서 반드시 이루어지는 것이므로 이를 종합하여 제시하면 [그림 6-1]과 같은 모형으로 이루어진다.

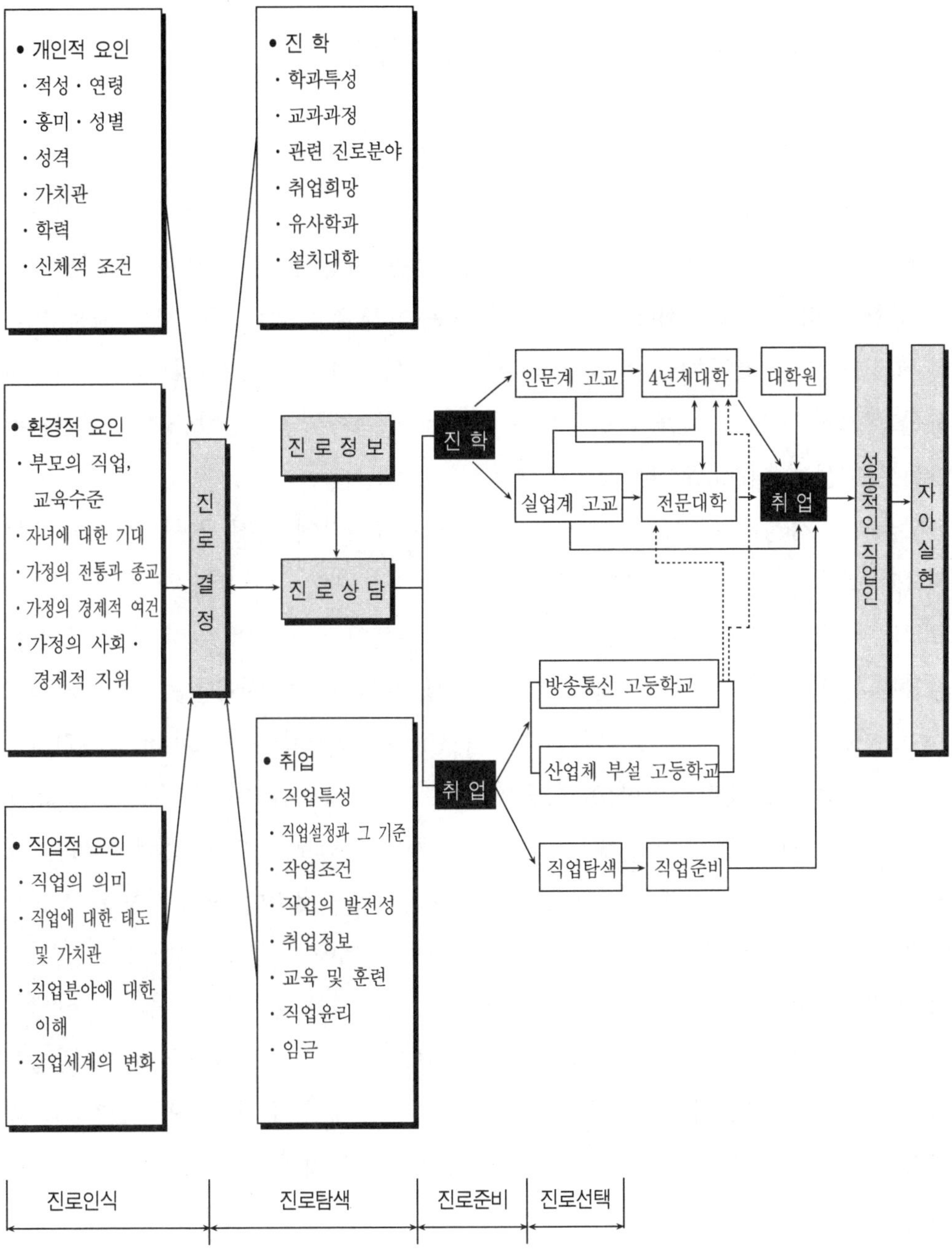

[그림 6-1] 진로결정과정 모형

* 출처 : 김충기(1991), 미래사회와 진로선택, 서울 : 배영사, p. 115.

5. 효율적인 진로상담을 위한 제언

대부분의 진로상담에서 내담자는 이미 자신의 진로에 대한 정보를 어느 정도 갖고 임한다. 그들의 문제는 그 같은 정보를 어떻게 자신의 진로목표에 맞도록 사용하느냐 하는 것이다. 달리 표현하면 그들은 자신이 갖고 있는 정보를 그들의 상황에 적응하는 문제에서 상담자의 도움을 필요로 한다. 진로상담에서 이러한 과정을 가장 용이하게 하는 상담기술은 무엇인가? 어떻게 상담자는 내담자 자신이 가진 정보를 그들의 진로목표에 이용하도록 도울 수 있을까? 여기서는 이런 문제들에 대해 생각해 보기로 한다.

미국의 노동성(The Department of Labor)은 7년간에 걸친 연구 끝에 1977년 다음과 같은 보고서를 제출하였다. 상담자 양성을 위한 직전연수와 현직연수 프로그램에 직업 정보를 효과적으로 사용하는 부분이 결여되어 있다. 이미 고용된 상담자나 고용예정인 상담자들은 직업정보를 효과적으로 사용하는 능력을 기르는 훈련을 받지 못한 것으로 나타나 있다(The Department of Labor, 1977).

이러한 문제에 대한 재인식이 중등학교에서의 진로방법체계에 대한 Chapman & Kaltz(1981)의 연구에서 제기되었다. 이 중요한 연구는 미국 전역에 있는 공립고등학교의 3학년 학생의 10%를 표집하여 조사한 것이다. 연구자들은 학교상담자들이 학생들이 진로정보를 통합하도록 돕는 데에 시간을 보내기보다, 오히려 진로정보를 찾는 데에 시간을 소비한다고 보고하였다. 진로상담자는 상담의 이론적 수준에서 내담자가 진로정보를 유용하게 사용할 수 있도록 돕는 방법을 연구해야 한다. 그렇게 하기 위해서는 먼저 상담에서의 주체변인인 상담자와 내담자의 변인을 고려해야 한다. 여기서는 상담자의 능력과 기대 그리고 내담자의 수준에 대해 기술하고자한다.

1) 상담자의 능력

상담자에게 관계되는 변인으로는 상담자의 능력, 기대, 가치관, 선호하는 상담기법, 성격 등이 포함된다. 이 중에서 우선 상담자의 능력에 관해 생각해 보기로 한다. '미국직업지도협회'(The National Vocational Guidance Association : NVGA, 1982)에서는 상담자에게 요구되는 여섯 가지 기술의 영역을 제시하고 있다.

① 일반상담능력(general counseling skills)

② 정보(information)분석과 적응능력

③ 개인 및 집단검사(individual/group assessment)의 실시능력

④ 관리(management/administration)능력

⑤ 실행(implementation)능력

⑥ 조언(consultation)능력

일반상담의 기술은 진로상담을 효과적으로 하기 위해 필수적인 기술이다. 일반상담은 다음과 같은 지식과 기술을 필요로 한다(NGVA, 1982).

① 일반상담의 이론과 기법에 대한 지식

② 상담자와 내담자간의 생산적인 관계를 형성하는 기술

③ 진로선택과 진로발달 문제에 처해 있는 개인을 효과적으로 도울 수 있는 적절한 상담기법을 구사하는 능력

④ 내담자가 자기 이해와 효과적인 진로 선택간의 관계를 인식할 수 있도록 돕는 능력

⑤ 내담자가 생활이나 진로선택에 관련되는 내적이고 개인적인 요인들, 즉 성격, 가치, 흥미, 적성, 동기 등을 확인할 수 있도록 돕는 능력

⑥ 진로선택에 관해 내담자가 어떤 고정화된 유형을 갖고 있다는 것을 인식시키는 능력

⑦ 내담자가 진로의사 결정에서 가족, 친구, 교육기회, 경제문제 등을 포함한 복합적인 요인들을 자기화(통합)하도록 돕는 능력

⑧ 내담자가 자기의사결정 과정을 이해하고 명료화하도록 돕는 능력

한편 진로상담에 종사하는 상담자는 다음과 같은 지식을 갖추어야 한다

(NGVA, 1982).

① 보다 넓은 직업 세계에 관한 직업과제, 기능, 보수, 요구조건, 장래전망 등에 대한 정보를 제공해 주는 교육이나 훈련, 고용경향, 노동시장, 진로차원 등에 대한 지식

② 진로발달, 진로유형 등을 포함한 진로상담에 관한 기본개념에 대한 지식

③ 진로발달과 의사결정의 이론에 대한 지식

④ 여성과 남성의 변화하는 역할과 일, 가족, 여가의 관련성에 대한 지식

⑤ 특수집단을 돕기 위해 사용하도록 고안된 상담기술과 기법에 대한 지식

⑥ 진로 정보를 수집하고 보충하여 전달하는 전략에 대한 지식

진로상담에서 중요한 점은 상담기술에 관한 지식을 실제로 상담에서 적용하는 것이다.

2) 상담자의 기대

진로상담에서 직업정보를 제공함에 있어 어떤 기술과 전략을 사용할 것인가? 상담자의 기대는 무엇인가? 내담자의 기대는 무엇인가? 최근 상담자의 예견(혹은 기대)의 중요성이 자주 논의되고 있다. 상담자가 내담자로부터 기대하는 것은 진로상담의 과정과 상담의 상호작용에 영향을 미친다. Stead(1940)는 상담자가 내담자를 전체로서 볼 것을 강조한다. 이 '전체'라는 말은 한 개인으로서의 내담자의 전면을 보라는 것이다. 상담자는 내담자를 평가할 때 선입견을 피해야 하는데, 종종 어떤 특수한 기법의 훈련이나 기타의 이유로 해서 선입견을 갖게 된다. 그들은 흥미검사나 적성검사 등을 과신하기 때문에 내담자의 신체적 건강이나 성장 환경, 기타 검사로는 측정할 수 없는 다른 요인들을 인식하지 못하게 된다.

상담자는 또한 협조적이어야 한다. 달리 표현하면 상담자는 내담자의 욕구에 부응해야 한다는 것이다. 그들은 진로발달이 정서적이고 인지적이며 변화하기 쉽고 개인차가 있다는 점을 인식해야 한다. 또한 상담자와 내담자는 공통적인

기대를 공유해야 한다. 상담자는 상담과정에서 탁월한 전문가로서가 아니라 동반자로서 활동해야 한다. 상담자는 내담자의 욕구에 초점을 맞추는 한편, 내담자의 준거체계에 관해 연구해야 한다. 또한 상담자는 내담자가 자신의 진로문제를 어떤 관점에서 보는가 알아야 하며, 관련되고 의미있는 용어와 개념으로 그의 경험을 명료화시켜 주어야 한다.

요약하면, 상담자는 내담자에 대한 선입견을 버리고 진로상담에서 내담자가 상담에 완전히 참여하도록 용기를 주어야 하며, 상담의 목표에 도달하기 위해 함께 일해야 한다. 직업정보를 사용할 때 상담자는 협동적인 방향에서 내담자와 함께 자료를 분석하고 의사결정을 도와야 한다.

3) 내담자의 수준

이것은 진로정보를 학습하거나 발전시켜 나가는 데 관계되는 내담자의 수준으로 여기에는 진로성숙도(준비), 성격, 편견, 욕구, 상담자에 대한 기대, 인지적 수준 등이 포함된다.

여기서는 내담자의 욕구와 기대 그리고 인지적 수준에 대해 기술하고자 한다.

(1) 내담자의 욕구

진로상담에서 상담자는 내담자가 어떤 정보를 원하는지 알아야 한다. 상담자는 내담자의 욕구가 상담의 목표일 뿐 아니라, 내담자의 가치에도 관련되어 있다는 점을 간과해서는 안 된다. 이러한 욕구들은 안전성, 창조성, 모험성 등에 관련되는 내담자의 중요한 가치체계를 반영한다.

진로상담에서는 내담자의 욕구가 주요 요인이 된다는 연구들이 있다. Huff와 Wright(1974)는 캐나다 토론토시에 있는 중학생 3,690명을 대상으로 한 연구에서 다음과 같이 기술하고 있다.

다섯 명 중, 세 명 꼴로 학생들은 진로를 선택할 때 흥미나 적성만큼이나 개인적인 욕구를 고려하는 것으로 나타났다.

또 다른 연구로 Mitchell(1978)은 37,500명의 중학교 1학년생을 대상으로 한 연구에서 '직업에서의 지위나 위치가 아직도 중요한 동기이다.'라고 기술하였다. 그러나 상담자는 내담자의 욕구가 일시적인 것인지 아니면 일에 대한 적성이나 소질 또는 선호성에 나온 것인지를 판단해야 한다.

(2) 내담자의 기대

상담에서 내담자는 상담자나 상담과정 또는 결과에 대해 어떤 기대를 한다. 내담자가 어떤 종류의 직업정보를 선호하는가는 그의 문화적 가치체계에 의해 영향을 받는다. Herr(1974)는 가치 체계에 대해 분석한 한 연구에서 미국인과 유럽인의 차이점을 발견했다. 미국인에게는 직업정보는 '알면 좋은 것'이었는데, 유럽인에게는 '꼭 알아야 할 것'이었다.

내담자의 기대는 상담과정에도 영향을 미친다. Neufeldt(1978)는 상담에서의 내담자의 인지적 특성과 기대 및 선호성에 관한 연구에서 '내담자의 인지적 특성은 상담에서 내담자의 기대 및 선호성을 알려주는 지표이다.'(p. 186)라고 기술하였다. 내담자는 특수한 자원으로부터 직업정보를 얻는 경향이 있다. 이 선호성은 진로상담에서 중요한 요인이 된다. 왜냐하면 그들이 좋아하는 직업에 대해 상담 전에 이미 조사했을 것이기 때문이다.

Austin(1967), Chapman과 Ratz는 중학교의 특성이 개인의 진로발달에 영향을 주는 요인이라고 보았다. 상담자는 내담자의 문화·환경적인 요인에서 오는 기대를 잘 인식하여 내담자를 상담해야 한다.

(3) 내담자의 인지적 수준

상담과정에 영향을 주는 내담자의 변인으로 내담자의 인지적 수준을 고려해야 한다. 개인은 각기 다른 고유한 인지적 수준과 기능을 갖고 있다. Germain(1984)은 상담자는 내담자의 인지적 수준을 세 가지 수준에서 평가해야 한다고 보았다. 먼저 직업정보의 자원에 대해 평가해야 하고, 내담자가 진술한 언어를 평가해야 하며, 상황과 관련해서 이 자료들을 평가해야 한다고 보았다. Hutchins(1984)도 '생각하고 느끼고 행동하는' 유형의 개념으로 내담자의 인지적 수준을 평가하도록 권하고 있다.

상담기법과 내담자의 인지적 수준과의 관계에 대해 Stein과 Stone(1978)은 다음과 같이 기술하고 있다.

일반적으로 인간중심 접근법과 실존주의적 접근법은 인지적 수준이 높은 내담자에게 보다 생산적이다. 행동주의적 접근법이나 합리적-정서적 접근법은 인지적 수준이 낮은 내담자에게 보다 도움을 줄 수 있다.

또한 구체적 사고를 지닌 내담자에게는 행동주의적 접근법 같은 구조화된 상담기법이 효과적이다. Stein과 Stone(1978)의 연구결과는 상담구조와 성격 유형간의 상관연구에 도움을 주었다.

상담자의 인지적 수준이 상담과정에 어떤 영향을 미치는가에 대한 연구들도 있다. Lichten-Kaufman(1979)의 연구에서는 별로 영향을 주지 않는 것으로 나타났다. 내담자의 인지적 수준이 상담에 영향을 준다는 연구들은 상담자가 내담자의 인지적 수준이나 선호성을 평가할 수 있어야 하고 그것을 상담에 적용시켜야 함을 시사하고 있다.

제 7 장 진로 집단프로그램

1. 진로 집단프로그램의 필요성

진로문제는 모든 학생이 당면하는 문제이며 거의 모든 학생들에게 예외 없이 적절한 도움이 필요하다. 따라서 진로지도를 필요로 하는 많은 학생을 효율적으로 돕기 위해서는 상담교사의 수가 부족한 학교 장면에서는 특히 개인상담보다는 집단상담 또는 집단 워크숍이 더 효율적일 수 있다.

진로지도를 위한 집단활동에서도 집단지도와 집단상담, 집단 워크숍은 종종 혼용하여 사용되기도 한다. 집단지도는 정보 제공을 통한 사실의 학습에 초점을 두고, 대단위의 집단원을 대상으로 1회적으로 진행된다고 한다면 집단상담은 6~10명 이내의 집단원이 지속적으로 참여하면서 감정의 표현과 더불어 반응을 명료화하면서 집단원 간의 생산적인 상호작용이 촉진되는 가운데 진로와 관련한 현실적인 계획과 기대를 갖고 다양한 정보와 자원을 효과적으로 활용하도록 돕는 과정을 말한다. 최근 들어 집단상담의 지속성과 소수 인원의 참여가 갖는 문제점을 보완하는 차원에서 집단 워크숍의 형태로 진로지도가 이루어지고 있는 추세이다. 집단 워크숍은 10~40명 정도의 인원으로 진행되며, 시간은 짧은 것은 2시간에서 긴 것은 8시간이 될 수 있는 집단작업(Figer 등, 1999)으로 집단지도와 집단상담의 성격을 모두 가질 수 있는 집단이라 할 수 있다.

특히 진로지도를 위한 집단작업은 단점도 있지만 개인상담이 제공할 수 없는 많은 이점을 제공한다. 집단가정에서 집단원들은 자기점검을 통한 자기이해와 함께 의사결정이나 정보수집에 대한 기술들을 훈련하는 과정에서 피드백을 주고받는 상호작용을 통해 서로에게서 배운다. 뿐만 아니라 특히 집단상담인 경우에는 정서적인 지지를 주고 받음으로써 힘을 얻고 동료애를 키울 수도 있다. 이러한 효과로 인해 앞으로는 진로지도에서 집단에 대한 요구가 개인상담에 대한 요구보다 더 높아질 가능성이 있다(Figer 등, 1999). 따라서 진로상담자는 집단상담, 집단 워크숍 등 다양한 집단 작업에서도 유능해져야 한다.

2. 진로 집단프로그램의 목표

변창진(1994)은 프로그램으로서 성립되기 위한 기본 조건을 목적성, 조직성, 계획성, 통제성, 보증성의 다섯 가지로 제시하고 있다. 특히 목적성이란 프로그램이 누구나 쉽게 이해할 수 있는 구체적인 목적이나 목표를 갖고 있어야 하며, 포함되는 내용이나 활동, 실시 절차가 그러한 목표에 적합해야 하는 것을 의미한다.

진로선택과 계획을 돕기 위한 진로지도 집단프로그램의 내용에는 그 형식이 집단상담이든, 집단 워크숍의 형식이든지 간에, 개인에 대한 이해와 일의 세계에 대한 이해 및 이를 돕기 위한 구체적인 정보와 자료 제공이 포함되어야 한다. 그리고 이러한 정보들을 통합해 개인이 진로를 선택할 수 있는 의사결정 기술의 학습 및 훈련이 포함되어야 한다. 또한 집단원 간의 상호작용을 통해 피드백을 주고받으면서 대인관계에서의 의사소통의 훈련은 물론 다양한 생애 역할에 대한 이해와 역할 연습의 기회를 갖는 것도 포함되어야 한다.

Figer(1999)는 진로집단은 ① 자기 평가 ② 가능한 진로(options)를 만들어

내기 ③ 기술 연습하기(취업면접, 정보수집, 면접, 필기 등) ④ 정보 수집하기 등과 같은 몇 가지 목표를 가지고 나름대로 프로그램을 계획해 진행할 수 있다고 보았다.

진로 집단상담의 경우 집단프로그램 내용에 따라 차이는 있겠지만 일반적으로 진로 집단상담의 목표나 과정은 개인 진로상담의 목표나 과정과 별반 차이가 없다. 그러나 집단이라는 특성 때문에 심리상담의 집단상담처럼 진로집단도 성립단계와 전환단계, 그리고 집단의 규범을 수용하고 개인의 사고와 감정을 개방적으로 표출하고 통합해 가는 성장단계 및 종결단계와 같은 단계를 가정하고 진행하는 것이 필요하다.

바람직한 진로 집단과정의 진행을 위해서도 집단리더는 개인상담에서처럼 집단원들이 서로를 신뢰하고 솔직하게 상호작용할 수 있도록 수용적이고 긍정적인 분위기가 형성되도록 노력하여야 한다.

그러나 집단원 선발시에 특히 진로 문제와 관련해서는 동기가 비교적 뚜렷하고 어느 정도 준비된 사람을 대상으로 하는 것이 바람직하다. 내담자의 진로 의사 결정 수준에 따른 분류(Sampson, Patterson, Reardon, 1992)에서처럼 우유부단형에 속하는 개인인 경우 적절한 심리 상담이전에 진로문제를 다루는 것이 준비도면에서 시기상조일 수 있고, 그 결과 중도탈락과 같은 현상이 나타나 집단 응집력을 약화시키는 결과를 가져올 수도 있으므로 진로집단에서의 집단원 선발은 매우 중요하다고 본다.

3. 진로 집단프로그램의 구조와 및 원칙

Figer(1999)는 진로 집단은 주로 집단원 간의 대화를 통해서 이루어지기는 하지만 보다 잘 설계된 진로 집단은 진로탐색과 일자리 찾기에 관련된 기술을 연습하고 그것을 실제로 실행해 보는 기회를 제공할 뿐 아니라 집단원들이 상호작용을 통해 대인관계 향상까지도 도울 수 있도록 구조화될 필요가 있다고 하였다.

그는 또한 진로지도를 위한 집단 워크숍의 구조화에는 첫째, 설명하기(이 작업의 내용은 무엇이고, 왜 이런 방식으로 해야 하는지, 왜 이것이 개인의 진로 발달을 위해 중요한지를 설명하고 안내하기), 둘째, 시범보이기(집단원들이 집단 과정 중에 무엇을 하기 원하는지 시범), 셋째, 연습 또는 훈련하기(시범 보인 활동을 하거나 기술을 연습하도록 요청하기), 넷째, 집단 피드백(연습 또는 훈련이 끝나면 그 효과를 점검하기) 등의 흐름을 따라야 한다고 제안하였다. 특히 집단 피드백에서는 이 작업에서 배운 점, 영향받은 점, 어떤 측면에서 이 작업이 도움이 되었는지, 이전에 어떤 점이 달랐더라면 좋았을지 등과 같은 내용을 포함하는 것이 필요하다고 하였다. 진로 집단상담시에도 이러한 구조화의 순서는 매우 중요하다고 본다.

집단 워크숍의 설계와 촉진을 위한 주요 원칙으로 Figer(1999)가 제안한 내용들에는 ① 각 연습시에 2~4명 이내의 인원을 배정하기(소수의 집단원일 때 부끄러움과 위협감을 덜 느낀다) ② 집단원들을 섞어 작업하기(매 연습마다 가급적 가장 잘 모르는 사람들을 선택하도록 하기, 친숙함이 관여도를 낮출 수 있으므로) ③ 재미있으면서도 유익하게 진행하기(사람들은 웃을 때 보다 더 잘 배우므로) ④ 연습시간을 타이트하게 하여 지루해 하는 집단원들이 생기지 않도록 하기 ⑤ 가능한 다양한 연습 또는 훈련하기(처음에 질문지를 사용했다면 다음에는 그림 그리기를 한다든지) ⑥ 파격적인 사건이나 예상치 못한 사건에 부드럽게 잘 대처하기 ⑦ 특별히 유별한 집단원에게 잘 반응하기 등이 있다.

그러나 집단프로그램의 내용이 연계성이 있는 경우에 집단원들을 섞기보다는 지속적으로 같은 팀에 고정시켜 집단 작업을 하는 것이 피드백을 통한 자기 이해 및 성장에 보다 효과적이라 여겨지므로 이점은 상황에 따라 고려해야 할 것이다.

4. 진로 집단상담 프로그램의 구성 내용

앞에서도 언급했듯이 진로지도를 위한 집단프로그램은 집단특성에 따라 그 내용을 달리 구성할 수 있다. 외국에서 소개된 진로지도 프로그램들의 예를 들면, 직업선택 집단상담인 Sprague와 Strong(1970)의 집단, 대학신입생들의 직업 선택과 학교선택의 의사결정을 돕기 위한 Johnson(1972)의 집단, Walz와 Beja-min(1974)이 개발한 인생 진로발달 시스템, Johnson(1977)의 인생계획 워크숍 및 Bowlsbey(1996)의 진로 계획 과정 체계 프로그램 등이 있는데 이들 모두가 대학생을 대상으로 한 것이지만 그 방법은 중등학교에서도 이용이 가능하다고 보고 있다.

국내에서도 청소년들의 합리적인 진로선택을 위한 자기 이해 및 의사결정능력을 촉진하기 위한 목적으로 다양한 집단 진로지도 프로그램이 개발되어 활용되고 있다. 예를 들면, 진로상담을 위한 가치명료화(이수용, 1986), 진로탐색을 위한 진로상담 프로그램(강순화 · 이은순, 1988), 중 · 고등학교 학생을 위한 진로탐색 프로그램(이재창, 김원중, 1989), 대학생을 위한 진로탐색 프로그램(김정희 · 장현덕, 1991), 진로의사 결정훈련 프로그램(박경애 외, 1993) 및 청소년의 진로발달과 의사결정을 위한 집단상담 프로그램(송재홍 · 천성문, 1996) 등이 그 예이다(청소년대화의 광장, 1996 재인용).

다음에 소개하는 진로 집단프로그램의 내용은 지속성과 연계성을 갖는 진로탐색 집단상담의 한 예로서 대상 인원이 10명 이내, 소요시간은 90분, 장소는 집단상담실, 진행자는 상담자인 집단을 가정한 것이다. 그러나 진로 집단 워크숍 형식으로 프로그램 각각을 분리해서 진행하는 것도 가능하다.

1) 자기 소개

① 진로탐색 집단프로그램의 소개와 구조화하기
② 자기 소개하기 : 별칭짓기를 통해서 서로 자신을 소개한다.
③ 집단에 참여 동기와 목표 및 기대 나누기

2) 나의 생애 역할 알아보기

① 진로 개념 이해하기

② 생애 진로 무지개를 통해 인생 전반에 대해 조망하기

③ 자신이 중요하게 생각하는 생애역할에 대해 자각하고 이해하기

3) 15년 후의 나의 모습

① 15년 후의 나의 모습을 그려보면서 중장기적인 삶을 조망해 보기

② 목표달성을 위한 과정의 중요성 이해하기

③ 목표달성을 구체화하기 위한 노력의 중요성을 인식하기

④ 구체적이고 실현 가능한 생애역할을 인식하기

4) 흥미에 대한 점검 및 이해 (나의 흥미)

① 흥미에 대한 개념 이해하기

② 개인적 흥미를 자각하고 발견하기

③ 직업세계와 개인의 흥미간의 관계를 인식하기

④ 흥미 점검을 통해 여가생활과의 관계 인식 및 여가생활의 중요성과 풍요로운 삶에 대해 인식하기

5) 적성에 대한 점검 및 이해 (나의 적성)

① 적성에 대한 개념 이해하기

② 개인적 적성을 자각하고 적성 개발의 필요성을 인식하기

③ 직업세계와 적성간의 관계를 인식하기

④ 개인의 적성과 흥미와의 관계를 이해, 인식하기

6) 기술에 대한 점검 및 이해 (나의 기술)

① 기술에 대한 개념 및 다양성 이해하기

② 개인적 기술을 자각하고 인식하기
③ 일상생활 속에서의 기술 개발 가능성에 대해 인식하기
④ 직업세계와 기술간의 관계를 인식하기
⑤ 개인의 기술과 적성, 흥미 등과의 관계를 이해, 인식하기

7) 성격에 대한 점검 및 이해 (나의 성격)

① 성격에 대한 개념 및 개인의 성격 특성을 이해하기
② 성격 변화의 가능성과 개인 성격 중의 장점과 보완할 점을 인식하기
③ 직업세계와 성격간의 관계를 인식하기
④ 성격과 개인의 기술과 적성, 흥미 등과의 관계를 이해, 인식하기

8) 삶의 가치에 대한 점검 및 이해 (나의 삶의 가치)

① 개인의 삶의 가치 인식 및 그 중요성 인식하기
② 다양한 가치를 이해하고 수용하기
③ 개인 가치의 우선순위를 인식하기 : 가치관 경매 게임 활용
④ 진학 및 진로선택과 개인의 삶에 대한 가치와의 관계 인식하기

9) 직업 가치에 대한 점검 및 이해 (나의 직업 가치)

① 직업 가치 이해하기
② 다양한 직업 가치를 이해하고 수용하기
③ 직업선택과 개인의 직업 가치간의 관계 인식하기

10) 자기 이해 요약 및 종합

① 개인의 흥미, 적성, 기술, 성격, 가치관 등의 특성 요약 정리해 보기

② 가장 관심있는 직업들을 3~4개 정도로 축소해 보기

③ 주변 환경과 기대 및 개인의 직업과 관련된 지식이나 정보 등을 활용하여 직업선택을 위한 평가표 작성해 보기

④ 직업선택과 관련하여 앞으로 보완해야 할 점 인식하기

11) 직업 · 진학 정보 수집을 위한 준비

① 미래 직업세계의 변화와 인력 수급의 의미를 이해하기

② 진로 계획 및 선택을 위한 정보 수집의 중요성을 인식하기

③ 정보 제공이 가능한 자원 활용 방법을 이해하고 활용하기

④ 관심직업에 대한 면담 조사 및 정보 수집 방법 체험하고 습득하기

12) 직업 세계 이해하기

① 개인의 직업 동기 이해 및 명료화하기

② 직업세계의 다양성에 대한 인식 넓히기

③ 직업정보에 대한 가공 경험을 위한 기회 갖기

④ 개인의 직업 준비도 재점검 및 직업 준비에 대한 현실감 갖기

⑤ 다양한 직업 정보 얻기

⑥ 희망 직업목록의 구체화로 실질적인 진학 및 직업선택 준비하기

13) 의사결정 연습하기

① 의사결정의 중요성 인식하기

② 진로선택을 위해 개인의 의사결정 유형, 이해 및 훈련의 필요성 인식하기

③ 진로 의사결정 유형을 알고 진로 문제와의 관련성 이해하기

④ 계획형의 의사결정 단계 및 실제 경험해 보기

5. 진로 집단상담 프로그램의 실제

진로 집단상담 프로그램의 실제를 소개하면서 지면관계상 자기 소개의 실제를 생략하였다. 그러나 이 부분은 시작이 반이라는 말이 있듯이, 다른 모든 집단상담에서처럼 매우 중요한 단계임을 간과해서는 안 된다.

1) 나의 생애 역할 알아보기

(1) 목 표

① 발달론적인 입장에서의 진로 개념을 정확히 인식하도록 돕는다.
② 장기적인 안목에서의 삶을 조명해 보도록 돕는다.
③ 직업과 생애 다른 역할들과의 관계성을 인식하도록 돕는다.

(2) 사전준비

· **준비물 :** 생애 진로무지개 sheet

(3) 상담과정 및 내용

1 시 작
간단한 인사말과 함께 '나의 생애역할 알아보기'의 취지와 목표를 설명한다.

2 진 행
① 다양한 진로의 개념을 설명한 후 발달론적인 입장의 진로 개념을 설명한다.
② Super의 생애 진로 무지개를 설명한다.
③ 개인의 생애 진로 무지개를 그릴 때에 자신이 중요하게 여기는 역할들의 중요도에 따라 굵기를 달리해서 그려보게 한다.
④ 진로 무지개를 보면서 인생전반에 걸친 설계를 해보고, 자신이 중요하게 생각하는 생애역할들에 대해 서로 나누어 본다.

3 마무리

오늘의 활동 목표와 내용을 요약하고, 각자가 집단에 참여하는 동안에 특별히 공감하거나 느낀 점과 배운 점을 자연스럽게 나누면서 모임을 정리한다.

코 멘 트

- 사람들은 한평생을 살아가면서 다양한 역할을 경험한다. Super는 진로를 '한 개인이 일생을 살아가는 동안 수행하는 다양한 여러 역할들의 연속성과 그 조화'라고 정의하였다.
- 자신이 한평생을 살아가는 동안 어떠한 역할들을 경험하면서 살고 싶은지(역할들의 예 : 자녀, 학생, 가정인, 직장인, 배우자, 부모, 여가생활인, 연금생활인 등)를 생각해 보는 것은 미래의 삶, 즉 진로를 준비하는 하나의 과정이자 방법이 될 수 있다.
- 개인의 생애 역할들을 그릴 때 자신의 연령단계에 따라 자신이 중요하게 여기는 역할들의 중요도에 따라 굵기를 달리해서 그려보도록 하자.
- 나이를 먹어감에 따라 경험하는 역할들이 달라질 뿐만 아니라 역할의 다양성과 중요성도 달라짐을 경험하게 될 것이다.
- 인생전반에 걸쳐 자신의 진로를 설계해 본 생애 진로 무지개를 보면서 어떤 느낌이 드는지, 자신이 중요하게 생각하는 생애역할들간의 갈등은 없는지 등을 나누어 보자.

2) 15년 후 나의 모습

(1) 목 표

① 중장기적인 안목에서의 장래의 직업 및 생활 모습에 대해 조망해 보도록 한다.

② 다양화 측면에서 자신의 모습을 살펴봄으로써 진로 개념의 명료화 및 구체적이고 실현 가능성이 있는 생애역할을 인식하고 준비하도록 도울 수 있다.

③ '과정'을 생각하면서 미래에 대한 기대나 계획을 해 봄으로써 결과중심이

아닌 과정중심의 사고와 현실적인 목표 달성을 위한 노력의 중요성을 인식하도록 도울 수 있다.

(2) 사전준비

· **준비물 :** '15년 후의 나의 모습' 활동자료

(3) 상담과정 및 내용

1 시 작

'15년 후의 나의 모습'을 점검하는 취지와 목표를 설명한다.

2 진 행

① '15년 후의 나의 모습'에 대한 유인물을 나누어 준다.

② 유인물을 작성하기 전에 15년 후의 자신이 어떤 모습이고 싶은지를 먼저 생각해 보도록 한다.

③ 유인물을 작성할 때 다양한 측면에서의 자신의 모습을 15년이라는 과정을 생각하면서 적어 보게 한다.

④ '15년 후의 나의 모습'을 다 적어 본 후 자신의 삶의 목표가 무엇인지를 적어 보게 한다.

⑤ 이러한 삶의 목표를 달성하기 위해서는 날마다의 생활 속에서 어떠한 노력이 필요한지에 대해서도 구체적으로 적어 보게 한다.

3 마무리

오늘의 활동 목표와 내용을 요약하고, 각자가 집단에 참여하는 동안에 특별히 공감하거나 느낀 점과 배운 점을 자연스럽게 나누면서 모임을 정리한다.

코 멘 트

· 꿈을 갖는 것은 소중하고 아름다운 것이다. 15년 후의 자신의 모습을 생각해 보자. 그때의 나는 어떤 모습일까? 어떤 모습이고 싶은가?

· 막연하게 15년을 훌쩍 뛰어넘어 나를 생각하기보다는 다양한 측면에서의 내가 어떤

과정과 노력을 통해 내가 원하는 바로 그런 모습이 될 수 있을지 구체적으로 천천히 생각해 보도록 하자.

· 각각의 구체적인 이상적인 나의 모습을 생각해 보면서 궁극적으로 내가 기대하는 나의 삶의 목표가 무엇인지를 생각해 보도록 하자. 그리고 이러한 삶의 목표를 이루기 위해 날마다의 삶에서 어떠한 노력을 해야 하는지도 생각해 보자.

3) 나의 흥미

(1) 목 표

① 흥미에 대한 개념 이해 및 자신의 흥미를 발견하도록 돕는다.

② 진로와 관련해 직업선택시 자신의 흥미를 반영할 수 있도록 돕는다.

③ 흥미의 발견 및 확장 경험을 통해서 여가생활의 중요성과 풍요로운 삶에 대한 인식을 돕는다.

(2) 사전준비

· **준비물 :** '나의 흥미는?' 활동자료(가능한 경우 흥미검사도 활용), 흥미 관련 직업유형 유인물

(3) 상담과정 및 내용

1 시 작

'나의 흥미'를 점검하는 취지와 목표를 설명한다.

2 진 행

① 흥미에 대한 유인물을 나누어 준다.

② 유인물을 작성하기 전에 자신의 흥미를 생각나는 대로 적어 보게 한다.

③ 평소 자신의 흥미와 일치하는 항목에 ∨표를 하도록 한다.

④ 자신이 생각한 흥미와 활동자료에 표시된 흥미를 기초로 각자 자신의 흥미를 나눈다.

⑤ 흥미영역과 관련지어 자신의 흥미가 주로 어느 영역에 해당하는지를 살펴보게 한다.

⑥ 흥미에 대한 점검 결과가 자신의 경험을 토대로 한 것인지 또는 막연한 생각이나 희망사항을 바탕으로 체크한 것인지를 살펴보게 한다.

⑦ 최근의 실제 생활과 어떤 관련이 있는지를 살펴보도록 한다.

⑧ 15년 후의 나의 모습에서 살펴본 장래 직업과 자신의 흥미가 어떤 관련이 있는지 면밀히 살펴보도록 한다.

⑨ 흥미와 관련된 직업유형의 유인물을 나누어 주고 관련직업을 탐색하면서 자유롭게 질문하도록 한다.

3 마무리

오늘의 활동 목표와 내용을 요약하고, 각자가 집단에 참여하는 동안에 특별히 공감하거나 느낀 점과 배운 점을 자연스럽게 나누면서 모임을 정리한다.

코 멘 트

- 자기 자신이 하고 있는 일을 좋아하게 될 때, 그리고 그 일을 잘 할 수 있을 때, 우리는 좀 더 긍정적인 직업태도를 갖게 되며 또한 그 직업에서 성취에 대한 보람과 만족을 느끼게 된다. 따라서 구체적인 직업을 선택하기 위해서 개인의 흥미와 적성 등을 비롯한 자신의 다양한 특성을 탐색하여 이를 참고로 의사결정을 내리는 것이 매우 중요할 뿐만 아니라 필수적인 요구사항이 된다.
- 한 개인의 흥미는 성장과정에서 나타나는 자신의 주관적인 판단과 타인의 견해, 그리고 객관적인 심리검사의 결과를 비교·검토해 봄으로써 좀더 객관적으로 확인할 수가 있다. 만일 이러한 세 측면에 제공되는 개인의 흥미에 대한 정보가 서로 일치한다면 우리는 진로선택을 위한 의사결정이 훨씬 수월할 것이다.
- 흥미란 어떤 종류의 활동에 대한 개인의 선호도로서 능력에 관계없이 자신이 즐기고 좋아하는 것을 말한다. 흥미를 발견하고 확장시킴으로 해서 진로계획 및 선택에 대한 도움을 받을 수 있을 뿐만 아니라 여가생활과 일상생활에 즐거움을 향상시킬 수 있다.
- 만일 자신의 흥미에 대한 이 세 가지 측면의 정보가 서로 일치하지 않는다면 그 주된 원인이 무엇인지를 생각해 보는 것도 자신의 흥미를 이해하는 한 방법이 될 것이다.

4) 나의 적성

(1) 목 표

① 적성에 대한 개념 이해 및 자신의 적성을 발견하도록 돕는다.

② 진로와 관련해 직업선택시 자신의 적성을 반영할 수 있도록 돕는다.

③ 적성 점검을 통해 적성 발견 가능성을 인식하도록 돕는다.

④ 자신의 적성과 흥미와의 관계를 인식하도록 돕는다.

(2) 사전준비

· **준비물 :** '나의 적성은?' 활동자료(가능한 경우 적성검사도 활용), 적성관련 직업 유인물

(3) 상담과정 및 내용

1 시 작

'나의 적성'을 점검하는 취지와 목표를 설명한다.

2 진 행

① 적성에 대한 유인물을 나누어 준다.

② 유인물을 작성하기 전에 먼저 각자의 소질이나 재주를 생각하면서 자신의 능력과 관련지어 자신의 적성을 생각나는 대로 적어 보게 한다.

③ 유인물의 내용 중 평소 자신과 부합되는 적성에 ∨표를 하도록 한다.

④ 자신이 생각한 적성과 유인물에 표시된 적성을 기초로 각자 자신의 적성에 대해 발표하도록 한다.

⑤ 적성의 영역과 관련지어 자신의 적성이 주로 어느 영역에 해당하는지를 살펴보게 한다.

⑥ 적성에 대한 점검 결과가 자신의 객관적인 경험을 토대로 한 것인지 아니

면 막연한 생각이나 희망사항을 바탕으로 체크한 것인지를 살펴보게 한다.

⑦ 15년 후의 나의 모습에서 살펴본 장래 직업과 자신의 적성이 어떤 관련이 있는지 면밀히 살펴보도록 한다.

3 마무리

오늘의 활동 목표와 내용을 요약하고, 각자가 집단에 참여하는 동안에 특별히 공감하거나 느낀 점과 배운 점을 자연스럽게 나누면서 모임을 정리한다.

코 멘 트

- 적성이란 어떤 능력이나 기술을 요하는 분야에서 그 일을 현재 얼마나 잘 할 수 있으며 앞으로 얼마나 잘 해 나갈 수 있는지를 보여주는 하나의 지표이다. 따라서 자신의 적성을 정확히 알아봄으로써 어떤 활동이나 직업활동을 수행할 때 빨리 배울 수 있는지, 잘 해낼 수 있는지를 판단하는 데 도움을 받을 수 있다.
- 적성은 유전적 성향도 있지만 학습이나 훈련과 같은 환경 영향의 결과이기도 하다. 따라서 자신의 적성을 파악한 후에는 이를 개발, 확장시키기 위한 적절한 경험들을 스스로 제공해 주는 노력이 더 중요하고 의미가 있다.
- 흥미와 마찬가지로 자기의 적성에 대한 자기의 주관적 생각과 타인의 견해를 탐색하고 그것을 심리검사 결과와 비교하여 자기 자신의 적성을 좀더 구체적이고 종합적으로 파악해 보는 것이 필요하다.
- 자기의 적성에 대한 자신의 주관적 판단이 타인의 견해나 심리검사 결과와 어느 정도 일치하는지를 확인해 보고 만일 자기의 적성에 대한 세 가지 측면의 정보가 서로 일치하지 않는다면 그 주된 원인이 무엇인지 살펴보는 것 또한 중요하다.

5) 나의 기술

(1) 목 표

① 기술에 대한 개념 이해 및 자신의 기술을 발견하도록 돕는다.

② 진로와 관련해 진학 및 직업선택시에 자신의 기술을 반영할 수 있도록 돕

는다.

③ 기술 점검을 통해 자신의 기술개발 가능성을 인식하도록 돕는다.

④ 자신의 기술과 적성, 흥미 등과 관계를 인식하도록 돕는다.

(2) 사전준비

· **준비물 :** '나의 기술은 ? ' 활동자료, 기술 관련 유인물

(3) 상담과정 및 내용

1 시 작

'나의 기술'을 점검하는 취지와 목표를 설명한다.

2 진 행

① 기술에 대한 유인물을 나누어 준다.

② 유인물을 작성하기 전에 먼저 각자의 소질이나 재주를 생각하면서 자신의 경험과 관련지어 자신의 기술을 생각나는 대로 적어 보게 한다.

③ 유인물의 내용 중 평소 자신과 부합되는 기술에 ∨표를 하도록 한다. 즉 자기 자신이 좋아하면서도 잘 할 수 있는 직업기술 항목에 표시하게 한다.

④ 자신이 생각한 기술과 유인물에 표시된 기술을 기초로 각자 자신의 기술에 대해 발표하도록 한다.

⑤ 기술영역과 관련지어 자신의 기술이 주로 어느 영역에 해당하는지를 살펴보게 한다. 예를 들면, 자신이 선호하고 잘하는 기술 항목이 사람, 자료, 대상, 아이디어 중에서 주로 어떤 분야에 관련되는 것인지를 생각해 보도록 한다.

⑥ 기술에 대한 점검 결과가 자신의 객관적인 경험을 토대로 한 것인지 아니면 막연한 생각이나 희망사항을 바탕을 체크한 것인지를 살펴보게 한다.

⑦ 15년 후의 나의 모습에서 살펴본 장래 직업과 자신의 기술이 어떤 관련이 있는지 면밀히 살펴보도록 한다.

3 마무리

오늘의 활동 목표와 내용을 요약하고, 각자가 집단에 참여하는 동안에 특별히

공감하거나 느낀 점과 배운 점을 자연스럽게 나누면서 모임을 정리한다.

코 멘 트

- 기술은 자신이 능숙하게 할 수 있는 어떤 것이다. 사람들은 기술을 활용하여 사물을 다루고, 목표를 성취하고, 무엇인가를 이루어 낼 뿐만 아니라 평생동안 다양한 기술을 획득하고 활용한다. 우리는 일상생활의 모든 경험-일, 학교, 취미, 생활, 가사와 심지어 여가활동-속에서 기술을 개발하게 된다.
- 대부분의 기술은 한 상황에서 다른 상황으로. 그리고 한 직업에서 다른 직업으로 전환될 수 있다. 단 한 가지 직업에 제한되는 기술이란 없다. 새로운 기술은 획득될 수 있고 기존의 것은 연습과 훈련에 의해 향상될 수 있다는 사실을 기억하자.
- 자신이 좋아하거나 싫어하는 일 그리고 잘 하거나 잘 못하는 일에는 어떤 일관된 패턴이 있다. 일반적으로 개인의 직업 관련 기술을 사람, 자료 및 사물, 아이디어 등 네 가지 범주로 나누어 생각해 볼 수가 있다. 사물관련 기술은 실제 사물을 가지고 일하는 능력이나 신체를 활용하는 능력을 포함한다. 춤추기, 걷기, 달리기 뿐만 아니라 자르기, 썰기, 짜기, 수리하기, 들어올리기, 타이핑, 조각하기와 같은 행위 등이 이러한 예이다. 자료관련 기술은 모든 형태의 자료를 분석, 해석, 판단하고 이를 소통하는 능력을 의미한다. 아이디어 관련 기술은 단어나 그림, 관념, 관찰 또는 데이터 형태로 이루어져 있다. 사람과 관련된 기술은 의사소통, 동기부여, 감독, 감정이입, 가르치기, 봉사, 설득, 협상하는 능력 등을 말한다.
- 이제 다양한 기술 중 자신이 좋아하면서도 또 잘 할 수 있는 기술이 사람, 자료 또는 사물, 아이디어 중에서 주로 어떤 범주에 관련되는 것들인지를 확인해 보자.
- 각자의 경험을 통해 확인한 자기의 기술에 대해 선호도와 장점 및 보완할 점 등을 좀 더 구체적으로 이해해 봄으로써 자신의 직업적 소질을 좀더 명확히 알아낼 수 있다. 만일 자신이 좋아하면서 잘 할 수 있는 기술분야를 명확히 인식할 수 있다면 직업선택이 보다 더 수월해 질 것이다.
- 만일 이 과정에서 확인된 기술이 앞에서 살펴본 흥미와 적성 등과 일치한다면 자신의 직업적 소질을 최대한 살릴 수 있는 직업활동 분야가 무엇인지를 좀더 분명하게 확인할 수 있게 될 것이다.

6) 나의 성격

(1) 목 표

① 성격에 대한 개념 이해 및 자신의 성격 특성을 발견하도록 돕는다.

② 자신의 성격에 대한 이해의 의미 필요성과 그 중요성을 인식하도록 돕는다.

③ 성격 점검을 통해 자신의 성격 보완 가능성을 인식하도록 돕는다.

④ 진로와 관련해 진학 및 직업선택시에 자신의 성격을 반영할 수 있도록 돕는다.

⑤ 자신의 성격과 기술, 적성, 흥미 등과 관계를 인식하도록 돕는다.

(2) 사전준비

- **준비물** : '나의 성격은?' 활동자료 (가능한 경우 성격검사도 활용), 성격관련 직업 유인물

(3) 상담과정 및 내용

1 시 작

'나의 성격'을 점검하는 취지와 목표를 설명한다.

2 진행 1

① 성격에 대한 유인물을 나누어 준다.

② 유인물을 작성하기 전에 먼저 각자의 성격에 대해 생각나는 대로 적어 보게 한다. 자신이 생각하는 성격의 장점, 단점, 다른 사람들이 말하는 자신의 성격 특성 등을 고려하면서 적어 본다.

③ 유인물의 내용에서 자신의 성격과 가장 유사한 성격특성의 범주에 ∨표를 하도록 한다. 즉 자기 자신의 장점과 단점을 잘 나타내는 성격특성에 표시하도록 한다.

④ 자신이 생각한 성격과 유인물에 표시된 성격을 기초로 자신의 성격에 대해 발표하도록 한다.

⑤ 집단프로그램 진행 중에 경험한 집단원들 각자의 성격에 대한 느낌을 주고 받도록 한다.

⑥ 성격과 관련된 직업 유형의 유인물을 나누어 주고 관심 있는 직업을 탐색하면서 직업과 관련하여 자신의 성격 중 더 보완해야 할 부분이 무엇인지를 살펴보도록 한다.

⑦ 가능한 경우에는 유인물을 활용하는 대신에 MBTI와 같은 실제 성격검사를 활용하는 방법도 있다.

3 마무리

오늘의 활동 목표와 내용을 요약하고, 각자가 집단에 참여하는 동안에 특별히 공감하거나 느낀 점과 배운 점을 자연스럽게 나누면서 모임을 정리한다.

코 멘 트

- 한 개인의 성격은 타고난 본성, 흥미, 가치, 일상적인 생활 습관, 대인관계나 사물에 대한 태도, 자아개념 등 여러 가지 요인들이 복합적으로 상호작용하여 형성되므로 한 마디로 표현하는 것은 쉽지 않다.
- 성격도 흥미나 적성 등의 다른 개인 특성들처럼 선천적으로 타고난 경향성에 환경적 영향이 복합적으로 작용하여 형성되어진 것이다. 성격도 흥미나 적성, 기술 등과 마찬가지로 진로계획이나 선택에 많은 영향을 준다.
- 따라서 현재의 자신이 익숙한 성격 특성이 무엇인지를 먼저 파악하고 자신의 인격적인 성장과 자신이 원하는 진로선택을 위해 성격상의 보완, 개선하고 싶은 점을 찾아 꾸준히 노력하는 자세가 필요하다.
- 진로선택과 관련해 보다 객관적인 성격이해를 원한다면 표준화된 성격검사를 받아본 후 전문적인 해석 상담을 받는 것도 바람직하다.

7) 나의 삶의 가치

(1) 목 표

① 가치 개념 이해와 함께 그 중요성 인식 및 자신이 중요시하는 삶의 가치를 발견하도록 돕는다.

② 가치 점검을 통해 자신의 가치를 포함해 타인들의 다양한 가치를 이해하고 수용할 수 있도록 돕는다.

③ 진로와 관련해 진학 및 직업선택시에 자신의 가치를 반영할 수 있도록 돕는다.

(2) 사전준비

· **준비물 :** '가치관 탐색' 유인물, 가치 경매 용지, 화폐(가짜)

(3) 상담과정 및 내용

1 시 작

'나의 삶의 가치'를 점검하는 취지와 목표를 설명한다.

2 진 행

① 유인물을 나누어 준 뒤 가치관 목록을 탐색하게 한 후 집단원들이 추가하고 싶은 가치가 있다면 목록에 추가하도록 한다.

② 추가된 가치 항목 리스트를 보고 개인가치와 일치하는 가치항목에 ∨표를 하도록 한다.

③ 가치관 경매 게임을 통한 개인가치의 우선 순위를 알아보도록 한다.

- 가치관 경매 방식에 대해 설명한다.
- 각 집단원들에게 가상의 화폐(돈)를 똑같이 나누어 준다.
- 앞에서 표시한 가치 항목을 중심으로 가장 중요하게 생각하는 가치를 선정해 자기가 사고 싶은 물품으로 간주하고 예산을 짜보게 한다.

· 가치관 경매 게임을 시작한다.

④ 경매 과정에 대한 느낌을 나눈 후 생각상의 자신의 가치와 경매를 통해 인식한 자기의 가치를 비교, 검토한다. 자신이 인생에서 중요하게 생각하는 가치에 대하여 나눔으로써 가치관을 명료화하는 기회를 갖는다.

· 가치 경매 게임이 일상생활에서의 각자의 성격과 집단 역동을 관찰 경험할 수 있는 좋은 기회가 되도록 진행한다.
· 앞에서 살펴본 개인의 다양한 특성(흥미, 적성, 기술, 성격)과 가치를 연결해 자기 이해를 위한 정리를 해 보도록 한다.

3 마무리

오늘의 활동 목표와 내용을 요약하고, 각자가 집단에 참여하는 동안에 특별히 공감하거나 느낀 점과 배운 점을 자연스럽게 나누면서 모임을 정리한다.

코 멘 트

· 가치란 자신에게 중요한 우정, 인정, 돈, 독립, 타인들을 돕는 일 등을 말한다.
· 우리 행동이나 삶의 방향은 우리가 가지고 있는 가치관에 의해서 선택, 결정되고 있다. 그럼에도 불구하고 우리는 자신의 가치관에 대해 구체적으로 생각해 보지 않고 의식 없이 살아가고 있다.
· 자신이 원하는 바를 정확히 인식하는 사람은 비교적 갈등 없이 자신의 행동을 결단력 있게 결정한다. 만일 우리가 자기 자신의 가치관을 좀더 분명하게 인식하고 생활할 수 있다면 행동에 대한 모호함과 무책임한 선택으로 인한 낭비를 줄일 수 있게 될 것이다. 특히 자신의 중요한 가치를 알고 자신의 가치와 연관된 직업을 선택한다면 보다 만족스럽고 충만한 직업생활을 할 수 있게 될 것이다.
· 자신의 가치를 탐색하기 위해서는 진로선택에 영향을 끼칠 수 있는 많은 개인적인 가치를 비롯한 부모와 의미있는 중요한 사람들의 기대, 사회규범 등을 고려하고 또한 직업생활을 하는데 있어 가장 중요한 것이 무엇인지에 대해서 깊이 생각해 보아야 한다. 이제 다음과 같은 질문에 스스로 답해봄으로써 자신의 가치를 명확히 알아보도록 한다.

- 나의 개인적인 생활에서 가장 중요한 것은 무엇인가?

- 나의 일에 있어서 가장 중요한 것은 무엇인가?
- 나에게 있어 직업의 안정성은 얼마나 중요한가?
- 나에게 있어 수입은 얼마나 중요한가?
- 나에게 있어 성취감은 얼마나 중요한가?

· 이제부터 자신이 소중하다고 생각하는 가치를 경매에 붙임으로써 진정으로 자신이 중요하게 여기는 가치가 어떤 것들인지를 살펴보고 가치관을 더 명료화하기 위한 체험시간을 가져 보고자 한다.
· 각자가 가치관 경매를 통해 구입한 자신의 가치관과 자기 자신이 삶의 과정에서 가장 소중히 여긴다고 생각한 가치영역간에 차이가 있는지, 자신의 가치가 일상생활 속에서 의사결정을 내리거나 행동을 할 때 얼마나 일관성 있게 반영되어 왔는지, 앞으로 진로 선택 과정에 어떠한 영향을 미치게 될 것인지를 함께 이야기해 보고 나누도록 하자.

8) 나의 직업가치

(1) 목 표

① 직업가치의 개념 이해와 함께 일의 세계와 관련해 그 중요성을 인식하고 자신이 중요시하는 직업가치를 발견하도록 돕는다.
② 직업선택시에 자신의 직업가치를 반영할 수 있도록 돕는다.
③ 직업가치 점검을 통해 다양한 직업가치를 이해하고 수용할 수 있도록 돕는다.

(2) 사전준비

· 준비물 : '나의 직업가치는?' 활동자료

(3) 상담과정 및 내용

1 시 작

'나의 직업가치'를 점검하는 취지와 목표를 설명한다.

2 진 행

① 직업가치 유인물을 나누어 준 뒤 가치관 목록을 탐색하게 한 후 집단원들이 추가하고 싶은 직업가치가 있다면 목록에 추가하도록 한다.

② 추가된 직업가치 목록표를 보고 개인이 가장 중요하게 여기는 가치를 중심으로 우선 순위를 매겨 보도록 한다.

③ 중요하게 생각하는 직업가치와 연관 있는 직업들을 생각해 보도록 한다.

④ 중요하게 생각하는 직업가치들 중 서로 갈등을 일으키는 요인들은 없는지 살펴보도록 한다.

⑤ 개인의 삶의 가치와 직업가치 간에 갈등이 되는 요인은 없는지 살펴보도록 한다.

3 마무리

오늘의 활동 목표와 내용을 요약하고, 각자가 집단에 참여하는 동안에 특별히 공감하거나 느낀 점과 배운 점을 자연스럽게 나누면서 모임을 정리한다.

코 멘 트

- 자신을 행복하게 하는 직업을 찾는다는 것은 개인의 가치관, 능력, 흥미, 적성, 개인적 특성 등과 가능한 한 일치하는 직업을 발견하는 것이다. 따라서 자신이 소중하게 여기는 직업에서의 가치를 확실하게 인식하고 직업선택 시에 반영해야 한다.
- 개인이 소중하게 여기는 직업가치를 찾다보면 자신의 삶의 가치와 갈등이 생길수도 있다. 예를 들면, 여러 곳을 돌아다니는 직업을 원하는데 가족과의 관계를 중요시한다면 두 가지 가치 사이에서 갈등이 생길 수 있다.
- 이러한 갈등이 있는 경우 어떻게 갈등을 해결할 수 있을 것인가? 만약에 없다면 자신에게 보다 더 중요한 가치는 무엇인지를 잘 생각해 보자.

9) 자기이해 요약 및 종합

(1) 목 표

① 지금까지 살펴본 개인의 흥미, 적성, 기술, 성격, 가치관 등의 특성을 요약 정리하는 시간을 가짐으로써 진로 준비를 위한 자기 이해를 명료하게 한다.

② 관심 있는 직업을 아직은 막연하지만 3~4개 정도 떠올려 보도록 한다.

③ 앞에서 정리한 자신의 흥미, 적성, 기술, 성격, 가치관 등이 관심 있는 직업과 어느 정도로 부합되는지를 평가해 보도록 한다.

④ 주변의 기대나 관심 있는 직업에 대한 자신의 지식이나 정보 등의 수준이 그 직업들에 어느 정도 부합되는지를 평가해 보도록 한다.

⑤ 직업선택 및 직업세계로의 진입을 위해서 앞으로 보완해야 할 점과 무엇을 준비해야 하는지 인식할 수 있도록 한다.

(2) 사전준비

· **준비물** : '자기 이해 종합' 활동자료

(3) 상담과정 및 내용

1 시 작

'자기이해 종합'을 점검하는 취지와 목표를 설명한다.

2 진 행

① 유인물을 나누어 준 후 지금까지 점검한 개인의 특성들을 요약 정리해 보도록 한다.

② 현재 비교적 가장 관심 있는 직업들을 제한 없이, 즉 개인의 특성, 교육정도, 가정형편 등 다른 요인을 고려하지 않고 최소한 3개 이상 적어 보도록 한다.

③ 관심 있는 직업들과 관련하여 개인의 특성이 얼마나 잘 부합되는지를 3점

척도로 평정해 보도록 한다.

④ 관심 있는 직업들과 관련하여 주변인의 기대, 교육 및 훈련비용, 진출 가능성 등이 얼마나 잘 부합되는지 3점 척도로 평정해 보도록 한다.

⑤ 각각의 직업에 대한 총점을 토대로 관심 있는 직업들간의 우선 순위를 살펴보면서 직업에 대한 점검을 한다.

⑥ 직업과 관련한 자기 이해의 수준과 개인의 지식이나 정보 등의 수준을 자각하고 인식해 보도록 한다.

⑦ 직업선택 및 직업세계로의 진입을 위해서 앞으로 보완해야 할 점과 무엇을 준비해야 하는지 인식해 보도록 한다.

3 마무리

오늘의 활동 목표와 내용을 요약하고, 각자가 집단에 참여하는 동안에 특별히 공감하거나 느낀 점과 배운 점을 자연스럽게 나누면서 모임을 정리한다.

코 멘 트

- 자신을 행복하게 하는 진로를 발견하기 위해서는 첫째로 자기 자신을 정확하게 이해하는 것이 필요하다. 즉 나는 누구이며 무엇을 원하는 가에 대한 이해이다. 이를 위해서는 자기 자신의 가치, 기술, 성격, 흥미, 적성 등과 같은 개인적 특성을 잘 알고 무엇이 장점이고 무엇을 보완해야 하는지를 잘 이해하고 실천하는 것이 일차적으로 중요하다.
- 다음으로 중요한 것은 일(직업)의 세계에 대한 이해를 하는 것이다. 즉 직업의 종류, 채용 기회, 요구하는 교육 또는 훈련 조건, 근무여건 및 환경, 급여 수준 등에 대한 이해를 하는 것이다.
- 자기 자신과 직업세계에 대해 명확히 이해하였다고 해도 이들을 잘 통합하여 현명한 의사결정을 내리는 것은 그 다음으로 중요한 일이다.
- 아직은 직업의 세계에 대해 구체적으로 살펴보지 못했지만 나름대로 관심 있는 직업들을 적어 보고, 지금까지 이해된 자기 자신과 어느 정도 부합되는지 정리해 보도록 하자.
- 관심 있는 직업들에 대한 주변 어른들의 기대는 어떠한지, 자신이 생각하기에 그 직

업들이 어느 정도의 교육과 훈련을 요구할 것 같은지, 채용 가능성 등은 어떠할 것 같은지 등을 아직은 막연하지만 한번 생각해 보자. 그 다음 이를 종합하여 자신이 생각한 직업들 중에서 어떤 직업이 지금은 가장 적합하다고 생각하는지, 보다 정확한 결정을 내리기 위해서는 어떤 점이 보완되어야 하는지를 생각해 보자.

10) 직업 · 진학정보 수집을 위한 준비

(1) 목 표

① 직업의 참 의미를 재점검해 보는 기회를 갖는다.

② 미래 직업세계의 변화와 인력 수급에 대한 이해와 함께 진로 계획 및 선택을 위해 정보수집의 중요성을 인식하도록 돕는다.

③ 정보 제공이 가능한 자원 활용 방법을 이해하고 활용할 수 있도록 돕는다.

④ 관심 있는 직업에 대해 구체적으로 조사 및 면담을 해 봄으로써 관련 직업에 대한 정보수집 방법을 체험하고 습득하도록 한다.

(2) 사전준비

· **준비물 :** '직업 관련 정보' 활동자료, 과제물 : 면담조사용

(3) 상담과정 및 내용

1 시 작

'직업/진학 정보 수집을 위한 준비'를 점검하는 취지와 목표를 설명한다.

2 진 행

① 개인에게 있어 직업이 어떤 의미를 갖는지, 원하는 직업을 통해 무엇을 성취하고자 하는지 탐색해 보도록 한다.

② 미래의 직업세계의 변화와 인력 수급에 대해 이해할 수 있도록 한다.

③ 정보 수집의 필요성과 중요성 및 그 방법에 대해 이해할 수 있도록 한다.

④ 관심 있는 직업 3가지 이상을 생각해 보도록 한다.

· 이전 프로그램을 마친 경우가 아니라면 자신이 좋아하는 교과와 관련된 직업 중 택하고 싶은 직업 3가지 이상을 적어 보도록 한다.
· 가정환경 등을 고려하지 말고 자신이 택하고 싶은 직업을 3가지 이상 적어 보도록 한다.

⑤ 유인물을 나누어 준 후 관심 있는 3가지 이상의 직업을 검토해 본다.
· 어떤 정보가 부족하고, 보완해야 할 점이 무엇인지를 자각하게 한다.
· 정보 수집 방법을 생각해 보도록 한다.

⑥ 과제를 나누어 준다.
· 가까운 주변 인물들 중에 직업생활을 하는 사람 3명 정도를 대상으로 그들의 직업 동기가 무엇인지를 간략히 조사해 오도록 한다.
· 자신이 가장 관심 있어 하는 직업에 종사하는 사람을 만나면 면담조사를 함으로써 그 직업에 관한 다양한 정보를 수집해 오도록 한다.

4 마무리

오늘의 활동 목표와 내용을 요약하고, 각자가 집단에 참여하는 동안에 특별히 공감하거나 느낀 점과 배운 점을 자연스럽게 나누면서 모임을 정리한다.

코 멘 트

· 직업을 통하여 자신은 무엇을 성취하고자 하는지, 직업이 자신의 삶과 어떤 관련이 있는지를 명확히 인식하면서 직업을 선택하는 것이 중요하다.
· 직업은 자기의 이상을 실현하는 한 방편이기도 하지만 경제적 수단이 되므로 그 나름대로 모든 직업은 다 소중함을 인정해야 한다.
· 자신의 흥미, 적성 및 주위 여건 등에 적합한 직업선택은 구체적인 실천과정과 지속적인 노력과정을 통해서만이 가능하다.
· 실제적으로 직업선택을 하기 전에 먼저 관심 있는 직업들을 잠정적으로 선택한 후 이들에 대한 구체적인 정보를 수집해야 한다. 잠정적인 직업선택시에 유의사항은 심사숙고 하되 선입견에 사로잡히지 말아야 하며 가장 나아 보이는 직업에 도전하고, 적절한 이유 없이 제외시키지 말며 제외한 직업이라도 필요하면 다시 첨가하고, 또다시 필요하면 새로운 직업을 첨가하는 등 융통성을 발휘해야 한다는 것이다.
· 현재 미국의 경우 2만 여종의 직업이 있으며, 한국 직업사전에는 1만 4500여 종의 직

업이 있는 것으로 나타나 있으나 직업의 세계는 계속적으로 변화하고 있다.

· 끊임없는 이러한 변화추세를 이해하면서 자기 자신에 대한 정확한 이해와 함께 다양한 직업의 내용, 즉 요구하는 교육 또는 훈련 조건, 근무환경, 보수, 승진, 장래전망 등을 구체적으로 조사해서 적합한 직업을 찾는 것이 바람직하다.

· 과제물 1 : 가까운 주변사람들 중 직업생활을 하는 사람들을 만나 그분들의 직업동기가 무엇인지를 살펴봄으로써 어떠한 마음가짐으로 직업생활을 하는지 이해해 보도록 하자. 그리고 자신의 직업동기는 무엇인지를 살펴보고 직업생활을 위해서는 어떠한 마음가짐을 가져야 하는지 검토해 보도록 하자.

· 과제물 2 : 자신이 가장 관심 있어 하는 직업을 선택하여 그 직업에 종사하는 사람을 만나 유인물에 있는 내용을 토대로 구체적으로 면담 조사를 해 오도록 하자. 면담조사를 하러 가기 전에 자신이 얻을 수 있는 관련 정보를 가능한 한 많이 수집하여 면담을 위한 준비를 하고 가도록 하자. 정보수집을 위해서는 인터넷이나 신문, 잡지의 기사, 각 직업 단체의 정보책자, 정부간행물을 활용할 수 있으며 학교 도서관이나, 서점, 정부기관 등 관련단체 등을 이용할 수도 있다. 면담 조사 후에는 대화를 통해 얻은 직업현장에 관한 정보, 자신이 수집한 자료 등을 종합 정리해 봄으로써 직업선택을 위한 좋은 자료가 되도록 하자.

11) 직업세계 이해하기

(1) 목 표

① 의미 있는 주변 사람들의 직업 동기를 탐색해 봄으로써 직업의 의미와 직업 세계의 다양성에 대한 인식을 넓힌다.

② 각자가 조사한 직업 정보를 분류, 정리해 보도록 함으로써 정보 가공 경험의 기회를 제공한다.

③ 관심 있는 직업에 대한 면담조사 경험을 통해 개인의 직업에 대한 준비 정도를 재점검하고 직업세계에 대한 현실감을 얻을 수 있도록 돕는다.

④ 직업 정보를 서로 나눔으로써 다양한 직업에 대한 정보를 얻도록 한다.

⑤ 희망 직업목록을 보다 더 구체화하여 실제적으로 진학 및 직업선택을 위

한 준비를 할 수 있도록 돕는다.

(2) 사전준비

· **준비물 :** 활동자료, 과제물(면담조사 결과)

(3) 상담과정 및 내용

1 시 작

'직업 세계 이해하기'의 취지와 목표를 설명한다.

2 진 행

① 과제물인 '사람들이 왜 일을 하는지' 직업동기에 대해 조사한 결과를 발표하면서 개인의 직업동기와 어떤 차이가 있는지 살펴보도록 한다.

② 관심 있는 직업에 대한 조사면담 결과를 분류, 정리해 보도록 한 후 간략히 발표하게 한다.

· 조사면담 과정에서 가장 힘들었던 점

· 자신의 기대와 일치하는 점, 일차하지 않는 점

· 조사 면담 과정을 통해 배운 점 등

③ 희망직업목록을 보다 더 구체화하여 실제적으로 직업선택을 위한 준비를 할 수 있도록 돕는다.

④ 실제적인 직업선택과 더불어 교육이 더 필요한 경우에 진학 준비를 위해 직업과 관련지어 학과를 탐색해 보도록 돕는다.

3 마무리

오늘의 활동 목표와 내용을 요약하고, 각자가 집단에 참여하는 동안에 특별히 공감하거나 느낀 점과 배운 점을 자연스럽게 나누면서 모임을 정리한다.

코 멘 트

· 인생에 있어서 직업의 의미는 매우 중요하다. 어떤 의미에서 인생은 경험을 통해서 무엇인가를 배우고 또한 배운 것을 표현하는 과정의 연속이라 할 수 있다. 따라서 어

떤 일을 배우는 일과 배운 것을 표출하는 일이 서로 다를 뿐 우리는 끊임없이 일 속에서 일생을 보낸다고 할 수 있다.

· 오늘의 활동을 위해서 주변의 의미 있는 사람들을 찾아서 그들의 직업적 동기를 탐색해 보고 또한 직업세계의 종류와 기능을 조사해 오기로 하였다. 어느 정도 시도해 보았나? 각자가 파악한 내용을 분류, 정리하여 의견을 교환해 보다.

· 이제는 자신이 면담 조사를 통해 살펴본 직업이 자신의 직업적 동기와 어느 정도 일치하는가? 그리고 그 직업이 요구하는 조건과 자신의 기대간에는 어떠한 일치점과 차이점이 발견되는가를 잠시 동안 정리해 보도록 한 후 각자가 이 작업을 통해 느끼고 배운 점을 나누도록 하자.

· 이제는 지금까지의 자신에 대한 정보를 종합하고 직업세계에 대한 정보를 통합하여 잠정적이지만 자신에게 어떤 직업이 지금 현재로서는 가장 적합한지를 탐색해 보도록 하자.

· 이러한 결과를 토대로 앞으로 자신이 원하는 직업선택을 위해 지속적인 교육 과정이 필요하다고 느껴진다면 진학을 위한 준비를 해야 한다. 따라서 어떤 계열의 어떤 학교가 자신에게 적합할 지를 탐색해 볼 단계가 되었다고 본다. 오늘은 막연하지만 지금 여기에서 자신이 생각하는 학과나 계열을 선택해 보도록 하자. 그 다음 단계로 지난 시간에 알려준 방식대로 진학과 관련한 정보 수집을 위해 관련 전공 계열이나 학과에 진학한 선배들과의 면담조사와 함께 인터넷 등을 이용한 자료수집을 면밀히 수행하여 이를 토대로 진학 선택에 참조하는 것이 필요하다.

12) 의사결정 연습하기

(1) 목 표

① 의사결정의 중요성을 인식할 수 있도록 돕는다.

② 진로선택을 위해서 개인의 의사결정 유형의 이해 및 훈련이 필요함을 인식하도록 돕는다.

③ 각자의 진로 의사결정 유형을 진단해 보고 현시점에서 자신이 안고 있는 진로문제가 무엇인지를 알 수 있도록 돕는다.

④ 계획형의 의사결정단계 이해 및 실제 경험의 기회를 제공한다.

(2) 사전준비

· **준비물 :** '의사결정 연습하기' 활동자료, 진로의사결정 유형검사, 분석지침

(3) 상담과정 및 내용

1 시 작

'직업세계 이해하기'의 취지와 목표를 설명한다.

2 진 행

① 의사결정 유형의 이해 및 훈련의 필요성을 설명한다.

· 최근에 내렸던 가장 중요한 의사결정 3가지를 적어 보자.

· 어떤 방식으로 의사결정을 내렸는가?

· 자신의 의사결정 방식에 만족하지 않는다면 어떻게 보완하고 싶은가?

② 진로 의사결정 유형과 당면한 진로문제를 분석할 수 있도록 설문지를 이용해 본다.

③ 분석 결과 각자의 진로의사 결정 유형과 당면하고 있는 진로 문제를 발표한다.

④ 앞에서 발표한 최근의 의사결정 중 미해결인 문제를 중심으로 계획형의 의사결정 방식으로 문제해결을 체험해 보는 시간을 갖는다.

3 마무리

오늘의 활동 목표와 내용을 요약하고, 각자가 집단에 참여하는 동안에 특별히 공감하거나 느낀 점과 배운 점을 자연스럽게 나누면서 모임을 정리한다.

코 멘 트

· 우리는 날마다 크든 작든 수많은 의사결정을 하면서 살고 있다. 그러므로 사람들은 의사결정이 무심코 습관적으로 이루어지는 것으로 생각한다. 물론 그런 경우도 많지만 의사결정은 배워서 습득할 수 있는 하나의 기술이다. 따라서 우리 삶의 중요한 의

사결정 중의 하나인 진로선택을 위해서는 의사결정 훈련에 대한 필요성이 더더욱 요구된다.

· 의사결정이란 두 가지 또는 그 이상의 가능성 중에서 하나를 선택하는 것이다. 물론 의사결정과 결과(성과)와는 별개의 것이나 우리는 결과를 만들어 가는 과정의 의미로 의사결정에 대한 훈련을 해야 한다.

· 사람들은 결정을 내릴 때 오류를 범하기 쉽다. 이를 줄이기 위해서는 문제가 무엇인지를 먼저 분명히 인식하는 것이 필요하다. 사람들은 나름대로 자기 방식의 의사결정 유형을 갖는다. 어떤 학자는 사람들의 의사결정 유형을 지체형, 운명론형, 응낙형, 충동형, 직관형, 계획형, 고민형, 마비형으로 분류하기도 한다.

· 이제 각자의 진로 의사결정 유형을 살펴보고 의사결정 유형과 관련지어 현시점에서 자신이 안고 있는 진로문제가 무엇인지를 탐색해 보도록 하자.

· 개인의 진로 의사결정 유형은 합리적 유형, 직관적 유형 및 의존적 유형으로도 나뉘어진다. 진로선택에서 고려해야 할 여러 정보들을 종합하여 합리적이고 현실적으로 자신의 진로를 결정하기 위해서는 계획형의 의사결정 방식을 훈련하는 것이 필요하다.

· 보다 객관적으로 자신의 진로 의사결정 유형을 살펴보기 위해서는 설문지와 분석지침을 활용하여 자신의 의사결정 유형을 살펴볼 수 있다. 그 결과를 참고해서 자신의 주된 진로 의사결정 유형이 무엇인지를 확인하고 또 그것이 현재 당면하고 있는 진로문제와 어떠한 관계가 있는지를 자세히 검토해 보는 것도 한 방법이다.

· 의사결정을 할 때 유의해야 할 점은, 첫째, 변경할 수 없는 의사결정은 없다는 것이다. 둘째, 어떤 결정에도 완벽한 것은 없고 장, 단점이 있을 수 있다. 그러므로 현명한 의사결정을 위해서는 장·단점을 비교하자. 그리고 우선 순위를 정하자. 우선 순위를 정하는 것은 선택과 자기주장을 위한 훈련이 된다. 셋째, 최선의 결정이란 가능한 한 많은 유용한 정보를 이용함으로써 가능해진다는 것이다.

제 8 장 특수아동을 위한 진로상담

1. 특수아동 진로교육

1) 특수아동 진로교육 역사

김원경 외(김봉환 외, 2000에서 재인용)는 특수아동 진로교육의 역사를 다음과 같이 고찰하고 있다.

특수교육의 궁극적 목적은 장애아동이 잔존 능력을 최대한 개발하여 자립적인 생활인이 되게 하는 것으로 이해할 때 특수교육 과정을 진로교육 중심으로 구성해야 한다. 현재의 진로교육의 모습을 살피기 전에 우리나라에서 진로교육이 어떻게 발전해 왔는지를 살펴보기로 하자.

우리나라에서 장애인을 위한 직업교육은 일제시대부터 시작되었다. 그 시대의 맹학교 직업교육과정을 보면 해부학, 생리학, 안마학, 경혈학, 안마실습, 침실습 등이 있고, 그밖에 독, 서, 산의 기초 교육을 실시했다. 제생원의 직업교육과정의 예를 따라 1935년에 평양 맹학교, 1938년에 원산 맹학교가 각각 침과 안마

교육을 실시했다. 해방 후 대한민국 정부가 수립된 후 안마술, 침술 등이 정부의 인정을 받지 못하는 가운데서도 직업교육의 일부 과정으로 뿌리를 내렸다. 1056년부터는 대전에 훈맹원을 설립하여 기계로 새끼꼬기, 가마니짜기, 바구니 만들기, 벽돌찍기 등이 교육되었고, 청주에서는 농업과 축산업을 직업교육으로 채택했으며, 1960년에는 서울 천호동에 부흥원을 설립하여 벽돌찍기 등 여러 가지의 직업훈련이 시범적으로 실시되었다.

1980년대 들어와 시각장애자 복지회에서 전화교환과 피아노 조율을 훈련한 결과 1988년에는 피아노 조율사 11명이 낮은 임금을 받으며 생업을 이어가고 있고, 다른 직업들로는 수입이 보장되지 않아 다른 직종을 교육받았다 해도 직업인으로 정착하지 못하고 있다. 우리나라 시각장애인의 직업으로는 안마, 침술, 타자, 조율, 원예, 공예, 편물, 전화교환 등이 있다.

1979년 1월 1일부터 시행된 '특수교육진흥법'에는 국가 및 지방자치단체가 특수교육을 진흥하기 위한 시설과 예산을 확보하도록 규정하였고 1981년 6월 5일에 개정된 '심신장애자 복지법(현 장애인 복지법)'은 제 11조 1항에 국가 또는 지방자치단체는 심신장애자의 고용을 촉진하기 위하여 ① 심신장애자에게 적합한 직종의 개발 및 보급, ② 심신장애자에 대한 적성검사 및 직업지도, ③ 작업환경 또는 기능에 적응할 수 있도록 하기 위한 훈련 등을 실시해야 한다고 규정하고 있으며, 또 제12조에는 국가 및 지방자치단체, 기타 공공 단체는 심신장애자의 자활 지원을 위해 필요하다고 인정할 때에는 그 시설의 일부를 심신장애자가 우선 이용할 수 있도록 규정하고 있다. 또한 '직업안정법' 제17조 2항에는 모든 사업주는 신체장애자에 대해 고용 기회를 확대하도록 노력해야 한다고 규정해 사업자의 노력을 강조하고 있다. 그러나 이런 법규는 아직도 선진국의 수준에 미치지는 못했다.

1990년에는 장애인의 취업 기회를 확대하기 위해 '장애인고용촉진 등에 관한 법률'을 제정, 300인 이상의 사업장에서는 장애인을 2% 이상 채용하도록 의무화하고 이를 위반한 사업체는 부담금을 내도록 해 장애인 고용에 획기적인 전기를 마련하였다. 그리고 1994년부터 1998년까지 부담금 2,700여 억 원을 투입해 장애인 직업훈련 시설을 확충하고 각종 지원을 강화하여 장애인 고용을 촉진시키고자 노력하고 있다. 이외에도 장애인 복지 시설에 보호 작업장 117개를 설치하여 직업훈련과 취업을 동시에 실시하고 있고, 장애인이라는 이유로 취업 자격을 제한하고 있는 38개 법령 중 35개를 개정했으며, 공공시설의 매점, 자판기, 신문 가판대 설치도 장애인에게 우선하여 위탁하도록 노력하고 있다.

중학교부터 직업준비 교육을 실시하고 고등학교 과정에서 직업교육이 구체적으로 이루어지고 있으며 최근 들어 중등학교 이후 1년 이상의 전공과 과정을 설치해 직업심화 교육을 법제화하여 일부 학교에서 시범 운영하고 있다. 현재 우리 나라 직업교육의 실태는 학교마다 그리고 장애 영역마다 직업교육의 직종이 특정 분야에 치우쳐 있거나 직종수가 제한되어 있다. 또한 시설이나 설비가 미비하고 전문 인력이 부족하며 적합한 프로그램이 충분치 않아 직업교육의 운영에서 실효를 거두지 못하는 편이다. 특히 정신지체를 포함한 중증장애 학생에 대한 직업교육 및 취업대책은 더욱 심각하다.

1989년에 개정된 지체부자유학교 교육과정의 구성방향에서는 '중학부 및 고등학부에서 학생 개인 욕구에 알맞은 진로교육을 강조해 장차 사회 일원으로서 자립생활을 하도록 한다.'라고 진로교육을 강조하고 있다. 구체적으로 살펴보면 중학부에서 일반학습이 가능한 학생, 일반학습이 지체된 학생, 그리고 일반학습이 곤란한 학생들에게 전체적으로 진로지도 시간을 배정하고 있다. 중학부의 진로지도 교과의 목표는 첫째, 자신의 흥미, 적성, 능력을 정확히 이해하도록 하며, 둘째, 경제, 사회 구조의 측면에서 직업의 세계를 이해하게 하며, 셋째, 자신에게 적합한 진로 계획을 수립하고 진학 또는 취업에 필요한 지식과 기능을 익히게 하며, 넷째, 일과 직업에 대한 건전한 가치관 및 태도를 기르는 것을 목표로 삼고 있다. 그 내용으로는 크게 나누어 자아의 발견, 일의 세계에 대한 이해, 진로 계획, 그리고 일에 대한 태도 및 가치관 형성 등으로 구성되어 있다.

고등부에서는 일반학습이 가능한 학생에 대해서는 고등학교 교육과정에 명시되어 있는 교육과정 기준 단위 배당표를 참고하여 직무교육을 실시하도록 하고 있으며, 일반학습이 지체된 학생에 대해서는 개정 시안된 교육과정에 구성되어 있는 직업준비활동(전타 조립, 컴퓨터 조작, 단순조립, 포장, 판매, 시설 관리, 운예, 가축 사육, 기타)의 교과목에서 선택하여 직업에 필요한 기초 지식을 이수하게 되어 있다. 그리고 일반학습이 곤란한 학생에 대해서는 진로 지도시간을 배정하여 진로의식을 향상시키도록 배려했다. 현행 지체부자유학교 교육과정에서는 학생의 장애 상태와 능력에 따라 세 집단(일반학습 가능, 일반학습지체, 일반학습곤란 학생)에 대한 진로교육이 가능하도록 배려했다. 이런 제도는 1980년대 초에는 장애아동에 대한 진로교육이 중·고등부의 특정직업 영역에 한정되어 실시해 오다가 1990년대 이후에 진학지도와 직업지도를 포함하는 개념으로 변화하고 있음을 보여준다(강은희, 1999). 또한 최근에는 장애인 지원고용제도를 특수학교나 장애인 종합복지관에서 적극적으로 실시하고 있을 정도로 장애인들에 대한 진로교육은 점점 더 실질적이고 적극적으로 발전하고 있다. 뿐만 아니라 최근에는 성공적인 직업인의 능력을 기를 수 있도록 장애인의 전 교육과정을 진로교육 중심으로 조직하는 전환교육의 방법이 연구되고 있다.

2) 특수아동을 위한 직업재활

(1) 훈련직업의 선정

직업은 생계유지의 수단이며 개인이 사회적 역할을 수행하는 채널이다. 또한 직업은 사회적 신분의 표시이며 궁극적으로 자아실현의 매개이다. 장애인 교육의 최종 목적이 자립과 자아실현을 돕는데 있다면 그들을 위한 가장 중요한 교육의 과제는 직업재활 교육이라고 할 수 있다. 그러나 앞에서도 보았듯이 우리나라 특수학교나 장애인 복지관에서 정신지체인 등 발달 장애인들의 직업재활을 위해 설치하고 있는 직업 교과의 직종은 그들이 실제로 취업하게 되는 분야와 관련성이 낮고 그 직종들 자체가 낙후성과 편협성이 있어서 학생들의 능력이나 흥미, 적성 그리고 부모의 욕구와도 부합되지 않는다. 이런 이유에서 직업재활 교육의 성과를 높이기 위해 훈련 직종의 선정에 세심한 주의를 기울여야 한다(김봉환 외, 2000).

박혜정과 윤점룡(1082, 서울장애인종합사회복지관, 1999에서 재인용)은 특히 발달 장애인 즉, 정신지체, 자폐성 장애, 간질, 뇌성마비 등과 같이 지적 기능에 문제를 가지고 있는 사람들을 위한 직업선정에 있어서 적어도 다음과 같은 기준을 다를 것을 권한다.

① 지적 수준이 높지 않은 것
② 단순하며 일관된 반복 효과가 있는 것
③ 장기간의 경험이나 숙련을 필요로 하지 않는 것
④ 안전도가 높은 것
⑤ 기계력을 이용할 수 있는 것
⑥ 기계, 장치, 공구, 재료, 제품 등이 비교적 변화가 적은 것
⑦ 기계, 장치, 공구, 재료, 제품 등의 조정이 간단한 것
⑧ 매우 기민한 동작을 필요로 하지 않는 것
⑨ 장기간의 정신 긴장을 필요로 하지 않는 것
⑩ 작업 능률을 높게 요구하지 않는 것
⑪ 계산 측정이 필요 없거나 아주 간단한 것
⑫ 작업의 정밀도가 높지 않는 것
⑬ 작업 공정이 세분화되어 가능한 단일 작업으로 취업이 가능한 것
⑭ 지역사회의 산업과 연결되는 것

최근에는 목공예, 수공예, 도공예 등의 전통적인 훈련교과보다는 단순조립, 포장, 정리, 심부름, 물건 운반, 세차, 빌딩 청소, 주유 등 단순 업무가 정신지체인들에게 더 적절한 것으로 보고되어 교사들의 인식이 이전보다 현실적이고 타당하게 변하고 있음을 보여준다(서울장애인종합사회복지관, 1999). 그러나 직업의 세계가 변하고 있는 요즘 장애인의 직업교육 종목을 선정할 때 적합한 직업을 찾기 위해 적극적으로 노력해야 한다.

(2) 직업재활의 종류

직업재활은 보호고용, 경쟁고용으로 나뉘어진다. 보호고용은 통상적인 고용이 어려운 장애인을 위해 보호적인 조건하에서 행하는 훈련 및 고용이라고 할 수 있다. 그러므로 보호고용은 개방 노동시장에서 정상적인 조건으로, 즉 경쟁적으로 취업을 할 수 없을 때 장애인에게 보수가 있는 취업의 기회를 제공하기 위

한 직업재활의 방식이다. 보호고용에 대한 기본적인 책임은 국가에 있기 때문에 보호고용의 계획이나 실천과정에서 국가는 지도 감독을 해야 한다. 보호고용의 유형에는 크게 보호작업장, 옥외작업, 재가 고용이 있다.

경쟁고용이란 비장애 작업자들과 더불어 일할 수 있는 환경이 제공되며 진급이나 승진의 기회가 정상적으로 주어지고 최고 임금이나 그 이상의 가치있는 상품이나 서비스를 생산하는 직업에 고용되는 것을 말한다(Rusch, 1986 ; 서울장애인종합사회복지관, 1999에서 재인용). 최근 우리나라에도 장애인들의 경쟁고용을 증진시키기 위해 취업의 전과 후에 적극적으로 장애인의 직업재활을 돕는 지원고용이 도입되고 활성화되고 있다. 지원고용은 특히 중도 혹은 중증 정신지체인을 위한 직업재활 프로그램으로서 그들이 생산적으로 일할 수 있는 지속적인 서비스가 제공되는 유급고용을 말한다. 구체적으로 지원고용 프로그램내에 있는 피고요인은 첫째, 개인의 상품이나 서비스 생산능력에 비례하여 그에 알맞은 임금이 지불되는 부분시간제 혹은 전시간제 고용직에 종사해야 하며, 둘째, 고용주에 의해 제공되는 지원이나 보조 이외에도 고용을 지속하기 위해 재활전문가에 의한 계속적이고 정기적인 지원서비스를 필요로 하고, 셋째, 작업시간 동안 직접적인 지원 서비스를 필요로 하고, 넷째, 작업시간 동안 직접적인 지원서비스를 제공받는 사람과 비장애인들과 통합될 수 있는 기회를 가져야 한다.

지원고용을 통한 조력은 직업배치, 직업현장 훈련 및 옹호, 지속적 평가, 사후지도의 네 가지의 과정적 요소로 이루어진다. 지원고용을 담당하는 상담자를 직업코치라고 하며, 지원고용의 성패는 바로 이 직업코치가 얼마나 실제적이고 효율적으로 역할을 하느냐에 달려 있다. 직업코치의 역할은 직업개발 활동, 고용시 지원활동, 고용 후 지원활동의 세 가지 범주로 나뉘어진다(김봉환 외, 2000).

3) 전환교육

(1) 전환교육의 개념

미국 공법 94-142조인 장애아동 교육법이 통과됨에 따라 1975년부터는 특수학교의 모든 학생들에게 개인교육계획(Individual Education Programs, IEP)이 요구되었다. 각 학생의 IEP에는 교육활동의 목적과 목표, 학생 평가 정보, 교육적 배치, 교수해야 할 내용, 시간 계획, 목적과 목표를 달성하기 필요한 활동을 책임질 사람(교사 등), 학생의 발전 상황의 평가, 각 학생에게 필요한 관련 서비스의 종류가 포함되어야 한다. 그 후 1992년에 공법 94－142가 공법 101－476, 즉 장애인 교육법(Individuals with Disabilities Education, IEDA)으로 개정됨으로써 IEP에 새로운 요소가 첨가되었다. 그것이 바로 전환 서비스 혹은 전환교육이다. 다시 말해 이제는 16세 이전에 각 학생의 IEP에는 미래의 취업, 대학교육, 성인교육, 독립생활 그리고 지역사회 참여를 준비하기 위해 필요한 전환 서비스가 명시되어 있어야 하는 것이다.

IDEA에서 규정하고 있는 전환교육의 정의는 다음과 같다.

"학교로부터 대학교육, 직업교육, 지원 고용을 포함한 통합된 고용, 평생교육, 성인을 위한 서비스, 독립생활, 혹은 지역사회 참여를 포함하는 학교 후 활동으로의 이동을 촉진하는, 결과 중심 과정으로 고안된 일련의 조정된 학생을 위한 활동이다.

일련의 조정된 활동은…… 반드시 학생 개인의 욕구를 바탕으로 취미와 흥미를 고려해야 하며, 수업, 지역사회의 경험, 고용과 다른 고교 졸업 후의 성인 생활에 관한 목표, 그리고 필요하다면 일상생활 기술의 습득과 기능의 평가를 포함해야 한다."

이 정의에는 몇 가지 중요한 개념들이 포함되어 있다.

1 일련의 조정된 활동(coordinated set of activities)

효율적인 전환 과정에는 많은 전문가와 기관들이 참여하기 때문에 이들의 조정은 필수적이다. 전화계획을 할 때는 지원하는 활동들이 서로 관련이 있어야 하며, 또한 여러 가지 기관들이 상호 관련을 지녀야 한다.

2 결과 중심의 과정

결과란 여러 가지 전환을 지원하는 활동들이 장애학생에게 미치는 효과를 말하며, 이것은 IDEA의 가장 중요한 목적이다. 전환교육의 목표는 졸업 후의 취업이나 대학교육, 그 뒤의 독립생활, 혹은 지역사회 참여를 위해 학생을 준비시키는 것이다.

3 고등부 졸업 후의 활동(post-school activity)

졸업 후의 활동이 강조되는 이유는 장애인들은 일단 학교를 떠나 성인으로서의 삶을 시작하면 여러 가지 곤란에 부딪힌다는 사실이 여러 연구에서 보고되었기 때문이다. 예를 들면, 취업과 근속의 어려움, 지역사회에 적응하여 생활하는 일, 사회적 관계의 결핍, 독립성의 부족함, 성인으로서 필요한 서비스받기 어려움, 대학교육이나 필요한 훈련 받기의 어려움 등을 대부분의 장애인들이 겪는다.

이상의 문제를 해결하기 위해 IDEA는 학생이 학교를 졸업하기 전에 전환과정의 일차적인 책임을 진 학교와 다른 관련 기관이 장애인의 졸업 후 생활능력에 대한 책임을 명시하도록 요구한 것으로 이해할 수 있다. 그러므로 전환에 대한 책임을 규정함으로써 특수교육기관은 이제 장애인의 기본적 생활 기능 교육을 담당하는 기관의 성격을 넘어 장애인 전 생애 동안의 적응적 삶을 일차적으로 책임지는 기관으로 변하게 되었다. 전환 서비스에서 상담의 중요성은 미국하원의 교육과 노동위원회의 보고서에서도 잘 나타나 있다.

"……재활상담은 학교에서 일로의 성공적인 전환에 필요한 광범위한 지식을 실천하는 일이다. 즉, 장애가 직업에 미치는 영향, 진로발달, 장애인 진로상담, 직업배치, 직업변화 등에 대한 지식을 말한다. 그러므로 재활상담자들은 장애학생들에게 효과적이고 계획된 전환 서비스를 보장하기 위해 적절한 상담을 제공하고 여러 분야의 특수교육 전문가, 성인에 대한 서비스를 제공하는 사람들, 대학이나 고교졸업 후의 교육기관의 서비스를 조정, 관리할 수 있도록 전문적으로 훈련받아야 한다(미하원, 1990)."

(2) 전환 지원체계

특수아동의 경우 학교에서 성인 생활로의 전환을 지원하기 위해서는 그 지원체계를 확립해야 한다. 이런 체계를 확립하지 않고 장애학생의 전환을 논의하는 것은 단편적이고 일시적인 대처일 뿐, 전체적인 조망과 접근을 어렵게 한다.

단계	지원시기	지원내용	담당기관
진로상담	중학교 2학년	· 학교생활 및 일상생활 관련 자료 제공	교육인적자원부(특수학교 및 학급) 보건복지부(장애인복지관) 노동부(장애인고용촉진공단)
↓ 직업평가	중학교 2학년	· 직업적성 평가 · 직업능력 평가 · 직업태도 평가	교육인적자원부(특수학교 및 학급) 보건복지부(장애인복지관) 노동부(장애인고용촉진공단)
↓ 직업교육	중학교 2학년 ~ 고등학교 졸업학년	· 개별화전환계획 수립 · 적용	교육인적자원부(특수학교 · 학급)
		· 장애학생 적성직종 개발	노동부(장애인고용촉진공단)
		· 직업교육 프로그램 개발	교육인적자원부(국립특수교육원)
		· 장애학생 현장실습지원	보건복지부(장애인복지관) 노동부(장애인고용촉진공단)
↓ 전환능력 평가	고등학교 졸업학년	· 장애학생 사회진출 여부 및 지원 정도 결정	교육인적자원부(특수학교 및 학급) 보건복지부(장애인복지관) 노동부(장애인고용촉진공단)
↓ 취업알선	고등학교 졸업학년	· 취업 알선 · 배치	교육인적자원부(특수학교 및 학급) 노동부(장애인고용촉진공단) 보건복지부(장애인복지관)
↓ 추수지도	고등학교 졸업이후	· 직장적응지원	교육인적자원부(특수학교 및 학급) 보건복지부(장애인복지관) 노동부(장애인고용촉진공단)

[그림 8-1] 특수아동 전환 지원체계

현재「특수교육 발전 종합계획('03~'07)」은 중학교 2학년에 진로상담과 직업평가를 통해 직업 및 전환교육을 실시하고 고등학교 졸업학년에 전환능력을 평가하여 전환을 지원하고 추수지도를 하는 장애학생 전환 지원체계를 제시하고 있다. 교육부나 교육청은 이런 체계를 구체화할 수 있는 방안을 적극적으로 모색해야 한다.

2. 특수아동을 위한 진로개발 과정

진로개발 과정에는 진로인식(career awareness), 진로탐색(career exploration), 진로준비(career preparation), 진로배치(career placement) 등의 네 단계가 있다. 적절한 교육과 서비스만 주어지면 대다수 특수아동들도 진로 결정을 위한 적절한 능력을 획득할 수 있다. 특수아동을 위한 진로개발 과정은 다음과 같다(조용태, 2001).

1) 진로인식과 진로탐색

초등학교에서 진로교육의 일차적인 초점은 직업의 지식과 일 개념 의 소개라는 두 가지 영역이다. 많은 경우에 생활지도 활동은 진로인식 목적과 태도, 정보, 자기이해와 같은 세 가지 주요한 학습 요소를 포함하는 아주 넓은 범위를 포함하도록 설계한다.

진로인식 단계의 목적 가운데 하나는 아동에게 다양한 직업을 소개하는 것이다. 이러한 목적을 이루도록 돕는 구조화된 활동을 직업과의 친숙성을 개발하는 기회가 제한된 장애아동에게 특히 중요하다. 예를 들어, 성인의 직업에 관련된 많은 것을 깨닫게 되는 상점이나 식당에 맹아동이 갈 가능성은 정상아동보다 적다. 이동의 어려움 때문에 정형외과적 장애를 가진 아동들은 가정, 학교, 치료센터 이외의 세상을 접할 기회가 제한된다. 정신지체아동들은 체계적인 교수 노력이 없으면 상점, 놀이공원 등 다른 장소에서 사람을 돕는 실제적인 활동을 알지 못한다.

초등학생들은 직업에 관한 실제 정보보다 더 많은 것이 필요하다. 이들은 일에 관련해 보다 나은 이해를 하기 위해 여러 가지 일에 관한 개념을 탐색할 필요도 있다. 6학년까지의 아동들에게 적절한 몇 가지 개념에는 일은 귀중하며, 일은 사람에 따라 다른 의미가 있으며, 일은 다른 보상이나 만족이 있으며, 교육과 일은 서로 관련이 있다는 것이 포함된다.

사회적 기능이 진로 성공에 결정적인 요인이라는 것을 연구들이 밝혀내고 있지만, 아직도 아동들에게 의사소통행동을 체계적으로 지도하는 일은 드물다. 또래와 성인들의 정상적 놀이와 사회적 상호작용은 특정 행동과 결과 사이의 관계를 인식한 결과이다. 그래서 많은 비장애아동들은 자신의 태도와 행동이 사회적 · 학문적 성공과 관계가 있다는 것을 비형식적으로 학습한다. 그러나 장애아동들은 그러한 비형식적인 학습을 할 기회가 적다. 그들의 또래 상호작용의 제한이나 다른 사람들이 그들을 다르게 다루는 경향은 비장애아동들이 경험하는 학습과정을 배제한다.

사회적 상호작용에서 기능을 형성하기 위한 구조화된 기회는 교실 활동에 통합되거나 소집단 활동을 통해 제공된다. 교실에서의 토의와 프로젝트에서 적절한 피드백기법만 사용하면 아동들은 쉽게 배우고 고무된다.

진로개발의 탐색단계에서 개인의 자아개념은 일의 세계와 관련해 발전한다. 학생들은 일과 여가활동에서 가능한 미래 역할에 대한 자신의 능력, 요구, 흥미와 관련해 시작하도록 요구된다. 시간제 직업을 통한 자기시험과 직업탐색은 진로탐색 과정을 촉진할 수 있다.

이 수준에서 일의 세계를 탐색하도록 학생을 돕는 전통적인 수단은 교실 내외의 직무에 학생을 참여시키고, 자원 인사를 교실로 초청하고, 현장견학을 가는 것이다. 작업 연구 프로그램은 몇몇 장애학생들에게는 특히 성공적이었다(Ehrsten & Izzo, 1988). 사회적 망은 장애학생의 진로의사 결정에 가장 영향력 있는 요소라는 것이다.

2) 진로준비 : 직업흥미와 직업적성 평가

학생이 소유하고 있는 흥미와 적성에서 직업 기능의 형태를 결정하는 것은 모든 진로지도 프로그램의 중요한 구성요소이다. 대다수 학생들은 놀이, 집안의 잡일, 여러 가지 구조화된 탐색활동을 통해 어린 나이에 직업관련 기능의 감각을 개발하기 시작한다. 비록 학생이 일의 세계와 그러한 과제를 관련시키지는 못하지만, 대다수 청소년들은 다른 사람을 돕고, 엄격한 관리하에서 일하고, 세세한 것에 주의집중하는 등의 광범위한 영역에서 자신의 기능을 평가할 수 있다. 장애아동들에게는 경험의 한계 때문에 직업적 흥미와 적성을 평가하는 여러 가지 수단을 제시하는 것이 특히 중요하다.

직업적 잠재력의 평가는 행동과 형식적 수단 모두를 통해 이루어져야 한다. 행동 사정은 아동의 학교 생활을 통해 이루어지고 다음을 포함한다.

① 교과시간의 수행을 통해 지식, 흥미, 기능을 평가한다.

② 직업 기능 교과와 다른 탐색활동에서 적성, 흥미, 성취를 평가한다.

③ 관찰 또는 현직 경험을 통해 직업적성과 행동을 평가한다.

행동 사정의 여러 가지 수단에 대한 책임은 학생과 부모뿐만 아니라 학교 직원들이 공유한다. 등급, 수행평가지, 일화기록, 관련된 자료가 아동의 흥미와 능력에 중요한 정보를 제공할 수 있다.

직업흥미의 형식적 평가는 쿠더 직업흥미검사(Kuder Occupational Interest Survey)나 스트롱－캠벨 흥미검사(Strong-Campbell Interest Inventory)와 같은 표준화된 도구를 가지고 수행한다. 비록 이 도구들이 비장애인을 대상으로 표준화되었지만, 많은 장애학생들에 대한 유용한 정보를 제공할 것이다. 그러나 그 도구들이 높은 읽기수준이 요구되기 때문에 몇몇 경우에는 유용하지 않을 것이다. 다행스럽게도 특수한 집단에 사용하기 위해 개발된 흥미검사가 있으며, 특별한 요구에 맞도록 기존의 도구를 수정한 것도 있다. 장애학생들에게 자주 사용된 몇 가지 흥미/적성 검사는 다음과 같다.

① **진로성숙검사**(Career Maturity Inventory : CMI) : 이 검사도구는 진로 조언 요구를 결정하고, 학생의 태도와 능력의 성숙을 평가하는 것이다.

② **쿠더선호도기록**(Kuder Preference Record) : 이 흥미검사는 구어적으로, 점자로, 녹음으로 실시하는 것이다.

③ **그림흥미탐색검사**(Picture Interest Exploration Survey : PIES) : 이 도구는 읽기가 요구되지 않고, 채점이 쉽고, 일의 세계에 대한 이전의 친숙함을 요구하지 않는다.

④ **맹인을 위한 PRG 흥미검사**(PRG Interest Inventory for the Blind) : 이 도구는 맹인들이 선택한 취미와 성취한 직업에 근거한 것이다.

⑤ **동작성직업흥미검사**(Reading-Free Vocational Interest Inven-tory) : 이것은 그림도구로, 세 개의 그림 가운데 하나를 선택하도록 하는 것이다.

⑥ **직업흥미와 정교성평가**(Vocational Interest and Sophistcation Assess-ment : VISA) : 이것은 읽는 것이 아니며, 경도정신지체 청소년과 성인의 직업흥미를 측정하는 그림도구이다.

⑦ **광범위 흥미－의견검사**(Wide-Range Interest-Opinion Test : WRI-OT) : 이것은 광범위한 직업흥미를 측정하는 것이다.

⑧ **직업가치검사**(Work Value Inventory) : 이 도구는 진로 선택과 직무 만족에 관한 직업가치를 사정하도록 설계된 것이다.

직업흥미와 잠재력을 평가하기 위한 수단으로서 실제 경험한 일의 가치는 매우 소중하다. 초기의 일의 경험은 보다 정교한 직업발달뿐만 아니라, 보다 안정적이고 성공적인 진로를 이끌어 낸다. 실제 일을 한 경험은 특별한 기능 발달에 대한 잠재력을 드러낼 뿐만 아니라, 다른 사람과 함께 하기, 순서 지키기, 안전한 절차와 같은 학생의 일반적 잠재력을 결정하는 데 도움이 되는 가치있는 수단이다.

장애학생들이 학교에서 어느 정도의 일을 경험할 수 있는 많은 기회가 있다. 가장 인기가 있고 유연한 계획 가운데 하나가 학생들이 하루 중 반은 일하고 반은 공부하는 작업 연구 프로그램이다. 이용할 수 있는 자원과 개인적인 욕구에 따라 장애학생들은 정규 협력직업 프로그램에 배치될 수도 있으며, 특정 장애유형을 위해 설계된 프로그램에 배치될 수도 있다.

장애학생을 위한 직업탐색 계획의 통합된 부분으로 현직직업 경험이 주장되기는 하지만, 몇몇 장면의 배치는 불가능하다. 그러한 경우에 직업 잠재력의 평가는 가상적인 직업경험을 통해 달성될 수 있다. 보다 보편적인 작업표본 패키지 가운데 몇 가지가 다음에 제시되어 있다.

① Clawson Work Sample Test
② General Aptitude Test Battery(GATB)
③ Jewish Employment and Vocational Service System(JEVS)
④ Singer Vocational Evaluation System
⑤ Social and Prevocational Information Battery(SPIB)
⑥ Testing, Orientation and Work Evaluation in Rehabilitation(TOWER)
⑦ Valpar Component Work Sample System

3) 진로배치와 교육배치

직업기능의 정도와 훈련수준에 관계없이 장애인들은 적절한 직업을 얻는 것이 어렵다. 교육적 노력과 법적 노력에도 불구하고, 지난 10년 동안 상황은 개선되지 않았다(Brolin & Gysbers, 1989). 장애노동자의 불완전 고용의 일차적인 원인은 고용주의 태도와 관련이 있다. 고용주들은 장애노동자를 차별하고, 그들의 직무 수행에 대해 비현실적이고 비합리적인 의견을 가지고 있다.

장애노동자의 고용 가능성에 관한 사실은 고용주의 두려움을 입증하지 못한다. 몇 가지 대규모 연구가 다음과 같은 결론을 내렸다.

① 장애노동자를 고용한 결과 보험비용에 영향이 없었다.

② 대다수 회사들이 장애노동자의 낮은 결근, 낮은 이동, 같거나 우수한 직무수행을 보고했다.

③ 사고가 낮았고, 시설이 최소가 되었고, 노동자-관리자 협력이 예외적으로 높았고, 직무 안정성이 평균보다 뛰어났다(Lester & Caudill, 1987).

장애노동자의 고용 문제에 대한 다양하고 증가된 관심에도 불구하고 많은 문제들이 남아 있다. 학교 상담자들은 일반적으로 유용하기는 하지만, 학교에서 졸업 후 생활로의 전환에 대한 구체적인 이슈는 다루지 않았다.

고등학교 상담자는 장애학생의 진로・교육 배치기회를 개선하는 데 중요한 힘을 가질 수 있다. 세 가지 보편적인 영역이 직업 재배치에 관한 상담자의 역할을 규정하고 있다.

① 면접과 구직 기능 개발을 위한 체계적인 노력을 통해 학생이 직업을 얻도록 돕는다.

② 그들의 욕구, 흥미, 능력에 가장 적합한 학교와 프로그램을 선택하도록 대학에 가려는 학생을 돕는다.

③ 장애학생의 고용을 촉진하도록 기관과 지역 고용주와 학교를 연락하는 업무를 한다.

4) 고용가능성 기능 개발하기

고용과 관련된 가장 어려운 과제가 '문간에 발 들여 놓기(a foot in the door)'라고 장애노동자들이 말하고 있다. 기술적 또는 직업적 자격, 좋은 대인관계 기능, 적절한 작업습관은 학생이 자신을 장래 고용주에게 판매할 때까지는 그 가치가 낮은 것이다. 학교 상담자는 장애학생이 개별회의, 집단 생활지도 회의, 구조화된 교육과정, 여가활동을 통해 필요한 기능과 기법을 개발하도록 학생을 도와 주어야 한다.

많은 장애학생들에게 가장 어려운 영역 가운데 하나가 직무 면접에 관해 준비하는 것이다. 장애학생들은 면접의 목적에 대한 아이디어도 거의 없고, 면접에서 기대하는 것도 거의 없다. 비록 직무 면접이 타당하지 못하고 믿을 수 없는 잣대라고는 하지만, 노동자를 선택하는 가장 널리 사용되는 방법으로 계속 이용되고 있다.

정신지체인을 포함해서 면접 기능은 지도할 수 있다. 역할놀이, 교훈적 지도,

모델링과 같은 다양한 방법들이 이용할 수 있지만, 가장 효과적인 프로그램은 기법, 전략, 자료의 결합을 적용하는 것이다.

학생들이 여러 종류의 질문을 준비하도록 돕는 것은 면접훈련의 가장 중요한 부분 가운데 하나이다. 장애에 대한 질문에 대처하는 것은 그들의 자신감을 전달할 수 있고, 자기만족을 느낄 때까지는 문제가 될 수 있다.

장애학생의 실제 직무배치에서 상담자의 역할은 상담자의 기능과 흥미, 지역사회나 정부의 배치기관의 이용 가능성, 학생의 연령과 흥미, 직업준비 수준과 같은 요인에 따라 변화한다.

5) 학생의 대학 선택을 돕기

대학교에 가고 싶은 마음은 장애학생이나 비장애학생이나 차이가 없다. 비장애학생들은 지리적인 위치, 입학, 이용할 수 있는 전공과 프로그램, 여가활동, 비용 등과 같은 요인들이 적절한 대학을 결정하는 데 중요한 요인이 될 것이다. 그러나 장애학생들은 건물의 접근 가능성, 대독자(reader), 통역자, 또는 수행보호자 서비스의 이용 가능성, 특별한 장비와 주택의 접근과 같은 요인에 따라 결정해야 한다.

접근 가능성(accessibility)은 신체장애학생을 위한 대학이나 직업센터의 기본적인 요구조건이다. 비록 건축물의 장벽이 장애학생의 대학 입학을 방해하는 일차적인 요인이라 해도, 그러한 장벽은 단지 방해물일 뿐이다. 주택, 교통수단, 재정적 보조가 건축물의 장벽보다 더욱 해결하기 어려운 문제일 것이다.

농학생들에게는 구어적 의사소통이 가장 어려운 문제일 것이다. 적절하고 원활한 의사소통을 위한 시설이나 서비스의 여부가 대학 선택의 조건이 될 것이다. 통역자의 서비스를 받을 수 있어야 한다. 만약 그렇지 못하면 질문을 하고 노트를 필기하는데 도움을 받을 수 있어야 한다. 다양한 기계적 도구들이 농학생의 의사소통을 촉진시킬 수 있다.

시각장애 학생들이 대학에서 직면하는 일차적인 장애물은 적절한 읽기 자료와 서비스를 얻을 수 있는가 하는 것이다. 대독자는 교과서와 숙제를 녹음해 주고, 실험연구를 도와 주고, 시험을 읽어줄 수 있어야 하고, 교과서는 녹음하거나 큰 활자, 점자로 인쇄하여 제시되어야 한다.

이분척추 손상학생과 정형외과적 또는 신경근육적으로 장애를 가진 학생들은 대학 내에 있는 동안 개인적 보호와 이동에 대한 지원을 받아야 한다. 이러한 학생들은 주로 휠체어를 사용하기 때문에 건물의 구조가 특히 중요하다. 강의실의 배치도 건물의 저층에 배치하는 등 대학 구성원들의 세심한 배려가 있어야 한다.

3. 특수아동 진로상담

1) 행동적 진로상담

특수아동의 성공적인 진로상담에는 행동적 접근이 보다 유용한 것으로 알려져 왔다. 행동상담은 부적응 행동을 변화시키기 위해 실험적으로 확립된 학습원리를 적용하여 부적응적 습관을 약화시키거나 소거시키고 적응적 습관을 형성하게 하거나 강화시키는 것을 목적으로 한다(Wolpe, 1969). 문제가 있다고 판단되면 행동 평가와 진단을 한다. 행동적 접근에서는 아동의 문제를 객관적이고, 측정가능하며, 관찰가능한 용어로 명료하게 확인한다. 또한 선행사건이나 문제를 유지하는 요인이 있는지 확인해 보아야 한다. 특수아동의 문제는 행동으로 볼 때 지나치거나 부족하다는 성격을 띠고 있어서 상담자는 빈도나 심각도를 줄이거나 증가시키기 위한 개입을 한다. 장애아에게 직업에 대해 가르치거나 사회적 기술을 가르칠 때 유용한 행동적 상담기법은 행동 시연과 문제해결의 방법이다(Foss, Auty, & Irvin, 1989).

(1) 행동시연

행동시연은 상담자의 직접적인 감독하에서 적절한 행동을 연습하는 과정을 말한다. 이 기법의 목적은 부적절한 행동을 보다 적절한 행동으로 대체하는 것이다. 행동 시연의 절차는 다음과 같다.

① 내담자가 상황을 간단히 기술하게 한다.

② 내담자가 문제를 다루기 위해 스스로 바라는 행동을 기술하게 한다.

③ 내담자로 하여금 상황 속에서 상대방이 실제로 어떻게 한다는 것을 말하게 한다.

④ 장면을 구성한다.

⑤ 짧은 문장으로 실험해 본다. 상대방의 역할을 하는 상담자는 처음에는 협조적으로 반응한다. 상황을 악화시키지 않는다.

⑥ 내담자가 자기 행동에 대한 긍정적인 피드백을 하도록 한다. 즉, 자신의 어떤 행동이 효과적이었는지를 말하게 한다.

⑦ 상담자는 그 외의 긍정적 피드백을 한다.

⑧ 내담자가 변화를 위한 제한을 하게 한다. 한 번에 두 가지 이상을 말하지 않게 해야 한다.

⑨ 내담자가 두 가지를 제안하지 못하면 두 가지 이내에서 제안을 한다.

⑩ 5단계에서 9단계를 반복한다. 내담자가 점점 더 익숙해지면 점점 더 긴 상황을 설정한다. 그리고 상대방 역할을 하는 상담자는 내담자가 좀더 다루기 어려워하는 방식으로 행동한다.

(2) 행동계약

행동계약은 내담자와 상담자가 구체적인 문서 계약서를 만드는 것이다. 계약서에서는 강화를 받게 되는, 바라는 행동을 구체적으로 명시한다. 다음은 행동계약을 하는 절차이다.

① 계약서에 명시되는 행동은 구체적이어야 한다.

② 바람직한 행동을 했을 때 주어지는 강화는 계약서에 명료하게 진술되어야 한다. 오직 요구되는 행동을 했을 때에만 강화를 제공해야 한다.

③ 처음에 상담자는 촉구를 하고 바라는 행동을 하는지 관찰해야 한다. 계약이 준수될 때는 즉시 강화를 제공해야 한다.

2) 전환 서비스에서의 진로상담

여기서는 진로의 문제로 찾아오는 장애인의 상담과 상담자의 역할에 대해서는 다루지 않고 학교나 기관에서 장애인의 전환 서비스의 맥락에서 상담을 이해하고 그에 따라 상담자가 할 일을 논의한다.

(1) 전환 서비스와 상담자의 역할

중등부에 속하는 장애학생을 다루는 상담자들은 전환교육 혹은 전환 서비스의 의미와 법률적 목적 등을 잘 알고 있어야 한다. 또한 상담자들은 전화교육의 정의, IEP에 포함될 전환교육의 내용과 평가, 그리고 학생을 격려해서 진로 성숙과 진로탐색을 하도록 동기화시키는 방법 등을 잘 알고 있어야 한다. 전환교육에서 상담자의 역할은 관리나 운영자이다. 상담자는 전환 전과정을 계획하고 여러 전문가들에 의한 개입적 활동을 조절하며, 관리하는 역할을 한다.

(2) 미국의 전환 서비스 모형

미국에서는 세 가지 장애인을 위한 전환 서비스가 모형이 있다. 그것은 OSERS (Office of Special Education and Rehabilitative Servi-ces) Model(Will, 1984), Halpern(1985) Model 그리고 LCCE(Life-Centered Career Education Transition-al Model(Brolin, 1991)을 말한다. 각 모형에 따라서 진로상담자의 역할도 다소간 달라진다(김봉환 외, 2002에서 재인용).

1 OSERS 모형

OSERS 모형은 전환 과정을 시각적으로 설명하기 위해 그것을 학교에서 취업 사이에 있는 세 가지 다리 중에 한 다리를 성공적으로 협상하는 것으로 본다. 어떤 다리가 가장 적합한지는 전환 팀이 결정한다. 세 가지 다리는 다음과 같이 설명된다. 이 비유는 진로상담을 설명할 때 의사결정의 유무를 기준으로 내담자를 분류한 것과 유사하다. 여기서는 의사결정 유무 대신 내담자의 직업적 유능성이 적용되었다는 것이 다르다.

① **특별한 서비스가 제공되지 않음 :** 이 범주에 속하는 학생들은 이미 충분한 직업적 유능성이 갖추어져 있기 때문에 경쟁적 고용 시장에서 경쟁을 통해 취업할 수 있다. 이 학생들에게는 다른 모든 학생에게 제공되는 일반적인 조력만이 필요하다.

② **제한된 시간의 서비스 :** 이것은 경도나 중도의 장애학생들이 경쟁적으로 얻을 수 있는 직업을 성공적으로 얻도록 특별히 고안된 서비스이다.

③ **계속적 서비스 :** 이것은 중증 장애를 지닌 학생들에게 제공되는 계속적인 진로 서비스를 말한다. 이 범주의 서비스는 특수한 형태의 지원 고용서비스이다.

2 Halpern 모형

Halpern 모형은 OSERS 모형의 대안이라고 할 수 있다. 이 모형에서는 고용이 중심이 아니라 지역사회에의 적응이 중심이 된다. 지역사회에의 적응은 고용뿐만 아니라 주거환경과 사회적 인간망에의 적응으로 정의된다.

3 LCCE 모형

LCCE 모형에서는 장애인의 성공적인 전환을 가능하게 하는데 효과적인 기능적 교과과정을 조직하는 원리로서 LCCE 교육과정이 기본 틀로 사용된다. 이 모형에서는 네 가지 단계가 있다. 그 네 단계에는 첫째, 진로인식, 둘째, 진로탐색, 셋째, 진로준비, 넷째, 각급 학교를 통해 진로에 동화하는 것과 학생의 교육 및 서비스를 책임지는 사람을 명시하는 것들이 있다. 이 모형은 다음의 12가지 원리를 따라 실천된다.

① 직업성격의 발달은 출생과 더불어 시작된다.

② 진로는 직업보다도 더 중요하다.

③ 진로 발달은 인식, 탐색, 준비, 동화의 네 단계를 거쳐서 이루어진다.

④ 주요 교수 영역은 네 가지이다. 학문적 기술, 일상 생활 기술, 개인적-사회적 기술, 직업기술

⑤ 진로교육이나 유능성은 대부분 교과 과목을 통해 가르칠 수 있다.

⑥ 성공적인 진로 발달과 전환을 위해서는 학교, 학부모, 기업체, 그리고 지역

사회의 서비스 기관이 밀접하게 연대해야 한다.

⑦ 특수교육이 필요한 학생들은 현장 경험을 통해 배워야 한다.

⑧ 통합교육에 의해 정상화를 시도하는 것은 결정적으로 중요하다.

⑨ 협동적 학습환경이 구비되어야 한다.

⑩ 공식적 및 비공식적으로 직업 평가를 하는 것이 중요하다.

⑪ 전환 과정을 도울 수 있는 자원들을 조정할 사람이 필요하다.

⑫ 각 기관들이 적절하게 합의하는 일이 중요하다.

이 모형에서는 전환 프로그램이 초등학교에서부터 중요한 진로나 직업적, 사회적 개념들을 정규 교과과정을 통해 가르치게 된다. 또한 이 접근은 전인적 인간을 강조한다.

어떤 모형을 따르든지 전환팀이 학교 내에 구성되어 전환 서비스를 계획하고 조정해야 한다. 전환팀은 대체로 학교 인사, 직업재활기관의 인사, 발달 센터의 인사, 부모, 변호사, 학생 당사자, 고용 가능성이 있는 기업체 인사로 구성한다. 전환팀의 주요 목표는 다음과 같은 활동이라고 할 수 있다.

① 현존하는 서비스들을 조사하는 일

② 전환 계획의 지침을 제공하는 일

③ 지역사회의 서비스 기관들간의 합의를 이루는 일

3) 장애영역별 진로상담

Morningstar(김윤옥, 1997, 2003에서 재인용)는 장애를 가진 학생들의 진로개발에 대한 질적 연구의 결과로 장애 학생들의 진로개발에 대한 지도나 상담에 있어서 다음과 같이 추천하고 있다.

첫째, 전반적인 생을 고려한 진로준비의 발달적 특성을 고려하라. 사람들은 20대나 30대에 이르러서야 자신에게 맞는 또는 원하는 직업을 선택할 수 있다. 따라서 인간발달의 단계를 고려하면서 이들의 진로지도에 임하자.

둘째, 진로성숙에 필요한 기술을 발달시킬 수 있는 기회를 제공하라. 즉 진로개발은 생을 통하여 자신을 비롯하여 직업대안, 생활양식, 역할선택 등에 대한 정보를 추구하고 확보하며 처리하는 발달적 과정이므로, 장애학생들도 이러한 측면을 고려해 진로발달에 대한 준비를 시킬 필요가 있다.

셋째, 의미 있는 직업 경험을 제공하라. 임시고용이나 반-고용의 형태가 아니라 직업에 대한 완전한 형태의 작업기술 및 작업환경을 경험할 수 있도록 하며, 사회성과 고용가능성을 갖추도록 해야 한다.

넷째, 가족을 진로개발에 참여시키라. 가족들도 장애학생에게 어려서부터 진로의식을 갖도록 하며, 나중에 어떤 직업을 갖게 될 것이라는 기대를 함으로써 진로지도와 구직을 지원할 필요가 있다는 것이다. 물론 학생 자신도 자신의 진로개발에 적극 참여해야 한다. 따라서 부모와 교사들은 이러한 제언을 유념하면서 장애학생들의 진로상담에 임해야 한다.

장애영역별 진로상담의 내용은 다음과 같다(김윤옥, 2003).

(1) 정신지체

정신지체 아동들에게는 초등학교 교육과정에서 각종 직업에 대한 소개를 구체적인 방법으로 하는 것이 바람직하다. 이 아동들이 알고 있는 용어들을 사용하여 각종 직업에 대한 개념을 소개하고 그 직업에 관련된 노래와 놀이를 반복적으로 실시해 직업에 대한 방향을 제시 한다. 주변에 잘 소개되어 있지 않지만 정신지체 청소년을 비롯하여 성인들이 할 수 있는 반숙련직 직업들이 상당히 많다. 종이접기, 봉투 만들기(편지봉투, 백화점 봉투 등), 박스 만들기, 작업라인에 서서 물건 담기, 물건 이동하기, 구두 닦기, 공공건물 청소하기, 패스트 푸드점에서 일하기(주방에서 보조 또는 청소하기), 요리하기(주방보조), 정원 관리하기, 꽃 키우기, 비닐하우스 재배, 어린이집에서 어린이를 돌보면서 놀기 등 다양한 일거리들이 있다. 여기에 제시되지 않은 많은 일들을 발굴하여 제시해 주고 그에 맞는 기술을 가르칠 필요가 있다.

(2) 시각장애

시각장애를 가진 청소년들은 자신이 하고 싶은 일들을 대부분 알고 있기 때문에 그 목적을 향해 전진 노력할 수 있는 잠재능력이 있음을 일깨워 줄 필요가 있다. 공부하는 것을 좋아하고 잘하면 학문분야에서 전문직종을 추구할 수 있다. 국내에서도 시각장애인 교수와 교사가 많이 있다. 헬렌 켈러 여사의 이야기는 비장애인인 우리들에게까지도 큰 교훈을 주고 있다. 이러한 유명 인사들에 대한 자서전이나 위인전 등을 접하게 하는 것도 시각장애인 청소년들의 자기존중감이나 미래 설계에 등불이 될 수 있을 것이다.

시각장애인들은 시력의 한계가 있지만 반대급부적으로 다른 감각들은 일반인들보다 더 많이 발달되어 있음을 잊어서는 안 된다. 예를 들면, 기억력이 뛰어나서 큰 부서장의 비서도 가능하다. 컴퓨터의 사용도 가능하기 때문에 공문 작성이나 이메일 관리도 관련 소프트웨어만 장착한다면 큰 문제가 없다. 전화받고 연결하고 하는 일도 가능하기 때문에 비서직을 잘 수행할 수 있을 것이다.

전문직에 관심이 없는 시각장애인들은 지압, 안마나 마사지 기술을 배워서 직업으로 삼을 수도 있다. 이에 대한 전문교육은 장애인 직업훈련소나 특수학교에서 교육과정의 일부로 적용하고 있다.

시각장애인들 가운데 재능이 많은 사람들도 있다. 노래를 잘하는 사람들은 그러한 재능을 살릴 수 있도록 지도하고 오디션을 볼 수 있도록 도울 필요가 있다. 이탈리아 성악가수 안드레아 보첼리(Andrea Bocelli)는 변호사로 일하다가 그의 뛰어난 노래 실력을 주변에서 격려 해 유명한 성악가에게 오디션을 보고 발탁되었다. 아마도 웬만한 비장애 성악가수보다 훨씬 더 유명해졌고 더 부유하게 되었다.

(3) 청각장애

청각장애인들은 듣고 해야 하는 일을 제외하면 거의 대부분 비장애인과 같은 수준으로 직무를 수행할 수 있다. 다만 청각장애가 없는 직장 동료들과의 의사소통이 문제가 될 뿐이다.

이러한 경우는 이메일로 의사소통하거나 직장동료들이 수화를 배워서 의사소통할 수도 있다. 따라서 작업조건과 대중의식만 어느 정도 보완된다면 청각장애인들은 어디에서나 일을 할 수 있을 것이다.

(4) 지체장애

지체장애인은 장애의 정도에 따라 직업선택에 많은 한계가 있다. 양지 마비인 경우는 주로 앉아서 손으로 하는 일과 머리를 써서 하는 일 등을 할 수 있을 것이며, 편마비인 경우는 선택의 여지가 좀더 줄어들 것이다. 오른쪽 상하지나 왼쪽 상하지를 사용해야 하기 때문이다. 이러한 경우 앉아서 손으로 하는 일 가운데서도 일부만 가능할 것이다. 그러나 꾸준히 연습하면 도장 파는 일까지도 가능할 수 있으며, 구두수선과 닦는 일도 가능할 수 있다. 머리를 써서 해야 하는 일은 컴퓨터 보조기기들을 이용하여 제대로 처리할 수 있기 때문에 여러 가지 방면에서 전문인으로서 일할 수 있을 것이다.

(5) 학습장애

학습장애를 가진 사람들은 직업교육을 통하여 직업을 구한다고 하더라도 승진과 새로운 기술의 수용이나 업그레이드 등에 있어서는 비장애인들보다 더 많은 어려움을 겪는다. 따라서 자연스럽게 승진하지 못하며, 체제 개선에 적응해 나가지 못하기 때문에 쉽게 도태되거나 명예퇴직을 권유받게 된다. 따라서 학습장애를 가진 청소년들을 대상으로 하는 직업교육에서는 그 기술의 'know-how' 뿐만 아니라, 그 기술을 업그레이드 시키거나 새로운 기술을 받아들이는 전략을 가르칠 필요가 있다. 즉 주어진 과제에 변화가 있을 때 어떻게 'know-how'를 수정해야 하는가에 대한 수정전략을 소지할 필요가 있다. 예를 들면, 학습장애 청소년이 사진 찍는 것을 좋아하여 사진사가 되기를 원하거나 간이사진관을 운영하기를 원할 때, 사진 찍는 기술 및 현상기술만 가르칠 것이 아니라 예를 들어, 시대가 변하여 아날로그 사진은 더 이상 고객을 만족시키지 못하게 되었을 때 어떻게 시대에 순응해야 하는가에 대한 방법도 교육과정에 포함해야 한다. 그리고 이들이 성인이 되었을 때, 직업훈련원에서는 정기적으로 이들의 업종에서 나타나는 신기술을 연수교육할 필요가 있다.

학습장애 청소년들이 배울 수 있는 직업기술로는 자동차 정비, 제과/제빵 기술, 보모, 보육교사, 요리, 인쇄, 상업, 자영업, 각종 서비스직, 예술가 등 다양하다. 학습장애를 가진 사람들도 고도의 학습이 요구되는 전문직에서 성공적으로 직무를 수행하고 업적을 쌓을 수도 있다. 그러한 사람들은 특정 교과에 학습장애가 있지만 다른 방면에서 영재적인 재능을 소지하고 있으며 그 재능을 발굴하여 개발하는 환경이 가능하였기 때문이다. 예를 들면, 에디슨과 아인슈타인 등이 이에 속한다. 이들은 문과에는 학습장애를 보였지만 이과 계통에는 뛰어난 재능을 보였다.

(6) 자폐아

자폐를 가진 성인들 가운데 정상적인 지적 발달과 대학교육을 받은 사람들은 자폐가 없는 사람과 같이 여러 업종에서 자신의 직무를 충실히 이행할 수 있다. 단지 문제는 직장동료들과의 원활한 언어적 상호작용을 기대하기가 어렵다는 것이다. 필요 이상의 말이나 유머 등 일상생활의 윤활유와 같은 대화를 잘 못하거나 기피하는 경향이 많기 때문이다. 직업훈련원에서는 이들을 위해 사회성 기술을 교육할 필요가 있다.

다음으로 지적 발달이 원활하지 못한 자폐 성인들은 정신지체인들이 할 수 있는 각종 반 숙련적인 직업을 가질 수 있을 것이다. 종이접기, 봉투 만들기(편지봉투, 백화점 봉투 등), 박스 만들기, 작업라인에 서서 물건 담기, 물건 이동하기, 구두 닦기, 공공건물 청소하기, 패스트 푸드점에서 일하기(주방에서 보조 또는 청소하기), 요리하기(주방보조), 정원관리하기, 꽃 키우기, 비닐하우스 재배, 어린이집에서 어린이를 돌보면서 놀기 등 다양한 일거리들이 있다.

(7) 행동장애

행동장애를 가진 청소년들은 단체생활에서 지켜야 될 규칙과 자기통제 훈련을 부가적으로 받는다면 다방면에서 자신의 소질을 발휘할 수 있다. 다만 자신의 기질이나 울화를 관리하는 능력이 보완되어야 한다. 이들을 위하여 직업훈련소에서 직업기술 이외에 병행해야 하는 교육으로 자기관리, 자기통제, 사회성, 대인관계기술 등이 있다.

4. 컴퓨터를 활용한 진로상담

특수아동 역시 컴퓨터를 활용하여 진로결정에 도움을 받을 수 있다. 컴퓨터를 진로상담에 활용할 수 있는 방안은 다음과 같다.

첫째, 특수아동에 대한 자료나 진로정보를 컴퓨터에 수록해 두었다가 필요한 때에 적당한 형태로 찾아 쓰는 자료처리 도구로 이용될 수 있다.

둘째, 사례관리, 검사실시와 채점과 같은 상담자가 소지하고 있는 몇 가지 단순기능을 컴퓨터에 맡기는 방법이 있다.

셋째, 진로지도 시스템과 같은 상담자의 역할을 컴퓨터가 대행하도록 하는 방법이다(제9장 참조).

제 9 장 컴퓨터를 이용한 진로상담

1. 진로상담의 컴퓨터 적용*

컴퓨터는 학교, 가정, 사업장에서 가장 널리 쓰이는 기구 중의 하나이다, 하드웨어, 소프트웨어의 가격이 하락하고 있고 상담지도에 응용되는 경우가 늘고 있다. 가장 큰 사용의 예는 컴퓨터 보조상담(computer assisted counseling)과 컴퓨터 관리상담(computer-managed counseling)이다. 직업지도와 컴퓨터 보조상담 체계는 계속 발전하고 널리 쓰이고 있으며, 직업이나 교육적 정보를 선택·보충 등을 감안하고 있다. Occupational Outlook Handbook과 Dictionary of Occupational Titles와 같은 주요 정보자료가 이제는 디스크로 얻을 수 있게 되었다.

컴퓨터 관리상담은 상담자(counselor)의 잡다한 서기 행정적 업무를 줄여 준다. 이 때 컴퓨터는 자료의 유지, 활동사항일지, 일정잡기, 워드프로세서 작업

※ R. J. Drumund(1995), *Career Counseling : A Developmental Approach*, Englewood Cliffs, N.J : Prentice-Hall, pp. 284－302 참조.

등에 쓰인다. 컴퓨터는 컴퓨터 보조테스트나 컴퓨터 적용 테스트에 쓰이기도 한다. 이때 컴퓨터는 많은 활동, 적성, 개성검사(흥미분야 테스트를 조합한)를 관리, 측정, 해석해낸다.

그러나 모든 상담자와 고객이 컴퓨터에 호감을 갖고 있는 것은 아니다. 많은 상담자들은 컴퓨터 프로그램이 상담과정을 비인간화시키고 많은 경우 부적절하게 사용되기도 하며 상담자를 대신하기에는 턱도 없다고 생각한다. 또한 보안문제나 허가되지 않은 정보에의 접근가능성도 있다.

1) 진로상담과 컴퓨터

컴퓨터를 활용하여 다량의 정보를 신속하게 탐색하고 수집할 수 있으며 쌍방향 의사소통이 가능하기 때문에 컴퓨터의 발달과 더 불어 진로지도에서의 컴퓨터 활용도 함께 발달해 왔다.

상담자에게는 신속하고 정확하며 많은 양의 진로 관련 정보의 수집, 분석, 가공, 활용 등의 활동이 필수적이다. 따라서 상담자는 이러한 정보를 얻기 위해 컴퓨터를 잘 다룰 수 있어야 할 뿐만 아니라, 어떤 웹사이트에서 혹은 어떤 CD-ROM 타이틀이 어떤 진로 정보를 제공하고 있으며, 누가 어떻게 그 프로그램을 개발했는지, 그리고 그 질을 어떻게 평가하고 나아가 어떻게 내담자들의 진로지도에 효과적으로 활용할 것인지에 대한 지식과 정보가 필요하다. 즉 상담자는 컴퓨터를 이용하여 많은 관련 정보를 신속하게 탐색할 수 있는 능력, 그 정보를 평가할 수 능력, 컴퓨터 통신을 이용하여 효과적으로 의사소통을 할 수 있는 능력을 개발해야 한다.

Harris-Bowlsbey(1984)는 컴퓨터가 진로지도의 과정에서 수행하는 기능을 컴퓨터와 내담자간의 대화와 구조적인 면담, 최신 데이터의 제공 및 저장, 데이터 파일 탐색, 검사 실시 및 결과에 대한 해석 제공, 내담자의 요구분석에 기초한 개별적인 개입방안의 제공 등으로 요약하고 있다. 또한 그녀는 컴퓨터 보조 진로지도 시스템이 진로발달의 측면보다는 직업선택이나 의사결정을 돕는 데 더 효율적이라고 보았으며, 컴퓨터 보조 진로지도 프로그램을 선택할 때에는 진로발달 이론보다는 직업선택 이론에 기초하여 개발한 프로그램을 선택하는 것이 좋다고 제언하고 있다(김봉환 외 2002에서 재인용).

컴퓨터 보조 진로지도 시스템이란 진로계획 과정에서 이용자가 상호작용이 가능한 프로그램을 사용하여 진로를 계획하는 과정에 도움을 주거나 모니터링 하는 기능이 있으며, 학업이나 직업에 관한 의사결정 과정에 필요한 자료를 제공하는 온라인 시스템을 말한다. 그 형태는 CD-ROM 타이틀만을 사용할 수도 있고, CD-ROM 타이틀을 인터넷에 연결하여 사용 할 수도 있다.

최근에 나와 있는 컴퓨터 보조 진로지도 시스템들은 진로지도의 구체적인 내용이나 활동 연계에서 차이가 있지만, 대부분 합리적인 의사결정 과정을 시연하는 것을 핵심으로 하고 있다. 그 핵심 요소들은 자신에 대한 평가, 다양한 직업 소개, 직업정보나 교육정보 제공으로 구성되어 있다.

Katz는 직업선택에 있어서 직업 가치관의 중요성을 강조하면서 의사결정 과정에서의 직업선택 모텔을 제안 SIGI(System of Intera-ctive Guidance Information) 컴퓨터 프로그램을 만들었다. Harris-Bowlsbey는 CVIS(Computerized Vocational Information System)를 개발한 후, Super와 Tiedeman의 진로선택과 진로발달 이론, 그리고 Roe, Holland 등의 이론을 바탕으로 CVIS를 보완하여 DISCOVER를 개발하였다.

미국에서 개발된 초기 컴퓨터 보조 진로지도 시스템은 컴퓨터 보조 진로계획 시스템(Computer-Assisted Information System)과 컴퓨터 보조 정보시스템 (Computer-Assisted Information System)의 두 가지로 분류 할 수 있다.

컴퓨터 보조 진로계획 시스템은 직업가치의 평가, 심리검사의 실시와 해석, 내담자와 컴퓨터간의 대화, 진로의사 결정을 위한 강의, 실습(의사결정, 가치 명료화, 자신의 직업목록 만들기), 장래 계획, 미래의 성공 가능성의 예측 등에 중점을 두고 있다. 물론 직업과 교육기관에 대한 정보와 검색전략도 포함하고 있으며, 전체적인 진로지도의 과정을 포함하고 있다. 대표적인 컴퓨터 보조 진로지도 시스템으로는 SIGI(1972), DISCOVER(1976), EXPLORE(1980), ENCORE (1981) 등을 꼽을 수 있다.

컴퓨터 보조 정보 시스템은 자신에 대한 정보나 의사결정 과정은 무시하고 검색기능과 직업 및 교육에 대한 자료의 질과 양에 초점을 맞추었다. 이 시스템은 이용자의 직업선택을 돕기 위해 이용자에게 관계되는 모든 직업정보와 교육정보를 제공해 주는 것이다. 이 시스템의 특징은 신속하고 편리한 접속과 검색 그리고 정보의 질이다. 컴퓨터 보조 정보 시스템의 대표적인 프로그램은 CHOICES(1982), COIN(1978), ECES(1976), GIS(1971), CIS(1969), SCAD(1979) 등이 있다.

앞으로 직종의 다양화와 복잡화, 평생학습 체제의 강화 등으로 인하여 진로지도 시스템은 초등학교 저학년에서부터 장애인을 포함하여 대상의 폭이 훨씬 넓어지고 그 요구가 더 커질 것이다.

우리나라의 경우 진로지도와 진로상담의 장면에서 컴퓨터를 주로 학생에 대한 자료나 진로정보를 컴퓨터에 수록해 두었다가 필요한 때에 찾아 쓰는 자료처리 도구 정도의 수준에서 활용하였다. 그러나 이제 진로지도와 상담에 대한 요구가 증가함에 따라 노동부, 한국직업능력개발원, 각 시도 교육청에서 컴퓨터를 활용한 진로지도 및 상담에 대한 프로그램을 개발하여 보급하고 있으며, 현재 여러 기관이나 단체에서 이에 관심을 가지고 개발 계획을 수립하거나 사업을 추진하고 있다.

2) 컴퓨터 보조 진로상담지도 체계

직업상담지도 영역에서 컴퓨터 적용분야가 가장 큰 부분의 하나는 많은 컴퓨터 보조 진로상담체계(CACGS)의 발전이다. CACGS(Computer-Assisted Career Guidance Sys- tems)는 특정한 교육 프로그램에 자료를 제공하는 정보시스템으로 사용될 수도 있고 양자택일 문제를 풀면서 자기평가를 하는, 대화식으로 사용될 수도 있다. 대개 자기 평가 시스템에는 5가지 요소가 있다. ① 적성 ② 흥미 ③ 기술 ④ 상담자의 가치 ⑤ 이와 같은 구성방식에 관련된 직업 찾아내기 등이다. 직업상담의 방법은 최초로 식별해 낸 직업들의 범위를 줄여가며 기술, 적성, 짧은 작업목록에 나타난 필요한 교육정도를 살펴보고 사용자들이 그들의 직업계획을 실행하도록 세워 주는 것이다.

3) 직업상담지도 체계의 장 · 단점

컴퓨터화한 직업상담지도 체계의 장 · 단점 비교는 〈표 9-1〉에 나타나 있다.

〈표 9-1〉 컴퓨터화한 직업상담지도 체계의 장 · 단점

▣ 장 점
· 사용자가 시스템에 적극적으로 반응한다
· 사용자가 자기 자신에 대한 폭넓은 지식을 갖게 된다.
· CACGS 사용 뒤에 보다 특정한 직업계획을 세우게 된다.
· 다른 직업정보와 계획처(source)를 자발적으로 찾게 만든다.
· 직업개발 정보에 대해 많이 알게 된다.
· 시스템이 유용하고 이해가 넓고 재미있다고 느끼게 된다.
· 시스템이 전에는 상담자가 제공하던 서비스를 효과적으로 제공한다.
· 상담자가 의식적 무의식적이든 간에 편견에 치우치는 것이 아니라 기계는 모든 고객에게 동일한 서비스를 제공한다.
· 상담자에게 있어서는 직업의 다른 분야 일에 더 치중할 수 있는 시간을 벌게 된다.
▣ 단 점
· 하드, 소프트웨어가 비쌀 수가 있다
· 상담자가, 결정단계에서는 강조, 명확화 또 지원 등을 위해 끼어들 필요가 생긴다.
· 상담자가 CACGS가 제공하는 정보보다 지역적인 지방단위의 정보에 대해서는 더 많이, 잘 알수도 있다.
· 진로상담이 기계화되어 인간미를 잃을 수 있다.
· 고객이 직업 찾는 것을 아예 상담자와 상담조차 않을 수 있다.
· 예산이 주기적인 업데이트(갱신)이나 매년 내게 되는 차용료(franchise fee)내는 것에 벅찰 수 있다.

4) 컴퓨터 정보자료

상담자가 훑어볼 만할 정보를 담은 몇 개의 훌륭한 소프트웨어 전문기관과 상업적인 출판업자에 의해 만들어 지고 있다.

(1) Counseling Software Quide(Walz & Bleuer, 1989)

이것은 500개 이상의 상담관련 소프트웨어 프로그램에 대한 소개와 함께 93개 소프트웨어에 대한 상당히 자세한 소개가 있다. 세부분으로 나눠져 있고, 첫 번째 부분은 경향·발전 등을 다루고 있으며 개인상담, 진로상담, 학문적 조언, 테스트, 관리 등에 관한 소프트웨어 등의 토픽에 관한 5개의 논문이 있다.

제2부는 5 개항목에서 소프트웨어를 다루고 있다. 즉 개인상담, 진로상담, 학문적 조언, 테스트, 관리프로그램이다. 제3부, 진로상담 소프트웨어는 2개의 항목이 있다. 즉 1. 자기 평가와 지도(시스템 소개, 평가과정, 직업개발 소프트웨어 포함), 또 2. 직업 구하고 유지하기(소프트웨어 소개, 구직기술, 이력서, 지원서와 겉봉투, 면접, 배치, 직업성공기술 등)의 2가지다.

(2) The Psychware Sourcebook

The Psychware Sourcebook은 1992년에 Samuel E. Kroug가 자료수집과 편집을 하였다. 이 명부는 인간행위를 평가수정하는 컴퓨터 관련상품을 소개하고 있다. 상품은 상품번호에 따라 아라비아 숫자 순으로도, 제목에 따라 알파벳순으로도 나열되어 있다. 각 목록은 8개 유형의 정보를 포함한다. 즉, 상품번호, 품명, 공급자, 항목, 적용, 판매제한, 가격책정, 상품소개, 선택된 항목들은 직업, 천직, 인식적인 능력, 흥미, 태도, 동기화, 신경정신적인 개성, 구조화된 대답 그리고 이용가능성 등이다.

(3) The Computer Use in Psychology : A Directory of Software

이 책은 현재 3판까지 나와 있으며, American Psychological Association에 의해 1993년에 출판되었다. 테스트 해석과 진로상담지도·적용검사 등에 관한 테스트 소프트웨어가 들어 있다.

5) 직업상담을 위한 소프트웨어

(1) 진로상담을 위한 소프트웨어의 종류

다양한 종류의 소프트웨어가 나와 있다. 자기인식을 돕기에 유용한다. 직업에 따른 이득, 직업의 가치, 기술 등 이해하기 쉬운 직업상담 시스템, 직업에 대한 정보은행 등에 대한 프로그램이 또한 있다. 또한 개인이 직업을 찾아서 이력서 쓰는 것을 도와주도록 설계되어 있기도 하다. 학교, 대학, 장학금, 학위 프로그램 등에 대해 얻을 수 있는 프로그램이 또한 많다.

어떤 CACGS프로그램은 그것이 시작되기 전에 미리 나오게 된 행동의 범위를 또는 진로성숙도, 적성 등을 측정하기도 한다. 포괄적인 직업안내 프로그램은 사용자들이 직업들과 직업분야 등에 대하여 아주 큰 데이터 베이스로부터 자료를 받을 수 있게 해주며, 또한 직업가치, 예상월급, 교육수준 요구정도, 작업환경 유형 등 여러 기준을 선택할 수 있게 해 검색의 범위를 정해주기도 한다.

(2) 소프트웨어 패키지의 긍정적인 측면

Counseling Software Guide 속에 들어있는 소프트웨어 패키지의 비평부분을 다 읽어 본 뒤 Bridges(1989)는 직업지도에 대한 패키지의 8가지의 긍정적인 점을 지적한다.

① 소프트웨어의 유연성으로 말미암아 소비자들은 각 섹션이나 모듈 속에서 자유롭게 움직일 수 있으며 대답을 바꾸기도, 응답을 받을 수도 있다.

② 진로상담자와 프로그램 개발자가 협력하여 이론에 충실하며 진로상담에 직접적으로 연결될 수도 있다.

③ 소프트웨어가 제공하는 자료는 철저하고 명확하며 후속조치, 참고문헌, 또 그 프로그램의 신용도, 유효기간 정도 등에 대한 정보까지 제공한다.

④ 출력의 범위는 피상담자와 상담자 모두에게 정보검색의 질문과 결과를 유

용하게 한다.

⑤ 컴퓨터의 기능의 향상으로 프로그램이 보다 흥미 있고 동기 유발적으로 되었다.

⑥ 프로그램에서 소요되는 시간이 한 시간 수업이나 상담시간에 맞게 되었다.

⑦ 처음 시작하는 것은 곧, 정확한 하드웨어와 그 프로그램의 설치, 시작하는 과정 등 모두에 대한 것을 의미한다.

⑧ 디스켓의 문제나 교체 등의 모든 문제에 대해 제작업체로부터의 조언을 얻을 수 있다.

주로 위에서 살펴본 장점은 소프트웨어의 기술적 특징이나 컴퓨터 특징에서 기인한다. 상담과 진로 상담이론과의 협력, 상호연계성에 관계되는 것은 단 한 가지뿐이다.

(3) 소프트웨어 패키지의 부정적인 측면

Bridges(1989)는 비평가들에 의한 10가지 부정적 측면을 열거했다.

① 응답변경에 대한 프로그램 대응의 부적절함(어떤 프로그램에 있어서는 사용자가 모든 것을 새로 다 대답해야 하는 경우도 있음)

② 잘못해서 다른 키를 또는 enter키를 칠 경우 프로그램 에러가 나는 경우

③ 자료를 분류, 처리하는 시간이 너무 긴 경우

④ 분석을 마치거나 알리는 데에 너무 시간이 걸려 실용성이나 흥미를 감소시키는 경우

⑤ 사용자에게 프로그램이 너무 단순하거나 복잡한 경우

⑥ 프로그램을 익혀서 사용하는 데 걸리는 시간이 사용가치가 없을 경우

⑦ 평가자료를 위한 문제 수가 너무 적어서 쓸모 없는 경우

⑧ 소프트웨어를 사용하기 위한 지침(안내)이 불분명하거나 불충분한 경우

⑨ 자료가 너무 많거나 그래픽 사용이 적어서 화면을 보고 읽기가 어려운 경우

⑩ 차후의 상담을 위한 자료를 저장하지 못할 경우

Bridges는 상담자와 S/W(software) 개발자 사이의 긴밀한 협조를 요청한다. 또 S/W 개발자들은 자문위원회를 두어야하고, 그래픽 전문가나 전문적인 글을 쓰는 사람들로부터 조언을 구해야 한다고 생각한다. S/W는 정보가 최신 것인지, 또 최신 컴퓨터 기술을 사용하고 있는지 수시로 편집되어야 한다.

(4) 이상적인 직업상담지도 S/W

Waltz와 Bleuer(1989)는 이상적인 S/W의 10가지 특성을 말한다.

① S/W는 하드웨어(H/W)의 자격요건, 용량, 프린터 지원, 모니터와 그래픽 카드 종류 등에 대한 자세하고 정확한 정보를 제공해야 한다.

② S/W는 IBM과 Apple 등에 호환성이 있어야 한다.

③ 구입 전에 S/W의 충분한 실행을 할 수 있어야 한다.

④ 제작업자들은 구입자들에게 개정판이나 갱신(update)판을 무료나 최소한의 비용으로 제공해야 한다.

⑤ 프로그램을 50분 안에 끝날 수 있어야 한다.

⑥ 그래픽과 색상 등이 흥미 있어야 한다.

⑦ 사용자가 대화식으로 이용할 수 있도록 끌어 들여야 한다.

⑧ 섹션(구획) 사이에 옮기거나, 대답은 바꾸기가 용이해야 한다.

⑨ 정보를 저장하거나 출력된 피드백을 제공할 수 있어야 한다.

⑩ 연속되는 에러의 수를 최소화할 수 있게 고안되어야 한다.

6) 컴퓨터 정보시스템

컴퓨터 직업지도상담 시스템(CCGS)은 개인용 PC나 본체, 주변단말기 모두에게 사용 가능하다. 네 개의 가장 많이 사용되는 프로그램은 발견적 직업정보와 탐색체제(CHOICES), DISCOVER, 정보안내체제(GIS), 상호안내정보체제(SIGI) 등이다. 어떤 프로그램은 직업정보뿐 아니라 교육정보까지 제공한다.

(1) 정보안내 서비스

GIS는 Houshton Mifflin Corporation의 Endcational Software Division에서 생산된다. GIS는 6개의 커다란 자료를 담고 있다, 즉 직업정보, 군복무 직업정보, 2년제 대학정보, 4년제 대학정보, 대학원, 전문학교 정보, 재정지원 정보이다.

2개의 직업 정보 파일은 1,000개 이상의 직업과 200개 이상의 군대에서의 직업에 대해 상세히 기술하고 있다. 각각의 민간 직업에 대해서는 직업소개, 고용요강, 미국에서의 평균초봉, 그 직업의 지역적 분포, 그 분야에 뛰어 들어가기 위해 필요한 교육코스나 트레이닝 등이 있다.

대학 파일은 1700개의 2년제대학, 1700개의 4년제대학 , 그리고 1500개의 대학원, 전문학교 등에 대해 싣고 있다. 이 시스템은 각 기관과 프로그램의 900여가지 특징과 함께 입학정보, 체육프로그램, 캠퍼스 생활, 주거요건 등에 대해 알려준다.

GIS는 재정지원 파일과 대출, 장학금, 보조금 등에 관한 정보와 함께 600개의 국가적 지원처에 대한 정보 또한 제공한다. 또한 재정지원에 대한 국가적 지역적 정보뿐만 아니라 직업, 기술학교에 대한 국가적 지역적 정보까지 제공하고 있다. 지역내 직업에 대한 정리된 목록까지지도 가끔 얻을 수 있다.

GIS는 상담자에게 지원정보(back-up source)도 제공한다. 사용지침서, 교실교육계획, 특정목적을 가진 학생과 함께 작업할 수 있는 전략과 그 외 정보 파일은 사용하는 데 조언을 담은 GIS 자원과 활동에 관한 책이 있다. 또 직업, 재정지원활용, 대학원, 전문학교, 대학 등을 찾아보는 것을 돕는 안내책자도 있다. 사용자들은 짧은 개요가 들은 아주 긴 서류형태로의 심도 깊은 보고서 등을 출력할 수도 있다. 이와 같이 사용자 안내책자, 자원과 활동에 관한 책, 상담자안내서 등이 이용 가능하다. GIS는 혼자 사용할 수도 있고 지침 프로그램은 사용자들을 인도할 수 있다.

이 프로그램은 Strong Interest Inventory, Selfdirected Search, Career Assessment Inventory, Harrington-O'shea Career Devision Marking System 등에서 찾을 수 있다.

Allbritten(1989)은 이 프로그램을 사용한 뒤 쓴 글에서, 매우 정제되고 성숙한 프로그램이라고 말한 바 있다. GIS는 추천할 만한 정보탐색기구이다. Allbritten은 명령시스템이 직관적이고 길기 때문에 사용설명서와 함께 빨리 찾아볼 수 있는 참조 카드를 옆에 두고 사용하는 것이 좋다고 덧붙인다.

(2) SIGI PLUS

SIGI PLUS(Self-directed. Interactive System of Career Guidance and Information PLUS)는 미국의 ETS(Educational Testing Service)가 개발하여 판매하고 있는 진로지도용 소프트웨어이다. 상담자와 교사는 진로지도 과정에서 이 프로그램을 사용하여 내담자와 학생들이 스스로 진로계획을 세울 수 있도록 도와 준다.

SIGI PLUS 프로그램은 도입부, 자기평가, 탐색, 정보, 준비, 적응, 결정, 후속조치 등 아홉 개의 영역으로 나누어져 있다. 각 영역은 진로결정 단계에서 서로 연결이 되며, 아홉 개의 영역을 모두 계속적으로 시행할 수도 있고, 필요에 따라 일부 영역을 선택하여 시행할 수도 있다. SIGI PLUS 프로그램은 웹사이트(www.ets.org/sigi/index.html)에 자세하게 소개되어 있다.

(3) DISCOVER

DISCOVER(http : //www.act.org/discover)는 자신과 직업세계에 대한 이해를 통해서 진로계획이나 진로결정을 도와 주는 프로그램이다. 자신에게 알맞은 직업을 갖기 위해 어떤 종류의 교육이나 훈련을 받아야 하는지, 그리고 학교 선택을 어떻게 해야 하는지 안내하고 도와 준다. DISCOVER는 대학진학 뿐만 아니라 임박한 취업, 기술교육, 직업군인 선택 등에 대한 서비스를 포함한 광범위한 진로지도 서비스를 제공하고 있으며, 고등학생을 포함하여 성인들이 사용할 수 있고 ACT(Ameri-can College Testing Program)에서 개발하였다.

DISCOVER는 흥미, 능력 그리고 직업 가치관에 대한 평가가 진로지도의 근간을 이루고 있으며 직업, 대학 전공, 훈련기관이나 학교, 재정지원과 장학금, 그리고 직업군인까지 포함하는 최신의 다양한 데이터 베이스를 제공한다. 또한 이용자들은 이력서, 자기소개서, 지원서를 작성하는 방법과 인터뷰 기술까지 배울 수 있다.

DISCOVER 시스템은 아래와 같은 내용으로 구성되어 있다.

① 자신의 흥미, 능력, 경험과 가치를 측정하는 검사
② 자신이 탐색해야 할 직업목록을 개발하는 방법
③ 자신이 개발한 직업목록과 관련된 전공을 찾는 방법
④ 458개의 직업에 대한 방대한 정보
⑤ 5,000개 이상의 학교에 대한 정보
⑥ 장학금이나 재정지원에 대한 정보
⑦ 취업준비를 위한 정보

초기화면에 나타나 있듯이 DISCOVER는 자신과 진로에 대한 이해, 직업선택, 나의 학업 계획, 취업계획이란 4개의 홀로 구성되어 있으며 사용자들은 언제든지 클릭 한 번으로 4개의 홀을 마음대로 이동할 수 있다.

(4) 에듀넷

한국교육학술정보원이 운영하는 에듀넷은 학생, 교사, 학부모, 일반인 등 모든 국민이 자신이 원하는 교육정보를 인터넷과 PC통신을 이용하여 언제 어디서나 이용할 수 있도록 지원하는 교육정보 종합서비스 시스템이다. 이용 대상에 따른 채널별 맞춤 정보, 무료 웹 호스팅 서비스를 통해 더욱 확장된 커뮤니티, 보다 빠르고 강해진 네트워크 통신망, 교육정보 전자거래의 장을 갖춘 에듀넷은 국내 최고의 교육전문 포털사이트이며 무료로 서비스를 제공하고 있다.

에듀넷에서는 학생, 교사, 학부모를 대상으로 에듀넷 교육종합상담을 운영하고 있다. 에듀넷 교육종합상담에서는 진학, 청소년 고민, 성교육, 진로, 학교폭력, 교직/교권, 영재교육, 유아 및 아동, 특수교육 등에 대한 E-mail을 이용한 상담 서비스를 제공하고 있다.

진로상담에 대한 서비스를 받으려면 에듀넷 교육종합상담에 접속하여 진로상담이나 진학상담을 선택한 후, 상담내용을 작성하여 올리면 담당하고 있는 전문상담원들이 일반적으로 3일 이내에 답변을 E-mail로 보내주고 있다. 또한 진로검사실에서는 적업흥미검사와 진로성숙도 검사를 온라인으로 실시하고 검사결과와 검사결과에 대한 해석을 온라인으로 볼 수 있다.

(5) 아 로

'아로'는 여자 중학생을 위한 진로지도용 CD-ROM 타이틀로서 1998년 한국직업능력개발원에서 개발하였다.

(6) SIEGE

SIEGE는 사용자에게 진로계획 과정이나 결정 등을 가르치며 최신직업정보를 제공하는 개별화된 직업정보 프로그램이다. 고교생이나 대학생 성인들이 이용하기에 적합하다. 사용자는 자신들의 가치, 직업 등을 알아보고 교육 트레이닝 프로그램을 세우기에 적합하며 정보에 근거한 직업결단을 내리도록 도와준다.

이 프로그램은 확장되어 현재 SIGI Plus라고 불린다. 제작업체는 Educational Testing Service(교육 테스트 용역)이다. 또 9개의 각기 다른 장을 갖고 있다. 즉, 도입, 자기평가, 검색, 정보, 기술, 준비, 대처(coping), 결정 그리고 다음 단계이다. 도입부는 시스템의 개괄을 보여주고 사용법을 가르쳐 준다. 사용자는 자신들의 가치, 흥미, 기술 등을 자기 평가에서 분석 · 평가한다.

검색 장에서는 바람직한 또 그렇지 못한 직업 특성을 알게 해 주며 정보 장에서는 기술, 성격, 예상수입, 전망 등에 대해 세부적인 정보를 제공해준다. 사용자는 SIGI에 나올 직업에서 각기 요구되는 기술에 대하여 자신을 평가한다. 준비 장에서는 취업준비방법에 대해 알아보고 준비과정을 성공적으로 마칠 가능성에 대해 사전에 알아볼 수도 있다. 대처 장에서는 직업준비에 대한 실질적인 문제를 다루고 있으며, 결정 장에는 직업결정전략이 소개되어 있다. 마지막 장은 다음 단계라 이름지어졌으며, 어떻게 직업에서의 목표를 성취하는가에 대한 조언이 들어 있다.

SIGI Plus의 검토에서, Gonzalez(1989)는 이 시스템은 개인적 수준에서 사용자들이 직업결정과 계획을 할 수 있도록 돕는 완벽한 소프트웨어이며, 진로결정

기술을 습득할 수 있도록 돕는 좋은 프로그램이라고 말한다.

(7) SELF-UNDERSTANDING SOFTWARE

자신이 평가하기에 좋은 많은 프로그램(S/W PRO)이 있다. 어떤 것은 포괄적이고 어떤 것은 한 곳에 중점을 둔 것이다. 이용 가능한 많은 상품에 대한 간략한 주석을 덧붙이기로 한다.

제 목 : Guidance & Counseling s/w
제 작 : Conoue Co
수 준 : 중학, 중등 이상
가이던스 체제의 소프트웨어에는 네 개의 영역이 있다. 즉, 개인평가 시리즈, 너와 타인 시리즈, 가치명확화 시리즈, 어른－청소년 시리즈, 나의 강점, 약점, 나는 무엇을 소중히 여기는가, 성공적인 의사소통기술이 이 시리즈에 속한다. 개인이나 단체회합에서 각 개인 학생단위로 사용된다.

제 목 : Life Coping Skills Series
제 작 : Society for Visual Education
수 준 : 중학교 이상
이 시리즈에는 4개의 프로그램이 있다. 관계형성, 긍정적인 행동형성, 자신에 대한 평가 높이기, 의사소통이다. 학생들이 자신을 다시 보게 하며 어떤 행동이나 자세가 다른 사람에게 미치는 영향 등을 알 수 있게 하는 기술이 특히 강조되어 있다.

제 목 : Master Budget Calculator
제 작 : CIASA Wintergreen Software
수 준 : 청장년
세 개의 부분 : 비용총 계산기, 주/월/연/ 별 비용전환기, 예산공식기 12가지의 형태로 얼마나 많은 돈이 그들의 가치 형성에 영향을 주었는지를 계산할 수

있게 한다.

제 목 : Understand Yourself

제 작 : Dynacomp, Inc

수 준 : 청년 후기에서 장년

10개의 테스트 포함 : 개인관리 단정적인 테스트, 양심테스트, 결혼적응도 테스트, 개인적응 측정 등

제 목 : Tool Box for Emotional and Social Growth

제 작 : Peak Potential

수 준 : K -12

이 프로그램은 상담자가 학생들을 사회적 감정적으로 성장시키기 위한 갖가지 활동, 게임, 대역활동 등을 담고 있다.

(8) SELF-MANAGEMENT S/W

많은 소프트웨어 프로그램이 스트레스 극복/ 대처 또 긴장, 불안 해소 등을 돕도록 만들어 졌고, 각 연령층에서 이용 가능하다 이 software의 두 번째 주요 주제는 '결정'이다. 또한 어린이나 어른들 모두 자아개념을 개선시키고 동기를 이해하도록 돕는 상품도 나와 있다.

제 목 : Job Stress and Burnout : Coping and Prevention

제 작 : Cambridge Career Products

수 준 : 고등학교에서 성인들

10개의 연습문제가 있어 직업능률을 향상시키고 스트레스와 신경쇠약 등을 줄이도록 돕는다. 마지막 장에서는 사용자의 행동 규약을 만들기 위해 전장(前章)에서 얻은 정보를 모두 이용한다.

제 목 : the Idea Generator

제 작 : Experience in Software

수 준 : 고등학교와 성인

아이디어 제너레이터(참신한 생각 만들기)는 사용자들의 개인적, 직업적, 학문적인 문제목표 등을 다룬다.

제 목 : Spectrum I

제 작 : Institute for Personality and Ablity Testing

수 준 : 성인

Spectrum I은 4가지 동기유발요인을 측정하기 위한 컴퓨터 평가도구이다. 성취, 인식, 능력, 관계, 또한 채용, 선택 결정이나 직업발전 등에 유익하다.

제 목 : Be a Winner : Set Your Goals

제 작 : Microcomputer Educational Programs

수 준 : 중학교 이상

Be a winner는 사용자가 자신의 능력, 가치, 적성 등을 알아낼 수 있게 하여 그것들이 자신의 목표와 어떤 관련이 있는가를 보여주는, 상호대화식의 program이다.

(9) CAREER SELF-ASSESSMENT

GIS, CHOICES, DISCOVER, SIGI Plus 외에도 이용 가능한 직업관련 개인평가 프로그램은 많지만, 나머지는 덜 광범위하고 특정집단에 초점이 맞추어져 있다.

The Career Planning System은 Counover 사에서 개발했고, 특수목적을 가진 학생들을 위해 고안된 진로탐사 프로그램이다. 이것은 3.5학년에서 읽을 수 있는 특별목적을 가진 학생으로 이미 실제 시험을 거친 것이다. 두 가지 작동법이 있다. 직접적인(entry) 접근과 전체적인 관리시스템이다. 전체 관리시스템은 학생의 입력내용을 저장하기도 하고 데이터베이스를 정리하기도 한다. 요약판도 있으며 학생들에게 친숙한 활동에 기초한 직업 흥미도를 알아보도록 하는 흥미도조사 프로그램도 있다.

Career Point는 네덜란드의 직업가치, 기술 그리고 사용자의 흥미도를 알아보기 위해 Self-Directed Search(자기검색)을 사용하는 포괄적인 직업개발시스템이다. 이 프로그램은 목표설정, 자기개발계획에 대한 장도 따로 있다.

C-LECT는 3개의 장—직업적 도움, 교육적 도움, 재정적 도움—으로 구성되어 있고 Chronicle Guidance Publication이 제작한 매우 광범위한 직업상담지도 프로그램이다. C-LECT의 데이터베이스에는 네덜란드의 암호법, the Dictionary of Occupational Titles(GOE) 데이터베이스에는 3000개의 관련직업이 나와 있고 교육부문에서는 103개의 군대 직업을 상호 참조할 수 있게 했다. 또한 1821개의 4년제대학, 8000개의 기관, 2245개의 2년제대학, 4127개의 직업학교 등이 나와 있다.

단과대학 소속 학생이건 아니건 이용 가능하다하다. 재정지원정보가 나와 있다. 이 프로그램은 중·고등학교부터 대학교 수준의 학생까지 겨냥한 것이며, C-LECT, Jr는 고등학생이 이용할 수 있는 자기평가, 직업탐색 프로그램이다.

학생, 성인 모두 이용 가능한 또 다른 직업, 교육정보시스템은 Educomp, Inc가 제작하는 COIN이다. 6가지 진로척도가 있다. 흥미도, 작업환경, 직업군, 교육수준, 신체적 능력, 신체적 요건이다. 이 프로그램은 직업을 바꾸거나 해직된 사람들, 군대 입대지원자 등을 목표로 만들어졌다.

Career Search 1, 2, 3, 4, 5는 학습이나 신체적 장애가 있는 학생들을 그들의 능력과 흥미에 맞게 가능한 정보를 제공하는 대해 알아보도록 돕기 위한 '직업인지도'를 사용하는 s/w 상품이다.

Exporacion de Caneras는, Cambridge Career Products에서 출판되어 300여개 이상의 직업에 대한 정보를 제공하는 스페인어로 된 직업탐색 프로그램이다.

E and F Vocational Services가 출판한 Labor Market Access는 직업상담자가 신체장애를 가진 사람들의 취업전과 후를 비교할 수 있도록 만들어졌다. 이 프로그램은 주로, 개인적 상태, 살인, 직업선택 등에 관련된 고객 또는 배우자와 이혼위기에 몰린 고객들을 갖는 상담자를 주목표로 삼는다.

Pictorial Inventory of Careers(PIC)는 형편이 안좋거나 정신적·육체적으로

장애가 있거나 학문적으로 장애가 있는 직업학교학생들의 직업흥미도 조사를 주목표로 한 영상슬라이드 테이프를 포함하는 버전(판)이 있다.

Occupational Outlook on Computer는 CFKR Career Materials, Inc.에서 만들었으며 Department of Labor(노동성)에서 발간되는 Occupational Outlook Handbook 의 컴퓨터용 버전이다.

(10) COMPUTER IN CAREER TESTING

작업조사 시험용 컴퓨터 프로그램은 많다. 가장 중요한 것은 컴퓨터 보조시험(Com- puter Assisted Testing)이다. Thompson은 CAT의 3가지 주된 기능을 다음 3가지로 보고한다. '시험집행, 필기시험을 전산화시키는 수단, 진단용, 처방용 보고를 하는 수단'

(11) 컴퓨터 온라인 관리

점점 더 많은 수의 테스트를 온라인 버전으로 이용할 수 있다. 가끔 문제는 다지형(객관식 : multiple choice)이기도 하고 한 번에 전체화면에 1문제씩 제시되기도 한다. 시험 보는 사람은 시각적으로, 스크린 전체에 떠오르는 지침을 보게 된다. 때때로 자신의 대답을 입력하기 위해 키를 눌러야 하는 경우도 있다. 어떤 경우 광전펜(light pen)도 사용 가능하다. 주로 연습문제 몇 개가 주어져서 문제유형에 익숙하게 된다. 어떤 프로그램은 다음 항목으로 넘어가기 전 피시험자가 옳거나 적절한 답을 입력했는지 확인하도록 요구한다.

Masden(1986)은 컴퓨터 단말기로 시험을 치르는 것의 7가지 장점을 보고하였다.

① 테스트 분량이 적다면 비교적 적은 장비에 대한 경비가 소요된다.

② CAT는 필기 테스트 형식을 아주 근접하게 재생한다.

③ 단말기로 하는 테스트는 일단 초기에 장비구입만 되면 전통적인 테스트처럼 경비가 적게 든다

④ CAT에 대한 고객의 반응이 대부분 긍정적이다.

⑤ CAT로 한다고 해서, 아무리 특별한 고객이 아무리 특별한 상황에 처해 있

더라도 테스트라는 것에 대한 신뢰도에 영향을 끼치지 않는다는 증거가 있다.

⑥ 응답속도, 항목의 유형 등의 변수를 가지고 하는 부수적인 테스트의 기록 보존이 가능하다.

⑦ 전항목에 대한 대답에 따라 다음 문제를 선택하여 보내는 응용테스트가 피시험자의 요구에 맞을 정도로 거의 완벽 단계에 있다

Thompson(1989)은 최초 몇 년 사이에 마이크로 컴퓨터를 사용하는 Test S/W 상품이 엄청나게 늘어났다고 보고했다. 또 보다 진보된 테스트를 컴퓨터 단말기에서 시행할 수 있고 시험종료 수분 내에 보고작성과 동시에 테스트에 대한 채점이 끝나고 있다고 지적했다. 광범위한 보고는 그래프나 프로필을 말과 함께 전할 수도 있다.

Madsen(1986)은 몇 가지 중요한 한계점도 기술했다. 프로그램 운영을 위해 장비를 사거나 충원해야 한다면 비용문제가 있다. 컴퓨터 사용에 제한이 있다면 상담자의 일정에 문제가 생길 수도 있다. 어떤 사용자들은 장비사용에 문제가 있기도 하고 컴퓨터에 대한 부정적인 생각도 가지고 있다. 테스트를 만드는 사람들은 어떤 테스트나 항목(문제)유형은 컴퓨터에 적용시키기가 매우 어렵거나 불가능하다는 것을 알아낸다. 또 다른 기술적인 문제는 많은 테스트들이 표준적인 데이터를 가지고 있지 않다는 것이다. 흥미도나 인성조사를 필기테스트에서 할 때 특징적으로 생기는 기본적인 문제들이 종종 컴퓨터를 사용할 때도 생긴다. 시험 보는 사람이 응답종류(1,2,3,4)나 사회적인 선호도 등에 영향을 받기도 한다.

Jackson(1985)은 보통의 것과 컴퓨터로 하는 테스트 사이에 몇 가지 중대한 차이점이 있다고 한다. 자극제(stimulus materials)의 제시방법은 배열뿐만 아니라 양에서도 차이가 난다. 필기시험에서 여러 개의 항목이 두 열(column)으로 나온 것과는 달리, 비언어적(non-verbal) 항목 하나가 스크린에 제시되기도 한다. 피시험자에게 요구되는 시험종류가 종종 다르다. 예를 들면 전에 대답한 것을 다시 못찾아 볼 수도 있다. 응답을 기록화(저장)하는 방법도 다르고 점수를 해석하는 방법도 다른 경우도 있다.

(12) 컴퓨터 채점

컴퓨터 채점은 몇 년 사이 기술발전의 징표 중 하나이다. 채점장비는 50년전부터 있기는 했다. Thompson(1989)은 최초로 컴퓨터로 테스트를 해석해 내는 패키지(상품)는 60년대 초반에 나왔다고 말한다. 그 때 이후로 주요 테스트에 대한 채점 및 그것을 해석하는 상품이 계속 발전해 왔다.

테스트가 컴퓨터로 시행되지 않았을 때는 데이터 입력은 광주사 장비나 단말기에 점수 묶음을 한꺼번에 입력시키곤 했다. 가끔 각 항목에 대한 각 시험 볼 사람들의 대답이 한 데이터 세트(data set)로 찍혀 나왔다.

(13) 컴퓨터 적응 검사

이젠 컴퓨터로 적응테스트(adaptive test) 형식도 이용 가능하다. 적응테스트에서 문제는 순서대로 나온다. 전항목에서 어떻게 답변했는가에 따라서 컴퓨터는 다음 문제를 선택하게 된다. Thompson(1989)은 이 테스트가 테스트를 치르는 각 개인의 독특한 특성에 테스트를 맞출 수 있는 컴퓨터의 능력 때문에 이러한 방법을 진보된 방법 중의 하나라고 한다. 컴퓨터는 이제 문제은행을 저장할 수도 있고 또 가름(branching)실행을 통해서 문제를 선택하는 법칙도 정할 수 있다. 이러한 가름실행으로 말미암아 테스트를 치르는 사람의 실행수준에 가장 적합한 문제를 제공할 수 있게 되었다. 예를 들어, 높은 수준의 문제를 이미 정복했다면 낮은 수준의 문제를 다시 다룰 필요가 없게 된다. 따라서 테스트를 치르는 시간과 함께 그들의 욕구불만 정도도 감소하게 된다. 몇몇 적성 테스트와 성취도 테스트 역시 이러한 방법을 이용하는 것이 개발되고 있다.

(14) 컴퓨터에 의한 인성 테스트

컴퓨터는 인성과 인지 차원을 측정하는 데도 널리 이용되고 있다.

Jackson은 인성테스트의 9가지 장점을 열거한다

① 상담자, 심리학자들의 시간절약

② 잘 훈련된 조수를 시험집행을 감독·지시하는 데 이용할 수 있다.

③ 시험을 집행, 채점, 해석하는 데 시간지체가 적다.

④ 사람이 채점하여 생기는 실수방지

⑤ 법칙과 복잡한 과정을 결합하여 컴퓨터에 프로그램화할 수 있다.

⑥ 해석의 표준화, 여러 다른 관점의 배제

⑦ 표준적인 데이터베이스를 조직적으로 수집 개발할 수 있다.

⑧ 복잡한 채점과정을 수행할 수 있다.

⑨ 보통의 필기 테스트방법으로는 실행할 수 없는 특정인들을 위한, 컴퓨터를 통한 평가를 이용할 수 있다.

(15) 직업목록

원래 필기 형태로 출판되었으나 이제는 컴퓨터로도 이용할 수 있는 몇몇 직업목록표가 있는데, the COP System Interest Inventory, the Strong Interest Inventory, the Career Development Inventory, the Career Psychological Inventory, the Ohio Vocational Interest Survey II, the Self Directed Search, the Vocational Preference Inventory와 같은 것이다.

(16) 저장과 해석 체제

테스트의 결과를 채점, 해석하는 것을 돕는 많은 프로그램이 있다. 종종 상담자들은 각각의 항목에 대한 대답을 찾아야 하는 경우도 있고 부가된 테스트(subtest)의 점수를 알아봐야 하는 경우도 있다. 이용이 가능하다면 광주사장비를 이용하여 정보를 입력할 수도 있다. 컴퓨터화한 채점 프로그램을 제공하는 저작권 침해도 있었다. 상담자는, 회사가 테스트를 채점, 해석, 결과보고를 만드는 것 등에 대하여 제작자에 인가되었는지 확인해 봐야 한다. 예를 들면 National Computer System은 다음과 같은 테스트를 채점 해석하는 프로그램을 제공하는데, Strong Interest Inventory, Career Assesment Inventory, Guilford-Zimmerman Temperament Survey, Minnesota Multiphasic Per- sonality Inventory, Sixteeen Personality Factor Questionnaire, Hogan Personnel selection Series, Vocational Information Profile, Alcohol use Inventory와 같은 것이다.

(17) 자기인식검사

직업상담에 주로 사용되는 자기 인식테스트를 시행, 채점, 결과를 보고하는 S/W를 제공하는 시험전문회사가 많이 있다. The Consulting Psychologists Press는 Myers-Briggs Type Indicator와 Adjective Check List 등에 대한 S/W를 가지고 있으며, Multi tech는 Adult Personality Inventory를 가지고 있다. the Neo Personality : Computer Version 은 Psychological Assessment Resources에 의해 제작되었고 해석 프로그램은 테스트의 점수를 직업적인 흥미도에 연관시킨다.

(18) 컴퓨터 적응검사

the Differential Aptitude Test : Computer Adaptive Edition은 테스트를 치르는 사람의 말할 때의 사고력, 수리적 능력, 추상적 사고력, 기계적 사고력, 공간관련 능력, 철자, 언어구사력, 사무적 능력, 그리고 정확성 등으로 적성을 측정한다. 테스트는 대개 90분 정도 걸린다. 컴퓨터는 테스트를 자주 치러서 진도가 나아 갈수록 피시험자의 능력 수준에 테스트를 맞추는데, 너무 쉽거나 너무 어려운 문제는 빼는 식으로 한다. 테스트는 컴퓨터로 시행, 채점되며 개인 점수 보고는 각 시험 시행후 즉시 출력이 가능하다.

The Microcomputer Evaluation Screening Assessment : Short Form(MESAF 2)는 게임같은 문제를 이용하여 운동근육의 조화, 학식, 문제해결력, 크기, 모양, 인식력, 기억력 등을 측정한다. 이 테스트는 12개의 컴퓨터로 시행되는 테스트와 한 개의 필기테스트, 그리고 3개의 하드웨어 연습문제로 이루어져 있다. 시험을 관장하는 사람은 컴퓨터로 하는 것 이외의 테스트에 대한 시간, 대답과 보고서를 작성하기 위한, 관찰한 내용을 기록한다. 보고서는 The Dictionary Of Occupational Titles의 자질 요약부분을 보고하는 것이다. 이 테스트는 원래 컴퓨터용으로 고안된 것이며, 명확한 기준을 사용하는 적응테스트방식이 쓰인다. 항목의 난이도는 테스트 치르는 사람의 능력에 맞춰진다.

테스트 시간이 짧아졌고 모든 사람에게 동일한 항목이 주어지지 않는다는 점에서 이러한 형태의 테스트는 신뢰도와 유효성은 더욱 제고되었다.

각자의 테스트는 제각기 다를 수도 있다. 상담자는 테스트의 유효성 신뢰성에 대한 자료를 점검해야 한다.

2. 컴퓨터 시스템의 유의점

컴퓨터 시스템은 어디까지나 보조 수단일 따름이다. 특히, 진로지도 시스템은 진로지도 과정에서 도움을 주기 위해 필요한 도구일 뿐이며, 특히 진로지도의 대상이 중 · 고등학생일 경우에는 진로지도 교사의 모니터링이나 지도가 반드시 필요하다.

또한 학생들은 컴퓨터로부터 얻는 정보는 정확하고 다른 어떤 매체로부터 습득하는 정보보다 신뢰롭다는 잘못된 판단을 하게 되어 컴퓨터 보조 진로지도 시스템을 과신하거나 과용하게 되는 경우가 있다. 어떤 학생들은 컴퓨터 보조 진로지도 시스템이 가지고 있는 방대한 정보를 효율적으로 사용하지 못하기 때문에 오히려 진로 선택이나 결정시에 혼돈과 좌절을 느낀다.

컴퓨터를 활용한 진로지도 활동과 관련하여 상담자와 교사가 유의해야 할 점은 다음과 같다.

1) 검사에 대한 정확한 평가

진로상담에서 전문가들은 개인의 성격과 직업의 특성을 잘 연결되도록 도와주기 위해 심리검사 도구를 사용해 왔다. 현재 인터넷상에서 심리검사 서비스를 무료로 제공하고 있는 웹사이트가 많다. 또한 CD-ROM으로도 개발되어 무료로 혹은 아주 싼값으로 보급되고 있기도 하다. 컴퓨터를 이용하여 검사를 실시할 때는 다음과 같은 점에 유의할 필요가 있다.

무료로 제공되고 있는 온라인 검사도구의 질은 전문 기준에 미달될 수 있다. 온라인 검사결과에 대한 해석이 지필검사 결과에 대한 해석만큼 완전하거나 효과적이지 않을 수 있고, 다른 검사결과 자료를 고려함이 없이 독립적으로 해석이 제공될 수 있다. 더구나 전문상담자가 온라인 검사 결과에 대한 1 : 1 해석을 하지 않는 경우가 대부분이다. 따라서 상담자나 교사는 다음의 사실에 유의해야 한다.

첫째, 온라인으로 제공되는 검사도구의 질에 대해 잘 알고 있어야 한다. 즉 검사도구 제작자의 전문성, 검사도구 개발에 관련된 연구, 기본 특성(객관도, 타당도 등), 표준화 여부, 이론적 배경 등에 대해 알고 있어야 한다.

둘째, 개인 인터뷰, 그룹토의 혹은 적어도 E-mail 교환이나 전화 통화로 검사결과에 대한 해석이나 적용에 대한 자문을 제공해서 학생 자신의 진로결정을 위한 개인적인 의미를 갖도록 해야 한다.

2) 데이터 베이스 탐색

테이터 베이스에서 방대한 자료를 검색하기 위해서는 효율적인 방법이 모색되어야 한다. 여러 가지 검색어로 탐색을 하다 보면 다음과 같은 문제점이 발생할 수 있다.

개인이 수많은 정보 속에서 특정한 진로계획에 맞거나 필요한 정보를 찾기가 어렵거나 시간이 많이 소비된다. 어떤 검색 엔진인가, 어떤 검색어를 입력했나 그리고 그 특정한 검색 엔진의 로직에 따라 확인된 소스 목록에 많은 차이가 있을 수 있다. 만일 상담자가 미리 탐색을 하고 가치가 있는 특정한 웹사이트를 학생들에게 안내해 준다면 훨씬 효과적일 것이다. 학생들은 어떤 웹사이트에서 질높은 자료를 찾을 수 있는지, 개발자가 누구인지 혹은 마지막으로 업데이트된 날짜가 언제인지 알지 못한 채 사용하는 경우가 많기 때문이다.

3) 정보수집

정보를 수집할 때는 선택 범위를 넓힐 때가 있고 줄여야 할 때가 있다. 진로결정 과정에서 검색 전략의 역할은 직업, 전공, 학교, 재정보조 등에 관한 여러 가지 선택을 확인하는 것이다. 선택의 범위를 넓히는 것은 더 만족스런 결정을 내릴 가능성이 있지만, 어떤 지점에서는 가능성이 있는 여러 대안들 중에서 구체적인 기준에 맞는 것은 우선순위에 두고, 기준에 맞지 않는 것은 버려서 그 리스트를 줄여나가야 한다. 이 과정은 각 대안들에 대한 상세한 정보를 수집해서 두 가지 대안을 비교하고 특정한 가치를 기준으로 선택할 때 가장 잘 이루어진다.

컴퓨터를 이용해서 다양한 정보를 수집하고 의사결정 과정에서 도움을 줄 수 있는 가치 있는 자료들을 수집할 수 있다. 학생들을 위해서 유용한 정보를 제공해 주는 사이트 중 대표적인 것들은 다음과 같다.

(1) 노동부(http : //www.molab.go.kr)

다양한 구인/구직 정보, 취업/채용 정보를 접할 수 있고 직업사전, 직업선택 가이드, 유망직업 안내, 직업훈련 제도 등의 메뉴도 매우 유용하게 활용할 수 있다. 특히 '직업흥미 검사'를 받고 곧바로 검사결과를 얻을 수도 있다.

(2) 고용안정 정보망(http : //www.work.go.kr)

취업 및 직업선택과 관련된 방대하고도 다양한 정보를 접할 수 있다. 원격 직업상담을 받을 수 있고 직업 심리검사를 받을 수도 있을 뿐만 아니라 해외 구인/구직 신청도 가능하다.

(3) 에듀넷(http : //edunet.nmc.kr)

진학상담, 청소년 고민상담, 교직/교권 상담 등에 특히 유용하며, '진로성숙도 검사'를 받고 그 결과를 곧바로 접할 수도 있다.

(4) 한국청소년상담원(http : //www.kyci.or.kr)

예약상담이 가능하고, 고민해결 백과, 컴슬러 따라가기, 감정의 사이버 마당 등을 이용하여 여러 가지 도움을 받을 수 있다.

(5) 한국직업능력개발원 진로정보 센터(http : //kriver.re.kr)

진학과 취업을 포함한 각종 진로정보를 제공하고 있으며, 진로상담 및 진로지도 서비스 제공은 물론이고 진로설계를 위한 각종 검사 서비스를 제공하고 있다.

(6) 천리안(TOP메뉴 생활/여성 →性/청소년/상담)

청소년 상담실, 사랑의 전화 상담센터, 전국 YMCA 청소년 상담실, 서울시 교육청 청소년 상담센터, 각 시도 청소년 상담실 등과의 연결이 가능하고, 특히 교사들은 상담 사례방에 있는 내용들을 통해서 많은 도움을 받을 수 있다.

4) 필요한 능력

진로상담자는 컴퓨터 사용능력을 개발할 필요가 있다. 기본적인 컴퓨터 사용법은 알아야 한다. Waltz와 Bleuer(1989)는, 상담자들은 어떠한 S/W가 자신들의 작업에 필요한지 또 어떻게 상담 S/W를 평가하는지도 알아야 한다고 지적한다. 그들은 비싼 하드웨어와 S/W에 쓰는 돈이, 상담 프로그램에 컴퓨터를 얼마나 잘 쓰고 있는가와 제대로 연관이 안 될 수도 있다고 결론짓는다. 어떤 상담자는 컴퓨터에 질려서 심한 반감을 가지고 있는 경우도 있다. 돈이 적은 상담자는 싼 프로그램을 효과적으로 이용할 수도 있다. 그들이 연구보고서에서 결론맺기로는, 효과적인 컴퓨터의 사용은 지도력과 연관이 있고 상담자가 컴퓨터에 전념해서 계속 사용한다면 보다 효과적으로 이용할 수 있게 된다고 한다. Sampson, Reardon, Lenz(1991)는 상담자가 보다 많은 트레이닝을 받고, 필요한 기술을 개발하며 가르쳐 주는 비디오 시스템을 추천한다.

Krumboltz(1990)는 '컴퓨터를 이용하는 것은, 직업 상담자들의 일을 쉽게 만든 것이 아니라 일을 보다 잘 하도록 만들었다.'라고 기술하여 기술력의 영향을 매우 잘 요약했다. 주 컴퓨터 보조진로상담 시스템이나 개인용 S/W나 모두 이제는 상담자나 고객 모두에게 쉽게 얻어질 수가 있고 또 높게 평가된다. 프로그램은 제시된 자료가 정확한지 또 고객의 개발하고자 하는 요구부문에 적합한지, 또 사용자가 쉽게 사용할 수 있는지, 기술적 문제가 없는지 주의 깊게 평가해 봐야 한다.

제 4 부

의사결정과 직업세계

제10장

의사결정의 이해

진로상담과 진로지도의 결과는 의사결정으로 나타난다. 따라서 진로상담의 핵심은 의사결정이라 할 수 있다. 진로 의사결정에 대한 모델은 기술적인 모델(descriptive model)과 처방적인 모델(prescriptive model)이 있다.

기술적인 모델은 사람들이 실질적으로 어떻게 결정하는지에 관심을 두지만 처방적인 모델은 결정이 어떻게 이루어져야 하는지를 설명해 준다.

1. 기술적 진로 의사결정 모델

1) Vroom의 기대모델

(1) 주요내용

Vroom(1964)의 기대모델(expectancy model)은 일과 관련된 개인의 행동 설

명에 초점을 맞추고 있으며, 인간의 행동은 내부로부터 동기화된다는 가정을 전제로 하고 있다. 그는 일(work)이 모호한 용어라고 생각했기 때문에, 대신 일 역할(work role)이라는 개념을 사용하였다. 그는 일 역할을 "역할 종사자에 의하여 행해진 일련의 기능"이라고 정의했다.

Vroom의 이론에서 또다른 중요한 개념인 동기(motivation)는 "자발적인 행동을 조절하는 과정"으로 정의된다. 유인가(valence)와 기대(expectancy)라는 두 개념은 Vroom의 이론을 이해하는 데 매우 중요하다. 유인가는 "특정한 결과에 대한 정서적 방향성"으로 정의되며, 선호(perference)라는 용어와 동의어로 사용된다. 결과(outcome)는 긍정적, 부정적 혹은 중성적 유인가를 갖는다. 동기는 유인가와 관계가 있다. 어떤 사람이 긍정적, 중성적, 혹은 부정적 동기를 가질 수 있는데, 그것은 특정한 결과에 대해 다가가거나 물러서려는, 또는 움직이고 싶어하지 않는다는 것을 뜻한다. Vroom은 결과의 유인가와 의사결정자가 목적으로 하는 가치가 동등하다고 생각하지 않는다. 결과에 대한 유인가는 실질적으로 주어지는 만족에 기반을 두고 있지 않다. 오히려 그것은 개인이 그 결과로부터 주어질 것으로 기대하는 만족에 기반을 두고 있다. 즉, 결과에 대한 유인가의 크기는, 특정한 결과로부터 얻어질 것으로 예상되는 만족의 정도에 기반을 두고 있다.

Vroom은 우리가 어떤 목적이나 목표(예컨대, 안정, 지위, 혹은 수입 등과 같은)를 획득하기 위하여 직업을 선택하는 것임을 인정할 것을 제안한다. 직업의 유인가는 목표의 유인가의 총계와 직접적으로 연관되어 있다. 목표는 직업이 선택된다면 개인이 획득할 것이라고 인식하는 것들이다. 선택의 결과는 개인의 의사결정에 단순히 관련되어 있는 것이 아니다. 즉, 외적인 힘들도 또한 의사결정자에게 영향을 미친다. 각 의사결정자는 이러한 외적인 사건들이 의사결정에 미치는 영향에 대하여 어느 정도 아이디어를 가지고 있다. 그러므로 의사결정자는 어느 정도 결과에 대한 선호와 기대에 기반을 두고 결정을 내리게 된다. Vroom은 선택이 현실화될 수 있다는 믿음을 기대라고 정의한다. 이러한 기대는 주관적인 것인데, 왜냐하면 어떠한 의사결정자도 진로선택의 달성에 대한 실질적인 가능성을 완전히 알 수는 없기 때문이다.

Vroom은 유인가와 기대가 진로선택을 결정하는 데 어떻게 상호작용하는지를 상술하기 위해서 Lewin(1951)의 힘의 개념을 인용하였다. 이에 따르면 행동은 힘들이 상호 충돌하는 곳에서 일어나는데, 이렇게 힘들이 상호 충돌하는 것은 어떤 대안들로부터 나아가거나 물러서도록 사람을 움직인다. Vroom은 힘을 유인가와 기대들의 결과로 설명한다. Vroom은 의사결정자들로 하여금 특정한 진로를 선택하게 만드는 힘은 모든 결과들에 대한 유인가의 총합과 기대(주어진 진로에 대한 선택이 바라는 결과의 획득을 가져올 것이라는)의 강도와 직접적으로 연관되어 있다고 주장한다.

Vroom은 상호작용하는 기대와 유인가의 성질을 논의함으로써 이를 상세히 설명한다. 예를 들어, 어떤 사람이 진로선택을 달성하는 것에 높은 기대를 가지고 있으면, 만약 그 선택의 유인가가 0, 혹은 매우 낮을지라도 진로를 선택하도록 하는 힘에 거의 영향을 미치지 않을 것이라고 제시했다. 비슷하게, 만약 그 진로에 들어서려는 기대가 낮다면, 높은 유인가는 선택하도록 하는 힘을 증가시키지는 못할 것이다. 그러나 이 두 가지 요소를 연결하면 한 개인으로 하여금 노력하도록 만드는 힘을 예상할 수 있다. 만약 특정한 진로선택에 대한 유인가가 높고, 그 선택을 달성하려는 기대가 높다면, 개인이 진로를 선택하려는 데 있어 실질적인 노력을 광범위하게 할 것이라는 것을 예상할 수 있다.

Vroom의 이론은 성취(performance)를 예상하는 것이 아니라, 단지 노력만을 예상하는 것이다(Mitchell, 1974).

(2) 시사점

Vroom의 진로 의사결정 모델은 실무자들에게 많은 시사점을 주고 있다. 우선 상담자들은 진로선택이 다양한 목적에 이르는 수단이며, 그 자체에 목적이 있는 것이 아니라는 것을 이해할 필요가 있다. 이것은 진로선택이 개인을 광범위한 결과 배열의 출발점에 둔다는 것이며, 어떤 결과는 진로 그 자체에 일차적으로 관련되며, 그리고 어떤 결과는 진로에 이차적으로 관련된다. 진로선택의 첫 번째 결과는 일하는 장소의 지리적인 위치, 작업환경, 그 작업에 소요되는 시간과 에너지의 양에 관련되고, 일의 가치는 강화에 의해 등급화된다.

진로선택의 두 번째 결과는 지위, 가족관계에 미치는 영향, 사회적 책임 등에 관련된다. Vroom의 진로 의사결정 모델은 개인들이 이러한 점 모두를 주의깊게 고려해야 할 필요가 있다는 것을 시사한다. 왜냐하면 이러한 것들은 유인가를 결정짓거나 특정한 진로에 대한 정서적인 편향을 결정짓기 때문이다.

앞서 언급되었듯이 기대는 결과에 대한 주관적인 평가에 기반을 둔다. 이러한 평가는 직업의 유용성과 미래의 전망에 대한 자료와 직업기술이라는 정보에 의해서 어느 정도까지 향상될 수 있다. 그러나 기대는 개인에 의해서 생성되고, 정보에 대한 개인의 지각에 기초한 지식들간의 상호작용에 의해서 형성된다. 따라서 상담자들은 개인들이 정보를 효율적으로 습득하도록 도와 주어야 한다. 정보는 내담자의 기대를 형성하는 데 도움을 줄 것이고, 기대에 영향을 미치는 내담자의 고유한 특성들을 규명하는 데 도움을 준다.

힘(force)의 개념 또한 상담자들에게 유용하다. 만약, 기대 혹은 유인가 중 하나가 낮다면 노력은 하찮은 것이 될 것이다. 진로상담가들은 두 가지 모두를 동등하게 연구할 필요가 있는데, 이는 내담자들이 진로에 대하여 긍정적이고 부정적 요소들을 확인하고, 그러한 진로에 들어서는 것에 대한 실질적인 기대를 형성할 수 있도록 도움을 주기 위해서이다.

2) Janis와 Mann의 갈등모델

(1) 주요내용

Janis와 Mann(1977)의 갈등모델(conflict model)은 각 개인이 의사결정을 하려고 할 경우에는 언제나 갈등이 발생한다는 것을 가정한다. 이 갈등은 의사결정에 직면해 있는 각 개인 내부에 "주어진 행동과정을 수용하고, 거부하려는 상반되는 경향이 동시에 존재하기 때문에" 일어나는 것이다. 이러한 모순되는 힘의 결과는 불확실성을 느끼게 하고, 행동을 망설이게 하며, 심지어는 정서적 혼란을 겪게 한다. 의사결정 과정에서 야기된 갈등은 스트레스를 유발한다. 스트레스란 "높은 수준의 유쾌하지 못한 감정" (불안, 죄의식, 수줍음—이러한 것들은 정상적인 정보처리 과정의 패턴에 영향을 준다)으로 정의된다. Janis와 Mann은 스트레스와 의사결정상의 갈등간의 관계에 대해서 다음과 같은 네 가지 기본 가정을 상정하고 있다.

① 의사결정의 갈등으로부터 야기된 스트레스의 양은 개인의 목표, 그러한 목표와 관련된 욕구들, 그리고 어떤 욕구들은 의사결정의 결과로써 채워지지 않을 것이라는 예상과 관련된다. 욕구들이 채워지지 않을 것이라는 예상이 커지면 커질수록 스트레스도 증가한다.

② 위협과 기회는 의사결정을 촉진한다. 의사결정의 스트레스는 위협이나 기회가 생길 때마다, 의사결정자가 현재 행동의 방향을 얼마나 분명히 하느냐 하는 정도와 상관이 있다.

③ 문제와 위협에 대한 모든 형태의 대안들이 심각한 위험을 수반한 것으로 지각되었을 때, 바람직한 대안이 선택될 가능성이 없어진다. 그리고 방어적인 회피가 일어난다. 방어적인 회피는 대안들로부터 야기될 손실의 축소나, 이익의 과장, 지연, 다른 것들에 대한 의존, 그리고 자료에 대한 선택적 주의집중 등으로 특징지워진다.

④ 의사결정상의 갈등으로 적당한 스트레스가 야기되었을 경우, 합리적인 대안들이 찾아질 것이라는 희망이 있는 한, 유용한 대안들을 평가하거나 확인하기 위하여 세심한 노력을 기울인다.

의사결정 과정은 의사결정자에 대한 어떠한 종류의 위협으로 시작된다. 따라서 목적을 달성하기 위한 기회로서 인식되는 상황에서는 행동할 것을 강요당한다고 느낀다.

Janis와 Mann은 의사결정자가 의사결정의 기회에 직면했을 때 스스로에게 일련의 질문들을 던진다고 생각했다. 이러한 첫 번째 질문은 "만약 내가 변화하지 않는다면 위험이 따르는가?"이다. 만약 이 질문에 대한 답이 "아니다"이면, 아무런 스트레스가 발생되지 않는다. 그리고 그 결과로 인해 갈등이 일어나지 않는다. 다시 말하면, 사람은 단순히 상황적 요구를 만족시키기 위해 변화한다는 것이다. 왜냐하면 그렇게 하지 않을 아무런 이유를 찾지 못하기 때문이다.

두 번째 질문은 "만약 내가 변화한다면 심각한 위험이 있는가"하는 것이다. Janis와 Mann은 이 질문에 대한 답이 "아니다"라면, 갈등없이 변화가 일어날 것이라고 생각했다. 그러나 스트레스가 극소이기 때문에 의사결정자는 모든 대안들, 또는 확실한 대안에 관한 정보조차도 신중하게 고려하지 않을 것이다.

만약 의사결정상의 갈등이 크다면, 의사결정자가 직면하고 있는 세 번째 질문은 "그 문제에 대한 실행 가능한 해결책을 찾을 수 있겠는가?"이다. 그 답이 "아니다"라면, 회피적 방어가 생겨난다. 만약 그 답이 "그렇다"라면 네 번째 질문이 생긴다. "실행가능한 대안들을 탐색할 시간이 충분한가?"이다. 이 질문에 대한 답이 "아니다"라면, 과도한 경계가 나타난다. 의사결정 과정에 있어서 과도한 경계적 접근은 긴박한 상황에서 발생하는데, 그 상황에서 개인들은 실제로 시간적 한계에 직면한다. 이 상황에서는 모든 대안들을 고려하거나 대안들에 대한 정보를 고려하는 것이 불가능하다.

앞서 언급하였듯이, 방어적 회피를 사용하고 있는 사람들은 꾸물거리게 되고, 다른 사람에게 의존적으로 되어 가고, 또는 여러 가지 대안들의 긍정적, 부정적 결과들을 객관적으로 고려할 수 없게 된다.

Janis와 Mann은 의사결정에 있어서 세심한 접근을 하는 것은 그 의사결정자에게 결정 후 스트레스를 최소화시키는 경향이 있다고 가정한다. 만약 세밀하게 모든 대안들을 고려한다면, 결정으로부터 생겨나는 문제들을 더 잘 처리할 수 있고, 최선의 결정에 이를 것이라고 생각한다.

(2) 시사점

Janis와 Mann의 진로의사 결정 모델로부터 얻을 수 있는 가장 큰 시사점은 그들이 제안한 대차대조표 접근법에서 찾을 수 있다. 그들은 대차대조표를 활용하는 절차를 다음과 같이 16가지 단계로 제시하고 있다.

① 직업적 대안들을 만든다.
② 이러한 대안들에 대해서 중요한 순서대로 +5부터 −5까지 할당한다.
③ 각각의 대안에 대해 자신이 얻게 되는 유용성을 목록화한다.

〈표 10-1〉 대차대조표

	행동의 대안적 방향					
	대안 1		대안 2		대안 3	
	+	−	+	−	+	−
A. 자신에게 주어지는 이득과 손실						
1. 개인적 수입						
2. 일의 가치에 대한 관심						
3. 좀더 좋은 도시에 살 기회						
4. 사회적 지위						
5. 교육기회						
6. 여가기회						
7. 그 외의 것						
B. 중요한 타인에게 주어지는 이득과 손실						
1. 개인적 수입						
2. 일의 가치에 대한 홍미						
3. 좀더 좋은 도시에 살게 될 기회						
4. 사회적 지위						
5. 교육기회						
6. 여가기회						
7. 긔 외의 것						
C. 자신의 승인, 거부						
1. 도덕적, 법적 고려						
2. 타인에 대한 봉사						
3. 자기 이미지						
D. 사회적 승인 거부						
1. 아내나 남편으로부터						
2. 가까운 친구로부터						
3. 동료로부터						
4. 타인들로부터						

④ 이 유용성들에 대해서 중요한 순서대로 +5에서부터 −5까지 할당한다.

⑤ 다른 사람이 얻게 되는 유용성을 목록화 한다.

⑥ 이러한 유용성에 대해서 중요한 순서대로 +5에서부터 −5까지 할당한다.

⑦ 잃게 되는 유용성에 대해 ③~⑥번과 같은 방법으로 반복한다.

⑧ 각각의 대안에 대한 사회적 인정의 원인들을 목록화한다.

⑨ 그러한 인정에 대해 중요한 순서대로 +5부터 −5까지 할당한다.
⑩ 각 대안에 대한 사회적 불인정의 원인을 목록화 한다.
⑪ 그러한 불인정에 대해 중요한 순서대로 +5에서 −5까지 할당한다.
⑫ 각 대안에 대한 자신의 인정의 원인과 유형을 목록화 한다.
⑬ 그러한 자기인정에 대해 중요한 순서대로 +5에서 −5까지 할당한다.
⑭ 각 대안에 대한 자기불인정의 유형과 원이들을 목록화 한다.
⑮ 그러한 자기불인정에 대해 중요한 순서대로 +5에서 −5까지 할당한다.
⑯ 긍정적, 부정적 가중치들을 종합해서 각 대안의 가치를 산출한다.

이러한 접근의 단점은 여러 진로를 섣부르게 배제하는 것에 대한 안정장치가 없다는 것이다. 의사결정 과정에 있는 사람들이 여러 대안의 수를 줄이기 위해서는 상황(관점)에 따른 배제모델(Elimination by Aspects : EBA)을 사용하고 난 이후에 대차대조표 접근을 이용하는 것이 더욱 현명하다고 할 수 있을 것이다. EBA모델은 본 장의 후반부에서 소개될 것이다.

2. 처방적 진로 의사결정 모델

1) Mitchell의 재개념화된 선택모델

(1) 주요내용

Mitchell(1975)의 모델은 특별한 경우의 진로 의사결정 과정에 적합하도록 Restle의 선택모델을 재개념화 했기 때문에 재개념화 된 선택 모델(reconceptualized choice model)로 불리운다. Restle의 원 모델은 의사결정자가 결정상황의 함의들을 마음 속에 있는 이상적인 상황과 비교한다고 가정한다. 그 의사결정의 결과는 이상적인 상황이나 결과에 가장 가까울 것이라는 것이 예상된다. Mitchell은 Restle의 모델에 대해서 한 가지 문제점을 제시했는데, 수많은 진로

의사결정의 과정에 있는 사람들이 그들의 마음 속에 이상적인 대안들을 가지고 있지 않고, 대산 '어떤 특성들과 우수성에 대한 선호'를 가지고 있다는 것이다. 여러 대안적 진로를 고려해볼 때, 어떤 의미에서 선호는 전부 아니면 전무일 수도 있다. 분명한 것은, 여기서의 목적은 여러 가지 대안들로부터 선택을 하는 것이다. 어떠한 선택을 하기 위해서 의사결정자는 대안적 진로의 여러 측면들을 명백하게 구분할 수 있어야 한다.

선호(preferences)의 요소들은 아래의 방법으로 분류할 수 있다.

① **절대적 강제성**(absolute constraints) : 진로의 어떤 특성들은, 대안을 실행 가능화 하기 위해서 제시되거나 또는 제시되지 않아야 한다. 제시되어야 하는 것들은 긍정적 절대성(positive absolutes)이라고 하고, 제시되지 말아야 하는 것들은 부정적 절대성(negative absolute)라고 부른다.

② **부정적인 특성들**(negative characteristics) : 이 특성들은 진로선택의 바람직하지 않은 측면들이다. 그러나 이 바람직하지 못한 것의 정도는 다양하다.

③ **긍정적인 특성들**(positive characteristics) : 이것들은 진로선택의 바람직한 측면들이다. 그리고 바람직한 것의 정도 또한 가지각색이다.

④ **중성적인 특성들**(neutral characteristics) : 이 요소들은 당장은 선택과 무관하다.

이 특성들은 다음과 같이 표현된다. K＝부정적 절대성, K′＝긍정적 절대성, C＝부정적 특성들, P＝긍정적 특성들, N＝무관한 특성들.

Mitchell(1975)은 진로선택에 관한 원리를 제시하였다. 이 원리들 중 가장 눈에 띄는 것은 만약 주어진 진로선택의 대안이 대안으로서 절대성을 만족시키지 못한다면 그것이 선택될 가능성은 제로(0)라는 것이다. 그리고 그 두 번째 원리는 만약 주어진 대안이, 진로 의사결정자가 진로선택을 하는데 긍정적인 요소라고 생각하는 것에 부합하는 긍정적 특성을 가졌다면, 그 진로가 선택될 가능성은 제로(0)보다 커질 것이다. 그리고 만약 부정적 특성을 지닌 A진로와 부정적인 특성을 지니지 않은 B라는 진로가 있다면 이러한 진술의 역도 성립될 것이다. 즉, A진로에 비교해 볼 때 B진로를 선택할 가능성이 제로(0)보다 크다는 것이다.

Mitchell(1975)은 진로결정자는 실제로는 다음과 같은 여러 가지 방법으로 의사결정을 할 수도 있다는 것을 제안한다.

① 단지 대안들의 긍정적인 특성들만 비교할 수도 있다.

② 부정적인 특성에 대비되는 긍정적인 특성에 가중치를 주는 방법으로, 한 번에 한 가지 대안만을 고려할 수도 있다.

③ 그 대안들의 장점들 때문이 아니라, 부정적 특성들 때문에 어떤 대안을 선택할 수도 있다. 이런 상황에서의 선택은 회피적 행동이다.

④ 오직 부정적인 특성만을 가지고 그 대안들을 볼 수도 있다. 이런 경우 그 의사결정자는 그 선택의 부정적인 영향을 최소화하는 것이다.

⑤ 긍정적 특성과 부정적 특성을 둘 다 가지고 있는 것으로 대안을 볼 수도 있고, 이러한 측면들이 동시에 고려될 수도 있다.

⑥ 진로 의사결정자는 긍정적인 특징들만 지닌 것으로 어떤 대안들을 볼 수도 있고, 다른 대안들은 부정적인 특징들만 가진 것으로 볼 수도 있으며, 또다른 대안들은 양쪽 특성들을 모두 가진 것으로 생각할 수도 있다.

만약 의사결정자가 활용 가능한 대안들의 여러 가지 특성들에 부여하는 가중치의 크기를 안다면, 이 모델을 통해 예견이 가능할 것이다. 분명한 것은, 절대적 강제성이 없거나(긍정적) 혹은 있을 때(부정적) 어떤 대안은 배제될 것이다. 그러나 만약 의사결정자가 오직 대안의 긍정적인 특성들에만 초점을 둔다면, 우리는 그 선택이 그 대안의 여러 가지 측면들에 매겨지는 계수(coefficients)의 크기에 관련될 것이라는 것을 예견할 수 있다. 이러한 가중치들은 특유한 것이기 때문에, 개개인으로부터 도출되어야 한다. Mitchell은 이것은 인터뷰나 질문지법으로도 가능하다고 제안했다.

(2) 시사점

Restle의 의사결정 모델에 대한 Mitchell의 수정안은 상담자들에게 여러 가지 흥미있는 시사를 준다. 그 중 가장 관심을 끄는 것은 긍정적, 부정적 성질을 모두 지니고 있는 절대적 강제성이라는 개념이다. 진로탐색 과정의 시작단계에서 이것들을 결정하는 것은 매우 유용한 시작의 방법이 될 수 있다. 또다른 유용한 아이디어는 진로 의사결정자가 긍정적, 부정적인 특성들에 대해 다양하게 초점을 맞추거나 양자를 적절히 조합하여, 다른 시기에 다른 방법으로 여러 진로를 고려할 수 있다는 것이다. 진로에 관련된 어떤 특성을 고려할 것인가를 결정하는 것은 상담 실제에 있어서 유용하다. Mitchell(1975)은 진로 의사결정자의 성숙도에 대해서는 언급하지 않았다. 하지만 우리는 미성숙한 의사결정자는 어떤 특정한 대안에 대한 제한적인 자료만을 고려할 것이라는 것을 상정할 수 있다. 또한 진로 의사결정자가 진로에 관한 광범위한 정보들을 살필 경우, 어떠한 때에 이러한 긍정적이고 부정적인 특성들에 관심을 두게 되는지에 대해서 아는 것 또한 도움이 될 것이다. Janis와 Mann은 의사결정자가 어떤 행동의 긍정적 결과를 과장하고 부정적 결과를 최소화할 수도 있다고 제안했다.

2) Mitchell과 Beach의 주관적 기대효용 모델

(1) 주요내용

의사결정의 처방적 모델은 사람들이 어떻게 의사결정을 해야 하는가를 보여주기 위해 개발되었다. 여러 수학적인 원리에서부터 파생된 의사결정의 주관적 기대효용(subjective expected utility : SEU) 모델은 의사결정자들이 바람직한 결과를 얻을 수 있는 가능성의 극대화를 도와주는 것이라고 할 수 있다. 가능성의 극대화(maximization of expectancies)라 불리는 이 원리는 의사결정자가 여러 결과들에 직면했을 때, 각 결과의 가치나 효용, 그 결과 발생의 가능성에 따라서 취하게 될 행동을 예상할 수 있다는 것이다(Mitchell & Beach, 1976 ;

Wright, 1984). 어떤 경우는 실제적인 가치와 가능성이 그 결과에 연결될 수도 있다. 그러나 진로결정의 영역에서 주관적인 가치와 가능성은 별도로 고려되어야 한다. 특정한 대안적 진로에 대한 주관적 기대효용(SEU)은 아래와 같다 (Mitchell & Beach, 1976).

SEU = (PK×UK) + (1－PK)(－UK)

- PK = 특정한 진로의사결정이 이루어지면 생길 수 있는 결과 K가 발생할 수 있는 가능성(0∼1)
- UK = 결과 K를 받아들이는 것에 대한 효용(1∼10)
- 1－PK = 동일한 진로의사결정이 이루어져도 결과 K가 발생하지 않을 가능성
- －UK = K를 받아들이지 않은 것에 대한 비효용(1∼10)

예를 들어, 어느 대학생들이 '미술사'와 '경영'이라는 두 개의 전공을 놓고 선택에 직면했을 때 다음과 같은 상황이 발생할 것이다.

예상되는 결과(K) = 대학졸업 후 일하게 될 영역

미술사의 주관적 기대효용 SEU = (.1×10)+(1－.9)(－4)
= 1+(－.4)
= .6

경영의 주관적 기대효용 SEU = (.6×10)+(1－.6)(－4)
= 6+(－1.6)
= 4.4

이 절차는 먼저 학생들에게 여러 상이한 변수들의 중요성에 대한 주관적인 평가에 따라 가중치를 매기도록 한다. 여기에서는 '경영'이 선택될 것이라는 것을 예견할 수 있다. 특정한 진로선택에 대한 주관적 기대효용은 그 진로와 관련

된 주관적 가치와 그 진로가 선택되었을 때 바람직한 결과가 얻어질 가능성의 곱에 의해서 산출된다(PK×UK). 이렇게 얻어진 수치에 만약 그 선택이 결정되더라도 희망하는 결과가 나타나지 않을 것이라는 것과, 그 결과를 받아들이지 않음으로써 일어나는 비효용의 곱에 의해 산출된 숫자가 더해진다[(1－PK)(－UK)]. 이 등식에서 볼 수 있듯이, 실제적으로 첨가되는 것은 부정적인 계수이다. 이 모델에서 진로결정자는 각각의 진로선택 사항에 대한 주관적 기대효용을 계산해야 한다. 그리고 높은 계수를 가진 대안이 선택되도록 해야 한다(Mitchell & Beach, 1976).

Wright(1984)는 올바른 의사결정을 하기 위한 보다 간단한 대수적 접근을 제안한다. '미술사'와 '경영' 사이에서 고민하는 대학생의 예에서 그의 전공과 관련된 직장을 갖지 못하게 될 때의 비효용성은 부정적인 요인이 된다. 이어서 선택의 상황에 직면하여 모든 긍정적인 효용에 관심을 두는 예와, 부정적인 효용성을 보다 간단한 방식으로 그 공식에 연결시키는 예를 살펴보자. 먼저 진로 의사결정자가 '수학교사'나 '엔지니어' 중 하나를 선택해야 할 상황에 직면해 있다면, 그는 이 선택의 결과로서 어떤 성과가 있기를 바랄 것이다. 그것은 다음과 같이 예시될 수 있다.

효용(1～10)	획득하게 될 가능성(0～1)	
	수학교사	엔지니어
직업적 안정성(9)	1.0	.8
높은 보수(10)	.1	1.0
지위(6)	.2	.6
지리적 유동성(6)	1.0	.9
도전성(7)	.4	.8
여가시간(4)	1.0	.4
가족과 지낼 수 있는 시간(7)	1.0	.4

수학교사의 SEU = 9 + .1 + 1.2 + .6 + 2.8 + 4 + 7 = 24.7

엔지니어의 SEU = 7.2 + 1.0 + 3.6 + 5.4 + 5.6 + 1.6 + 2.8 = 36.2

SEU 의사결정 모델로 예상할 수 있는 것은, 이 사람이 엔지니어가 될 것이라는 것이다.

앞의 예에서 효용성들(직업선택에 관련된 어떤 결과들에 연합된 가치들)은 모두 긍정적이지만, 부정적인 것이 있을 수도 있다(Mitchell & Beach, 1976). 예를 들어, 어떤 의사결정자들은 위험한 환경에서 일하는 것에 −8의 가중치를 줄 수도 있고, 대도시로 통근하는 것에 −10의 가중치를 할당할 지도 모른다. 부정적인 가중치가 할당되면, 두 가지 진로선택에 대한 주관적 기대효용에 대한 평가는 아래와 같이 나타날 것이다.

효용(1~10)	획득하게 될 가능성(0~1)	
	세일즈맨	회계사
높은 보수(8)	.9	.9
직업적 자율성(10)	.8	.2
안전성(4)	.3	.8
자유시간(8)	.9	.3
통근거리(−8)	.9	.5
배우자를 만날 기회(7)	.8	.7

세일즈맨의 SEU = 7.2 + 8.0 + 1.2 + 7.2 - 7.2 + 5.6 = 22.0

회계사의 SEU = 7.2 + 2.0 + 3.2 + 2.4 - 4.0 + 4.9 = 15.7

이 모델은 세일즈맨이 되는 것이 더 나은 선택이라고 제시한다.

(2) 시사점

훌륭한 진로 의사결정자들은 원하는 결과들을 이끌어 낼 수 있는 실행가능한 대안들을 규정할 수 있어야 한다. Pitz와 Harren(1980)이 언급하였듯이, 상담자의 역할 중 하나는 내담자들이 그들의 진로선택을 분석하고, 분석한 것들과 함께 앞서 기술된 여러 가지 분석을 참조할 수 있도록 도와 주는 것이다.

진로 의사결정의 여러 결과들에 관한 주관적 가치를 잘 설정하는 것이 최상의 결정을 내리는 데 있어서는 매우 중요하다. 이를 위해서는 내담자들이 가치를 명료화하고, 그렇게 함으로써 진로선택의 어떤 결과에 대한 가치를 사정하는 능력을 향상시키는 것을 도와줄 수 있는 심리측정 도구를 활용하는 것도 큰 도움이 될 것이다. 그러나 내담자들에게 어떤 것이 현재 직업에서 가치있는 것인가를 묻는 것처럼, 직업가치에 대한 명료화를 꾀하는 것도 이러한 과정을 촉진시키는 유용한 방법이 될 수도 있다.

어떠한 선택이 어떤 결과를 가져올 것이라는 가능성은 다양한 직업정보를 평가해 봄으로써 알 수 있다. 그러나 필요한 정보를 찾는 것이 어렵기도 하지만, 개인이 가지고 있는 정보의 형태와 양도 중요한 문제가 된다. 가능성을 확고히 하는 데 도움이 되는 정보는, 의사결정자가 추정한 모든 결과들에 관한 자료를 제공해 줄 수 있어야 한다(Slovic & Mac Phillamy, 1974). 개인에게 직업 정보의 보유와 사용을 극대화시키도록 도와 주기 위해서는 다음과 같은 점들이 고려되어야 한다. 첫째로 개개인은 자신에 대한 잘 발달된 시야를 가지고 있어야 하고(특히 가치관), 직업정보는 이러한 개인적 참조 체제의 관점에서 해석될 수 있어야 한다. 둘째로 정보는 특정한 선택의 기대되는 결과들과 관련된 자료를 제공해 주어야 한다. 셋째로 정보는 가장 그럴듯해 보이는 대안 하나로 단순화되는 것이 아니라, 모든 가능한 대안들을 알려주는 방식으로 제공되어야 한다.

3) Tversky의 관점에 따른 배제모델

(1) 주요내용

주관적 기대효용(SEU) 모델은 단순히 확실하고 가중치가 큰 대안을 선택한다는 것으로 논의되었다. 즉, 선택되는 대안은 가장 가중치가 큰 것이다. 그러나 이 진로 의사결정 모델은 선택과 관련된 가치들이나 원하는 결과들의 획득 가능성이 불확실한 경우 한계를 가지고 있음이 드러났다. Tversky(1972)는 동료들과 함께 불확실한 상황에서 더욱 효과적인 의사결정 모델을 개발했다. 관점에 따른 배제(elimination by aspects : EBA) 모델은 동시에 모든 선택들에 초점을 맞춘다. 각 선택은 수많은 특성과 관점을 가지고 있다. 예를 들어, 어떤 한 직업이 만족할 만한 임금, 적절한 작업환경, 좋은 지리적 위치, 그리고 미래에 관한 가능성 있는 기회를 제공하는 반면, 다른 직업은 다른 특성이나 관점을 제공할 수도 있다. Tversky에 따르면, 의사결정 과정의 각 단계마다 특정한 측면이나 직업의 특성이 고려된다. 예를 들어, 일단 일련의 잠재적 진로선택이 이루어지면, 의사결정자는 월급에 주의를 기울일 것이고, 그러한 최소한의 기대를 충족시킬 것 같지 않은 대안들은 배제할 것이다. Tversky는 배제의 원칙에서의 주요한 흐름은, 보유하고 있는 대안들이 실제로 배제된 대안들보다 더 우수하다는 것을 보장하지 못하는 것에 있다고 경고한다. Gati(1986)는 Tversky의 모델을 '순차적 배제 접근(sequential elimination approach)'이라고 부르면서 SEU모델과 대비시키고 있다. EBA모델이 진로발달 이론들과 양립할 수 없는 것으로 보일지도 모르지만, 이것은 그러한 경우가 아니라고 그는 제안한다. 진로 의사결정은 순차적으로 이루어진다. 즉, 다양한 선택의 시점에서 어떤 대안들은 배제된다. 그는 진로 의사결정의 과정에서 다양한 직업들의 상이한 관점들이 고려되면 될수록 진로선택의 구체성이 증가될 수 있다고 제안한다. 그는 진로 의사결정 과정을 다음과 같이 이야기했다.

① 고려해야 할 진로들에 관련된 여러 관점(측면)이나 특징들을 확인하라. 이러한 확인의 과정은 진로상담의 맥락 내에서 발생되는 단일 사건이나 혹은 계속되는 과정의 연속으로써 고려될 수 있다.

② 중요성에 따라 여러 가지 측면들의 등급을 분류하라. 이 과정은 주관적인 평가(예 : 가치), 객관적인 강제(예 : 물리적 필요와 태도), 그리고 직업 그 자체의 성질(예 : 작업환경, 월급, 명성)에 기반을 두고 등급화해야 한다.

③ 가장 중요한 관점의 등급이(가장 높게 분류된) 수용할 만한지 확인하라.

④ 고려되고 있는 관점에 대해 수용할 만한 등급에서 벗어난 진로들을 배제하라.

⑤ 고려되고 있는 일련의 진로들이 수용할 만큼 짧게 될 때까지 ③～④단계를 반복하라.

⑥ 남아있는 직업들에 대해 더 깊이 탐구하라.

탐구가 계속됨에 따라 직업의 관점들에 대한 더 많은 지식이 획득될 것이며, 유일한 선택이 남아 있을 때까지 연속적인 배제가 행해질 것이다.

(2) 시사점

Gati(1986)는 진로 의사결정에 관한 EBA모델이 SEU모델보다 더 유용할 것이라고 믿는다. 왜냐하면, 후자의 접근은 의사결정의 인지적 구조에 일치하지 않기 때문이며, 몇몇 과정들은 많은 사람에 의해 거부되었기 때문이다. 그는 SEU모델이 의사결정자가 적은 수의 대안들(다섯이나 그보다 더 적은)과 직면하기만 한다면 유용할 것이라고 믿는다. 이에 대해 EBA모델은 많은 진로선택들을 줄여가는 데 있어서 매우 유용하다.

EBA모델은 개인이 특정한 진로선택의 긍정적 혹은 부정적인 측면들을 확인하고, 그것들의 등급을 설정하고, 각 관점에 대해 수용할 만한 등급을 설정할 것을 요구한다. 그리고 나서 한 번에 한 측면씩 고려하여 선택들이 배제된다. 이 과정은 사람들의 인지적 한계에 부합되고 불확실한 상황에서 의사결정이 가능하도록 해 준다. 그러나 이 모델에서는 의사결정자가 세운 기준을 잠재적으로 만족시킬 가능성이 있는 대안들을 배제하지 않을 것이라고 보장해 주지는 못한다. 그러나 상담자는 내담자가 직업의 수용할 만한 특성들을 확인하고, 직업정보를 분석하는 과정을 도와줄 수 있다.

3. 의사결정 유형

의사결정상의 개인차는 일반적으로 지금까지 개발된 다양한 분류체계를 통해 볼 때 몇 가지의 공통된 주제들로 구성되어져 있음을 알 수 있다. 특히 Harren (1979)은 의사결정 양식을 합리적 · 직관적 · 의존적이라는 세 가지로 분류한 바 있다. 그의 모델에서 합리적 양식(rational style)이란 의사결정 과업에 대해서 논리적이고 체계적으로 접근하는 것을 의미한다. 또한 결정에 대한 책임을 수용하며, 이후의 결정들을 위해서 이전 결정들의 결과를 평가할 수 있는 능력을 소유하고 있고, 미래의 의사결정의 필요성을 예견하고 자신 및 기대되는 상황에 대한 정보를 수집하는 등의 준비를 한다. 따라서 결정은 매우 신중하고 논리적으로 행해지는 것이 특징이다.

직관적 양식(intuitive style)은 의사결정에 있어서 개인 내적인 감정적 상태(internal affective states)에 의존하는 것을 나타낸다. 결정에 대한 책임은 수용하지만 미래에 대해서 예견을 거의 하지 않고 정보수집을 위한 활동도 별로 없으며, 사실에 대해서 논리적인 비중을 거의 두지 않는다. 오히려 환상(fantasy)을 활용하고 현재의 느낌(feeling)에 주의를 기울이는 것으로 특징지워진다. 이 양식을 채택하는 사람들은 결정과정에 대한 각 단계의 선택과 수용이 비교적 빨리 이루어지며, 종종 어떻게 결정에 도달하였는가를 명백하게 진술하지 못하는 경향이 있다.

한편 의존적인 양식(dependent style)은 위의 두 경우와는 달리 결정에 대한 자신의 책임을 거부하며, 그 책임을 자신 이외의 가족이나 친구 그리고 동료 등에게 전가하는 특징이 있다. 이와 같은 양식을 활용하는 사람들은 타인들이 기대에 크게 영향을 받고 수동적, 복종적이며 사회적인 승인에 대한 욕구가 높고 환경을 제한된 선택을 제공하는 것으로 지각한다.

Harren이 개발한 '의사결정 유형검사'의 문항은 다음과 같은 내용으로 구성되어 있다.

〈표 10-2〉 **의사결정 유형검사 문항**

1. 나는 중요한 의사결정을 할 때 한 단계 한 단계 체계적으로 한다.
2. 나는 내 자신의 욕구에 따라 매우 독특하게 의사결정을 한다.
3. 나는 얻을 수 있는 정보를 수집하지 않고는 중요한 의사결정은 거의 하지 않는다.
4. 의사결정을 할 때 친구들이 내 결정을 어떻게 생각할 것인가를 매우 중요시 한다.
5. 나는 의사결정을 할 때, 이 의사결정과 관련된 결과까지 고려한다.
6. 나는 다른 사람의 도움 없이는 중요한 의사결정을 하기가 힘들다.
7. 나는 어려운 문제에 부딪치면 재빨리 결정을 내린다.
8. 나는 의사결정을 할 때, 내 자신의 즉각적인 느낌이나 감정에 따른다.
9. 나는 내가 하고 싶은 것 보다 다른 사람이 어떻게 생각하느냐에 영향을 받

아 의사결정을 한다.
10. 어떤 의사결정을 할 때, 나는 시간을 갖고 주의 깊게 생각해 본다.
11. 나는 문제의 본질에 대해 찰나적으로 떠오르는 생각에 의해 결정을 한다.
12. 나는 친한 친구에게 먼저 이야기하지 않고는 의사결정을 거의 하지 않는다.
13. 나는 중대한 의사결정 문제가 예상될 때, 그것을 계획하고 생각할 시간을 충분히 갖는다.
14. 나는 의사결정을 못한 채 뒤로 미루는 경우가 많다.
15. 의사결정을 하기 전에 올바른 사실을 알고 있나 확인하기 위해 관련된 정보들을 다시 살펴본다.
16. 나는 의사결정에 관해 실제로 생각하지는 않지만 갑자기 생각이 떠오르면서 무엇을 해야 할지를 알게 된다.
17. 어떤 중요한 일을 하기 전에 나는 신중하게 계획을 세운다.
18. 의사결정을 할 때 나는 다른 사람의 많은 격려와 지지를 필요로 한다.
19. 나는 의사결정을 할 때, 마음이 가장 끌리는 쪽으로 결정을 한다.
20. 나는 인기를 떨어뜨릴 의사결정은 별로 하고 싶지 않다.
21. 나는 의사결정을 할 때, 예감 또는 육감을 중요시한다.
22. 나는 조급하게 결정을 내리지 않는데, 그 이유는 올바른 의사결정임을 확신하고 싶기 때문이다.
23. 어떤 의사결정이 감정적으로 나에게 만족스러우면 나는 그 결정을 올바른 것으로 본다.
24. 올바른 의사결정을 할 수 있는 능력에 자신이 없기 때문에 주로 다른 사람의 의견에 따른다.
25. 종종 내가 내린 각각의 의사결정을 일정한 목표를 향한 진보의 단계들로 본다.
26. 내가 내리는 의사결정을 친구들이 지지해 주지 않으면 그 결정에 대해 확신을 갖지 못한다.
27. 의사결정을 하기 전에, 나는 그 결정을 함으로써 생기는 결과에 대해 가능한 한 많이 알고 싶다.
28. 나는 '이것이다'라는 느낌에 의해 결정을 내릴 때가 종종 있다.
29. 대개의 경우 나는 주위 사람들이 바라는 방향으로 의사결정을 한다.
30. 여러 가지 정보를 수집하거나 검토하는 과정을 갖기 보다, 나에게 떠오르는 생각대로 결정을 내리는 경우가 자주 있다.

위의 문항들 중 1, 3, 5, 10, 13, 15, 17, 22, 25, 27은 합리적 유형을 재는 문항이고 2, 7, 8, 11, 16, 19, 21, 23, 28, 30은 직관적 유형을 측정하는 문항이며, 4, 6, 9, 12, 14, 18, 20, 24, 26, 29는 의존적 유형을 재는 문항들이다.

한편 Johnson(1978)은 의사결정 양식에 관한 그의 이론에서 정보는 체계적(systematic) 혹은 임의적인(spontaneous) 방식으로 수집될 수 있으며, 정보의 처리는 내적(internal) 혹은 외적인(external) 방식으로 이루어질 수 있다고 제시하였다.

체계적인 방식을 채택하는 사람은 신중한 방식으로 한 목표에서 다음 목표로 이동해 가며, 목표나 과업을 설정할 때 매우 신중할 뿐만 아니라 그것이 달성될 때까지는 목표로부터 이탈하지 않는다. 반면 임의적인 사람들은 깊이 생각하지 않고 한 목표에서 다음 목표로 쉽게 이동하며, 설정된 목표는 쉽게 잊혀지거나 변경된다. 외적인 의사결정자들은 겉으로 나타나게 생각을 하며, 선택에 대해서 이야기할 기회를 갖지 못하면 자신들의 선택에 대해서 확신을 갖지 못한다. 내적인 의사결정자들은 선택의 과정을 이야기하기 이전에 사적으로 행하는 것을 선호한다. 결국 외적인 사람들은 생각하기 위해서 말을 하고, 내적인 사람들은 먼저 생각을 하고 난 후에 말을 한다고 볼 수 있다.

제11장 직업세계의 이해

1. 직업의 의미

Freud는 인생에서 중요한 두 가지 가치를 일과 사랑이라고 하였다. 인간은 누구나 일을 하며 산다. 일이란 휴식, 놀이, 여가활동을 제외한 모든 생산적인 활동이다. 직업은 경제적으로 보상되는 활동을 뜻하며 개인이 지닌 잠재능력을 발휘하는 자기 실현활동이기도 하다. 이러한 직업활동은 우리 삶의 매우 중요한 일부이며 다음과 같은 의미를 갖는다(장선철, 2005).

첫째, 직업은 생계유지의 기본수단이다. 직업은 생활에 필요한 경제적 소득을 얻는 생계의 근거가 된다.

둘째, 직장은 자신의 능력을 발휘하는 자기실현의 장이기도 하다. 생존과 생활에 필요한 경제적 소득을 얻는 곳으로서의 소극적 의미를 넘어서, 자신의 개성과 능력을 발휘하여 자신이 추구하는 목표와 가치를 실현하는 곳이다. 직장은 인생에 있어서 자기실현이라는 적극적인 의미를 지니는 곳이다.

셋째, 직업은 우리가 어디서 살지를 결정한다. 직업을 택함에 따라 고향을 떠나 생면부지의 대도시로 이사하기도 하고 친지와 헤어져 작은 마을로 가야 하는 경우도 있다. 심지어 가족과 헤어져 해외로 나가야 하는 경우마저 있다.

넷째, 직장은 인생에서 사실상 가장 많은 시간을 보내는 곳이다. 정규 교육을 마치는 10대 후반 또는 대학졸업자의 경우에는 20대 중반부터 직장에서 대부분의 시간을 보내게 된다. 직장을 갖게 되면, 하루에 8시간 내외 그리고 정년퇴직까지 30~40년을 직장에서 보낸다.

다섯째, 직업은 일상적 행위에 영향을 미친다. 가령 일주일에 5, 6일은 출근하거나 9시에 출근해서 5시에 퇴근해야 하는 직업이 있는가 하면 야근을 해야 하는 경우도 있다. 일단 직업이 정해지면 데이트나 쇼핑 등은 일하는 시간 이외에 해야 한다. 직업은 주로 어떤 사람들과 접촉할지와 어떤 이들과 친구가 될지를 결정한다.

여섯째, 미래에는 '직업(job)'과 하고 싶은 '일(work)'과는 분명한 차이가 있다. 직업은 급여를 받기 위하여 수행하는 일련의 임무이다. 이에 반해 일은 체질적으로 만족스러워하고 그 자체가 동기 인자이기 때문에 행하는 무엇이다. 무급여로 일할 수 있다는 것을 말하는 것이 아니라, 일의 어떤 특성이 만족스럽게 할 수 있다는 것이다.

이런 관점에서 볼 때, 직장은 일차적으로 일을 통한 경제적 소득을 얻고 자기 잠재능력을 발휘하는 곳이다. 뿐만 아니라 인생의 가장 많은 시간을 지내게 되는 직장에서 여러 직장동료와 동료애를 경험하는 곳이다. 즉, 직장은 일과 사랑의 조화를 통해 삶의 의미를 찾는 곳이다. 그러나 미래에는 직업과 일과는 분명한 차이가 나타난다.

직업이란 일반적으로 개인이 계속적으로 수행하는 경제 및 사회활동의 종류를 말한다. 일의 계속성이란 일시적인 것이 아니라, 매일, 매주, 매월 정기적으로 행하고 있는 경우, 혹은 계절적으로 행하고 있는 경우, 명확한 주기를 갖지 않더라도 계속하고 있으며, 현재 하고 있는 일에 대해 의사와 능력을 가지고 행하는 것이어야 한다.

직업을 영어로 표현하면 vocation 또는 occupation이다. voc- ation이란 조물주로부터 소명을 받은, 즉 부르심을 받은 일(calling)을 의미한다(Weber, 1958).

즉, occupation이 사람이 보수를 받기 위해 정해 놓고 종사하는 일이라면, vocation은 특별한 행동이나 생애를 위해 신으로부터 소명을 받았다는 뜻과 인간이 신에 봉사하기 위해 불리움을 받았다는 뜻이 내포되어 있다.

career, occupation, vocation, job이라는 용어를 모두 직업이라는 동의어로 간주할 수 있으나 구체적인 의미는 조금 다르다. 이들 4가지 용어의 상호관계를 살펴보면 이해가 쉽다. career는 occupation보다 큰 개념이다. career는 종적(longitu- dinal)이며 발전적인 개념이다. 대체로 단일의 직업보다는 좀더 많은 것을, 단일의 job보다는 훨씬 많은 것을 포함한다. 일관된 occupation에 job의 연속은 career를 구성한다. 이러한 용어들은 종교에서 직업이라는 신성한 사명의식을 부여했다. 그러나 산업사회 이후 직종과 직무가 다양해지고 전문화되자, 직업의 개념은 매우 공리적이고 유동적인 의미를 내포하게 되었다. 직업이 인간의 사회생활 방법이나 수단으로 생각하는 경향이 증가함에 따라 직업관도 변했다.

김동규(2004)는 직업의 의미를 경제성, 사회성, 개인성이라는 측면에서 다음과 같이 고찰하고 있다.

1) 경제성

직업은 무엇보다도 당사자와 가족의 생계를 유지하는데 필요한 물질적 보수를 얻는 활동이라고 할 수 있다. 즉, 직업은 생계 유지를 위한 경제적 활동이다. 경제적 소득은 직업의 중요한 요건이다. 오늘날 사람들이 필요로 하는 생계를 위한 경제적 소득은 직업을 통해서 이루어지는 것이 원칙이다.

생계 유지의 수단이라고 해서 모든 활동이 직업인 것은 아니다. 직업이 아무리 당사자와 가족의 생계 유지를 위한 활동이라고 하더라도 도둑질이나 도박과 같은 반사회적이거나 비도덕적인 행위와 활동은 직업이라고 할 수 없다. 직업은 사회가 받아들이고 필요로 하는 기능을 수행하는 활동이다.

직업은 생계 유지를 위하여 일정한 내용의 일을 적어도 상당기간 지속적으로 수행하는 활동이다. 나날이 바뀌는 활동이거나 단편적인 활동은 직업활동이라고 할 수가 없다. 직업을 통해서 얻는 보수에는 생계 유지에 필요한 경제적·물질적인 것 외에 정신적·심리적인 것이 있다. 이른바 위신이나 존경 같은 것이 그것이다.

2) 사회성

직업이 물질적 정신적 보수를 얻는 수단이라는 것은 부정할 수 없는 분명한 사실이다. 그렇다고 해서 보수가 직업의 전부는 아니다. 아울러 보수가 직업의 기초는 될 수 있을지언정 직업의 핵심은 아니다. 직업은 생계 유지의 수단 이상의 것이다. 그것은 각자의 생계를 유지하고 나아가서는 다른 사람들과 공동사회를 위하는 보다 적극적인 뜻을 지닌다. 직업은 자기를 포용하고 있는 사회에 보답, 봉사, 기여, 공헌하는 활동이다. 사회분업이 이루어져 많은 개인 또는 가족이 각자 다른 일에 종사하면서 그 성과를 서로 교환함으로써 상부상조하는 생활상태에 있을 때 비로소 참다운 직업이 존재하는 것이다. 그러한 상태에서 사람들은 각자의 직업을 통하여 서로 의존하고 보완함으로써 함께 어울려 살아갈 수가 있는 것이다. 따라서 직업은 사람들로 하여금 사회분업의 일익을 담당하게 하고 전체사회의 발전에 기여하게 한다.

직업은 현대사회에 있어서 사람들을 진정한 사회성원이 되게 하는 사회적 연대의 원천이라고 할 수가 있다. 따라서 일정한 직업을 지니지 않은 채 여러 분야를 동시에 관심을 갖고 관여하는 전문성이 없는 아마추어로서는 현대사회에서는 직업인의 구실을 할 수가 없다. 결국 직업은 사회성원으로서 성인이 마땅히 다해야 할 의무의 수행이며 사회적 분담이며 윤리적 당위이다.

3) 개인성

사람들은 직업을 통해서 물질적 수입을 얻고 동시에 사회성원으로서 의무와 도리를 다함으로써 삶을 유지하고 전체사회에 봉사·기여한다. 이러한 직업이 개인이나 사회에 대하여 다같이 만족스럽고 완벽한 것이 되기 위해서는 무엇보다도 각자의 자질과 개성에 적합한 것이어야 한다.

사람들은 각자의 재질, 재능, 개성을 아무런 구애도 받지 않고 십분 발휘하고 나아가서는 자기의 역량을 마음껏 발휘하려는 욕구를 지니고 있다. 즉, 자아 실현을 열망한다. 사람들은 직업을 통해서 각자의 개성을 발휘하고 자아를 실현할 수 있다.

2. 직 업 관

원시적인 자급자족의 생활을 하던 시대에는 인간은 스스로 일을 해서 얻은 것을 자신의 의·식·주생활을 위해서 사용하였다. 그러나 사회가 발전함에 따라 분업화·세분화가 이루어지고 시장경제가 형성되었다. 이러한 사회에서는 자신의 능력과 적성에 맞게 종사함으로써 그 보수를 받아 가족에 필요한 생활을 영위하게 된다. 이와 같이 오늘날에는 대부분의 사람들이 자신이나 가족의 생계유지를 위해서 어느 정도 보수를 얻은 것을 목표로 일정한 일을 계속하지 않으면 안 된다. 우리는 이것을 직업이라고 부른다. 개인으로서의 인간은 직업을 통하여 사회와 구체적 연관을 가지며 사회의 존속과 발전을 위한 일을 맡아 그것을 훌륭하게 수행함으로써, 사회를 위하여 공헌하는 것이 될 뿐만 아니라 자신의 능력을 발휘하여 자아를 실현하는 결과가 된다.

이러한 자아실현의 기초단계는 각 개인마다 선택한 직업에서부터 시작된다. 직업을 선택하기 위해서는 각자마다 뚜렷한 가치관의 토대 위에서 이루어져야 한다. 직업선택의 중요한 핵심은 외적인 가치보다 내적인 가치에 비중을 두어야 한다. 가치란 사물이나 행위가 바람직한 특성을 가지고 있음을 나타내는 말이다. 가치판단 또는 도덕적 판단을 해야 하는 사태에는 한 가지 가치만 관련되어 있는 것이 아니라, 여러 가지 가치가 관련되어 있다. 가치관은 사람마다 다르다. 직업관도 가치관의 영역으로서 취급되어야 마땅하다. 가치기준에 따라 직업의 가치도 인정되기 때문이다.

그러면 직업관을 언급하기 이전에 가치관의 유형에 대하여 이해를 하고 넘어

가야 한다. 독일의 심리학자 Spranger는 가치기준을 다음과 같은 6단계로 나누고 있다.

첫째로, 이론가형으로 학문이나 연구, 진리탐구, 명예를 획득하기 위한 방법으로 노력하는 유형이다. 교사나 연구자, 교수, 이론가 등이 이 유형에 속한다.

둘째로, 권력형으로 정치나 권력에 의한 지배에 흥미를 갖는 유형이며, 군인이나 정치가, 정당요원 등이 이에 속한다.

셋째로, 경제형으로 주로 경제적 이익의 추구에 관심이 많고 중점을 두는 사람으로서 실업가, 경제인, 상인 등이 이 부류에 속한다.

넷째로, 심미형으로 미적 가치추구에 흥미를 갖는 사람으로서 예술가, 미술가, 음악가 등이 이에 속한다.

다섯째로, 사회사업형으로 타인을 사랑하고 타인을 위해서 봉사하는 데 보람을 느끼는 사람으로 여기에는 주로 사회사업가 등이 포함된다.

여섯째로, 종교형으로 종교적 가치관이나 성스러운 것을 추구하며, 신의 뜻대로 삶의 가치를 추구하며 신앙생활에 가치를 두는 사람으로 목사나, 전도사, 승려 기타 종교인들이 이 유형에 속한다.

이와 같은 개인의 가치유형은 개개인의 인격을 이해하는 데 도움이 되고 애매한 점이 없지 않으나, 인간은 대개 위의 범주를 벗어나지 않을 것으로 생각된다. 가치관 형성은 생활유형에 근거하여 개인의 직업을 선택할 때, 먼저 자신의 가치관이 무엇인가를 이해하고 탐색하여 고정적인 합리적 가치관을 확립해야 하겠다.

개인마다 확립한 가치관의 토대 위에서 직업을 선택한다면 그 직장생활을 통해서 만족감을 얻을 수 있을 것이다. 또한 선택한 직업에서 보람을 느끼고 놀이와 같은 생각으로 직업생활에 임한다면 금상첨화 격이다. 직업은 일생 동안 계속되는 활동이므로 직업 만족도가 높은 분야로 진출할 수 있도록 인생의 초기단계에서부터 관심과 이해 속에서 든든한 기초작업을 추진해야 할 것이다.

역사적으로 볼 때, 일 또는 직업에도 여러 가지 의미를 부여하고 있었다. 경제활동의 기초를 노예에게 두고 있던 고대 그리스인들은 노동을 천한 것으로 생각했었다. Homer에 의하면 신(神)들은 인류를 미워해서 그 분풀이로 사람들에게 일을 하도록 했다는 것이다. 초기의 헤브루(Hebrews)인들은 일을 나쁘고 고된 것으로 보았다. 초기 기독교인들은 일과 부(富)를 천시하여 부를 고역의 대가로 여겼다. 그러나 현대사회에 들어오면서 그 개념이 바뀌어졌다. 특히 영국의 산업혁명 이후 일에 대한 개념이 달라지기 시작하였다. 일은 인간에게 필수적인 요소이며 신성한 것이며, 즐거운 것이어야 한다는 견해가 생겨나기 시작하였다.

Dewey와 같은 교육철학자도 놀이와 일을 같은 개념으로 보아야 한다고 강조하고 있듯이, 누구나 나면서부터 죽을 때까지 일을 추구해 나가야 한다. 인간은 일을 통해 생활이 윤택해지며 자신의 발전에 밑거름이 된다는 사실을 누구나 인식하여야 할 것이다. 따라서 일이나 직업은 개인 생활의 과정이며 참된 삶의 핵심적인 부분을 차지하는 것임을 깨달아야 한다.

그럼에도 불구하고 우리나라는 30여 년간 근대화를 추진해 왔고, 또 앞으로 추구해 가면서도 아직까지 일에 대해서 천부적인 소명의식 속에서 하나님의 부르심을 받은 귀한 존재로 생각하는 경향이 적은 편이다.

직업에는 두 가지 측면이 있다. 하나는 생업(生業)으로서 직업의 주관적 측면을 강조하는 것이라면, 다른 하나는 사회적 역할의 분담을 강조하는 천직(天職)이다. 이 천직은 객관적 측면을 강조하는 것이라 보겠다. 주관적 측면만 강조한다면 직업은 생업이다. 동물은 생존이 본능이므로 인간도 의식의 밑천을 얻기 위하여 생업 자체만으로는 동물의 행위와 다를 바 없다. 그러한 이치에서 인간의 직업활동을 생업이라고 할 수 없으므로 직업을 주관적인 측면에서만 파악할 수 없다. 직업은 생업 이상의 것이어야 하며, 사회 속에서 다른 사람을 생각하지 않을 수 없는 봉사와 희생이 따르는 윤리문제가 제기된다. 인간이 개성을 지닌 존재라는 점에서 진보된 직업의 의미를 찾을 수 있다.

인간은 각자에 따라 소질과 재능 및 취미가 모두 다르다. 개성의 차이가 있다는 뜻이다. 인간이 각기 이렇게 개성을 지니고 있는 이상, 인간의 사회적 기여라는 측면만이 강조되고 각 개인의 개성발휘의 기회가 주어지지 않는다면, 직업의 문제점은 여전히 남아 있는 것이다.

직업은 결국 개인본위의 보상획득행위가 아니고, 그 이상의 것, 즉 사회적 분담 및 그 수행활동이며, 한편으로는 그것을 통하여 사람들이 기여하는 사회전체의 존재를 예상함과 동시에, 다른 한편에서는 사람들은 그 직업을 그들의 공동생활을 형성하고 유지하며 발전시킬 수 있게 된다. 따라서 인간은 사회생활을 영위하면서 직업은 필수적으로 갖게 되며, 사회인으로서의 지위나 명예, 생계유지수단이 근본적으로 해결되어야 하며, 나아가 사회의 여러 기능, 즉 직업세계의 다양한 환경 속에서 한 직분을 분담함으로써 사회에 봉사, 자기의 실현과 보람, 긍지를 느끼면서 자기 신장의 길로 나아가는 것이다.

3. 직업관의 사회적 변천

인간은 누구나 사회생활을 영위하는 한 직업을 갖지 않을 수 없다. 그것은 인간의 소속본능으로서 소속감이 있어서 정신적 안정을 가지고 이 세상을 만족하게 적응생활을 하며, 사회 각 분야에서 일익을 분담해야 할 책임을 갖게 된다. 직업은 인간의 활동을 전제로 하는 것이며, 인간과 사회와의 관계에 있어서 교량적 역할을 담당해야 할 중요한 위치에 있다. 이와 같이 직업이 사회생활 과정 속에서 큰 비중을 차지하고 있으므로 사회의 변천에 따라 직업에 대한 이해의 양상도 달리 형성되어 왔다.

요컨대 중세 기독교 전성시대에는 종교적 인간관, 세계관에 의해 직업을 종교적 측면에서 많이 생각하게 되었고, 인간은 직업을 통하여 신의 소명을 받아 일생을 교회나 사회에 봉사해야만 되는 것으로 이해되고 있었다. 그러나 영국의 산업혁명 이후 산업이 발전하기 시작하면서부터 공장공업, 기계공업이 융성하게 되고, 수공업에서 기계를 작동하는 기계공업으로 전환되어 노동의 요구를 한층 더 강화하게 되었다. 직업의 세계도 다양화되고 전문화됨에 따라 보다 높은 차원의 기술자를 필요로 하게 되었고, 기술산업이 보편화되기 시작하였다.

대개 유럽 여러 나라와 미국과 같은 선진국들은 일찍부터 직업에 대한 관심이 컸으며, 일에 대한 가치관이 형성되어 있어서 일은 신성한 것이며, 누구나 불만 없이 주어진 일이나 몸소 자신이 선택한 일 또는 직업에 대한 가치관이 보다 구체적이고 현실적이며 소임을 다하는 근로정신이 투철하게 양성되어 왔다. 따라서 직업선택에 있어서 자기의 능력범위를 벗어난, 분수에 넘치는 일의 선택보다는 오히려 분수에 맞게 선택하는 경향이 있다. 그들은 일 속에서 즐거움을 찾고 행복감을 맛보며 아무리 궂은일이라 할지라도 주어진 일에 전심전력을 다하는 근로정신이 강하다. 그래서 산업분야가 급속하게 발전된 연유가 바로 그것이다. 고도의 산업사회가 발전된 나라들은 대체로 근로에 대한 인식이 건전하고 부지런하며 맡은 바 임무를 충실하게 처리하고 있다. 가까운 이웃나라일본의 경우를 보면 서구의 발달된 산업기술을 먼저 받아들였고 근로정신도 서구의 그것과 마찬가지로 성실하고, 꾸준하며, 부지런했기 때문에 근대화가 빨리 이루어졌고 선진국으로서의 면모를 세계 여러 나라에 높이 떨치고 있게 된 것이라고 판단된다.

우리나라의 경우는 어떤가? 우리는 동방예의지국으로 높이 칭송을 받았던 예의 바른 나라였다. 고대로부터 봉건주의사상과 농본주의정책에 따라 보수적 색채를 띤 유교 문화권의 나라로 수 백 년 간 전통주의 속에서 살아 왔다. 그래서 농업이 주산업이었고 문치주의와 관료주의 지배 속에서 변화 없는 사회를 지속해 왔기 때문에 산업발전이나 근대화가 더디게 발달된 물질문명이 개화기를 맞이하여 불과 백 년 전에 문호개방이 이루어진 다음부터 점진적으로 근대화 물결이 들어오기 시작하였다.

따라서 농업이 주요 산업이었던 사회경제 체제가 근대화 작업의 일환으로서 서구의 물질문화가 물밀듯이 밀어닥치자 우리의 사회는 재빨리 수용하여 산업사회로 변모되기 시작하였다. 더욱이 1960년대 이후 경제주의 정책에 힘입어 과학기술문명이 발전하게 되었고, 많은 기술인력의 도입 등 산업사회의 발전에 박차를 가하여 최근에는 첨단산업을 비롯한 근대화작업이 본격화되어 직업의 세계도 다양화 · 세분화 · 전문화단계에 이르렀고, 직업에 대한 귀천도 점차 사라지기 시작하였다.

시대가 바뀌고 산업이 고도로 발달함에 따라 새로운 가치관이 형성되기에 이르렀고, 이 새로운 가치관은 종래의 헌신적이고 단순했던 직업관을 외면하고 새로운 입장에서 직업을 내다보게 되었다. 이미 잘 알고 있는 바와 같이 노동은 노예나 상놈이 하는 것이고, 양반들이나 권력구조에 몸담고 있는 지배계층들의 생각은 학문을 주로 하는 공리공론에만 관심을 갖고 통치하는 것만이 직업의 전부로 생각하였다. 일종의 고급건달이라고도 말할 수 있다.

우리가 그동안 근대화, 산업화, 첨단 정보화를 열심히 추구해 왔으면서도 우리의 직업관이 아직도 건전하게 정착하지 못하고 있다는 증거를 여러 곳에서 찾아볼 수 있다. 부지런히 일해서 이에 상응하는 만큼의 대가를 받는다는 생각보다는 좋은 기회를 포착하여 요령주의로 일화천금을 누려 보겠다는 한탕주의가 성행하고, 분화된 직종들이 서로 협동하여 공존한다는 생각보다는 사회를 만인 대 만인의 투쟁장으로 생각한다던가, 관은 높고 민은 낮으며, 기술을 천시하는 풍조 등이 모두가 건전한 직업의 정착을 방해하는 요소가 되어 왔다. 결국 이러한 현실은 건전한 직업관이 정착되지 못한 징후이며 또 그 원인이다.

한편 이러한 현상이 급격한 산업화 추구에 기인한 것이라고 생각하고 전통사회에 있었던 직업에 대한 천직사상(天職思想)을 주입시킴으로써 직업의식을 바람직한 방향으로 개혁해 나가야 한다. 그러나 이러한 접근이 일시적인 효과를 가져 올 수 있을지 몰라도 자칫하면 시대에 역행하는 복고주의적 성향을 띰으로서 오히려 부작용을 가져올지도 모른다

건전한 직업관의 결여는 그 자체가 직업관훈련의 원흉이라기보다는 우리의 역사가 산업사회가 요구하는 건전한 직업관을 잉태할 수 있는 여건을 갖추지 못한 채 진행되어 왔다는 점에 있다.

1) 역사적 배경

우리나라의 근대적 직업관이 형성될 수 없었던 역사적 배경은 옛날부터 농본주의에 입각한 농업이 주로 전체생활의 유지수단으로 되었던 조선왕조시대의 경제·사회적 특수성에 있었다. 농경사회의 특징은 모든 노동이 대체 가능하며 직업의 횡적인 전문화가 요구되지 않는다. 이리하여 조선시대에는 오로지 같은 종류의 노동을 종적으로 통솔할 수 있는 권위의 설정이 필요했고, 사회적으로 이러한 요구는 기능적 계층화라는 양반·상인(常人)의 지배 및 피지배를 일컫

는 계급부분으로 사회구조를 이루어왔다. 그래서 양반은 지배계급으로서의 신분적 영속성 유지라는 사회적 욕구와 직분은 곧 천직(天職)이라는 천직사상을 배태시켰고, 생산을 담당하는 농민들은 피지배계급으로서 종속적인 관계로 유지되어 왔다. 따라서 그 당시 자기의 직업을 천직으로 믿는 직업윤리는 있었으나, 이와 같은 직업관이 반드시 산업사회에서 요구하는 직업관과는 판이하게 다르다. 왜냐 하면 농본사회에서는 기술의 발전이 거의 없었던 때이므로 아버지의 직업을 자자손손에게 물려주었음에 비하여, 산업사회에서는 계속적인 기술혁신으로 새로운 직종에의 적응훈련이 필요하며, 계속 자기발전을 하지 않으면 안되기 때문에 협의적 의미에서 한 직장이나 직종을 통하여 일생을 바친다고 하는 천직사상이 그 개인 및 사회전체의 발전에 비하여 오히려 역기능으로 작용할 수 있었다.

또한 우리의 과거제도(科擧制度)는 지배층인재를 선발하는 제도로서 고려시대부터 시작되었는데, 초기에는 매우 훌륭한 기능을 해왔다. 그런데 중앙집권적 관료체제 속에서 관료의 제도가 증대함에 따라 사・농・공・상(士・農・工・商)의 계층적 서열은 직업선택에의 경직성을 초래하였다. 이러한 계급의식은 오늘날 산업사회에서 적합한 직업관을 정착시키는 데 저해하는 요인으로 작용하는 듯하다. 당시의 가렴주구와 매관매직 행위들은 과거급제를 통해서 입신출세하고 부(富)를 축적하는 수단으로서 많이 이용되었다. 부지런히 일해서 그에 상응하는 대가를 받는다는 생각보다는 좋은 기회를 만나 기회주의에 편승하여 일확천금을 하겠다는 한탕주의가 성행하고 기술을 천시하는 풍조들이 직업관의 정착을 저해하는 요소들이 되어 왔다.

이러한 현상은 우리나라의 역사적인 현실로서 관료주의의 병폐를 인정하지 않을 수 없다. 더욱이 유교적 전통 속에서 인문숭상과 허례허식만을 강조하고 외래의 문명을 배격했던 대원군의 쇄국정책은 우리나라 근대화과정의 발전을 방해하는 큰 요인으로 지적할 수 있다. 또한 봉건적 예속주의에서 일제의 식민통치를 지나 해방을 맞이한 우리나라는 서구의 민주주의를 도입하여 제도적 갈등을 느껴 오면서 적응상의 문제가 있어 사회적으로 혼란과 무질서, 한탕주의, 기회주의, 황금만능사상, 퇴폐주의 등등 전통문화 대 근대화 문화의 생성과정에서 가치관의 혼란과 무질서를 야기 시켰다.

2) 산업화 과정에서의 요인

우리나라의 산업화 과정의 발전은 1960년대 초기부터라고 할 수 있다. 제3공화국은 대통령 박정희를 주도로 하여 '우리도 잘 살아 보자.'는 경제지상 정책을 채택하여 경제개발5개년계획을 수립하여 잘살기 운동, 즉 새마을 운동을 전국적으로 전개하여 농촌과 도시 나름대로 적극적인 생활향상 운동이 활발하게 이루어져 왔다. 이러한 산업 경쟁주의 추진의 여파로 90년대 후반에 접어든 오늘의 현실을 볼 때 경제적으로나 산업 분야에 놀랄 만한 고도의 성장을 이룩하였다. 이것은 오로지 국가의 경제주도 정책의 선도적 역할과 지도성에 큰 힘을 입었다고 보겠으나, 한편 온 국민이 저마다 주어진 여건 속에서 이해와 협조, 노력을 경주해 온 결과라고 강조하고 싶다. 제아무리 정책이 우수하다 할지라도 뒤따라 주지 않으면 실제의 효과를 기대할 수 없기 때문이다. 그리하여 오늘에 이르러서는 과거의 '보릿고개'가 없어지고 전반적으로 국민의 생활수준도 훨씬 향상되어 경제 산업국가로서의 문턱에 와 있다고 한다.

그러면 60년대 이후 진행되어 온 산업화 과정에서 나타난 건전한 직업관 정착에의 저해요인은 무엇인가 ?

(1) 관주도적 경제운용과 관존민비의 형태

60년대 고도의 경제성장과 산업발전이 정부관료 조직체의 견인차적 역할에 힘입은 바 컸다. 그런데 70년대 중엽 경제규모의 확대나 산업사회의 기능적 복잡성 및 국민 의식수준의 향상에도 불구하고 중앙집권적 관주도형의 경제운용을 지속시킴으로써, 투자는 효율성과 신축성을 결여하고 경제체질을 구조적으로 취약하게 만들었다. 결국 기업은 관(官)에서 만들어 놓은 청사진에 의하여 앞장만 서고 그 대가로 융자와 특혜라는 이권을 얻어냄으로써 기업의 관에 대한 의존도는 날이 갈수록 심화되고, 이로 인하여 새로운 형태의 관존민비사상이 배태되었다. 이것은 전통사회에서처럼 외형적으로 나타난 것은 아니지만 실질적으로

관의 권위주의적 의사결정과정과 관료 :엘리트:들의 출세 및 퇴직 이후 생애경로로 보아 알 수 있다.

(2) 면허증과 인력개발

우리는 해방 전만 하더라도 교육받은 인구가 대단히 적었다. 그 이유는 교육이라 특권층의 전유물이었고 관료들 자녀의 전용물이었다. 그래서 서민들은 교육을 받을 기회조차 없었다. 그러나 1948년 독립이 된 이후 서구의 민주주의 도입과 더불어 교육의 기회균등이 보장되어 점차로 누구나 교육받을 수 있는 기회가 많아지게 되었다.

해방 당시만 해도 대학생이 불과 7,800명이었고 초·중·고등학교 학생을 포함하여 백만 명도 못 되었는데, 95년 현재로는 대학생 130만 명, 초·중·고등학생을 포함해서 모두 1천 백만 명으로 불어났다. 이와 같은 현상은 교육의 사회·경제적 지위 향상에 크게 이바지한다는 신념이 작용했던 것으로 앞으로 계속 늘어날 추세이다. 또한 과거의 기성세대들이 교육에 굶주려 왔고 교육이 개인 발전에 크게 기여함을 스스로 느끼고 고학력추세와 함께 교육열은 세계에서 제일 갈 정도로 양적으로 높게 팽창하면서 질적으로 저하되고 있다.

교육 및 훈련을 받은 사람에게는 자격증을 준다는 것은 복잡해져 가는 산업사회의 운용상 필요불가피한 현상이다. 그러나 그 자격증에 대한 맹신 내지는 과대한 특권의 부여 때문에, 일단그 자격증(학사, 석사, 박사학위, 각 분야의 자격증) 또는 면허증을 소지한 사람들은 독점적 횡포를 일삼고 노동시장의 공평한 경쟁을 배제해 버린다. 이리하여 어느 사이에 학교나 훈련소가 전인적 교육이나 기술의 다각적인 습득보다는 면허증, 자격증만 따기 위한 수련장으로 변해 버리는 등 인력개발을 통해 생산성을 높이고 그에 상응한 대우를 받는다는 생각보다, 오히려 시험을 치르고 기술이나 배워 형식적인 면허증을 얻은 후 그 간판을 팔아 대우를 받는다고 하는 사고방식이 팽배해지고, 마치 조선왕조시대의 과거제도를 방불케 하는 각종 고시제도와 관료지향적인 향학열이 대학입시, 소위 일류대학 입시를 위한 과열정책을 야기하고 있어 사회적 불안요소가 되고 있다.

대학은 전문인력을 양성하는 학문의 전당이요, 상아탑적인 존재로서 진리탐구의 도장이다. 그러나 이러한 대학의 사명도 시대변천에 따라 현대산업사회에 이르러서는 그 기능이 직업대학으로서의 기능과 역할로 변모되고 있다. 왜냐 하면 직업세계에 있어서의 전문직은 대부분이 대학교육을 받은 자로 충당되기 때문이다. 더구나 임금구조에 있어서 대학을 나왔다는 자격증이 고등학교를 나온 사람보다 훨씬 유리한 입장에 놓이기 때문에 누구나 고임금수준을 쟁취하기 위해서 가정여건이나 능력을 고려하지 않은 채 너도나도 고학력획득을 위한 투쟁이 과열되고 있다. 그러나 직업의 세계에서 요구되는 전문직은 전체 직업 가운데 5～10% 정도밖에 수용할 수 없는데 비하여, 전문직을 요구하는 추세는 높아져서 대학은 이제 대중화교육 내지는 보편화교육으로 전향되고 있다. 이제 대학을 나와도 전공한 분야에 알맞도록 취업이 보장될 수 없으며, 과잉생산이 되고 있어 인력수급 상에 큰 차질을 빚어내고 있다. 그러나 직업획득을 위해 더욱 고학력 추세로 옮아가고 있다. 결국 간판위주의 면허증, 자격증이 남발되고, 또한 과열 생존 경쟁으로 인해 인간관계와 인간성이 마비되어 건전한 직업관 형성에도 크나큰 어려움을 안게 되었다.

(3) 인력부족과 근로자의 직업관

경제성장이 지속적으로 이루어진 1970년대 하반기에 완전고용에 접근되었다. 그 전에는 과잉노동공급 때문에 임금이나 노동조건 및 경영방법에 대한 불만이 있어도 이를 토로하지 못했던 근로자들이, 이제는 다른 회사로 옮길 수 있는 가능성을 놓고 대우 개선을 요구하고 그래도 불만이 있을 경우에는 이직해 버리는 사태가 많이 있었다. 인력의 자유로운 이동은 각 회사의 처우조건에 따라 좌우되므로 인력이 부족했던 당시에는 유능한 인재를 자기회사로 끌어들이기 위한 유치경쟁으로 임금조건을 높여 주었다. 그러나 이직(移職)을 하더라도 떠나는 순간까지 성실하게 일해야 한다는 직업관은 확립되어 있어야 한다. 헌법에 보장된 계약자유의 원칙이라는 측면에서 볼 때, 인력의 자유로운 이동은 막을 수가 없고 막아서도 안 된다. 그러나 이것도 순간적이어서 87년경에는 수요보다 많은 고급인력이 쏟아져 나와 졸업자의 30～40% 정도도 순수취업이 안 되는 형편이니 수단방법을 가리지 않고 직업만 있으면 하향취업도 개의치 않고 투입되는 현상이 벌어져 직업관도 변질되고 있다. 즉, 임금수준이 다른 회사와 비교하여 조금만 높아도 철새처럼 이동하여 신뢰를 떨어뜨리는 직업인이 많아짐에 따라 인력조정에 문제점을 안겨 주고 있다.

4. 한국인의 직업관

21세기를 맞이한 우리 모두에게 현재 사회현실에 현명하게 적응할 줄 아는 성숙한 인간의 육성이 필요하다. 과거의 전통적인 직업의 가치관에 사로잡혀 있는 과거 지향의 사고방식을 철저하게 바꾸어야 한다. 그 동안 시대는 많이 변했고 달라진 것도 많다. 직업관도 하나의 직업에 대한 인식, 또는 가치를 보는 관점으로서 새로운 인식을 가져야 적응생활에 만족하고 행복감을 누리면서 보람 속에서 자아실현을 할 수 있는 것이다. 그러나 여태까지 한국인을 지배해 왔던 직업관의 역할과 기능을 살펴보면 대략 다음과 같이 구분된다.

1) 자리와 일

우리나라 사람들의 직업에 대한 일반적 관념은 직업을 '일'로 보기보다는 '자리(地位)'로 보고 있다는 점이다. 즉, 직업에 대한 일반적인 관심은 어떤 사람이 하는 일의 종류나 성질에 있는 것이 아니고 그 사람이 차지하고 있는 자리에 있는 것이다. 직업에 대한 관념이 일보다는 자리, 높은 자리에 못 박혀 있는 사회에서는 직업이 갖는 개인·사회적 의의는 도외시되기 마련이다.

직업은 마땅히 과업지향이 되어야 한다. 일을 하나의 놀이와 같은 생각을 가지고 일을 계획하고 추진할 때 그 일은 보람이 있고 흥미가 있으며 능률이 오르게 된다. 이와 같은 사고방식을 터득할 수 있도록 가치관의 정립을 위한 지도와 사고의 전환이 요구된다.

2) 내 사람과 네 사람

우리 사회에는 오랜 가부장적 가족중심주의 전통이 직업에도 잘 나타나 있다. 한 사람의 업적을 평가할 때 흔히 내세우는 조건은 그의 가족적인 배경이다. 선조 때에는 무슨 벼슬을 한 누구의 몇 대 후손이라든지 어떠한 집안의 몇 째 아들이 된다든지 하는 말을 앞세우는 사고는 한 사람의 일을 그 가정에 귀속시키는 우리 문화의 오랜 전통에서 비롯된 것이다. 이러한 사고가 직업세계에도 반영되어 같은 값이면, 내 집안사람, 동향인, 동창생을 쓴다는 우리 의식이 팽창하여 능력보다는 혈연(血緣), 지연(地緣), 학연(學緣) 등이 큰 맥을 이루고 있다.

이러한 가족지향적 사고방식이 오랫동안 뿌리를 이루어 왔기 때문에, 공평하고 능력 있는 직업인을 채용할 수 없는 지경에 놓여 있어 건전한 직업관형성에 차질을 빚고 있다. 아직도 이러한 현상은 근절되지 않고 있으며, 직업은 어디까지나 능력과 기술을 위주로 하여야 생산성 향상에도 도움이 될 터인데, 능력주의보다는 귀속주의가 더 작용하고 있기 때문에 일의 성과는 크게 이루어질 수 없는 여건에 놓이게 된다.

3) 일의 보람

일의 보람은 일을 통하여 얻는 것이다. 일이란 직업과도 연결되는 것인데, 일은 평생을 두고 해야 하는 것 인만큼 즐거워하고 보람을 느낄 수 있는 것이어야 한다. 그런데 일을 싫어하고 손에 때 묻히는 것을 두려워하고 천한 사람만이 하는 것이라는 잘못된 인식 때문에 산업의 발전도 이루지 못했고 편안한 것만 찾고 있었다. 즉, 3D현상이 빚어지고 있는 것이다. 더럽고, 힘들고, 어려운 일은 누구나 피하고 있기 때문에 이 분야의 인력이 모자라 동남아 지역의 싼 인력을 쓰는 형편에 있다. 누구나 어떤 일에 종사하든지 그 직업에 대한 사명을 깊게 인식해야 한다. 대통령이든 장관이든, 회사사장이든 노무자 또는 기능공이든지 간에 주어진 일의 역할은 다르나 그 결과는 과업수행이라는 측면에서는 모두 같은 것이다. 그러함에도 불구하고 우리는 전통 속에서 일하는 것을 천시했고 꺼려했다. 오죽하면 사서삼경(四書三經)을 다 읽어도 누울 와(臥)자가 제일 편하다고 하지 않는가. 우리에게 보람 있는 것은 일하는 것이 아니라 '등 따뜻하고 배부른 것'으로 대표하는 편안함이다. 일하는 가치는 그 일의 결과가 가져다주는 '자리', '편안함'에 있지, 일하는 즐거움에 있지 않다. 따라서 우리는 직업을 '즐긴다'하지 않는다, 단순히 생계유지수단이기 때문에 일한다는 사고방식은 이제 없애 버려야 한다. 직업은 신성한 것이요, 내 생활의 전부라는 인식을 가져야 한다.

산업사회에서의 일의 가치관은 무엇보다도 보람을 찾을 수 있도록 노력해야 되는 것이다. 과거의 사고방식에만 안주(安住)한다면 현대사회에서 현명한 적응생활을 할 수 없기 때문에 현실에 알맞은 진로가치관형성이 절대로 필요하다.

4) 일과 체면

옛말에 '양반이 추워도 짚불을 쬐지 않는다.'는 말이 있는데, 이것은 양반의 체면, 체통을 유지하기 위한 외형적 형식의 위치를 생각한 말일 것이다. 양반은 글이나 알고 하인을 부리는 것만이 일의 전부로 생각했고, 일은 상인이나 하인들이 하는 것으로 인식되어왔던 일의 가치관 때문에, 보통 지배계급은 호령이나 명령만 내리고 피지배계급인 백성들, 즉 대다수의 농민이나 국민들은 일을 도맡아 왔다.

반상제도(班常制度)에 의한 계급의식 속에서 살아온 국민들의 의식수준으로 일에 대한 의식도 맹목적이었다. 체면을 의식하는 사고의 뒤에 숨어 있는 것은 '부끄럽다', '창피하다', '흉잡힐라'하는 것이 모두 체면을 지켜야 할 이유들이다. 이러한 이유들 때문에 사회적으로 가치 있는 일을 한다든가 가치 없는 일들을 회피하고 천하게 여긴다. 그러나 일이란 신성한 것이요, 인간에게 필요 불가결한 것이며, 소명의식 속에서 일한다는 주관적 판단이 형성되지 않으면 일의 균형이 깨어지고 사회적으로도 불균형을 초래하게 된다. 자본주의 경제사회에서는 일의 역할이 다를 뿐이다. 그 우열을 정해서는 안 된다. 모든 일은 각기 제기능을 가지고 있다. 그런데 이러한 기능이 지켜지지 않고 형식과 외형만을 중시하는 직업관을 지켜 왔기 때문에 직업 선택 역시 건전한 방향으로 이루어지지 못했고, 사회적 발전의 요구도 충족시키지 못하였다. 또한 산업사회 발전이 더디게 된 이유도 여기에 있다.

5) 팔자소관

한국인은 운명에 대한 결정론을 지극히 신봉해 왔다. 모든 일의 결과를 운명으로 생각하고 팔자소관으로 인식하여 왔기 때문에, 자기가 하는 일은 노력에 의하여 이루어진다기보다는 운명으로 돌리고 팔자소관이라고 생각한다. 그렇기 때문에 개인을 의존적으로 만들기 쉽다. 우리나라 사람이 직업을 택하는 일은 그 개인의 결정사항이 아니었다. 직업은 개인이 선택하는 것이 아니라 선택받는 것으로 생각해 왔다. 개인의 진로를 부모가 결정짓는 일을 하며, 그것에 순응하도록 요구한다. 따라서 이렇게 결정된 진로는 당사자가 쉽게 바꾸지 못하고 엄두도 못 낸다. 그러기에 '팔자소관', '배운 도둑질이 이것 뿐이다'는 등의 넋두리는 이런 직업에 대한 운명론적인 결정적 의식이 지배하였다. 그래서 우리는 일에 대한 개인적 책임이 모자라고 잘못은 남의 탓, 운명의 탓으로 돌리는 어처구니 없는 일을 자행해 왔다.

위에서 우리나라 사람이 직업을 선택하는 차원을 몇 가지 전통적 관습에 뿌리를 두고 있음을 살펴보았다. 일반적으로 일보다 자리를 숭상하고, 사회보다 집안을 일차적으로 생각하며, 일하는 보람보다는 그 결과에 집착하고, 일의 내용보다는 체면을 더 소중히 여기고, 자기의 결정이 아니라 남의 결정에 따라 일해 왔다.

5. 바람직한 직업관

직업관은 직업이 인간사회에서 어떠한 영향을 미치며 직업이 갖는 의미가 무엇인가에 따라서 자기본위의 직업관과 사회본위의 직업관, 나아가 자아실현의 직업관으로 나누어 볼 수 있다.

첫째, '자기본위의 직업관'은 직업을 생계유지와 입신출세를 위한 수단으로 보는 견해이다. 즉, 생업으로서의 직업적 측면을 강조한 직업관이다. 이러한 입장은 직업을 오로지 자기 자신만을 위한 것이기 때문에 개인주의 내지는 이기주의적인 직업관이라 할 수 있다. 이러한 자기본위의 직업관은 개인의 요구충족을 근본으로 삼고 있기 때문에 사회기여라는 의미를 찾을 수 없다. 또한 봉사정신도 기대할 수 없다. 다만 자신의 이익을 초월할 때 사회적 역할이라는 봉사정신을 발휘할 수 있다.

둘째, '사회본위의 직업관'이다. 자기자신의 이익을 넘어선 어떤 누군가를 위한 직업이 될 때 직업이 봉사의 의미를 갖는다. 이 직업관은 자기의 필요나 가족의 이익을 목적으로 삼기보다는 자신이 속해 있는 사회 전체의 이익을 목적으로 삼는다. 이는 직업을 사회적 역할의 분담이라는 측면에서 본 전체주의적 직업관이다. 즉, 국가에 대한 봉사가 최고의 가치를 지닌 것으로 간주한다. 또한 모든 사람은 국가에 대한 봉사가 최고의 가치를 지닌 것으로 간주하여 모든 사람이 국가 사회의 발전·번영에 공헌함으로써 보람을 찾는다.

셋째, '일 본위의 직업관'이다. 이것은 직업을 자아를 실현하는 과정으로 보는 견해이다. 일 본위의 직업관에서는 직업 또는 봉사는 언제나 자발적이다. 자아실현은 우리가 지니고 있는 개성과 취미를 실현시킨다. 자아실현의 직업관이 값진 진의(眞意)를 발휘할 때 다음과 같은 요건을 구비하는 것이 바람직하다.

① 직업이 생계유지를 위한 절대적인 수단이 되어서는 안된다.

② 직업이 자신의 능력과 취미와 개성에 알맞은 것이어야 하고 업무가 개성을 충분히 발휘할 수 있는 여건이 조성될 직장에서 행해져야 한다.

③ 직장인은 일(작업 업무)에 대해 애착을 느끼고 그 일에만 정진하는 자세가 확립되어야 한다.

④ 직업이 사회의 미풍양속에 위배되지 않고 인격도야에 도움이 되는 것이어야 한다.

직업관은 시대의 요구에 따라 이 세 가지 유형 중 어느 하나가 한 시대를 지배해 왔다. 어느 시대를 막론하고 폐쇄된 사회는 사회본위의 직업관이 지배적이었다. 폐쇄사회는 모든 변화를 억제하고자 하기 때문에 전통적인 직업의 세습과 전체주의적 직업관이 정당화되었다. 근대 시민사회에 들어와서는 개인의 자각과 인권이 보장됨에 따라 직업관에도 많은 변화가 일어났다. 직업에 대한 인식이 전체주의적 직업관을 벗어나 자아실현적인 직업관으로 변화되었다.

그러나 어떠한 것이 바람직한 산업사회의 직업관이 될 수 있는가?

① 직업의 선택은 자유로워야 한다.

② 일단 선택한 직업에서는 성실한 노력을 하고 그 대가는 생산에 공헌한 것에 비례해야 하며 학력이나 면허증 소지자에 대한 대가만으로 보상이 결정되어서는 안 된다.

③ 취업의 기회는 공평하게 주어져야 하지만, 적성, 흥미, 능력, 인성, 열망에 따라 선택되어야 한다. 학연(學緣), 혈연(血緣), 지연(地緣) 등 연고관계로 인한 채용이나 승진 또는 그로 인한 차별대우 등의 풍토는 없어져야 한다.

④ 직업에는 귀천이 없고 신성하다.

⑤ 직업은 생활의 유지수단이므로 이를 통해서 자기 완성과 행복을 추구할 수 있도록 직무를 다양화함으로써 고차원의 동기유발을 꾀하여야 한다.

⑥ 일할 의사나 능력이 있는 사람이 직장을 갖지 못하였을 때, 국가는 취업기회를 창출해 주도록 노력해야 한다.

올바른 직업관을 형성하려는 노력은 직업에 대한 의식을 바꾸려고 할 것이 아니라, 사회에서 직업을 올바로 다루는 데서 비롯되어야 한다. 즉, 사회의 발전적 요구에 맞는 직업이 충분한 보상으로 개인의 욕구를 충족하는 방향으로 전개되어야 한다. 여기에 직업을 다루는 사회지도자의 막중한 책임이 있다.

직업에 귀천이 없다는 명제를 가르치기 위해서 지도자는 노력해야 되고, 사회 각계 각층에서는 직업의 역할에 따라 다소 임금의 차이는 있겠으나, 노력에 대한 대가가 충분히 보장되어야 하고, 근로정신의 신성함을 몸에 배일 수 있도록 가치관 교육에 더욱 힘써 지도해야 한다.

참고 문헌

1. 국내 문헌

강무섭 · 박영순, 학생의 진로결정 과정 분석. 서울 : 한국교육개발원, 1984.

강원도 교육연구원, 교육연구정보 제17호, 춘천 : 강원도 교육연구원, 1994.

건국대학교 학생생활연구소, 학생생활연구 제2호, 서울 : 건국대학교 학생생활연구소, 1991.

————————, 학생생활연구 제4호, 서울 : 건국대학교 학생생활연구소, 1992.

————————, 학생생활연구 제7호 , 서울 : 건국대학교 학생생활연구소, 1994.

건국대학교 교육연구소, 논문집 제23집. 서울 : 건국대학교 교육연구소, 1999.

경기도 교육연구원, 진로교육 프로그램, －초 · 중 · 고－경기도 교육연구원, 1992.

경기도 교육청, 진로교육길잡이, 경기도 교육청, 1992.

경북대학교 학생생활연구소, 학생지도연구 제21권 1호, 대구 : 경북대학교 학생생활연구소, 1988.

교육개혁심의위원회, 정보화사회에 대한 교육, 교육개혁심의위원회, 1987.

교육과학사 편, 교육학대사전, 서울 : 교육과학사, 1990.

교육부, 이런 일에 나의 미래를, 교육부, 1993.

김계현, 상담심리학, 서울 : 학지사, 1997.

김남규, 직업에 대한 자아효능감과 결과기대감이 초등학생의 진로흥미에 미치는 영향, 건국대학교 박사학위 청구논문, 2000.

김동일 · 김원웅 · 이주향, 현대인의 직업윤리, 서울, 문음사, 1995

김병숙, 취업정보와 취업지도, 유인물, 한국카운슬러협회, 1985.

김병숙 · 김봉환 · 김완석 · 이종목, 직업심리학, 서울 : 박문각, 1999.

김봉환 외, 학교진로상담, 서울 : 학지사, 2000.

김영찬, 한국인의 직업관, 새교육 5월호, 서울 : 대한교육연합회, 1976.

김충기, 진로교육의 본질, 서울 : 평민사, 1983.

———, 진로교육과 진로지도, 서울 : 배영사, 1986.

———, 직업교육과 진로교육, 서울 : 교육과학사, 1987.

———, "진로지도 교육의 활성화를 위한 프로그램의 개발과 지도대책," 성곡논총, 제9집, 재단법인 성곡학술 문화재단, 1988.

———, 진로교육의 이론과 실제, 교육신서 164, 서울 : 배영사, 1989.

———, 진로상담의 이론과 실제, 서울 : 성원사, 1989.

———, 생활지도와 상담, 서울 : 교육과학사, 1990.

———, 미래사회와 진로선택, 서울 : 배영사, 1991.

———, 새로운 교육혁신과 진로, 서울 : 성원사, 1992.

———, 대학에서의 진로지도, 진로교육연구 제2호 : 한국진로교육학회, 1994.

김충기 외 2인, 직업 및 진로교육 발전방안연구, 문교부 학술진흥재단 연구보고서, 1987.

김충기 · 김현옥 공역, 산업사회와 진로교육, 서울 : 교육과학사, 1992.

김충기 · 김현옥, 진로교육과 진로상담, 서울 : 건국대학교 출판부, 1993.

김충기 외 5인, 진로판단 권고제에 관한 연구, 교육부 정책과제, 1994.

김충기 외, 진로상담 : 기술과 기법, 서울 : 현민시스템, 1995.

김충기, 미래사회의 진로교육, 서울 : 양서원, 1995.

———, 미래사회의 자녀교육과 진로지도, 서울 : 교육과학사, 1996.

———, "진로교육에서의 진로정보활동에 관한 연구", 교육논집, 제20호, 서울 : 건국대학교 교육연구소, 1996.

김충기 · 장대운 · 박경애 · 김진희, 청소년 진로상담, 서울 : 청소년대화의 광장, 1996.

김충기, 21세기 자녀교육, 서울 : 교육과학사, 1998.

———, 생활지도 · 상담 · 진로지도, 서울 : 교육과학사, 1998.

———, "진로발달접근을 통한 진로계획에 관한 연구", 진로교육연구, 제10호, 서울 : 한국진로교육학회, 1999.

김태길 외 3인, 삶과 일, 서울, 정음사, 1986.

김현옥, 청소년의 진로성숙과 관련변인간의 상관관계, 건국대학교 대학원 박사학위논문, 1989.

남미숙, 초등학생의 진로자아 효능감과 관련변인간의 관계연구, 건국대학교 대학원 박사학위 청구논문, 1998.

문학연구회 편, 학교야 학교야 뭘하니, 서울 : 풀빛, 1986.

방진주, 진로발달의 원조, 전남 : 전남카운슬러협회, 1983.

박성수, 생활지도, 서울 : 정민사, 1986.

서울대학교 사범대학 교육 연구소, 한국교육심리검사총람, 서울 : 프레스빌, 1996.

서울대학교 사범대학 교육연구소 편, 교육학 용어사전, 서울 : 배영사. 1988.

서울특별시 교육연구원, 중학교 진로교육 어떻게 할 것인가, 서울 : 서울특별시 교육연구원, 1991.

———————, 진로탐색 지도자료－중학교용－, 서울 : 서울특별시 교육연구원, 1991.

―――――――――――, 초등학교 진로교육 어떻게 할 것인가, 서울 : 서울특별시 교육연구원, 1992.

―――――――――――, 고등학교 진로교육 무엇이 문제인가, 서울, 서울특별시 교육연구원, 1993.

―――――――――――, 초등학교 진로교육 제15호, 서울 : 서울특별시 교육연구원, 1993.

―――――――――――, 진로교육지원안내, 서울특별시 교육연구원, 1993.

―――――――――――, 초등학교 진로인식 프로그램, 서울 : 서울특별시 교육연구원, 1996.

석수룡, 진로정보 활동의 탐색, 학생생활연구 제21호, 경북대학교 학생생활연구소, 1988.

손충기 · 손병로 · 이성진, "고등학교 학생의 진로의식 행동과학연구", 서울 : 행동과학연구, 1982.

신철, 초등학교 아동의 진로인식과 자아개념과의 관계, 건국대학교 대학원 박사학위 논문, 1997.

안병욱, 인생론, 서울 : 아카데미, 1978.

유네스코 한국위원회, 일반계 고등학교의 진로지도, 서울 : 한국카운슬러협회, 1984.

오장수, 진로발달 유형에 따른 진로만족 모형 개발에 관한 연구, 건국대학교 박사학위 청구논문, 1998.

이기학, 고등학생의 진로태도 성숙과 심리적 변인들과의 관계, 연세대학교 박사학위 청구논문, 1997.

이무근, 진로교육의 의의와 진로지도의 필요성, 교육자료 12월호, 서울 : 한국교육출판, 1981.

―――, 실업기술 교육론, 서울 : 배영사, 1982.

이민수 역, 명심보감, 서울 : 을유문화사, 1980.

이상은, 성격과 행동의 치료, 서울 : 중앙적성연구소, 1979.

이성진 외 3인, 한국 중 · 고등학생의 진로의식 발달에 관한 연구, 서울 : 한국교육개발원, 1984.

이승국, 중등학생의 진로성숙 수준과 개인의 내 · 외적 변인과의 관계, 건국대학교 대학원 박사학위 청구논문, 2000

이장호, 상담심리학 제3판, 서울, 박영사, 1999.

이재창, 생활지도, 서울 : 문음사, 1988.

―――, "대학생활을 위한 진로상담", 학생생활연구 제4집, 세종대학교 학생생활연구소, 1996.

이정근, 진로지도와 진로상담, 서울 : 중앙적성연구소, 1978.

―――, 진로지도의 실제, 서울 : 성원사, 1989.

이현림 외, 현대진로상담, 서울 : 학지사, 2003.

이현주, 진로의사결정에 영향을 미치는 변인분석, 고려대학교 대학원 박사학위 청구논문, 1998.

이형득, 상담이론, 서울 : 교육과학사, 1992.

이효자, 한국고등학생의 진로성숙 수준향상을 위한 실험연구, 건국대학교 박사학위 청구논문, 1992.

이희자, 현실상담요법에 의한 초등학교의 진로교육 효과에 관한 연구, 건국대학교 대학원 박사학위 청구논문, 1998.

임두순, 진로상담과 진로교육, 서울 : 원미사, 2000.

임두순, 진로교육에 있어서의 심리검사 활용방안, 학생생활연구소 제2호, 건국대학교 학생생활연구소, 1991.

——, 중학교 진로교육 강화방안 연구, 서울 : 한국교육개발원, 1992.

임용수, 중・고등학교 진로교육체제방안, 한국비교교육학회 국제학술대회 논문집, 1993.

——, 진로판단・권고제의 의의, 한국진로교육학회회보 제 2 호, 1994.

장석민 외, 고등학교 진로교육지도안, 서울 : 한국교육개발원, 1988

장석민 외 3인, 자녀의 길, 부모의 지혜, 서울 : 한국교육개발원, 1987.

장석민 외 4인, 나의 뜻, 나의 길, 서울 : 한국교육개발원, 1986.

장석민 ・김애송, 진로교육에 관한 문헌분석연구, 서울 : 한국교육개발원, 1985.

장석민・서혜경, 임재석・김홍원・하종덕, 진로교육의 이론과 실제, 서울 : 한국교육개발원, 1986.

장선철, 특수아동상담, 서울 : 태영출판사, 2005.

——, 상담심리학, 서울 : 동문사, 2003.

전라남도교육연구원, 진로판단・권고제 운영자료, 전남 : 전라남도 교육연구원, 1995.

전정태・김갑곤, 직업윤리, 서울 : 삼광출판사, 1992.

정범모, 정보사회와 인간생활, 미래사회와 정보통신의 역할, 통신정책연구소, 한국미래학회, 1987.

정범모 편, 교육난국의 해부, 서울 : 나남사, 1991.

정범모 외, 교육의 본연을 찾아서, 서울 : 나남사, 1993.

정우현, 직업교육의 과제, 서울 : 대한교육연합회, 1976.

정원식, 카운슬링의 원리, 청남 정원식 고희 기념 논문집, 서울 : 교육과학사, 1999.

정원식, 한국대학사회에서의 학생생활연구소의 역할, 기능정립을 위한 학술심포지엄, 충북대학교 학생생활연구소, 1982.

정채기, 자아개념, 자아정체감 및 내외통제성이 진로결정에 미치는 영향, 건국대학교 대학원 박사학위 청구논문, 1991.

조경동, 이런 직업이 당신을 기다리고 있다, 서울 : 나라출판사, 1990.

주식회사 리쿠르트 편, 리쿠르트 채용연감, 서울 : 천우문화사, 1994.

직업윤리연구회 편, 현대사회와 직업윤리, 서울 : 1992.

한국교육개발원, 진로교육자료, 서울 : 한국교육개발원, 1982.

————, 학습과 일의 세계, 서울 : 한국교육개발원, 1983.

―――――――, 초등학교 교육과정 및 교과서에 반영된 진로교육 내용분석, 서울 ; 한국교육개발원, 1984.

―――――――, 진로교육체제 발전방안에 관한 연구, 서울 : 한국교육개발원, 1987.

―――――――, 미래산업 사회를 지향한 교육발전방안, 서울 : 한국교육개발원, 1987

―――――――, 미래에의 도전 : 산업구조변화와 정책대응, 서울 : 한국교육개발원, 1982.

―――――――, 한국의 교육지표, 서울 : 한국교육개발원, 1993.

한국정신문화연구원, 일의 보람, 삶의 보람, 서울 : 한국정신문화연구원, 1984.

한국직업교육학회, 학교교육과 직업세계의 연계강화 : 미국의 직업교육, 서울 : 한국직업교육학회, 1987.

한국진로교육학회, 진로교육 창간호, 서울 : 한국진로교육학회, 1993.

―――――――, 진로교육연구 제2호, 서울 : 한국진로교육학회, 1994.

―――――――, 진로판단·권고제에 관한 연구 특집호, 서울 : 한국진로교육학회, 1995.

―――――――, 진로교육의 이론과 실제, 서울 : 교육과학사, 1999.

―――――――, 진로교육연구 제10호, 서울 : 한국진로교육학회, 1999.

한국카운슬러협회, 상담과 지도 제18호, 서울 : 한국카운슬러협회, 1983.

홍기형·이승우, 진로지도, 서울 : 교육출판사, 1977.

홍기형, 현행학교 진로교육의 문제점, 학습과 일의 세계, 서울 : 한국교육개발원, 1983.

황응연·이정근, 중등학교 진로지도 프로그램 개발에 관한 연구, 서울 : 이화여자대학교, 1981.

황응연·윤희준, 현대생활지도론, 서울 : 교육출판사, 1983.

2. 외국문헌

Advisory Council on Vocational Education. *The Bridge Between Man and His Work.* Washington, D.C : Advisory Council on Vocational Education, 1968.

Almy, M. Wishful. Thinking About Children's Thinking? *Teachers College Record,* 1962.

Antholz, M. B. Conceptulization of a Model Career Development Program, K-12. Unpublished Research Paper. University of Minnesota, 1972.

Arbucle, Douglas S. Occupational Information in the Elementary School. *The Vocational Guidance Quarterly,* 1964.

Bailey, Larry J. & Stadt, Ronald. *Career Education : New Approach to Human Development.* Bloomington, Ill. : McNight Publishing Co., 1973.

Banathy, Bela H. & Peterson, Robert M. *Employer-Based Career Education*, (CBCE) A Paper Presented at the Annual Meeting of the American Educational Research Association. Chicago April 2-7, 1972.

Barker, John and Keller, Jim. *Career Planning : A Developmental Approach*. Upper Saddle River, N.J : Prentice-Hall 1998.

Bell, Terrence H. & Hoyt, Kenneth B. *Career Education* : The U.S.O.E. Perspective. Columbus : The Center for Vocational Education. The Ohio State University, 1974

Bernstein, P. & Goodmen, N. Currency Control in Distributed Database System, ACM. Surveys, Vol. 13, No. W. June, 1981.

Braden, Paul V. & Krishan, Paul. *Occupational Analysis of Educational Planning*. Columbus : Charles E. Merrill Publishing ompany, 1975.

Brown, Duane, & Brooks, Linda, *Career Counseling Techniques*. Boston: Allyn & Bacon, 1991.

Bordin, Edward S., Nachmann, Barbara, & Segal, Stanley J. An Articulated Framework for Vocational Development. *Journal of Counseling Psychology 10*, 1963.

Butler, Cornelius F. *The Home/Community Based Model*. Model Three : A Synopsis, Unpublished Material, 1972.

Bureau of Career Development, Career Development Program Guide., Tallachassee, Florida Education Center, 1990.

Crites, J. O. Career Counseling : Models, Methods & Materials. New York : McGraw-Hill Book Co., 1981.

Calhoun, Calfrey C. & Finch, Alton V. *Vocational Education : Concepts & Operations*. Belmont, Calif. : Wadsworth Publishing Co., 1982.

Campbell, Robert E., Walz, Garry R., Miller, Juliet V. & Kriger, SaraF. *Carrer Guidance : A Handbook Methods*. Columbus, Ohio : Charlers E. Merrill Publishing Co., 1972.

Carters, C. and Kravits, Sarah L., Keys to Success, Upper Saddle River. N. J : Prentice-Hall, 1996.

Connant, James B. & Worthington's Robert M. *Career Education in the United States*. Flagstaff : Northen Arizona University, June 28, 1974.

Crites, J. O. *Vocational Psychology*. New York : McGraw-Hill Book Co., 1969.

Crites, J. O. Career Counseling : Models, Methods and Materials New York : McGraw-Hill Book Co., 1981.

Cross, F. R. *Elementary School Career Education : A Humanistic Model.* Ohio : Charles E. Merrill Publishing Co., 1974.

Curti, Merle, *The Social Ideas of American Education,* New Jersey : Littlefield Adams & Company, 1959.

Delworth, Ursula & Hanson, Gary R. Career Choice and Development. San Francisco, : Gossey -Bass Publishers, 1986.

Dewey, John. *Democracy & Education.* New York : The Macmillan Company, 1931.

Dittenhafer, C. A. & Lewis, J. P. *Guidelines for Establishing Career Resource Center.* Harrisburg, Penn. : Pennsylvania Department of Education. 1973.

Drucker, P. F. *The Landmark of Tomorrow.* London : Heinemann. 1959.

Drummond, Robert & Ryan, Charles W. *Career Counseling : A Developmental Approach.* Englewood Cliffs, N. J : Prentice-Hall, Inc., 1995.

Evans, Rupert N. *Career Education and Vocational Education Similraries and Contrasts.* Unpublished Printed Materials, University of Illinois , Urbana Champaign, 1974.

Everst G. Management Information Systems. New York : McGraw-Hill, 1982.

Formanek, R. & Mornie G. Categorizing Young Children : Two Views In Binter, A. R. & Frey, S. H. (eds.). *The Psychology of the Elementary School Child.* Chicaho : Rand McNally, 1972.

Fredrickson, R. H. Career Information. Englewood Cliffs, New Jersey : Prentice-Hall, Inc,. 1982.

Gelatt. H. B. Decision-Making : A Conceptual Frame of Refernce for Counseling. *Journal of Counseling Psycology*, 9, 1962.

Gibson, Robert L. & Mitchell, Marianne H. Inrtoduction to Counseling & Guidance, 3rd Ed. New York : Macmillan Publishing Co., 1990.

Ginzberg, Eli & Ginberg. Sol W., Axelord Sindey, Herma , John. *Occupational Choice An Approach to a General Theory.* New York : Colombia University Press, 1951.

Goldhammer, Keith, & Taylor, Robert E. *Career Education : Perspectives and Promise.* Colombus, Ohio : Charls E. Merrill Publishing Co., 1972.

Glasser, J. F. *The Elementary School Learning Center for Independent Study.* New York : Parker

Publishing Co., 1971.

Ghosh, S. Database Organization for Data Management. N.Y : Academic Press, 1976.

Gysbers, Norman C. & More, Earl J., Career Counseling : Skills and Techniques for Practioners. Boston : Allyn & Bacon, 1987.

Goodson, S. Children Talk-anout Work. *Personnel and Guidance Journal*, 1970.

Grobman, H. *Development Curriculum Projects : Decision Points and Processes.* Itasca, Illinois : Peacock, 1970.

Halsey, A. H. The Changing Function of University. *In Education Economy and Society.* New York : Free Press, 1961.

Havighurst, R. T. *Human Development and Education.* N.Y : Longmans, Green & Co., 1953.

Hays, John, Hopson, Barrie & Draws P. *Career Guidance : The Role of the School in Vocational Developments.* London : Heinemann Educational Books, 1972.

Hayes, Kit Harrington. *Managing Career Trasitionss.* Scottdale, A.R : Gorsuch Scaribricks, Publishers, 1996.

Healy, Charle G. *Career Development : Counseling Through the Life Stages.* Boston : Allyn & Bacon, Inc., 1982.

Hendirx, Mary W., Career Investigation Opportunities , Choices, Decision, Albary. New york : Delma Publishing Comapny, 1990.

Herr, E. L. Decision *Making And Vocational Development.* Boston : Houghton Mifflin Co., 1970.

———, Unitfying and Entire System of Education Around a Career Developmnet Theme. *In Career Education : Perspective and Promise.* Columbus : Charles E. Merrill Publishing Co., 1972.

———, *Review and Synthesis of Foundation for Career Education.* Columbus, Ohio : ERIC Clearinghouse on Vocational and Technical Education. The Center for Vocational and Technical Education, 1972.

———, *Introduction, Career Education in the Elementary School.* Lewisburg, Pennsylvania : Central Susquehance Intermediate Unit, Career Development Field Guide Project, 1976.

Herr, E. L. & Crammer, S. H. *Vocational Guidance and Career Development in the Schools : Toward a Systems Approach.* Boston : Houghton Mifflin Co., 1972.

———————————. *Career Guidance Through the Life Span.* New York : Little,

Brown & Company, 1979.

Herr, Edwin L. & Cramer, Stanley , H. Career Guidance and Counseling through the Life Span. Boston : Scott, Foresman & & Company, 1979.

Herr, G. E. & Lucky, E. B. *Guidance for Chlidren in the Elemantary Schools.* New York : Appleton -Century-Crofts, 1969.

Hoyt. Kenneth B. *An Intoduction to Career Education : A Policy Paper of the U. S. Office of Education.* U. S Dept. of Health, Education, and Welfare, 1974.

――――――――, *An Introduction to Career Education : A Policy Paper of the U. S. Office of Education.* DHEW Publication No (OE) 75-00504, 1975.

Hoyt. Kenneth., Evans Rupert., Mangum, Garth., Bowen, Ella., Gale Donald. *Career Education in the High School.* Salt Lake City. Utah : Olympus Publishing Co., 1973.

Hoyt, Kenneth B., Evans Rupert N., Mackin Edward F., Mangum, Garth L. *Career Education What It is and How To Do It.* Salt Lake City. Utah : Olympus Publishing Company, 1972.

Iasscson, Lee E. Basics of Career Counseling. Boston : Allyn & Bacon, inc., 1985.

――――――――, Career information in Counseling and Career Develoment. Fourth Edition. Boston : Allyn & Bacon Inc., 1986.

Iasscson, Lee E. Brown, Duane, Career Information, Career Counseling, and Career Developmnet. Boston : Allyn & Bacon, 1993.

Janda, Louis, *Career Tests.*, Holbrook. Massachusetts : Adams Media Corporation, 1996.

Jesser, D. L. *Career Education : A Priority of Chief State School Offices.* Utah : Olympus Publishing Co., 1976.

Jones, G. B., Wolff, J. M., Dayton, C. W. & Helliwell, C. B. *The Logic of Planning Career Guidance Counseling, Placement, and Follow-up Programs.* Presented at National Conference on Career Guidance, Counseling, and Placement. St Louis Missouri, 1974.

Kaback, G. R. Occupational in Formation for Groups Of Elemntary School Children. *Vocational Guidance Quarterly*, 1966.

Keller, L. J. *Career Development : An Intergated Curriculum Approach K-12.* in Goldhammer, K. & Taylor, R.(eds.). *Career Education : Perspective & Promise.* Columbus, Ohio : Charles E. Merrill Publishing Co., 1972.

Krumboltz, J. D., Mitchell, A. M. & John G. B. *Career Counseling.* Monterey Calif. : Wadworth Inc., 1978.

London, H. H. *Principles and Techniques of Vocational Guidance.* Columbus, Ohio : Charles E. Merrill Publishing Co., 1973.

Magisos, Joel H. Career Education. Washington, D.C : The American Vocational Association, Inc., 1973.

Marland, Sidney P. *Career Education Now.* Paper Presented to the National Asscociation of Secondary School Principals. Houston, Texas, January, 1971.

———————. *Career Education : A Report.* NASSP Bulletin, March, 1973.

———————. *Career Education.* New York McGraw-Hill Book Co., 1974.

Meerbach, John. The Career Resource Center. New York : Harper & Row Publisher, 1965.

Miller, C. H. *Guidance Service : An Introduction.* New York : Human Science Press, 1978.

Miller, Aaron, J., *Strategies for Implementing Career Education : A Schoolbased Model.* A Paper Presented at the Annual Metting of the American Educational Research Association, Chicago : Ill., April 2~7, 1972.

Miller, Frank W. *Guidance Principles and Service.* Columbus, Ohio : Charles E. Merrill Publishing Company, 1968.

Mitchell, A. M. Evaluating Career Education : Some Practical Models, Salt Lake City. Utah : Olympus Publishing Co., 1979.

Norris, Willa, Hatch, Raymond N. & Winborn, Bob B. *The Information Service in Guidance.* Chicago : Rand McNally College Publishing Co., 1972.

Norris, Willa, Hatch, Raymond, Engelkes, Iames., Winborn Bob. *The Career Information Service.* Chicago : Rand McNally Co., 1979.

O'Dell. F. L. *Where the Challenge is Met : A Hanbook for Guidance in Grade Seven, Eight, and Nine.* Columbus Ohio : Dept. of Education, Division of Guidance & Testing, 1968.

Osipow, Samuel, H. Theories of Career Development, Fourth Edition, Englewood Cliffs. New Jersey ; Prentice-Hall, Inc., 1996.

Parsons, Frank, *Choosing a Vocation.* Boston : Houghton Mifflin Company, 1909.

Parsons, Frank, & Marland, Sydney P. *Career Education.* New York. McGraw-Hill Book Co., 1974.

Peterson, Gray W., Sampson, Iames P. & Reardon, Robert C. *Career Development and Services : A Cognitive Approach Pacific Grove*. Calif. : Brooks/Cole Publishing Company, 1991.

Radin , Robert J. *Full Potential : Your Career & Life Planning Workbook*. New York : McGraw-Hill Book Company, 1983.

Ressler, Ralph. *Career Education : The New Frontier*. Worthinton, Ohio : Charles A. Jones Publishing Co., 1973.

Roe, A. *The Psychology of Occupations*. New York : John Wiley, 1956.

Roe, Anne and Siegelman, Marvin. *The Orgin of Interests*. Washington D.C : American Personnel and Guidance Association, 1964.

Scanlon, R. G. & Brown. M. V. *Individualized Instruction : A Systems Approach*. New York : Harcourt Brace, Joanovich, 1971.

Scharzwell, H. L. Values and Ocuupational Choices, *Rural Sociology*, 1959.

Schrank Louise Welsh, *Life Plan : A Practical Guide to Successful Career Planning*. Skokie, Ill. : VGM Career Horizons, 1982.

Sharf, Richard S. *Applying Career Development Theory To Counseling*. Second Edition, Pacific Grove, Calif. : Brooks/Cole Publishing Company, 1997.

Shertzer, Bruce & Stone, Shelly C. *Fundamental of Counseling*. Boston : Houghton Mifflin Co., 1980.

Shertzer, Bruce. *Career Exploration of Planning*. Boston : Houghton Mifflin Co., 1973.

__________. *Career Planning Freedom to Choose*. Boston : Houghton Mifflin Co., 1977.

Smith, E. D. Vocational Aspects of Elementary School Guidance Programs, *Objectives & Activies* : The Vocational Guidance Quarterly, 1970.

Solvay, Pamela A. Career Awreness in the Elementary School. Doctoral Dissertation, University of Pittsburg, 1988.

Stamm, M. L. & Nissman, B. *New Dimensions in Elementary Guidance*. New York : Richrad Rosen Press, 1971.

Stevenson, John B. *An Intoduction to Career Education*. Worthington, Ohio : Charles A. Jones Publishing Co., 1973.

Super, D. E. *Career Development : Self-Concept Theory*. New York : College Entrance Examination Board. 1963.

———————. A Thoery of Vocational Development. American *Psychologist*, 8, No. 4, 1953.

Swanson Gordon I. *Concepts in Career Education*, Parer Presented to American Vocational Association Task Force of Career Education. Portland, Oregon, December 12, 1971.

Taylor, Robert E. *Career Education : Implication for Increased Educational Relevancy*. Paper Presented at the Central New York School Study Counsil Career Education Conference. October, 1972.

Thopmson, John F. *Foundation of Vocational Education*. New York : Pretice-Hall Inc., 1973.

Tolbert, E. L. *Counseling for Career Development*. Boston : Houghton Mifflin Company, 1980.

Tuchman, Bruce W. An Age-Graded Model for Career Develomnet Education. *Journal of Vocational Behavior*. 4, 1974.

Turner, K. G. A Conceptual Model of the Functional Self : Career Developmnet for Children Project, 1972.

Venn, Grant, Thirteen Ways to Improve Your Occupational Program . In J. W. Fuller & T.O. Whealon(ed). *Career Education*. Chicago : Nelson-Hall Inc., 1979.

Vinacke, W.E. Concept Formation Iin Children of School Ages. In Binter A. R. & Frey, S. H (eds.). *The Psychology of the Elementary School Child*. Chicago : Rand McNally. 1972.

West Virginia State Dept. of Education. *A Guide for the Development Career Education*. June, 1972.

Williamson, E. G. *Counseling Adolescants*. New York : McGraw-Hill, 1950.

Worthington, Robert M. *The Implication of Career Education Adult Education in the U.S.* UNESCO International Conference, Tokyo, Japan, July 25-August 7, 1972.

Zaccaria, J. *Theories of Occupational Choice & Vocational Development*. Boston : Houghton Mifflin Co., 1970.

Zimmerman, B. & Bailey, L. J. Childrens Conceptions About Work And Play. *Career Development for Children Project*. February, 1971.

Zunker, Vernon G. *Career Counseling : Applied Concepts of life Planning*. Monterey, Calif. : Brooks/Cole Publishing Co., 1986.

———————. Career Counseling : Applied Concepts of life Planning. Monterey, Calif. : Brooks/Cole Publishing Co., 1998.

부 록

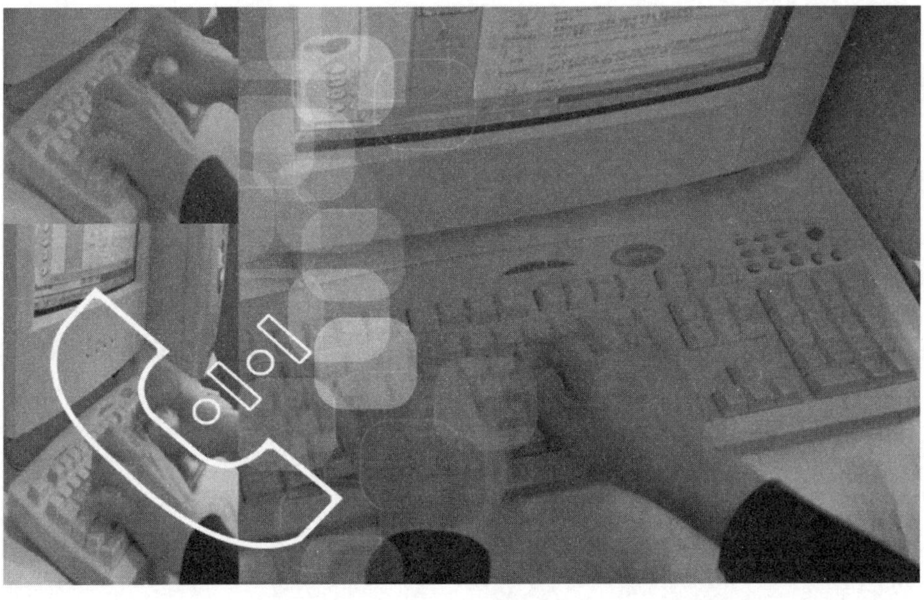

1. 진로상담의 역사적 배경
2. 우리나라의 진로상담 발전 현황

부록 1 진로상담의 역사적 배경

다음은 미국의 진로상담 역사를 간추려 본 것이다.

진로상담의 배경과 발달에 관한 자료의 대부분은 국립직업지도협회(National Voca- tional Guidance Association)에서 15주년 기념으로 출판한 책자 『일의 세계에서의 인간(Man in a World at Work)』(Borow, 1964 : pp. 48～53)에서 발췌한 것이다. 그러나 이 자료는 보다 포괄적인 직업지도—진로 경정에 있어서의 개인적·집단적 조력 뿐 아니라 중재 전략의 전체적인 프로그램 체계(예를 들면 고등학교 교육 과정까지도 포함한다)—에 초점을 맞추기보다는 진로상담에 초점을 맞추었으며, 1963년 이후의 중요한 사건을 새롭게 하기 위하여 수정되었다. 진로상담의 연대기(chronology)는 다음과 같다.

(1) 1850～1900년

진로상담이 언제 조직적으로 이론화되었는지는 분명하지 않다. 진로상담은 경제적(예컨대, 산업주의와 증가하는 노동분야), 사회적(예컨대 도시화, 아동의 노동, 이민과 이주), 이데올로기적(예컨대 인간과 인간의 지위를 개선시키려는 능동적인 개혁 정신과 이에 대한 믿음 등) 그리고 과학적(예컨대, 인문과학의 출현, 19세기 초반의 정신생리학·정신물리학, Fechner·Helmholtz·Wundt의 실험심리학, Cattell·Binet 등에 의한 지능검사)인 제분야의 발전된 상황들에 의해 영향을 받았다.

이 상황 중 어떤 한 가지라도 없었다면, 진로상담은 확실히 다른 역사적 발전 과정을 거쳤을 것이다.

(2) 1890년

Cattell은 《정신(Mind)》이라는 논문을 발표하였는데, 이 논문에서 심리학 문헌에서 처음으로 '지능검사(mental test)'라는 용어를 사용하였다. 라이프찌히에서 Wundt와 함께 연구한 Cattell은 개인행동에 대한 일반적 법칙을 세우기보다는 개인차를 연구하기 위하여 지능측정을 사용하는 데 관심을 가졌다. 학업성취를 예언하기 위하여 처음에는 펜실베니아 대학에서, 후에는 컬럼비아 대학에서 학생들의 능력을 측정하는 데에 그의 검사를 사용하였다.

(3) 1896년

최초의 심리상담소가 Witner에 의하여 펜실베니아 대학에 설립되었다. Witner는 아동의 학습곤란에 대한 연구와 치료에 주력하였다. 1920년대 초, 그의 친구인 Viteles는 Witner의 심리상담소 안에 직업지도상담소를 신설하였다. Viteles는 공헌은, 직업평가에서의 '임상적 접근'이라는 점과 직업수행에 필요한 심리적 필수조건을 구체화하기 위하여, 직업분석에서 심리도표식 방법(psychographic method)을 사용한 점이다.

(4) 1909년

진로상담의 역사에서 번영의 해인 1909년은 Parsons가 '이 분야의 아버지'로 인정되는 직업선택(Choosing a Vocation)을 출간한 해이다. 그러나 Parsons의 책은 수년 후 고용안정 연구소(Minnesota Employment Stabilization Research Institute)의 연구에 와서야 그 광범위한 영향과 중요성이 인정되었다. 이 기관은 Parsons가 진로 결정과정에서 세 가지의 기본 변인—① 개인, ② 직업, ③ 개인과 직업 간의 관계—을 확인하였다고 지적하고 있다. 진로상담에 있어 어떤 접근법이 채택되든 간에 직업선택 문제에서는 이 세 가지 중심요소를 다루어야 한다. 이 책은 진로상담에 대한 주요 접근들이 어떻게 왜, 이들 세 가지 변인을 중심 요소로 다루는가를 개괄하고 요약하며 종합하고 있다.

(5) 1911년

『직업지도 뉴스-레터(Vocational Guidance News-Letter)』는 F. J. Allen의 편집에 의하여 직업보도국에서 간행되었다. 최초의 미국 잡지가 그 지면을 직업지도에 공헌하였다. 그 잡지들은 《Vocational Guidance Magazine》, 《Occupations》, 그리고 'APGA(American Personnel and Guidance Association)'가 1951년에 창설되었을 때 간행한 《Personnel and Guidance Jounal》의 전신들이다.

(6) 1912년

Munsterberg가 『독일에서 심리학과 산업의 효율성(Psychology and Industrial Effciency)』이란 책을 출간하였다. 이 책은 실험심리학의 방법을 직업선택의 연구와 근로자의 직무수행에 적응시키는 데 있어 획기적인 공헌을 하였다. 1913년에 미국판이 출간되었고, Munsterberg는 하버드 대학에서 직업심리학에 관한 연구를 계속하였다.

(7) 1915년

응용심리학 부서가 Bingham에 이하여 카네기 응용과학연구소에 설립되었다. 이 분야의 최초의 학문적인 연구단체인 이 곳에서 개인의 선택과 운영, 직업수행, 판매기술에 대한 직업지도의 훈련과 연구를 주도하였다.

(8) 1917년

Binham, Scott, Thondike, Yerkes 등을 포함한 몇 사람의 탁월한 심리학자들은 1차 세계대전의 결과에 심리학이 영향을 미치도록 기여하라는 정부의 방침에 따라 정부기관에 위촉되었다. 이러한 활동으로부터 정신장애를 가진 징집병을 가려내고 장교훈련을 위하여 우수한 두뇌를 가진 지원자를 가리기 위한 검사가 활발히 이루어지게 되었다. 전쟁 전의 Otis의 연구에 기초한, 집단언어 지능검사인 The Army Alpha와 문맹인을 위한 비언어적 지능검사인 'The Army Beta Test'는 전쟁기간 중에 이루어진 심리학적인 노력의 중요한 결과이다.

(9) 1918년

Miner는 카네기 기술연구소에서 최초의 흥미검사 설문지를 개발하였다. 몇 년 후, Moore(1921)는 카네기 기술연구소에서 엔지니어 계통의 대학원생들과 함께 흥미를 측정하는 기술에 관하여 연구하였고, Cowdery는 스탠포드 대학에서 흥미반응검사 항목에 변별 기준체계를 적용시켰다. 직업집단 간의 특성의 차이에 대한 이전의 연구들은 오로지 능력 면만을 강조해왔다. Miner, Moore, Cowdery, Freyd의 연구는 1927년 'Strong직업 흥미검사지(Strong Vocational Interest Blank)'를 개발한 Strong 2세의 연구에 지대한 영향을 주었다.

(10) 1925년

처음에는 인디애나 대학에서, 그 후 수년 동안은 컬럼비아 대학교 사범대학에서 직업상담자의 훈련을 담당하였던 선구자 Kitson이 유명한 책인 『직업적응의 심리학(Psychology of Vocational Adjustment)』을 출간하였다. Kitson은 이전의 Parsons와 마찬가지로 진로상담분야를 숙련된 전문가를 위한 고도의 전문화된 분야로 보았다.

(11) 1927년

Mayo와 하버드 대학연구팀은 웨스턴 전기회사의 Hawthone 공장에서 공장노동자들의 직업행동에 관한 일련의 연구를 시작하였다. 원래는 노동의 환경적 조건(예컨대 조명) · 종업원의 피로 · 단조로움 간의 관계에 관한 조사연구로서 의도되었던 이 연구활동(project)은, 노동자와 직무수행 간의 복잡한 관계의 특성을 나타내는 확장된 일련의 연구의 선례가 되었다. 1939년 『관리와 노동자(Management and Worker)』로 출판된 Hawthone 연구에 대한 Roethlisberger와 Dickson의 요약은 그 프로젝트의 연구계획안(research design)을 발전시켰고, 노동자의 직무수행과 생산성에 관계되는 요인으로서 인간관계 · 지도력 · 관리 · 노동자의 윤리 등이 중요함을 분명히 하고 있다.

1939년 위스컨신 대학의 심리학 교수인 Hull은 그의 개척자적 연구인 『적성검사하기(Aptitude Testing)』을 출간하였다. 직업적 성공을 에언하는 것을 진로상담의 가장 중요한 임무라고 보고, Hull은 적성검사의 정보를 개인에게 투입하여 직업적 성공을 진단하는 기계를 고안함으로써 컴퓨터에 기초한 정보-처리 절차(computer-based data-process- ing procedure)에 대한 진단적 조건

(glimpse)을 제공하였다.

(12) 1931년

고용과 실업에서의 심리학적 요인을 연구하기 위하여 고용안정연구소가 미네소타 대학의 Paterson과 몇 사람들의 지도하에 설립되었다. 이 기관의 직업분석 상담소와 미니애폴리스 세인트 폴 둘루스(Minneapolis, St. Paul. Duluth)의 일반직업사무소에서는 적성검사·인터뷰·직업능력검사 등의 방법을 통하여 수천 명의 사람들에게 직업적 진단을 내려 주었다. 신청자 중 많은 사람들이 불경기에도 불구하고 직업을 갖게 되었다. 개선된 생활지도와 직업선택에 대한 기술이 좀 더 안정된 노동력을 확보하고 산업복구를 도와야 할 필요가 있다는 원리가 그 기관의 전반적인 좋은 결과를 가져왔다고 볼 수 있다.

(13) 1939년

『직업 사전(Dictionary of Occupational Titles)』의 초판이 출간되었다. 직무분석과 정보(Job Analysis and Information Section)에 대하여 만들어진 이 사전은, 미국 내의 18,000가지 이상의 직업에 이름을 붙이고 이를 코드화하고 정의를 내렸다. 이 책은 곧, 교육, 산업, 사회 봉사, 병원, 군대의 여러 분야에서 직업상담자와 개인노동자를 위한 기본적인 참고서적이 되었다.

(14) 1941년

국가비상 사태에서, 그리고 2차 세계대전에 미국이 참전하게 됨으로써 국내의 인력 문제가 심각해졌고, 상담자들과 인사담당국의 심리학자들과 직업소개자들의 활동이 급격히 필요하게 되었다. 일반시민을 대상으로 한 연구에서 전쟁인력위원회(War Manpower Commission)와 함께 연구한 미국직업안내소(United States Employment Service)는 각종 검사와 연구, 그리고 직업소개 프로그램을 보급하고 강화시켰다. 육군성에서는 전쟁에 대비하여 수백만 명에 대한 분류와 할당 절차를 개발하기 위하여 새로운 분류감사를 개발하였고, 군무국장실(Adjutant General's Office)의 인사담당 연구부에 의하여 개발된 선발도구들을 사용하였다. 이와 유사한 개인연구와 분류절차가 해군인사담당국에 의하여 개발되었다. 공군사령부(Army Air Forces)에서는 지상근무원의 선발과 훈련을 기술훈련사령부(Technical Training Command)가 맡았다. 반면에 조종사의 선발에 관한 연구는 공군기지에 소속된 세 개의 심리학 연구부대에 맡겨졌다. 군대의 인사관리 연구단체의 송헌으로 이루어진 선발절차에 대한 발전적인 결과 중에 육군일반분류검사(Army General Classification Test)와 검사도구의 타당도와 표준화를 위한 절차를 거친 새로운 심리검사를, 그리고 원점수를 표준점수로 바꾸는 Stanine 방법 등이 있다.

(15) 1942년

Rogers가 그의 영향력 있는 책 『상담과 심리치료(Counseling and Psychotherapy)』를 출판하였다. 이 책은 치료자로서 정서적으로 고통받고 있는 내담자들과 일한 Rogers의 경험의 산물이었다. 그러나 이 책에서 주장하는 비지시적(내담자중시) 상담이론은. 진로상담에 기초가 되는 가정(proposition)과 면담(interview)과정에 대한 보다 면밀한 재검토를 요구하고 있다. 중요한 발전 가운데는 진로의사결정에서 감정적(정서적)·동기적 행동의 역동성을 포함하여, 내담자의 인지적 개념의 변화를 중시하고, 진로상담의 목적으로서 자아수용과 자기이해를 강조하며, 내담자에 대한 정보자원으로서 내담자가 언어로 표현된 감정에 주목하는 것과 면담과정에서 나타나는 내담자-상담자 간의 상호작용을 중시해야 한다는 점 등이 포함되어 있다.

Rogers적인 상담이 의도하는 궁극적인 결과는 진로상담을 심리치료 분야의 하위전문 분야로 만드는 것이 아니라, 오히려 진로상담의 업무와 목적의 개념화를 확대하여 진로상담을 심리학과 관련된 상담기술들과 좀더 밀접히 관련짓게 하는 것이다.

(16) 1951년

Super는 '진로유형연구(Career Pattern Study)'를 시작하였는데, 그의 연구는 진로 행동에 관한 실용적 연구에 공헌한 최초의 장기적인 연구 중의 하나가 되었다. 다른 어떤 직업 심리학자들보다 Super는 진로의사결정이 정적(static)이고 어느 한 시점에서 한 번에 한 가지 선택만 이루어지는 것이라는 과거의 의사결정의 개념으로부터 진로상담을 자유롭게 해 주었다. 또한 그는 이 분야에 대한 사회학과 경제학의 잠정적인 공헌에 관심을 두었으며, 진로행동에 관한 연구를 인간발달의 맥락에서 하도록 하는 데에 선도적 역할을 하였다. 그의 관점은 1950년대 초에 출판된 일련의 영향력 있는 잡지에 수록된 논문들에서 나타나기 시작하였으며, 이 연구들이 종합되어 『진로심리학(Psychology of Careers, 1957)』이라는 책으로 발전되었다.

(17) 1963년

진로의사결정에서의 동기요인들(motivational factors)이 직업심리학에서 '정신역학적 관점(psychodynamic point-of-view)'으로 집약되었을지라도(Crites, 1969), 동기요인들은 Bordin, Nachmann, Sigal(1963) 등에 의하여 '직업발달의 명백한 구조(articulated framework of vocational developement)'라는 표현으로 나타났을 때에야 비로소 분명해졌다. 진로선택에 대한 정신분석학적 분석에서 이러한 이론가들은 직업선택의 과정과 적응과정에서의 개인적 변인—즉, 필요, 적응기제 등등—의 역할을 강조하는 이론을 공식화하였다. 이 구조를 하나의 바탕으로하여 Bordin(1968)은 그의 책 『심리학적 상담(Psychological Counseling, 1955)』의 초판에 '직업상담모형'을 첨가시켰다. 2장에서는 진로상담과정이 어떻게 관련되는가를 개괄하고 있다.

(18) 1964년

이 해에는 Borow에 의하여 편집된 『일의 세계에서의 인간(Man in a World at Work)』이라는 책이 국립직업지도협회의 기념사업으로 발간되었다. 이 책의 몇몇 장에서는 1950년대 직업심리학의 눈부신 발전에 비하여 뒤처졌던 진로상담분야의 부활에 대하여 언급하고 있다. 진로상담분야의 재탄생은 직업심리학과 마찬가지로 성격 이론(theory of personality)과 심리치료 이론으로부터 개념과 원리를 통합하고 있다. Goldman, Holland, Roe, Samler, Super 그리고 기타 저자들로부터의 저서와 논문으로 인하여, 진로상담의 경계가 상담실을 넘어서서 복잡성과 도전·불확실성을 가진 일의 세계로 확장되어 진로상담이 더욱 광범위한 상황에서 이루어지게 되었다. 좀 더 실용적인 주석들이 눈에 띄게 되었고, 이것은 행동주의 학자들의 연구가 도래할 것임을 예고하는 것이었다.

(19) 1966년

행동주의에 바탕을 둔 진로상담가들에 의한 여러 가지 연구들은 Krumboltz (1966)가 '상담에서의 혁명'이라고 부르는 이론을 예고하였다. Krumboltz와 동료들(Krumboltz & Thorensen, 1964 : Ryan & Krumboltz, 1964)은 Skinner의 심리학적 진로상담의 과정과 결과에 적응시켜서 상담자모방(counselor modeling)·목표설정(goal setting)·강화(reinforcement) 등의 방법을 포함시켰고 진로의사결정에 새로운 면담기술을 실험하였다. 이들은 직업실험도구(Job Experiment Kits ; Science Research Associates, 1970)와 같은 자료를 제작해 내었다. 이것은 내담자에게 진로상담에서 선택한 직업의 임무와 일을 직접 수행해 보게 함으로써 일의 세계에 대한 다양한 탐색을 하도록 하게 한다.

(20) 1969년

비록 진로 선택과 적응에 관한 이론과 연구의 제고와 비판이긴 하지만, Crites (1969)의 저서 『직업심리학(Vocational Psychology)』은 진로결정에서의 문제를 명료화하기 위해 처음으로 객관적인 목표분류(학)(taxonomy)를 소개하였다. 이전의 도식(schemata)은 전처럼 35~40%를 넘지 못하는 것으로서 상호판단의 동의에 의존하였다. 이에 비하여 새로운 체계는 진로선택문제의 범위를 태도나 흥미 또는 정보선택의 입장에서 조작적으로 정의하고 있다.

(21) 1973년

Super(1955)의 직업성숙의 개념에 따라 Crites는 수년 간(1961~1971)에 걸쳐 진로성숙에 대한 연구를 하였는데, 이 연구는 1973년에 『진로성숙검사(Career Maturity Inventory)』로 출간되었고, 1978년에 개정된 진로선택에 대한 태도와 능력을 측정하는 도구를 개발하였다. 이 도구는 진로 선택의 '내용'과 '과정' 간의 구분에 기초한 진로 성숙의 위계적 모형(Crites, 1973, 1974)으로부터 고안된 것이다. CMI(career Maturity Inventory)는 발달적 구조의 진로상담에서 사용되는 진로선택의 과정적 변인들(process variables)을 측정하도록 되어 있다.

(22) 1974년

국립직업지도협회 제60차 기념책자인 『직업 지도와 인간 발달(Vocational Guidance and Human Developement)』이 Edwin Herr의 편집에 의해서 발간되었다. 이 책은 『일의 세계에서의 인간』이란 책처럼 이 분야의 저명한 이론가들과 상담자들의 글을 요약한 것이다. 집단상담, 컴퓨터-보조법 등의 새로운 생각과 개념들이 진로상담을 위한 이론적·방법적인 기초를 넓히고 있음을 보여주고 있다.

진로선택과 적응에서 문제를 가진 내담자를 돕기 위한 진로상담의 각기 다른 접근들에, 그 당시에 절정을 이루는 몇몇 중요한 경향들(trends)이 이러한 진로상담의 연대기를 가로질러 존재한다. 진로상담의 역사에서 중요한 주제는 개인의 직업과 그것들 간의 관계에 초점을 맞춘 파슨주의(Parsonian)이다(Crites, 1969, 4장). 그것은 궁극적으로 진로 선택을 정의하고 있다. 진로의사결정에 대한 이 모델은 검사와 직업정보제공에 강조점을 두고 있으며, 진로상담에서 특성－요인(trait and factor)접근법의 초석을 이루고 있었다. 진로선택은 주로 내담자인성의 표현이라는 관점에서, 그것이 자아개념으로 정의되든 욕구의 개념으로 정의되든 간에, 이런 경향과 맥락을 같이 하고 있다. 선택의 문제는 본질적으로 개인의 성격의 문제다. 진로상담에서 내담자중심의 접근과 정신역학적 접근은 이러한 기본적 입장을 기본으로 하고 있다.

다른 중요한 영향은 진로선택이 장기간에 걸쳐 이루어지는 아동기 후기부터 성인 초기나 때로는 중년기까지에도 연장되며 발달하는 발달과정이라는 것이 대부분의 진로상담 이론에서 점진적으로 인식되어 왔다. 이런 관점은 진로상담에서의 발달적 접근법에서 가장 잘 표현되고 있다. 그러나 역시 정신역학적이고 보다 새로운 특성－요인모형에서도 발견된다(Super & Bachrach, 1957). 이와는 반대로 행동주의적 접근—이는 학습원리에 기초한 것으로 존재를 비역사적(unhistorical)으로 보는 관점인데—에서는 비발달적(nondevelopemental)인 관점을 가지고 있다.

Krumboltz와 그의 동료들은 시간에 따른 진로 선택의 과정을 고려하지 않았으며, 행동적 중재(behavioral interventions)를 진로 성숙에 영향을 미치는 것으로 간주하지 않았다(Krumboltz & Baker, 1978). 이런 점에서 행동주의적 접근은 진로상담에서 발달적 경향을 예외적인 것으로 보고 있다.

행동주의적 진로상담이 강조하는 바는 Crites(1973 ; 1974)에 의하여 만들어진 진로선택과정과 내용 간의 구분으로, 이것은 진로상담을 발전시키고 명료화시키는 데에 있어 또 다른 중요한 경향이다. 학습이론의 방법으로 인하여 행동주의적 진로상담은 내용보다는 진로선택의 과정에 초점을 둔다. 바꿔 말하면 그들은 내담자와 '어떻게' 직업을 선택하는가를 상담한다. 예를 들면 내담자가 '어떤 진로'를 선택해야 하는가를 구체화하기보다는 그/그녀(내담자)가 관련된 직업정보를 어떻게 입수하는가에 관여 한다.

그러므로 행동주의적 접근과 발달적 접근 사이에는 그 둘을 진로상담에 대한 좀 더 포괄적(comprehensive)인 접근으로 통합시키기 위한 기초를 제공하는 공유영역이 있다.

이와 같이 진로상담의 발달과 역사는 시초이나 여러 가지 프로그램과 연구가 한창이다.

부록 2 우리나라의 진로상담 발전현황

진로상담은 진로교육을 효율적으로 실현하는 구체적인 방법이다. 우리나라에서는 진로상담에 과한 연구가 매우 부족한 실정이다. 1978년에 이정근이 저술한 『진로지도와 진로상담(1978)』에 약간의 진로 상담방법에 관한 내용이 기술되어 있다.

김충기는 1989년에 『진로상담의 이론과 실제』라는 저서를 내 놓음으로써 이에 대한 관심을 나타내기 시작하였다.

1993년 재단법인 청소년 대화의 광장이 개원하면서 박경애 등을 중심으로 진로의사결정훈련 프로그램을 개발하였다. 그리고 이를 전국의 진로상담교사와 전국지도청소년 상담실에게 수십 차례의 워크숍을 개최하여 보급해 오고 있다.

1995년에 들어서서 김충기, 김병숙의 공역인 『진로상담 : 기술과 기법』이란 역서가 나와 진로상담기술의 일면이 세상에 소개되고 있다.

학교현장에서는 전라남도 교육연구원에서 방진주에 의해서 '진로상담의 기법과 과정'이라는 현장연구보고가 1994년에 발표된 연구물이 있을 뿐이다.

한국교육학회 상담교육연구원회 주체로 1996년 9월 19일~20일 서울대학교 교수회관에서 진로상담에 관한 국제 심포지움을 개최하였는데, 주제는 'Help Youth Turn Dream into Realities'로서 스탠포드 대학 Krumboltz 교수의 주제강연과 동료교수 2인이 워크숍에 참가하여 우리 나라에서는 처음으로 카운슬러를 의한 진로상담 워크숍이 개최되기에 이르렀다.

♣ 저자 소개

▣ 김충기(金忠起)

서울 사범학교 졸, 성균관대학교 문학사/서울대학교 교육대학원 교육학 석사학위/ 미국 Central Arkansas 주립대 카운슬링 석사/미국 Arkansas주립대학원 교육전문가 학위/미국 Arkansas 주립대학원 교육학 박사(상담심리와 진로교육 전공)/미국 Oklahoma 주 Tulsa대학원 교육행정 연구/수도여자사범대학 교육학 전임강사, 성균관대, 이화여대 대학원, 중앙대 사대 대학원, 연세대 교육대학원, 국민대 대학원, 고려대 교육대학원, 단국대 · 동국대 교육대학원, 인하대 교육대학원, 한국외국어대 교육대학원 강사 역임/한국평생교육기구 이사, 운영위원/한국직업교육회 부회장, 이사/한국교사교육협의회 이사/한국카운슬러협회 이사/미국 APGA 종신회원/서울특별시 교육위원회 장학위원/한국교육학회 평생회원/법무부 자문교수/한국여성개발원 강사/건국대학교 사범대학 교수/건국대학교 학생생활 연구소장/건국대학교 사범대 학장, 한국진로교육학회 회장/건국대학교 사범대학 1종도서 개발위원장 역임/교무처장/상담심리 전문가 자격증 취득, 전국 교육대학원장 협의회 부회장/상담 및 심리치료학회 이사/건국대학교 교육대학원장/현재, 건국대학교 명예 교수

• 저서

생애교육과 생활지도(서울 : 평민사, 1980)/청년발달 심리학(서울 : 세광공사, 1980)/생애교육(서울 : 세광공사, 1981)/생애교육의 과제와 전망(서울 : 대방출판사, 1981)/생활지도교육(서울 : 학문사, 1983)/진로교육의 본질(서울 : 평민사, 1983)/생애교육의 기초(서울 : 교학연구사, 1984)/교육의 실상과 허상(서울 : 성원사, 1984)/교육심리와 생활지도(서울 : 학문사, 1986)/상담과 심리치료(서울 : 교육과학사, 1986)/진로교육과 진로지도(서울 : 배영사, 1986)/직업교육과 진로교육(서울 : 교육과학사, 1987)/자녀지도와 부모교육(서울 : 성원사, 1988)/교육학개론(서울 : 집문당, 1988)/진로교육의 이론과 실제(서울 : 배영사, 1989)/진로상담의 이론과 실제(서울 : 성원사, 1989)/한국 생활지도의 발전과 전망(서울 : 성원사, 1989)/생활지도와 상담(서울 : 교육과학사, 1990)/미래사회와 진로선택(서울 : 배영사, 1991)/상담과 심리치료의 원리와 실제(서울 : 성원사, 1991)/초등학교에서의 진로교육(서울 : 배영사, 1992)/새로운 교육혁신과 진로(서울 : 성원사, 1992)/산업사회와 진로교육(서울 : 교육과학사, 1992)/진로교육과 진로상담(서울 : 건국대학교 출판부, 1993)/컴퓨터를 이용한 생활지도 상담 및 심리치료(서울 : 성원사, 1994)/진로상담－기술과 기법(1995)/미래를 위한 진로교육(서울 : 양서원, 1995)/평생교육의 이론과 실제(서울 : 교육과학사, 1996)/자녀교육과 진로지도(서울 : 교육과학사, 1996)/21세기의 자녀교육(서울 : 교육과학사, 1997)/교육심리학(서울 : 동문사, 1998)/생활지도 · 상담 · 진로지도(서울 : 교육과학사, 1998)/진로교육과 진로상담(서울 : 동문사, 2000)/유아생활지도(서울 : 동문사, 2000)/교육학개론(서울 : 동문사, 2001)

■ 장선철(張善喆)

- 대구교육大, 대구대 사범대학 졸업
- 고려대에서 석사 학위, 건국대에서 교육학박사 학위 취득
- 초・중등, 특수학교 교사
- 부산교육大, 대구大, 조선大, 오산大, 상명大, 건국대 강사, 안산1대 겸임교수
- 부산경상대 교수
- '빛과소금' 편집장, NGO ECC DIRECTOR
- 고려대 대학원, 상명대교육대학원, 건국대교육대학원 외래 교수
- 상담심리학(동문사), 건전한 성격론(배영사, 교육신서 142), 교육심리학(동문사), 현대인의 정신건강(동문사), 아동상담(동문사) 외 저서 18권
- 현, 전주대학교 국제상담대학원 아동청소년상담 주임교수, 한국카운슬러협회 이사

■ ■ ■

진로상담

초판발행 2006년 3월 10일
재판발행 2008년 8월 30일

저 자 김충기・장선철
발행자 김 현 태
발행처 태영출판사

주 소 (152-705) 서울 구로구 구로동 104-10 동남오피스텔 201호
전 화 02・839-3757, 839-3752
팩 스 02・837-3754
등 록 2005. 5. 30. 제 12-421호
http : //www.taeyeongbook.co.kr
E-mail tys2005@paran.com
ISBN 89-91777-30-9 93370
정 가 17,000원